알기 쉬운 수출 계약서 작성 실무

중국 II 지식재산권 보호 계약

법무부

2015년 4월 15일 1판 1쇄 인쇄
2015년 4월 15일 1판 1쇄 발행

지 은 이　법무부 국제법무과
발 행 인　이헌숙
표　　 지　김학용
발 행 처　생각심표 & 주)휴먼컬처아리랑
　　　　　서울특별시 영등포구 여의도동 45-13 코오롱포레스텔 309
전　　 화　070) 8866 - 2220 FAX • 02) 784-4111
등록번호　제 2009 - 000008호
등록일자　2009년 12월 29일

www.휴먼컬처아리랑.kr
ISBN 979-11-5565-410-1

알기 쉬운
수출 계약서 작성 실무
중국Ⅱ 지식재산권 보호 계약

법무부

목·차

제1장 중국지식재산권법 개요 7

제1절 서설 8
Ⅰ. 중국법상 전리(专利)의 개념 8
Ⅱ. 지식재산권과 속지주의 9
Ⅲ. 속지주의와 조약 9
Ⅳ. 중국에서 지식재산권의 개념 11
Ⅴ. 지식재산권 보호와 중국의 경제상황 14

제2절 중국지식재산권법의 연혁 14
Ⅰ. 중화인민공화국 성립(1949년) 이후 개혁개방(1979년)까지 14
Ⅱ. 개혁개방(1979년) 이후 WTO 가입(2001년)까지 15
Ⅲ. WTO 가입(2001년) 이후 현재까지 16

제3절 중국 지식재산권 법원(法源) 17
Ⅰ. 개설 17
Ⅱ. 헌법 17
Ⅲ. 법률 및 조약 18
Ⅳ. 행정법규(行政法规) 20
Ⅴ. 부문규장(部门规章) 21
Ⅵ. 사법해석(司法解释) 23

제4절 지식재산권 관리체계 25
Ⅰ. 개요 25
Ⅱ. 전리권 26
Ⅲ. 상표권 26
Ⅳ. 저작권 27

제5절 중국 지식재산권 침해에 대한 구제 ·········· 28
  Ⅰ. 개설 ·········· 28
  Ⅱ. 행정상 구제 ·········· 28
  Ⅲ. 형사상 구제 ·········· 30
  Ⅳ. 사법상 구제 ·········· 33

제2장 중국 특허 계약 ·········· 35

제1절 중국 특허 계약 개요 ·········· 36
  Ⅰ. 국제 특허 계약의 특징 ·········· 36
  Ⅱ. 중국 특허 계약에 대한 주요 법규 ·········· 37

제2절 특허권 양도계약 ·········· 38
  Ⅰ. 특허권 양도 계약서(중문) ·········· 38
  Ⅱ. 특허권 양도 계약서(한글) ·········· 43
  Ⅲ. 특허권 양도 계약서 분석 ·········· 49

제3절 특허권 실시 계약 ·········· 80
  Ⅰ. 특허권 실시 계약서(중문) ·········· 80
  Ⅱ. 특허권 실시 계약서(한글) ·········· 87
  Ⅲ. 특허 실시권계약서 분석 ·········· 95
  Ⅳ. 중국 특허권 계약서 조건표 ·········· 131

제3장 중국 국제상표 허가 계약 ·········· 133

제1절 중국 국제상표 허가 계약 개요 ·········· 134

목·차

제2절 국제상표 허가 계약 ·· 135
  Ⅰ. 국제상표허가계약서(중문) ································· 135
  Ⅱ. 국제상표허가계약서(한글) ································· 142
  Ⅲ. 국제상표허가계약분석 ······································ 151
  Ⅳ. 중국 국제상표허가계약서 조견표 ······················ 181

제4장 중국 소프트웨어 판매 및 서비스계약 ········ 183

제1절 중국소프트웨어 판매 및 서비스계약의 개요 ···· 184

제2절 소프트웨어 판매 및 서비스계약 ······················ 186
  Ⅰ. 소프트웨어 판매 및 서비스계약서(중문) ··········· 186
  Ⅱ. 소프트웨어 판매 및 서비스계약서(한글) ··········· 188
  Ⅲ. 중국 소프트웨어판매 및 서비스계약서 조견표 ·· 190

제5장 중국 영상부문 계약 ·· 191

제1절 중국 영상부문 계약에 대한 개요 ···················· 192
  Ⅰ. 중외 연합(합작) 영화제작 계약부분 ·················· 192
  Ⅱ. 중국 영화배우 고용계약부분 ···························· 194

제2절 영상부문 계약 ·· 195
  Ⅰ. 중외공동영화제작계약서(중문) ·························· 195
  Ⅱ. 중외공동영화제작계약서(한글) ·························· 203
  Ⅲ. 중외공동영화제작계약분석 ······························· 211
  Ⅳ. 중외공동영화제작계약서 조견표 ······················· 213
  Ⅴ. 영화배우 고용계약서(중문) ······························· 215
  Ⅵ. 영화배우 고용계약서(한글) ······························· 227

  Ⅶ. 영화배우 고용계약서 조건표 ——— 241

제6장 중국 음향제품 출판계약 ——— 243

제1절 음향제품 출판계약 ——— 244
  Ⅰ. 음향제품 출판계약서(중문) ——— 247
  Ⅱ. 음향제품 출판계약서(한글) ——— 251
  Ⅲ. 중국 음향제품 출판계약 (계약분석) ——— 258

제2절 작품교부통지서 ——— 261
  Ⅰ. 작품교부통지서(중문) ——— 261
  Ⅱ. 작품교부통지서(한글) ——— 262

제3절 합작작품에 관한 권한위임위탁서 ——— 263
  Ⅰ. 합작작품에 관한 권한위임위탁서(중문) ——— 263
  Ⅱ. 합작작품에 관한 권한위임위탁서(한글) ——— 264
  Ⅲ. 중국 음향제품 출판계약서 조견표 ——— 265

제7장 중국 OEM협력계약 ——— 267

제1절 중국 OEM협력계약 개요 ——— 268
  Ⅰ. 전반적인 설명 ——— 268
  Ⅱ. 관련 법률, 법규 ——— 268

제2절 OEM 협력계약 ——— 269
  Ⅰ. OEM 협력계약서(중문) ——— 269
  Ⅱ. OEM 협력계약서(한글) ——— 274
  Ⅲ. OEM 협력계약서 분석 ——— 281
  Ⅳ. 중국 OEM계약서 조견표 ——— 305

목·차

제8장 중국 상업비밀유지계약 ... 307

제1절 중국 상업비밀유지계약 개요 ... 308
Ⅰ. 개요 ... 308
Ⅱ. 관련 법률, 법규 ... 309

제2절 상업비밀유지계약 ... 309
Ⅰ. 상업비밀유지계약서(중문) ... 309
Ⅱ. 상업비밀유지계약서(한글) ... 312
Ⅲ. 상업비밀유지계약서 분석 ... 315
Ⅳ. 중국 상업비밀유지계약서 조건표 ... 327

제9장 중국 프랜차이즈 계약 ... 329

제1절 중국 프랜차이즈계약 개요 ... 330
Ⅰ. 시작하며 ... 330
Ⅱ. 중국 프랜차이즈 계약의 개념과 발전현황 ... 331
Ⅲ. 중국 프랜차이즈 산업 관련 주요 법제와 법률해석 ... 337

제2절 프랜차이즈계약 ... 354
Ⅰ. 프랜차이즈계약서(중문) ... 354
Ⅱ. 프랜차이즈계약서(한글) ... 373
Ⅲ. 프랜차이즈 계약서 분석 ... 393
Ⅳ. 중국 프랜차이즈계약서 조건표 ... 407

제1장
중국 지식재산권 개요

제1절 서설
제2절 중국 지식재산권법의 연혁
제3절 중국 지식재산권 법원(法源)
제4절 지식재산권 관리체계
제5절 중국 지식재산권 침해에 대한 구제

제1장 중국 지식재산권[1] 개요

제1절 서설

I. 중국법상 전리(专利)[2]의 개념

중국 전리법(专利法, Patent Law)[3]에서 발명창조(发明创造)란 발명, 실용신형(实用新型), 외관설계(外观设计)를 포함하는 개념이다(제2조 제1항). 여기에서 (i) 발명(invention)이란 한국 특허법의 발명에, (ii) 실용신형(utility model)은 한국 실용신안법의 실용신안에, (iii) 외관설계(design)는 한국 디자인보호법의 디자인에 각 해당한다. 그리고 발명에 대하여 발명전리권(发明专利权)이, 실용신형에 대하여는 실용신형전리권(实用新型专利权)이, 외관설계에 대하여는 외관설계전리권(外观设计专利权)이 설정된다(제11조). 이에 따르면 발명전리권은 한국 특허법상 특허권에, 실용신형전리권은 한국 실용신안법상 실용신안권에, 외관설계전리권은 한국 디자인보호법상 디자인권에 각 해당한다. 즉, 중국의 전리법은 한국의 특허법, 실용신안법, 디자인보호법을 통합한 것으로 볼 수 있다. 이러한 입법방식은 디자인에 대하여 특허권적 보호방식[4]을 긍정하고 있는 미국 연방특허법의 태도와 같다.

본장에서는 발명전리권은 특허권으로, 실용신형전리권은 실용신안권, 외관설계전리권은 디자인권으로 번역하기로 하겠다. 특허·실용신안·디자인을 포함하는 광의의 특허[5]를 "전리"로, 특허권·실용신안권·디자인권을 포함하는 광의의 특허권을 "전리권"으로 번역하겠다. 법령명에 있는 경우 직역하여 전리 또는 전리법으로 번역하겠다.

---

[1] 1474년 베니스가 최초로 특허법을 제정하고, 1710년 영국은 저작권법을 제정하였으며, 1857년 프랑스는 상표법을 제정하였다. 지식재산권은 특허권, 상표권, 저작권을 중심으로 발전하였다.

[2] 전리(专利)라는 단어는 중국 최초의 나라별 역사서인 국어(国语, 일명 좌씨외전(左氏外传), 주(周) 무왕 12년(기원전 990년)부터 진(晋)의 지백(知伯)이 멸망하여 조위한(赵魏韩) 3국으로 사실상 분열한 기원전 453년까지 기록함)에서 처음 나온다. 국어(国语)에 따르면 "서주의 여왕(厉王, 기원전 857-841)이 영이공(荣夷公)을 중용하여 전리정책(专利)을 실시하자, 예양부(芮良夫)가 여왕(厉王)에게 "일반 백성이 독점적 이득을 취하는 행위는 도적으로 간주되는데, 천자가 그렇게 하면 왕실을 따르는 사람이 적어진다(匹夫专利犹谓之盗,王而行之, 其归鲜矣)"라고 말하는 부분이 있다.

[3] 专利法(1984년 제정, 1992년, 2000년, 2008년 개정).

[4] A와 B가 A의 디자인과 동일하거나 유사한 디자인의 자동차를 생산하여 판매하는 경우, (i) 디자인은 저작권으로 보호하는 경우, B가 A의 것을 베낀 것이 아니면 저작권 침해는 아니다. (ii) 디자인을 특허권적으로 보호하는 경우, A가 등록한 디자인을 B가 베낀 것이 아니더라도 디자인권 침해가 된다.

[5] 실용신안은 소발명을 보호하기 위한 제도이기 때문에 특허의 일종으로 볼 수 있고, 디자인의 경우에도 등록을 요구하고 특허권적인 보호를 긍정한다는 면에서 광의의 특허에 해당한다고 볼 수 있다.

Ⅱ. 지식재산권과 속지주의

지식재산권[6]을 이해하기 위해서는 "속지주의(屬地主義) 원칙"을 이해할 필요가 있다. "속지주의 원칙"이란 지적재산권의 성립 · 소멸과 그 내용은 그 지식재산권을 부여한 국가의 법률에 의해서만 결정되고 그 효력은 부여국의 영토주권이 미치는 범위 내에만 인정되는 것을 말한다.[7] 이러한 속지주의는 (ⅰ) 특허권 등 등록에 의하여 그 권리가 발생하는 지식재산권뿐만 아니라 (ⅱ) 저작권 등 창작행위만으로 권리가 발생하는 지식재산권에도 적용된다.[8]

이에 따라 한국의 발명 · 실용신안이 중국에서 보호받기 위해서는 중국 전리법에 따라 출원하고 심사를 거쳐 설정등록 및 공고되어야 한다.[9] 그리고 한국에서 등록한 특허권 · 실용신안권은 원칙적으로[10] 신규성이 배제되어(중국 전리법 제22조 제2항), 중국 전리법상 발명 · 실용신안에 관한 출원을 할 수 없다. 이에 따라 한국의 발명 · 실용신안이 한국과 중국에서 동시에 보호받기 위해서는 한국에 출원함과 동시에 중국에서도 출원하여야 한다(중국 전리법 제26조). 참고로, 발명과 실용신안의 경우 한국에서 1차 출원한 날로부터 12개월 이내에, 디자인의 경우 1차 출원한 날로부터 6개월 내에 등록을 신청하면 우선권(优先权)[11]을 향유할 수 있다(중국 전리법 제29조 제1항).

Ⅲ. 속지주의와 조약

지식재산권에 대한 "속지주의 원칙"을 극복하고 지식재산권을 국제적으로 보호하기 위하여 조약을 체결할 수 있다.[12] 그런데, ① 특허권과 실용신안권과 같이 권리의 발생에 등록이 필요한 경우, 아직까지 한 국가에 등록이 되면 다른 협약국에도 등록된 것으로

---

[6] 우리나라에서는 과거 지적재산권이라는 용어를 사용하여왔는데, 지적재산권이 일본식 용어라는 지적이 있어, 2011년 지식재산기본법의 제정과 함께 국제사법, 전자거래기본법, 「자본시장과 금융투자업에 관한 법률」 등 모든 법령에서 지식재산권으로 용어를 통일하였다.

[7] 손경한, "지적재산권분쟁의 준거법," 「저스티스」(한국법학원, 78권, 2004), 165면

[8] 손경한, 전게논문, 165면.

[9] 중국 전리법에 따르면 특허권 · 실용신안권 · 디자인권의 설정에 등록 외에 공고가 필요하다(제18조, 제39조).

[10] 후술하는 바와 같이 조약에 의한 우선권을 주장할 수 있는 경우에는 그러하지 아니하다.

[11] 우선권제도는 동일한 발명 등에 대해서 2개국 이상의 나라에 특허 등 출원을 하고자 하는 경우 각국에서 동시출원이 거의 불가능하고 각국에서 출원시기가 상이함으로 인해서 신규성을 상실할 위험도 있으므로 최초 출원일을 그 다른 나라에서의 출원일로 간주하는 제도이다. 정상조 · 박준석, 「지식재산권법」, (서울: 홍문사, 2013년), 114면.

[12] 미국의 경우 자국의 지식재산권을 보호하기 위하여 일정한 경우 역외적용을 긍정한다. 정상조 · 박준석, 전게서, 22면.

의제하는 조약은 없다. 다만, 한 국가에 등록을 신청하면 다른 협약국에도 등록신청이 있는 것으로 의제하는 조약은 있다. 즉, 한국과 중국이 모두 가입한 특허협력조약[13]에 따르면 1개의 국제출원서에 지정국을 지정하면, 지정국에도 특허신청이 된 것으로 본다(제4조 제1항 제2호, 제11조 제3항). 그러나 한국에서 발명에 관한 국제출원을 하면서 중국을 지정국으로 지정하더라도(위 조약 제11조 제1항), 발명에 대한 심사와 등록은 중국법에 따라 이루어진다(위 조약 제25조, 중국 전리법실시세칙[14] 제104조-제105조). 여전히 속지주의 원칙이 적용된다.

그러나 ② 저작권과 같이 창작행위만으로 발생하고 등록이 권리발생요건이 아닌 경우(한국 저작권법 제10조 제2항, 중국 저작권법 제2조), 조약은 속지주의의 한계를 극복하고 저작권 보호의 범위를 협약국으로 확대하는 효과가 있다. 즉, 중국에서 외국인의 저작물은 그 저작자[15]의 소속국가와 중국이 체결한 협정 또는 공동으로 가입한 국제조약에 의하여 저작권이 보호되는 경우, 중국 저작권법에 의한 보호를 받는다(저작권법 제2조 제2항).[16] 중국은 1992년 「문화적·예술적 저작물 보호를 위한 베른협약」[17](이하 "베른협약"이라고 함)에 가입하였는데, 한국은 1995년[18] 세계무역기구(World Trade Organization, 이하 "WTO"라 함) 부속협정인 「무역 관련 지식재산권에 관한 협정」(Agreement on Trade-Related Aspects of Intellectual Properties, 이하 "TRIPS 협정"이라 함)이 발효됨에 따라, 위 협약 제9조 제1항에 의하여 베른협약상의 의무를 부담하게 되었다.[19] 이에 따라 한국 저작자는 중국에서, 1995년 이전에는 베른협약에 근거하여 권리를 주장할 수 없었으나, 1995년 이후에는 베른협약에 근거하여 권리를 주장할 수 있게 되었다.

---

[13] Patent Cooperation Treaty(1970년).

[14] 专利法实施细则(1985년 제정, 1992년, 2001년, 2002년, 2010년 개정).

[15] 저작자와 저작권자는 구별된다. 저작자는 처음부터 저작권자가 된다. 저작재산권이 저작자로부터 제3자에게 양도된 경우에는 저작자와 저작재산권자가 분리될 수 있다.

[16] 한국 저작권법에도 이와 유사한 규정이 있다. 즉 저작외국인의 저작물은 대한민국이 가입 또는 체결한 조약에 따라 보호된다(제3조 제1항). 한국이 1987년 세계저작권협약(Universal Copyright Convetion, 통상 "UCC"라 함)에 가입하기 전까지 국제적으로 복제의 천국으로 알려지기도 했다.

[17] Berne Convention for the Protection of Literary and Artistic Works(1886년).

[18] 한국은 1996년에 베른협약에 가입하였다.

[19] 협약국은 베른협약 제1조 내지 제21조 및 그 부속서를 준수한다. 다만, 협약국은 협약 제6조의 2에 의하여 취득한 권리 또는 그 규정으로부터 파생된 권리와 관련하여 어떠한 권리나 의무를 가지지 않는다(제9조 제1항).

Ⅳ. 중국에서 지식재산권의 개념

이상을 종합하면 지식재산권이란 ① 특정 국가의 법령과 조약에 의하여 인정된 지식재산을 ② 일정기간 ③ 배타적으로 사용·수익·처분할 수 있는 권리라고 일응 정의할 수 있다.[20]

1. 법령과 조약에서 인정된 권리

지식재산권은 조약에 의한 보완을 예정하고 있다. 한국과 중국이 동시에 가입한 조약 중에서 1967년 채택된 「세계지식재산권기구 설립 협정」(Convention Establishing the World Intellectual Property Organization, 이하"WIPO 협정"이라 함)[21]과 TRIPS 협정이 중요하다. ① WIPO 협정에 따르면, 지식재산은 (ⅰ) 문학적·예술적 및 과학적 작품, 공연 예술가의 공연, 음반 및 방송, 인간의 노력에 의한 모든 분야에서의 발명, 과학적 발견, 디자인, 상표, 서비스표, 상호 및 기타 명칭, 부정경쟁에 대한 보호 등에 관한 권리와 (ⅱ) 그 밖에 산업·과학 또는 예술분야의 지식활동에서 발행하는 모든 권리를 포함한다(제2조 제8호).[22] 그리고 ② TRIPS 협정에서는 지식재산권을 직접적으로 정의하지 않고, 지식재산은 본 협정 제2부 제1절에서 제7절까지의 대상인 모든 범주의 지식재산을 지칭한다고 간접적으로 정의하고 있다(제1조 제2항). 그리고 제2부에서 저작권 및 저작인권(제1절), 상표(제2절), 지리적 표시(제3절), 의장(제4절), 특허(제5절), 집적회로 배치설계(제6절), 미공개 정보의 보호(제7절)를 규정하고 있다. 실무적으로 한국과 중국은 WIPO 협정과 TRIPS 협정에 부합하게 지식재산권 법제를 정비하였기 때문에, 지식재산권에 대하여 개별법령에 의한 보호와 해결이 가능하다. 이에 따라 중국 지식재산권의 개념을 파악하기 위하여 지식재산 관련 개별법령을 살펴볼 필요가 있다.

중국 국무원은 2008년 「국가지식산권 전략강요」(国家知识产权战略纲要)에 따르면 지식재산권을 전리, 상표, 저작권(版权)[23], 영업비밀, 식물신품종(植物新品种), 특정영

---

[20] 한국 지식재산기본법에 따르면 "지식재산권이란 법령 또는 조약 등에 따라 인정되거나 보호되는 지식재산에 관한 권리를 말한다"고 정의하고 있다(제3조 제3호).

[21] 한국은 1979년 세계지식재산권기구(WIPO)에 가입하였고, 중국은 1980년에 WIPO에 가입하였다.

[22] "intellectual property" shall include (ⅰ) the rights relating to:— literary, artistic and scientific works,— performances of performing artists, phonograms, and broadcasts,— inventions in all fields of human endeavor,— scientific discoveries,— industrial designs,— trademarks, service marks, and commercial names and designations,— protection against unfair competition,and (ⅱ) all other rights resulting from intellectual activity in the industrial, scientific, literary or artistic fields.

[23] 한국 저작권법에는 판권이란 용어는 없는데, 일반적으로 출판권(제63조)를 의미하는 것으로 이해한다. 중국 저작권법에서는 판권과 출판권을 구별하여, 판권을 저작권과 같은 의미로 사용하고 있다(제57조).

역지식재산권(特定領域知识产权), 국방지식재산권 등 7가지로 분류하고 있다. ① 전리에 대하여 전리법, ② 상표에 대하여는 상표법,[24] ③ 저작권에 대하여는 저작권법,[25] ④ 영업비밀에 대하여는 반부정당경쟁법,[26] ⑤ 식물신품종에 대하여는 식물신품종보호조례[27]가 제정되었다. ⑥ 특정영역지식재산권은 지리표시(地理标志),[28] 유전자원,[29] 전통지식(传统知识), 민간문화예술(民间文艺), 집적회로배치설계(集成电路布图设计)[30]로 나눌 수 있다. ⑦ 국방지식재산권에 대하여는 국방전리조례[31]가 제정되었다. 이러한 법령에 의하여 보호되는 지식재산권의 총화가 중국법상 지식재산권이라 할 수 있다. 이하에서는 전리법, 상표법, 저작권법에 대해서만 살펴보기로 하겠다.

2. 일정기간 배타적 권리

지식재산권은 모든 사람들에 대해서 주장할 수 있는 배타적인 지위라는 점에서 소유권 등의 물권에 유사한 성질을 가진 권리이다. 물권에 있어서 사용이라고 하는 것은 물건을 점유함으로써 사용하는 것을 의미하지만, 지식재산권에 있어서 사용이라는 것은 지식재산권을 토대로 해서 물건을 생산·배포하거나 일정한 행위를 한다는 의미이다. 물건의 경우 특정인이 점유하고 있으면 다른 사람이 동시에 동일한 물건을 점유할 수 없는데 반하여 지식재산의 경우 여러 사람이 동시에 동일한 지식재산을 사용할 수 있다.[32]

지식재산권자는 타인의 사용을 금지할 수 있는 배타적인 지위를 갖기 때문에 지식재산권을 이용하여 독점적 이윤을 확보할 수 있다. 이에 따라 발명과 창작을 유도하여 인적자원의 효율적인 배분을 가능하게 할 수 있지만, 한편으로는 지식재산권자의 배타적 권리는 독점에 의한 시장지배를 가능하게 하여 자원배분의 왜곡과 경제적 효율성을 떨어뜨릴 위험이 있다. 이에 따라 지식재산권은 통상의 소유권처럼 영구히 존속하는 것이

---

[24] 商标法(1982년 제정, 1993년, 2001년, 2013년 개정).

[25] 著作权法(1990년 제정, 2001년, 2010년 개정).

[26] 反不正当竞争法(1993년 제정).

[27] 植物新品种保护条例(1997년 제정, 2013년 개정).

[28] 地理标志产品专用标志管理办法(2007년 제정); 地理标志产品保护规定(2005년 제정).

[29] 人类遗传资源管理暂行办法(1998년 제정).

[30] 集成电路布图设计保护条例(2001년 제정).

[31] 国防专利条例(2004년 제정).

[32] 정상조·박준석, 전게서, 5–6면

아니라 일정한 존속기간 동안만 효력을 가지는 것으로 규정하게 되었다.[33] 중국의 경우 발명은 출원일로부터 20년이며, 실용신안과 디자인은 출원일로부터 10년이다(전리법 제42조), 상표권은 등록기간이 10년이지만 갱신이 가능하다(제39조, 제40조). 저작인권 격은 보호기간에 제한이 없으며(저작권법 제20조), 저작재산권은 저작자의 사망후 50년이다(저작권법 제21조).

3. 산업재산권과 저작권의 구분

지식재산권은 전통적으로 산업재산권과 저작권으로 구분하였다. 산업재산권이란 산업 발전을 목적으로 하는 지식재산권으로 여기에는 특허권, 실용신안권, 디자인권, 상표권 등이 있고, 저작권은 문화창달을 목적으로 하는 권리이다. 산업재산권은 1883년 「산업재산권 보호를 위한 파리협약」(이하 "파리협약"이라 함)[34]에서 국제적으로 보호되기 시작하였고, 저작권은 1886년 베른협약에서 국제적으로 보호되기 시작하였다. 파리협약은 산업재산권에 대하여 등록주의[35]를, 베른협약은 저작권에 대하여 무등록주의를 채택하였다.

그런데, 소프트웨어[36]와 산업디자인[37]처럼 산업재산권과 저작권에 의하여 중복적으로 보호될 수 있는 지식재산이 있다. 그리고 데이터베이스처럼 기존의 특허권이나 저작권도 아닌 중간적인 형태의 지식재산도 증가되고 있다.[38] 한편, 지식재산권 중에는 특허권이나 저작권처럼 창조적 성과물인 지식재산을 직접적으로 보호하는 권리가 있고, 상표권처럼 상품이나 서비스에 화체된 신용과 명성을 보호함으로써 간접적으로 지식재산을 보호하는 권리가 있다.[39]

---

[33] 정상조·박준석, 전게서, 10-11면

[34] Paris Convention for the Protection of Industrial Property(1883년).

[35] 한국의 경우 특허권은 설정등록에 의하여 취득하지만(특허법 제87조), 중국의 경우 등록 후 공고일에 취득한다(전리법 제39조, 제40조).

[36] 한국에서는 컴퓨터프로그램보호법으로 보호되었으나, 2009년 저작권법에 흡수되었다. 중국에서는 저작권법에 근거하여 제정된 컴퓨터소프트웨어보호조례(计算机软件保护条例)에 의하여 보호된다.

[37] 1925년 산업디자인의 등록을 위한 "헤이그협정"이 채택되었다.

[38] 한국의 지식재산기본법에 따르면, 경제·사회 또는 문화의 변화나 과학기술의 발전에 따라 새로운 분야에서 출현하는 지식재산을 신지식재산으로 명하고 있다(제3조 제2호). 1996년 유럽의회와 이사회는 "데이터베이스의 법적보호에 관한 지침"을 채택하였다.

[39] 1992년 동경에서 개최된 국제지식재산권보호협회(AIPPI) 총회에서 지식재산권을 "창조성 성과 권리"와 "식별성 표지 권리"의 두 종류로 구분하였다.

V. 지식재산권 보호와 중국의 경제상황

아이디어와 정보와 같은 지식재산은 제3자 사용한다고 해서 지식재산의 창작자 또는 보유자가 가진 지식재산이 양적으로 줄어든다고 말할 수 없고 오히려 사회전체의 관점에서 보면 단기적으로 보다 많은 사람들이 지식재산을 이용할수록 사회전체의 후생과 이익은 커진다.[40] 중국 정부가 최근까지 지식재산권 침해에 대한 단속에 소극적인 이유는 불법복제가 어느 정도 중국 경제발전에 유리하다고 판단한 면이 있다.

그러나 지식재산을 보호하기 않으면 장기적으로는 더 이상의 지식재산의 생산을 기대할 수 없게 되어 사회전체의 이익이 오히려 감소한다. 그리고 지식재산의 개발에는 많은 노력과 자본이 투입되어야 하지만, 그러한 지식재산을 복제하는 비용은 거의 제로에 가까우므로, 지식재산을 스스로 개발하기 보다는 무단으로 복제하여 사용할 요인이 크다. 한편, 현재 중국 기업이 지식재산을 스스로 개발하거나 인수함에 따라 중국 기업의 보호를 위하여 지식재산권 보호의 필요성이 점점 증가되고 있다.

참고로, 세계 각국의 경험을 종합해 보면 특정 국가의 1인당 국민소득이 미화 8,000달러에 이를 때까지는 당해 국가의 지식재산권법이 아주 낮은 수준의 지식재산권만을 인정하고 그 이상으로 국민소득이 증가함에 따라서 지식재산권의 보호수준을 높이게 되는 현상을 볼 수 있다고 한다.[41] 중국 국가통계국(国家统计局)의 자료에 따르면 2013년 1인당 국민소득은 41,907원(元)으로,[42] 2014년 11월 7일 현재 한국외환은행 고시환율에 따라 계산하면 미화 6,827달러에 해당한다.

제2절 중국 지식재산권법의 연혁

I. 중화인민공화국 성립(1949년) 이후 개혁개방(1979년)까지

1949년 10월 1일 중화인민공화국 건국 이전인 1949년 2월 중국공산당은「국민당의 육법

---

[40] 정상조·박준석, 전게서, 4면

[41] 정상조·박준석, 전게서, 15면

[42] http://data.stats.gov.cn/workspace/index?m=hgnd(2014년 11월 7일 방문함).

전서 폐지와 해방구 사법원칙의 확정에 관한 지시」[43]를 통하여 해방구(解放区)[44]에서 중국 국민당이 제정한 소위 "육법전서(六法全书)"[45]를 폐지하였다. 중국은 중화인민공화국 성립 이후 공유제에 기초한 계획경제를 실행하면서 지식재산의 사적 소유를 부정하였다. 즉, 1950년 정무원(政务院)[46]의 「발명권과 전리권 보장 잠정 조례」[47]에 따르면, 발명자는 장려금 또는 훈장 등의 혜택을 받지만, 그 이용권과 처분권은 국가에 귀속되었다(제6조). 지식재산권제도와 사회주의 공유제는 상호 모순된다고 생각하는 학자들도 있었다.[48] 문화대혁명 기간(1966년-1976년)에는 극좌적 사조의 영향으로 "정신귀족"을 비판한다는 구호아래 창작활동이 자산계급의 명리 추구(名利思想)의 대명사로 간주되면서 저작재산권은 물론 저작인격권도 부인되었다.[49]

Ⅱ. 개혁개방(1979년) 이후 WTO 가입(2001년)까지

1978년 12월 중국 공산당 제11기 제3차 중앙위원회 전체 회의(통상 "11기 3중전회"(十一届三中全会)라 함)에서 개혁개방을 결정하였다. 중국은 외국기업의 투자유치를 위해 1980년 세계지식재산권기구(WIPO)에 가입하고, 지식재산의 사유 소유를 긍정하는 법률을 제정하였다. 1982년 상표법, 1984년 전리법, 1990년 저작권법, 1993년 반부정당경쟁법(反不正当竞争法) 등을 제정하였다. 한편, 중국은 WTO 가입을 준비하기 위하여 2000년 전리법을, 2001년에 상표법 및 저작권법을 각 개정하였다.

---

[43] 中共中央关于废除国民党的六法全书与确定解放区司法原则的指示(1949년 제정)

[44] 중일전쟁(1937~1945)에서 일본이 항복한 후 국공내전(国共内战) 시기(1945~1949)에, 국민당 통치하의 지역을 국통구(国统区)라 하고 중국 공산당 통치하의 지역을 해방구라 하였다. 중국 공산당은 1946년 10월 당 군대의 명칭을 인민해방군으로 바꾸었다.

[45] 육법전서란 국민당이 공포한 헌법, 민법, 상법, 형법, 민사소송법, 형사소송법을 말한다. 여기서의 육법전서는 위 육법만을 말하는 것이 아니라 국민당정부가 공포한 모든 법령을 포괄하는 개념이다. 이후 국민당정부가 민상법통일론을 채택하면서 상법의 일부는 민법, 일부는 행정법에 귀속되면서 상법 대신 행정법이 포함되게 되었다.

[46] 정무원은 현재의 국무원(国务院)에 해당하고, 위 조례는 중국 입법법(立法法)상 행정법규(行政法规)에 해당하다. 국무원의 행정법규는 한국법의 대통령령과 유사하다.

[47] 保障发明权与专利权暂行条例(1950년 제정, 1963년 실효).

[48] 刘春田, 「回顾中国知识产权制度的建立」, (북경: 专利文献出版社, 1998년), 18면.

[49] 임통일, 「중국의 지식재산권 보호 법체계」, (서울: 법제처, 2004년), 22면.

Ⅲ. WTO 가입(2001년) 이후 현재까지

2001년 12월 11일 카타르 도하에서 열린 정기 각료회의에서 WTO 가입이 승인되었다.[50] 지식재산권 부분에 대하여는 WTO 부속협정인 「무역 관련 지식재산권 관한 협정」(Agreement on Trade Related Aspects of Intellectual Properties, 이하 "TRIPS 협정"이라 함)이 적용된다. TRIPS 협정에 따라 지식재산권을 침해받은 개인과 기업은 WTO의 분쟁해결절차를 이용할 수 있게 되었다.

중국 국무원은 2008년 「국가지식재산권 전략강요」(国家知识产权战略纲要)를 공포하였는데, 2020년까지의 전략목표는 지식재산권의 창조·활용·보호 및 관리수준이 비교적 높은(较高) 국가를 건설하는 것이다(제5조). 이를 위하여 지식재산권 관련 법령 개정하고, 정부구매 및 금융 지원 등을 통하여 지식재산권의 창조와 활용을 촉진하며, 지식재산권 침해에 대한 사법적 처벌강도를 높이는 등 지식재산권 보호를 강화하고, 공정한 시장경쟁을 위하여 지식재산권 남용을 규제하며, 지식재산권에 대한 교육을 강화한다는 전략을 세웠다(제8조-제15조). 위 전략강요를 실현하기 위하여, (ⅰ) 최고인민법원(最高人民法院)은 2008년 「국가지식재산권 전략강요의 성실한 학습과 관철에 관한 통지」[51]를 발하였고, (ⅱ) 국가지식재산권국(国家知识产权局)은 같은 해 「국가지식재산권 전략강요의 성실한 학습·홍보 및 관철에 관한 통지」[52]를 발하였다. (ⅲ) 국가공상행정관리총국(国家工商行政管理总局)은 2009년 「국가지식재산권 전략강요의 관철 및 실행에 따른 상표전략의 강력한 실시에 관한 의견」[53]을 발하였고, (ⅳ) 사법부(司法部)[54]는 2010년에 「국가지식재산권 전략강요의 관철 및 실행에 관한 의견」[55]을 발하였다.

---

[50] 중국은 1986년 GATT(1995년 WTO 체제가 출범함) 가입을 선언한 이후 폐쇄적인 국내법과 제도를 단계적으로 국제사회 기준에 부합되도록 개선하였다.

[51] 最高人民法院关于认真学习和贯彻《国家知识产权战略纲要》的通知(2008년 제정).

[52] 国家知识产权局关于认真学习宣传贯彻《国家知识产权战略纲要》的通知(2008년 제정)

[53] 国家工商行政管理总局关于贯彻落实《国家知识产权战略纲要》大力推进商标战略实施的意见(2009년 제정).

[54] 중국에서 사법부는 국무원 산하의 행정기관이다. 재판기관인 인민법원(人民法院)과는 구별된다. 국무원의 「사법부의 주요직책·내부기관 및 인원편제 규정에 관한 통지」(国务院办公厅关于印发司法部主要职责内设机构和人员编制规定的通知, 2008년 제정)에 따르면, 사법행정·교도소 관리 등의 업무를 담당한다.

[55] 司法部关于贯彻落实国家知识产权战略纲要的意见(2010년 제정).

제3절 중국 지식재산권 법원(法源)

I. 개설

중국은 대륙법계와 같이 성문법주의를 취하고 있어, 헌법[56]을 기초로 하는 각종 성문법들로 되어 있다. 중국의 입법체계는 헌법과 입법법[57]에 의하여 확립되어 있다. 헌법에 따르면 홍콩과 마카오와 같은 특별행정구에는 별도의 규율을 하고 있는데(제31조),[58] 특별행정구의 기본법으로는 1990년의 「홍콩 특별행정구 기본법」[59]과 1993년 「마카오 특별행정구 기본법」[60]이 있다.

입법법에 따르면, 중국의 법원은 ① 전국인민대표대회 및 그 상무위원회가 제정하는 법률, ② 국무원이 제정하는 행정법규, ③ 국무원의 각부·위원회·중국인민은행, 심계서(审计署),[61] 행정관리직능을 가진 직속기관이 제정하는 부문규장(部门规章), ④ 성·자치구·직할시 및 비교적 큰 시의 인민대표대회와 그 상무위원회가 제정하는 지방성법규, ⑤ 민족자치지방의 인민대표대회가 제정하는 자치조례·단행조례·변통조례, ⑥ 경제특구가 소재하는 성·시의 인민대표대회와 그 상무위원회가 제정하는 법규가 있다.

II. 헌법

헌법은 중국 최고의 법으로서 그 지위와 효력을 가진다(헌법 제5조, 입법법 제78조). 입법법에 따르면 입법은 반드시 헌법의 기본원칙을 준수하여야 한다고 규정하고 있다(제3조). 전국인민대표대회(全国人民代表大会)[62]가 헌법의 실시를 감독하고(헌법 제62조),

---

[56] 宪法(1982년 제정, 1988년, 1993년, 1999년, 2004년 개정).

[57] 立法法(2000년 제정).

[58] 국가는 필요한 경우 특별행정구를 설치한다. 특별행정구에서 실행하는 제도는 구체적 상황에 따라 전국인민대표대회가 법률로 규정한다(중국 헌법 제31조).

[59] 香港特别行政区基本法(1990년 제정).

[60] 澳门特别行政区基本法(1993년 제정).

[61] 헌법 제91조 제1항에서 "국무원은 회계감사기관(审计机关)을 두고, 국무원의 각 부분과 지방 각급 정부의 재정수지(财政收支) 및 국가의 재정금융기관과 기업사업조직의 재무수지(财务收支)에 대하여 회계감독(审计监督)을 진행한다"고 규정하고 있다. 한국의 감사원과 유사하다.

[62] 전국인민대표대회는 최고국가권력기관이고, 전국인민대표대회 상무위원회는 그의 상설기관이다(헌법 제57조).

전국인민대표대회 상무위원회(常務委員会)가 헌법을 해석하고, 헌법의 실시를 감독한다(헌법 제67조).

헌법에서 지식재산권 관련 조항으로는 "국가는 자연과학과 사회과학 사업을 발전시키고, 과학과 기술지식을 보급하며 과학연구성과와 기술발명창조를 장려한다"는 규정(제20조)과 "중화인민공화국 공민은 과학연구·문학예술창작과 기타 문화활동을 할 수 있는 자유가 있다. 국가는 교육·과학·기술·문학·예술과 기타 문화사업에 종사하는 공민들이 하는 인민에 유익한 창조성 업무에 대하여 장려와 지원을 한다"는 규정이 있다(제47조).

Ⅲ. 법률 및 조약

1. 법률

법률의 지위와 효력은 헌법보다 낮지만, 행정법규·지방성법규 등 다른 법규범보다는 그 효력이 크다(입법법 제79조 제1항). 법률은 제정기관에 따라 기본법률(基本法律)과 "기타법률"(其他法律)로 나뉜다. ① 전국인민대표대회는 형사·민사·국가기구의 기본법률 및 기타의 기본법률(其他的基本法律)을 제정하고 개정한다(헌법 제62조 제3호, 입법법 제7조). ② 전국인민대표대회 상무위원회는 기본법률 이외의 기타법률(基本法律以外的其他法律)을 제정하고 개정한다(헌법 제67조 제2호, 입법법 제7조). 전국인민대표대회가 제정한 기본법률이 그 상무위원회가 제정한 기타법률보다 그 효력에 있어서 우위에 있다는 견해[63]와 기본법률과 기타법률 간에 효력상의 차이가 없다는 견해가 대립한다.[64] 그러나 동일한 입법형식인 법률에서 제정기관의 우열관계에 따라 그 효력에 차이가 보기 어렵다.

중국의 지식재산권에 대한 일반법으로는 기본법률인 민법통칙이 있다. 민법통칙에는 (ⅰ) 저작권(著作權, 제94조),[65] (ⅱ) 전리권(专利权, 제95조),[66] (ⅲ) 상표전용권(商標专

---

[63] 강효백, 「G2시대 중국법연구」 (파주 : 한국학술정보, 2010), 27면 ; 양효령, 「중국 외상투자기업법제」 (서울 : 진원사, 2007), 37면.

[64] 강광문, "중국에서 기본법률의 효력에 관한 고찰,"「중국법연구」 (한중법학회), 제20집(2013), 46-48면; 문준조, "중국의 입법관련제도 및 입법기준에 관한 연구," 「연구보고서」 (한국법제연구원), (2002), 59면; 정이근, "중국법의 규범성문건에 대한 고찰," 「공법학연구」 (한국비교공법학회), 제6권 제3호(2005), 522면.

[65] 자연인과 법인은 저작권을 향유한다. 법에 근거하여 서명, 발표, 출판 및 보수를 받을 권리를 갖는다(제94조).

[66] 자연인과 법인이 법에 근거하여 취득한 특허권은 법적 보호를 받는다(제95조).

用权, 제96조)⁶⁷⁾에 대한 일반규정만 있다.⁶⁸⁾ 그리고 (iv) 발견권(发现权, 제97조 제1항⁶⁹⁾)과 (v) 발명·과학기술성과(发明或者其他科技成果, 제97조 제2항⁷⁰⁾)에 대한 권리를 규정하고 있는데, 발견권은 지식재산권으로 보기 어렵고, 발명·과학기술성과의 경우 직무상의 발명 또는 과학기술성과임을 전제로 규정하고 있어 발명자와 기술자의 권리보호에 한계가 있다. 지식재산권에 대한 특별법으로는 전리법, 상표법, 저작권법, 반부정당경쟁법 등이 있다. 모두 입법법상 기타법률(其他法律)에 해당한다. 이하에서는 전리권, 상표권, 저작권에 대한 법령만 살펴보기로 하겠다.

2. 조약

민법통칙⁷¹⁾에 따르면, "중국이 체결 또는 참가한 국제조약에 중국의 민사법률과 다른 규정이 있는 경우, 국제조약의 규정을 적용한다. 다만, 중국이 유보를 선언한 조항은 제외한다. 중국 법률 및 중국이 체결 또는 참가한 조약에 규정이 없는 경우, 국제관례가 적용될 수 있다"고 규정하고 있어(제142조 제2항, 제3항), 국제조약과 국제관례도 법원이 된다.

중국이 현재 가입한 지식재산권 관련 조약은 다음과 같다.

建立世界知识产权组织公约(WIPO 협약)	1980년 가입
保护工业产权巴黎公约(파리협약)	1985년 가입
商标国际注册马德里协定⁷²⁾(마드리드 협약)	1989년 가입
集成电路知识产权华盛顿条约⁷³⁾(워싱턴 협약)	1990년 가입
保护文学艺术作品伯尔尼公约(베른협약)	1992년 가입

---

67) 법인, 개체공상업자(个体工商户), 개인조합(个人合伙)은 법에 의하여 취득한 상표전용권은 법적 보호를 받는다(제96조). 개체공상호조례(个体工商户条例, 2011년 제정)에 따르면 개체공상업자는 개체공상업자는개인뿐만 아니라 가족도 개체공상업자가 될 수 있다(제2조 제2항). 따라서 개체와 개인은 같은 개념이 아니다. 중국법상 조합에는 민법통칙의 개인조합과 조합기업법(合伙企业法, 1997년 제정, 2006년 개정)에 따른 조합기업이 있다.

68) 1986년 민법통칙 제정 당시 전리법과 상표법은 이미 제정되었고, 저작권법은 제정 중이었기 때문에 민법통칙에서는 원칙적인 규정만 두었다.

69) 자연인은 자신의 발견에 대하여 발견권을 갖는다. 발견인은 발견증서를 신청하여 받을 수 있고, 장려금 또는 기타 보너스를 받을 권리가 있다(제75조 제1항).

70) 자연인은 자신의 발명 또는 과학기술성과에 대하여 영예증서를 신청하여 받을 수 있고, 장려금 또는 기타 보너스를 받을 권리가 있다(제75조 제2항).

71) 民法通则(1986년 제정).

72) Madrid Agreement Concerning the International Registration of Marks(1891년)

73) Washington Treaty on Intellectual Property in Respect of Integrated Circuits(1989년)

世界版权公约[74](세계저작권협약)	1992년 가입
保护录音制品制作者防止未经许可复制其录音制品公约[75] (음반의무단복제로부터 음반제작자를 보호하기 위한 협약)	1993년 가입
专利合作条约(전리협력조약, 1970년)	1994년 가입
商标注册用商品和服务分类的尼斯协定[76](니스협정)	1994년 가입
世界知识产权组织版权条约(WIPO 협약)	2007년 가입
世界知识产权组织表演和录音制品条约[77](공연 및 음반 협약)	2007년 가입

Ⅳ. 행정법규(行政法規)

중국의 최고행정기관인 국무원이 헌법과 법률에 근거하여 행정법규를 제정한다(헌법 제89조 제1호, 입법법 제56조). 국무원에서 제정한 행정법규는 헌법과 법률에 위배되어서는 안 되고, 전국인민대표대회 상무위원회는 국무원에서 제정한 헌법과 법률에 위배되는 행정법규·결정·명령 등을 폐지할 수 있다(헌법 제67조 제7호). 행정법규는 조례(条例)·규정·방법(办法) 등으로 명명된다(행정법규제정절차조례[78] 제4조). 한국법상 대통령령에 해당한다.

1. 전리권

전리법실시세칙(专利法实施细则)	1985년 제정, 1992년·2001년·2002년·2010년 개정
전리협력조약[79]가입결정에 관한 회답 (关于决定加入专利合作条约的批复)	1993년 제정
전리대리조례(专利代理条例)	1991년 제정

---

[74] Universal Copyright Convention(1952년).

[75] Convention for the Protection of Producers of Phonograms against Unauthorized Duplication of their Phonograms(1971년)

[76] Nice Agreement Concerning the International Classification of Goods and Services for the Purposes of the Registration of Marks(1957년)

[77] WIPO Performances and Phonograms Treaty(1996년)

[78] 行政法规制定程序条例(2001년 제정).

[79] Madrid Agreement Concerning the International Registration of Marks(1891년)

2. 상표권

상표법실시세칙(商标法实施细则)	1988년 제정, 1993년 · 1995년 · 2002년 · 2014년 개정
상표국제등록 마드리드 협정[80]가입에 관한 결정 (关于我国加入商标国际注册马德里协定的决定)	1989년 제정
가짜상표담배 제조 · 판매행위의 엄격단속 및 불법적인 담배생산행위 억제에 관한 통지(国务院办公厅转发国 家经贸委等部门关于严厉打击制售冒商标卷烟活 动坚决制止非法生产卷烟行为意见的通知)	1999년 제정

3. 저작권

저작권법실시조례(著作权法实施条例)	1991년 제정, 2002년 · 2013년 개정
국제저작권조약[81]실시규정(实施国际著作权条约的规定)	1992년 제정
저작권집중관리조례(著作权集体管理条例)	2004년 제정, 2011년 · 2013년 개정
컴퓨터소프트웨어보호조례(计算机软件保护条例)	1991년 제정, 2001년 · 2013년 개정
집적회로배치설계보호조례(集成电路布图设计保护条例).	2001년 제정

Ⅴ. 부문규장(部门规章)

국무원 각부 · 위원회 · 중국인민은행 · 심계서 및 행정관리직능이 있는 직속 기구는 법률과 국무원의 행정법규 · 결정 · 명령에 의거하여 그 부문의 권한범위 내에서 규장을 제정할 수 있는데 이를 부문규장이라 한다. 부문규장이 규정하는 사항은 법률 또는 국무원의 행정법규 · 결정 · 명령을 집행하는 사항에 속하여야 한다(입법법 제71조). 부문규장은 규정 · 방법(办法)이라고 칭하고, 조례라고 할 수 없다(행정법규제정절차조례[82] 제4조, 규장제정절차조례[83] 제6조). 한국법상 부령에 해당한다.

---

[80] Patent Cooperation Treaty(1970년 6월 워싱턴에서 조인하고, 1978년 1월 24일에 발효됨).

[81] Berne Convention for the Protection of Literary(1886년)

[82] 行政法规制定程序条例(2001년 제정).

[83] 规章制定程序条例(2001년 제정).

1. 전리권 (국가지식재산권국)

전리심사지침(专利审查指南)	2010년 제정, 2013년·2014년 개정
전리실시강제허가방법(专利实施强制许可办法)	2012년
전리대리관리방법(专利代理管理办法)	2003년 제정, 2011년 개정
전리협력조약실시세칙 중 적용제외 규정에 관한 공고 (关于对专利合作条约实施细则有关条款不予适用的公告)	2007년
전리협력조약실시에 관한 규정(关于中国实施专利合作条约的规定)	1993년 제정, 1995년 개정

2. 상표권(국가공상행정관리총국 및 상표국)

〈국가공상행정관리총국〉

상표심사규칙(商标评审规则)	1995년 제정, 2002년·2005년·2014년 개정
상표대리관리방법(商标代理管理办法)	1999년 제정, 2009년·2010년 개정
저명상표인정 및 보호 규정(驰名商标认定和保护规定)	2003년 제정, 2014년 개정
등록된 상표전용권 질권등기 절차규정에 관한 통지 (关于印发注册商标专用权质权登记程序规定的通知)	2009년
상표 사용허가계약 등록방법(商标使用许可合同备案办法)	1997년

〈상표국〉

상표등록 인터넷 신청의 새로운 시스템의 개시에 관한통지 (关于启用新版商标注册网上申请系统的通知)	2014년
상표디지털증서 수령에 관한 통지(关于领取"商标数字证书"的通知)	2013년
상표전용권 질권등기 정보공시방법에 관한 통고 (关于调整商标专用权质权登记信息公示方式的通告)	2011년

3. 저작권(국가저작권국, 国家版权局)

저작권행정처벌실시방법(著作权行政处罚实施办法)	1997년 제정, 2003년·2009년 개정
인터넷저작권행정보호방법(互联网著作权行政保护办法)[84]	2005년
녹음 법정허가보수 잠정규정에 관한 보충통지 (关于录音法定许可付酬标准暂行规定的补充通知)	1994년
녹음 법정허가보수 잠정규정(录音法定许可付酬标准暂行规定)	1993년

Ⅵ. 사법해석(司法解释)

헌법 제127조는 "최고인민법원은 지방 각급 인민법원 및 특별인민법원의 재판업무를 감독한다"고 규정하고 있는데, 1981년 전국인민대표대회 상무위원회는 「법률해석업무 강화에 관한 결의」[85]를 통하여 "법원재판업무 중 법률·법령을 구체적으로 적용하는 과정에서 발생한 문제에 대하여 최고인민법원이 해석한다"고 하여, 최고인민법원에 사법해석권한을 부여하였다(제2조). 이에 근거하여 최고인민법원은 「사법해석 업무에 관한 규정」[86]을 제정하였는데, 이에 따르면 사법해석에는 해석·규정·회신(批复)·결정 등 네 종류가 있다(제6조).[87] 사법해석은 법적효력(有法律效力)이 있고(제5조), 최고인민법원은 지방각급인민법원 및 전문(专门)인민법원이 재판 중 사법해석의 적용에 대하여 감독하고, 상급인민법원은 하급인민법원에 대하여 재판 중 사법해석의 적용에 대하여 감독한다(제28조).

---

[84] 국가저작권과 정보산업부(国家版权局, 信息产业部)가 공동으로 제정하였다.

[85] 全国人民代表大会常务委员会关于加强法律解释工作的决议(1981년 결의).

[86] 最高人民法院关于司法解释工作的规定(2007년 제정). 1997년 제정된 「사법해석 업무에 관한 약간의 규정」(最高人民法院关于司法解释工作的若干规定)을 대체하였다.

[87] 재판 중 어떻게 법률을 적용할 것인지 또는 어떤 유형의 사건이나 문제에 어떻게 법률을 적용할 것인지에 대한 사법해석은 "해석"의 형식을 취하고, 입법정신에 근거하여 재판상 필요에 따라 제정하는 규범이나 의견 등의 사법해석은 42–43면 참 "규정"의 형식을 취하며, 고급인민법원·인민해방군의 군사법원이 재판 중 법률적용에 관한 질의(请示)에 대한 사법해석은 회신(批复)의 형식을 취하고, 사법해석을 수정하거나 폐지하는 경우에는 결정의 형식을 취한다(제6조).

1. 공통

최고인민법원·최고인민검찰원의 지식재산권 침해 형사사건 처리에 구체적 법률적용의 약간의 문제에 관한 통지(最高人民法院、最高人民检察院关于办理侵犯知识产权刑事案件具体应用法律若干问题的解释(二))	2007년
최고인민법원·최고인민검찰원의 지식재산권 침해 형사사건 처리에 구체적 법률적용의 약간의 문제에 관한 통지(最高人民法院、最高人民检察院关于办理侵犯知识产权刑事案件具体应用法律若干问题的解释)	2004년

2. 전리권

전리분쟁사건 심사에 있어서 법률적용문제에 관한 약간의 문제(最高人民法院关于审理专利纠纷案件适用法律问题的若干规定)	2001년 제정, 2013년 수정
전리·상표 등의 수권 및 권리확인 관련 지식재산권 행정사건 심리에 있어서 업무분담에 관한 규정(最高人民法院关于专利、商标等授权确权类知识产权行政案件审理分工的规定)	2009년
전리권침해 분쟁사건의 심리에 법률적용의 약간의 문제에 관한 해석(最高人民法院关于审理侵犯专利权纠纷案件应用法律若干问题的解释)	2009년

3. 상표권

상표법개정 후 상표사건 관할과 법률적용문제에 관한 해석(最高人民法院关于商标法修改决定施行后商标案件管辖和法律适用问题的解释)	2014년
상표의 수권 및 권리확인 관련 행정사건 심리에 있어서 약간의 문제에 관한 의견(最高人民法院印发关于审理商标授权确权行政案件若干问题的意见的通知)	2010년
저명상표보호 관련 민사분쟁사건 심리에 있어서 법률적용의 약간의 문제에 관한 해석(最高人民法院关于审理涉及驰名商标保护的民事纠纷案件应用法律若干问题的解释)	2009년
저명상표인정관련 민사분쟁사건 관련 문제에 관한 통지(最高人民法院关于涉及驰名商标认定的民事纠纷案件管辖问题的通知)	2009년
등록상표·기업명칭과 기존권리의 충돌의 민사분쟁사건 심리에 있어서 약간의 문제에 관한 규정(最高人民法院关于审理注册商标、企业名称与在先权利冲突的民事纠纷案件若干问题的规定)	2008년

등록상표전용권 침해행위의 소송전 정지 및 증거보전의 법률적용 문제에 관한 해석(最高人民法院关于诉前停止侵犯注册商标专用权行为和保全证据适用法律问题的解释)	2002년
인민법원의 등록상표권에 대한 재산보전에 관한 해석(最高人民法院关于人民法院对注册商标权进行财产保全的解释)	2001년

4. 저작권법

인터넷카페 저작권 분쟁사건 관련 심판업무에 관한 통지(最高人民法院关于做好涉及网吧著作权纠纷案件审判工作的通知)	2010년
최고인민법원 및 최고인민검찰원의 저작권침해 형사사건 중 녹음·영상 제품 관련 문제에 관한 회답(最高人民法院、最高人民检察院关于办理侵犯著作权刑事案件中涉及录音录像制品有关问题的批复)	2005년
저작권 민사분쟁사건 심리에 있어서 법률적용의 약간의 문제에 관한 해석(最高人民法院关于审理著作权民事纠纷案件适用法律若干问题的解释)	2002년

제4절 지식재산권 관리체계

I. 개요

중국에서 전리권은 국가지식재산권국이 담당하고, 상표권은 국가공상행정관리총국(国家工商行政管理总局)의 상표국과 상표심사위원회(商标评审委员会)가 담당한다. 저작권은 국가저작권국(国家版权局)이 담당하고, 영업비밀은 국가공상행정관리총국이 담당한다. 이를 표로 정리하면 아래와 같다.

지식재산권	근거법률	행정기관	웹사이트
전리권	전리법	국가지식재산권국(国家知识产权局)	www.sipo.gov.cn
상표권	상표법	상표국(商标局) 상표심사위원회(商标评审委员会)	www.ctmo.gov.cn www.saic.gov.cn/spw
저작권	저작권법	국가저작권국(国家版权局)	www.ncac.gov.cn

Ⅱ. 전리권

전리법에 따르면 국무원의 전리행정부서는 전국의 전리업무 관리에 대한 책임이 있으며, 전리출원을 통일적으로 수리·심사하여 법에 의하여 전리권을 부여한다고 규정하고 있다(제3조 제1항). 위 전리법에 따라 설치된 국가기관이 바로 국무원의 국가지식재산권국이다. 국무원 사무청(办公厅)의 「국가지식재산권국의 직능배치·내부기관과 인원편제 규정에 관한 통지」[88]에 따르면, 국가지식재산권국의 주요업무는 다음과 같다. (ⅰ) 전리법 및 그 실시세칙에 대한 수정 초안을 작성하고, 관련 지식재산권법규의 연구하여 초안을 작성하며, 전리업무관련 부문규장을 제정한다. (ⅱ) 지식재산권의 국제업무의 방침과 정책을 연구하고, 국외지식재산권의 발전동향을 연구하며, 국제지식재산권 사항에 대한 협력, 연락, 교류 업무를 담당한다. (ⅲ) 전국전리업무 발전계획과 전리정보네트워크 계획을 확정한다. (ⅳ) 전리권침해판단 기준과 전리권확정기관을 지정하며, 지방을 지도하고 전리분쟁을 처리하며 전리권사칭행위를 조사한다. 전리대리기관의 허가 및 구성원 자격을 검정하는 업무를 담당한다. 국제전리대리기관을 지정한다. 한국의 특허청에 준하는 기관이다.

Ⅲ. 상표권

상표법에 따르면 국무원 공상행정관리부서 상표국은 전국의 상표등록 및 관리업무를 주관하고(제2조 제1항), 국무원 공상행정관리부서는 상표심사위원회(商标评审委员会)를 설치하여 상표분쟁사무의 처리를 담당한다고 규정하고 있다(제2조 제2항). 국무원 사무청의 「국가공상행정관리총국의 주요직책·내부기관 및 인원편제 규정에 관한 통지」[89]에도 유사한 규정을 두고 있다.[90] 상표심사규칙[91]에 따르면, (ⅰ) 상표국이 상표등록 신청을 기각한 결정에 대하여 상표법 제34조의 규정[92]에 의거 불복을 청구한 사건, (ⅱ) 상

---

[88] 国务院办公厅关于印发国家知识产权局职能配置内设机构和人员编制规定的通知(1998년 제정).
[89] 国务院办公厅关于印发国家工商行政管理总局主要职责内设机构和人员编制规定的通知(2008년).
[90] 国家工商行政管理总局商标局承担商标注册与管理等行政职能, 商标评审委员会承担处理商标争议事宜等行政职能, 其干部管理办法不变.
[91] 商标评审规则(1995년 제정, 2002년, 2005년, 2014년 개정).
[92] 상표국이 등록신청을 기각하고 공고를 하지 않은 경우, 상표등록신청인이 통지를 받은 날로부터 15일 이내에 상표심사위원회에 심사를 청구할 수 있다(제34조).

표국의 상표등록 신청을 기각한 결정에 대하여 상표법 제35조 제3항[93]의 규정에 의거 불복을 청구한 사건, (iii) 이미 등록된 상표에 대하여 상표법 제44조 제1항,[94] 제45조 제1항[95]에 의하여 무효선언을 청구한 사건, (iv) 상표국의 등록상표 무효결정에 대하여 불복하여, 상표법 제44조 제2항[96]의 규정에 의하여 불복을 청구한 사건, (v) 상표국의 등록상표 취소결정 또는 등록상표 유지결정에 불복하여, 상표법 제54조[97]의 규정에 의하여 불복을 청구한 사건에 대하여 심사할 책임이 있다(제2조).

Ⅳ. 저작권

저작권법에 따르면 국무원의 저작권행정관리부서는 전국의 저작권 관리업무를 주관하고, 각성·자치구·직할시 인민정부의 저작권 행정관리부서는 당해 행정구역의 저작권 관리업무를 주관한다(제7조). 위 국무권의 저작권행정관리부서가 국가저작권국이다. 국무원 사무청의 「국가신문출판총부서(국가저작권국)의 주요직책·내부기관 및 인원편제 규정에 관한 통지」[98]에 따르면, 국가저작권국은 저작권 관련 법령의 초안 작성, 저작권 국제업무 책임, 해외대리기구 설립 허가 및 감독, 전국적으로 중대한 영향을 미치는 저작권 침해행위의 조사 및 처벌 등의 업무를 담당한다.

---

[93] 상표국이 공고한 상표에 대하여 등록을 거절한 경우, 상표등록신청인이 통지를 받은 날로부터 15일 이내에 상표심사위원회에 심사를 청구할 수 있다(제35조 제3항).

[94] 이미 등록된 상표가 상표법 제10조, 제11조, 제12조를 위반하였거나 기만수단이나 기타 부정한 수단으로 등록을 받은 경우, 개인 또는 단위(单位)는 심사위원회에 등록상표 무효를 청구할 수 있다(제44조 제1항).

[95] 이미 등록된 상표가 상표법 제13조 제2항 및 제3항, 제15조, 제16조 제1항, 제30조, 제31조, 제32조의 규정을 위반한 경우, 상표등록일로부터 5년 이내에 선권리자 또는 이해관계인은 상표심사위원회에 등록상표 무효를 청구할 수 있다(제45조 제1항).

[96] 상표국이 등록상표 무효 결정에 대하여 당사자는 통지를 받은 날로부터 15일 이내에 상표심사위원회에 심사를 청구할 수 있다(제44조 제2항).

[97] 상표국의 등록상표 취소결정 또는 등록상표 유지결정에 대하여 당사자는 통지를 받은 날로부터 15일 이내에 상표심사위원회에 심사를 청구할 수 있다(제44조 제2항).

[98] 国务院办公厅关于印发国家新闻出版总署(国家版权局)主要职责内设机构和人员编制规定的通知(2008년).

제5절 중국 지식재산권 침해에 대한 구제

Ⅰ. 개설

지식재산권의 보호에는 행정상 보호와 사법상 보호가 있고, 사법상 보호에는 다시 민사상 보호와 형사상 보호로 나눌 수 있다. 지식재산권 행정상 구제란 지식재산권 주관기관이 지식재산권 침해행위에 대하여 정지명령 등 행정처분을 하는 것을 의미하는데, 중국의 경우 행정기관이 상당한 권한을 가지고 있기 때문에 행정상 보호가 활성화되어 있다. 즉, 한국에서는 형법에 규정된 몰수를 행정기관이 직접 명할 수 있다. 그러나 사법기관이 아니기 때문에 손해배상을 청구하거나 형사처벌을 요구할 수는 없다.

Ⅱ. 행정상 구제

1. 전리권

전리법에 따르면 전리권 침해에 따른 분쟁이 발생한 경우, 전리권이자 또는 이해관계자는 전리업무를 관리하는 부서(이하 "주관부서" 함)에 처리(處理)를 청구할 수 있다(제60조). 전리업무 주관부서는 침해행위가 성립된다고 인정되는 경우, ① 침해자에게 침해행위의 즉시정지(立即停止)를 명령할 수 있다. 당사자가 주관부서의 명령에 불복한 경우 처리 통지를 받은 날로부터 15일 이내에 인민법원에 행정소송을 제기할 수 있다(제60조). ② 침해자가 행정소송을 제기하지 않고 침해행위를 정지하지 않은 경우, 주관부서는 인민법원에 강제집행을 청구할 수 있다(제60조). 그리고 주관부서는 당사자의 청구에 의하여 침해행위에 따른 손해배상의 조정을 진행할 수 있다(제60조).

전리권침해 중 전리모용(假冒专利)의 경우[99] 민사책임을 부담하는 외에, 주관부서가 시정명령을 공고하고, 위법소득을 몰수하고 위법소득의 4배 이내의 과태료(罰款)를 병과할 수 있다. 위법소득이 없는 경우 20만 원(元) 이하의 과태료(罰款)에 처할 수 있다(제63조). 주관부서는 이미 취득한 증거에 의하여 전리모용(假冒专利)의 혐의가 있는 행위에 대하여 조사·처리할 경우, 관련 당사자를 심문하고, 관련된 상황의 조사할 수 있다. 당사자의 위법행위 관련 장소에 대한 현장검사를 실시하고, 위법행위와 관련된 계약·

---

[99] 특허모용은 형사처벌의 대상이 된다(형법 제216조).

영수증·장부 및 기타 관련 자료를 조사·열람 및 복사할 수 있다. 위법행위와 관련된 제품을 검사하고, 전리모용 증명할 증거가 있는 제품에 대하여 봉인 및 압류할 수 있다(제64조 제1항).

2. 상표권

상표법에 따르면 상표권 침해에 따른 분쟁이 발생한 경우, 상표권자 또는 이해관계자는 공상행정관리부서에 처리(处理)를 청구할 수 있다(제60조 제1항). 전리업무 주관부서는 침해행위가 성립된다고 인정되는 경우, ① 침해자에게 침해행위의 즉시정지(立即停止)를 명하고, ② 침해물품과 침해물품의 제조 및 등록상표·표지의 위조에 주로 사용되는 공구를 몰수·폐기(销毁)한다(제60조 제2항). ③ 불법경영금액이 5만 원(元) 이상인 경우 그 액의 5배 이하의 과태료(罚款)에 처할 수 있고, 불법경영금액이 없거나 또는 위법경영액이 5만 원(元)에 미치지 못할 경우 25만 원(元) 이하의 과태료에 처할 수 있다(제60조 제2항). 그리고 공상행정부서는 당사자의 청구에 의하여 침해행위에 따른 손해배상의 조정을 진행할 수 있다(제60조 제3항).

등록상표전용권 침해행위에 대하여 공상행정관리부서는 법에 따라 조사하여 처리할 권한이 있다. 범죄 혐의가 있는 경우 즉시 사법기관으로 이송하여 처리하도록 하여야 한다(상표법 제61조).

현급 이상의 공상행정관리부서가 위법 혐의가 있다는 증거와 고발에 근거하여, 등록상표전용권을 침해한 자를 조사할 때, 다음의 직권을 행사할 수 있다(상표권법 제62조). 즉, (ⅰ) 관련 당사자를 심문하고 상표권 침해와 관련된 상황을 조사하고, (ⅱ) 침해행위와 관련된 당사자의 계약서, 영수증, 장부 및 기타 관련 자료를 조사·열람, 복사하며, (ⅲ) 당사자가 상표권 침해행위를 행한 혐의가 있는 장소에 대하여 현장검사를 실시하고, (ⅳ) 침해행위와 관련된 물품을 검사하며, 상표권 침해를 증명하는 증거가 있는 물품에 대하여 봉인 및 압류할 수 있다.

3. 저작권

저작권법에 따르면, 저작권 침해행위는 원칙적으로 민사사건이나, 아래의 각 침해행위가 공중의 이익에 손해를 주는 경우 저작권 행정관리부서가 침해행위의 정지를 명하고, 위법소득을 몰수하며, 불법복제품을 몰수·폐기할 수 있고, 과태료를 부과할 수 있다. 나아가 사정이 엄중한 경우(情节严重), 저작권 행정관리부서는 불법복제품의 제작에 주요 사용되는 재료, 공구, 설비 등을 몰수할 수 있다(제48조). 즉, ① 저작권자의 동의 없이 작품을 복제, 발행, 공연(表演), 방영(放映), 방송(广播), 편집하고 정보망을 통해 공중에게 그 작품을 전파하는 행위, ② 타인이 독점 출판권을 갖고 있는 도서(图书)를 출판하는 행위, ③ 공연자의 동의 없이 그 공연의 기록이 있는 음반·영상제품을 복제 또는 발행하거나 정보망을 통해 공중에게 그 공연을 전파하는 행위, ④ 음반·영상 제작자의 동의 없이, 그가 제작한 음반·영상제작품을 복제 또는 발행하거나, 정보망을 통해 공중에게 전파하는 행위, ⑤ 라디오 방송국·TV 방송국의 동의 없이 그 라디오·TV 프로그램을 복제 또는 발행하는 행위, ⑥ 저작권자 또는 저작권 관련 권리자의 동의를 받지 않고, 그 작품이나 음반·영상제품 등에서 채택되고 있는 저작권 또는 저작권 관련 권리를 보호하기 위한 기술적 조치를 고의로 회피하거나 파기하는 행위, ⑦ 저작권자 또는 저작권 관련 권리자의 동의를 받지 않고, 작품이나 음반·영상 제품 등의 권리를 관리하기 위한 전자정보를 고의로 삭제 또는 변경하는 행위, ⑧ 타인의 서명을 위조한 제품을 제작 또는 판매하는 행위의 경우 행정처부의 대상이 될 수 있다.

당사자는 행정처벌(行政处罚)에 불복할 경우, 행정처벌 결정서를 받은 날로부터 3개월 이내에 인민법원에 소를 제기할 수 있다. 당사자가 그 기간 내에 소를 제기하지 아니하고 행정처벌을 이행하지 아니하면, 저작권 행정관리부서는 인민법원에 그 집행을 신청할 수 있다(저작권법 제56조).

Ⅲ. 형사상 구제

한국의 경우 지식재산권 침해에 대한 형벌규정을 전리법·상표법·저작권법의 벌칙(罰則)에서 규정하고 있으나, 중국에서는 형법에서 통합적으로 규정하고 있다. 즉, 중국 형법[100]은 제2편 각칙(分则)의 제3장 사회주의시장경제질서 파괴죄(破坏社会主义市场经济秩序罪)의 제7절(제213조-제220조)에서 지식재산권침해죄(侵犯知识产权罪)를 규정하고 있다. 한국의 경우 지식재산권 범죄에 대하여 자유형과 벌금을 선택적으로 규정하고 있지만 중국의 경우 자유형을 원칙으로 하고 벌금형을 선택 또는 부가할 수 있도록 규정되어 있다. 그리고 한국에서 몰수는 형벌에 부가하여 선고되지만(형법 제48조, 전리법 제231조 등), 중국의 경우 행정기관에서 몰수할 수 있다.

1. 전리권

전리권 침해의 경우 제216조에서 규정하고 있는데, 타인의 전리권을 모용(假冒)한 경

---
[100] 刑法(1979년 제정, 1997년, 1999년, 2001년, 2002년, 2005년, 2006년, 2009년, 2011년 개정).

우, 정상(情节)이 엄중(严重)[101]한 경우에는 3년 이하의 유기징역(有期徒刑或者拘役)과 벌금형 또는 벌금형에 처한다. 최고인민법원 · 최고인민검찰원의 「지식재산권 침해 형사사건 처리에 구체적 법률적용의 약간의 문제에 관한 통지」(2004년)에 따르면, 다음 중 하나에 해당하면 전리권 모용(假冒)이 된다(제10조). 즉, (ⅰ) 동의를 받지 않고, 자신의 제조 · 판매한 제품 또는 제품의 포장에 타인의 전리번호를 표기한 경우, (ⅱ) 동의를 받지 않고, 광고 또는 기타 선전물에 타인의 전리번호를 사용함으로써 사람들로 하여금 해당 기술이 타인의 전리기술인 것처럼 오인하게 하는 행위, (ⅲ) 동의를 받지 않고, 계약상 타인의 전리번호를 사용함으로써 사람들로 하여금 계약상 기술이 타인의 전리기술인 것처럼 오인하게 하는 행위, (ⅳ) 타인의 전리증명서, 전리서류 또는 전리신청서류를 위조 또는 변조하는 행위는 전리권침해 범죄행위를 구성한다.

2. 상표권

상표권 침해의 경우 제213조에서 제215조에서 규정하고 있다. ① 등록상표권자의 동의를 받지 않고, 동일한 상품에 등록상표와 동일한 상표를 사용한 경우 그 정상이 중한 경우(情节严重)[102]에는 3년 이하의 유기징역(有期徒刑或者拘役)과 벌금형 또는 벌금형에 처한다. 그 정상이 특히 엄중한 경우(特别严重)[103]에는 3년 이상 7년 이하의 유기징역과 벌금형에 처한다(제213조). ② 등록상표를 위조한 상품이라는 것을 알면서 판매한 경우, 판매액수가 비교적 큰 경우(较大)[104]에는 3년 이하의 유기징역(有期徒刑或者拘役)과 벌금형 또는 벌금

---

[101] 최고인민법원 · 최고인민검찰원의 지식재산권 침해 형사사건 처리에 구체적 법률적용의 약간의 문제에 관한 통지(2004년)에 따르면, 다음 중 하나에 해당하면 그 정상이 중한 경우이다(제4조). (ⅰ) 불법경영금액이 20만 원(元) 이상이거나, 위법소득액이 10만 원(元) 이상인 경우, (ⅱ) 특허권자에게 직접적으로 50만 원(元) 이상의 경제적 손실을 준 경우, (ⅲ) 2개 이상의 등록상표를 위조하고, 불법경영금액이 10만 원(元)이상이거나, 위법소득이 5만 원(元)이상인 경우 (ⅳ) 기타 정상이 엄중한 상황이 있는 경우(其他情节严重的情形). 여기에서 불법경영금액이란 위법제품을 제조, 보관, 운송, 판매한 금액을 말한다(제12조).

[102] 최고인민법원 · 최고인민검찰원의 지식재산권 침해 형사사건 처리에 구체적 법률적용의 약간의 문제에 관한 통지(2004년)에 따르면, 다음 중 하나에 해당하면 그 정상이 중한 경우이다(제조 제1항). (ⅰ) 불법경영금액이 5만 원(元) 이상 25만 원(元) 미만이거나, 위법소득액이 3만 원(元) 이상 15만 원(元) 미만인 경우. (ⅱ) 2개 이상의 등록상표를 위조하고, 불법경영금액이 3만 원(元)이상 15만 원(元) 미만이거나, 위법소득이 2만 원(元)이상 10만 원(元) 미만인 경우 (ⅲ) 기타 정상이 엄중한 상황이 있는 경우(其他情节严重的情形).

[103] 최고인민법원 · 최고인민검찰원의 지식재산권 침해 형사사건 처리에 구체적 법률적용의 약간의 문제에 관한 통지(2004년)에 따르면, 다음 중 하나에 해당하면 그 정상이 특히 엄중한 경우이다(제조 제2항). (ⅰ) 불법경영금액이 25만 원(元) 이상 또는 위법소득액이 15만 원(元) 이상인 경우, (ⅱ) 2개 이상의 등록상표를 위조하고, 불법경영금액이 15만 원(元) 이상 또는 위법소득이 10만 원(元)이상인 경우, (ⅲ) 기타 정상이 특별히 엄중한 상황이 있는 경우(其他情节特别严重的情形).

[104] 최고인민법원 · 최고인민검찰원의 지식재산권 침해 형사사건 처리에 구체적 법률적용의 약간의 문제에 관한 통지(2004년)에 따르면, 판매금액이 5만 원(元)이상 25만 원(元) 미만인 경우에는 아주 큰 경우이다(제2조 제1항).

형에 처한다. 그 액수가 아주 큰 경우(巨大)[105]에는 3년 이상 7년 이하의 유기징역과 벌금형에 처한다(제214조). ③ 타인의 등록상표·표지를 위조 또는 무단제조하거나 위조 또는 무단 제조된 등록상표·표지를 판매한 경우, 그 정상이 엄중한 경우(情节严重), 3년 이하의 유기징역(有期徒刑拘役或者管制)과 벌금형 또는 벌금형에 처한다. 그 정상이 특히 엄중한 경우(特別严重)에는 3년 이상 7년 이하의 유기징역과 벌금형에 처한다(제215조).

3. 저작권

저작권의 경우 형법 제217조와 제218조에서 규정하고 있다. ① 영리를 목적으로, 다음 각호의 침해행위를 하고, 위법소득액이 비교적 크거나(较大)[106] 정상이 엄중한 경우(严重情节),[107] 3년 이하의 유기징역(有期徒刑或者拘役)과 벌금형 또는 벌금형에 처한다(제217조). 위법소득액이 아주 크거나(巨大), 정상이 특별이 엄중한 경우(特別严重情节)[108]에는 3년 이상 7년 이하의 유기징역과 벌금형에 처한다(제217조). 즉, (ⅰ) 저작권자의 동의를 받지 않고 저작권자의 문학작품, 음악(音乐), 영화, 텔레비전 방송물, 영상물(录像作品), 컴퓨터 소프트웨어 및 기타 작품을 복제·발행하는 행위, (ⅱ) 타인이 출판권을 향유하는 도서를 출판하는 행위, (ⅲ) 오디오·영상(录音录像) 제작자의 동의를 받지 아니하고 그가 제작한 오디오·영상물을 복제 발행하는 행위, (ⅳ) 타인의 서명을 위조한 미술작품을 제작·판매하는 행위는 저작권침해 범죄행위를 구성한다. ② 영리를 목적으로, 제217조 위반의 복제품을 알면서 판매하고, 위법소득이 아주 큰 경우(巨大),[109] 3년 이하의 유기징역(有期徒刑或者拘役)과 벌금형 또는 벌금형에 처한다(제218조).

---

[105] 최고인민법원·최고인민검찰원의 지식재산권 침해 형사사건 처리에 구체적 법률적용의 약간의 문제에 관한 통지(2004년)에 따르면, 판매금액이 25만 원(元) 이상인 경우에는 아주 큰 경우이다(제2조 제2항).

[106] 최고인민법원·최고인민검찰원의 지식재산권 침해 형사사건 처리에 구체적 법률적용의 약간의 문제에 관한 통지(2004년)에 따르면, 위법소득액이 3만 원(元) 이상인 경우 비교적 큰 경우에 해당한다(제5조 제1항).

[107] 최고인민법원·최고인민검찰원의 지식재산권 침해 형사사건 처리에 구체적 법률적용의 약간의 문제에 관한 통지(2004년)에 따르면, 다음 각 경우 정상이 엄중한 경우이다(제5조 제1항). (ⅰ) 불법경영액이 5만 원(元) 이상 25만 원(元) 이하인 경우, (ⅱ) 저작권자의 동의를 받지 않고 저작권자의 문학작품, 음악(音乐), 영화, 텔레비전 작품, 영상작품(录像作品), 컴퓨터 소프트웨어 및 기타 작품을 복제·발행하고, 복제품의 총수가 1천 장 이상인 경우, (ⅲ) 기타 정상이 엄중한 상황이 있는 경우(其他情节严重的情形).

[108] 최고인민법원·최고인민검찰원의 지식재산권 침해 형사사건 처리에 구체적 법률적용의 약간의 문제에 관한 통지(2004년)에 따르면, 다음 각 경우 정상이 엄중한 경우이다(제5조 제2항). (ⅰ) 불법경영액이 25만 원(元) 이상인 경우, (ⅱ) 저작권자의 동의를 받지 않고 저작권자의 문학작품, 음악(音乐), 영화, 텔레비전 작품, 영상작품(录像作品), 컴퓨터 소프트웨어 및 기타 작품을 복제·발행하고, 복제품의 총수가 5천 장 이상인 경우, (ⅲ) 기타 정상이 특별히 엄중한 상황이 있는 경우(其他情节特別严重的情形).

[109] 최고인민법원·최고인민검찰원의 지식재산권 침해 형사사건 처리에 구체적 법률적용의 약간의 문제에 관한 통지(2004년)에 따르면, 위법소득액이 10만 원(元) 이상인 경우에는 아주 큰 경우에 해당한다(제6조).

IV. 사법상 구제

1. 전리권

전리법에 따르면 전리권 침해에 따른 분쟁이 발생한 경우, 전리권이자 또는 이해관계자는 인민법원에 소를 제기할 수 있다(제60조). 최고인민법원의 「전리분쟁사건 심사에 있어서 법률적용문제에 관한 약간의 문제」(2013년)에 따르면, 전리분쟁의 제1심은 각성·자치구·직할시 소재의 중급인민법원과 최고인민법원이 지정한 중급인민법원이 관할한다(제2조). 그리고 전리권 침해에 대한 소송시효는 2년이다(전리법 제68조).

전리권이자 또는 이해관계인은 (ⅰ) 전리권이 침해되고 있거나 전리권이 침해될 것이라는 증명할 증거가 있고, (ⅱ) 이를 즉시 제지하지 않으면 합법적인 권익에 회복할 수 없는 손해가 발생할 경우, 인민법원에 관련 행위의 정지를 명하는 조치를 청구할 수 있다(전리법 제66조 제1항).

전리권자가 인민법원에 손해배상을 청구한 경우 손해배상은 다음의 기준에 따라 계산한다(전리법 제65조). ① 전리권 침해에 대한 배상액은 실제 손실에 의하여 확정하여야 하지만, 실제 손실을 확정하기 어려운 경우 침해자의 이익에 의하여 확정한다. ② 권리자의 손실 또는 침해자의 이익을 확정하기 어려운 경우 당해 전리사용료의 배수를 참조하여 합리적으로 확정한다(제65조 제1항). ③ 권리자의 손실, 침해자의 이익 및 전리사용료를 모두 확정하기 어려운 경우 전리권의 종류, 침해행위의 성질 및 상황 등의 요소에 따라 1만 원(元) 이상 100만 원 이하의 배상을 확정할 수 있다(제65조 제2항).

2. 상표권

상표법에 따르면 상표권 침해에 따른 분쟁이 발생한 경우, 상표권자 또는 이해관계자는 인민법원에 소를 제기할 수 있다(제60조). 최고인민법원의 「상표법개정 후 상표사건 관할과 법률적용문제에 관한 해석」(2014년)에 따르면, 상표사건의 1심은 중급이상의 인민법원 또는 최고인민법원이 지정한 기층인민법원이 관할한다(제3조 제1항). 저명상표보호에 관련된 사건 및 행정사건은 성, 자치구의 인민정부 소재시(市), 계획단열시(计划单列市),[110] 직할시에 있는 중급인민법원 또는 최고인민법원이 지정한 중급인민법원에서

---

[110] 국가사회 및 경제발전 계획단열시(国家社会与经济发展计划单列市)의 약칭으로, 경제상 부성급(副省级) 대우를 받는 도시를 말하는데, 현재 대련시(辽宁省大连市), 청도시(山东省青岛市), 닝보시(浙江省宁波市), 하문시(福建省厦门市), 심천시(广东省深圳市) 등 5개가 있다.

관할한다(제3조 제2항). 상표권 침해에 대한 소송시효는 2년이다(민법통칙 제135조).

상표권자 또는 이해관계인은 (ⅰ) 상표권이 침해되고 있거나 상표권이 침해될 것이라는 증거가 있고, (ⅱ) 이를 즉시 제지하지 않으면 합법적인 권익에 회복할 수 없는 손해가 발생할 경우, 인민법원에 관련 행위의 정지와 재산보전초치를 청구할 수 있다(상표법 제65조).

상표전용권을 침해행위에 대한 손해배상액은 ① 상표권자가 실제 손실에 따라 확정하여야 하지만, 실제 손실을 확정하기 어려운 경우 침해자의 이익에 의하여 확정한다(상표법 제63조 제1항). ② 권리자의 손실 또는 침해자의 이익을 확정하기 어려운 경우 당해 상표사용료의 배수를 참조하여 합리적으로 확정한다(제63조 제1항). ③ 악의적으로 상표전용권을 침해하고, 사정이 엄중한 경우(情节严重), 위와 같이 확정한 금액의 2배 이상 4배 이하의 금액으로 배상한다(제63조 제1항). ④ 권리자의 손실, 침해자의 이익 및 상표사용료를 모두 확정하기 어려운 경우 침해행위의 사정(情节)을 고려하여 300만 원(元) 이하의 배상을 확정할 수 있다(제63조 제3항).

3. 저작권

저작권법에 따르면 저작권 침행행위에 대하여 침해침해의 중지, 영향제거(消除影响), 사과(赔礼道歉), 손해배상 등을 청구할 수 있다(제46조, 제47조). 최고인민법원의 「저작권 민사분쟁사건 심리에 있어서 법률적용의 약간의 문제에 관한 해석」(2002년)에 따르면 저작권 분쟁사건은 중급이상의 인민법원이 관할한다(제2조). 저작권 침해에 대한 소송시효는 2년이다(민법통칙 제135조).

저작권법에 증명책임 전환 규정이 있다. 즉, (ⅰ) 복제품의 출판자·제작자가 그 출판·제작에 합법적인 수권이 있다는 점을 증명할 수 없거나, (ⅱ) 복제품의 발행자 또는 영화작품, 영화촬영과 유사한 방식으로 창작된 작품, 컴퓨터프로그램, 음반·영상 제품의 대여자가 그 발행·대여한 복제품의 합법적인 출처를 증명할 수 없는 경우에는 이에 따른 법률책임을 져야 한다(제53조).

저작권 또는 저작권 관련 권리를 침해한 경우, 침해자는 권리자의 실제 손해를 배상하여야 하고, 실제 손해를 산정하기 어려운 경우 침해자의 위법소득에 따라 배상하여야 한다(저작권법 제49조 제1항). 권리자의 실제 손해와 침해자의 위법소득을 산정하기 어려운 경우, 인민법원은 침해행위의 사정(情节)에 따라 50만 원(元) 이하의 배상을 명할 수 있다(저작권법 제49조 제2항). 그리고 인민법원은 저작권 또는 저작권 관련 권리를 침해하였다고 인정되는 경우, 위법소득·불법복제품 및 불법활동에 사용된 물건을 몰수할 수 있다(저작권법 제52조).

제2장
중국 특허 계약

제1절 중국 특허 계약 개요
제2절 특허권 양도계약
제3절 특허권 실시계약

제1절 중국 특허 계약 개요

Ⅰ. 국제 특허 계약의 특징

특허권은 산업 재산권의 한 유형으로, 각국의 경제발전에 직접적으로 영향을 미친다. 따라서 필연적으로 특허권에는 속지주의의 원칙이 적용된다. 즉, 각국은 자국의 경제발전 상황 및 산업정책 등에 따라 서로 다른 특허제도를 가지고 있으며, 각국의 특허법 규정에 따라 인정된 특허권은 해당 국가의 영역에서만 보호될 뿐 타국에는 그 효력이 미치지 않는다. 따라서 하나의 발명을 특허로 보호받기 위해서는 보호받고자 하는 국가의 특허권을 각각 별도로 취득하여야 한다. 이러한 특허권의 특성을 통상 특허의 독립성이라 칭한다.

이러한 특허의 독립성 및 산업 재산권적 특성으로 인하여, 국제 특허 계약은 국제 상품 매매 계약과는 다른 특이성을 갖고 있다. 구체적으로, 국제 상품 매매 계약은 유형의 자산을 그 대상으로 하며, 해당 자산의 물질적 가치는 국경에 상관없이 보통 유효하게 존속한다. 따라서 양 당사자의 국적이 서로 다르다고 할지라도, 국제 상품 매매 계약에서는 일반적으로 사적 자치의 원칙이 강하게 적용된다. 즉, 국제 상품 매매 계약에서는 당사자간 합의한 내용이 해당 국가의 강행규정에 위반되지 않는 한 해당 합의가 우선 적용된다.

그러나 국제 특허 계약은 무형의 특허권을 그 대상으로 하며, 계약의 대상인 특허권은 그 특허를 허여한 국가의 법규에 부합한다는 전제 하에 해당 국가의 영토 내에서만 유효하게 존속할 수 있다. 더욱이 각국은 자국의 경제 및 기술발전 정도에 따라 특허권의 양도, 실시허가 등에 대하여 제한을 두고 있는 경우가 많다. 이는 국제 특허 계약이 국제 상품 매매 계약에 비하여 사적 자치가 적용되는 범위가 다소 좁다는 것을 의미한다. 따라서 국제 특허 계약을 체결하고자 하는 당사자는 해당 특허권을 허여한 국가의 각종 법규를 정확하게 이해하고, 계약에서 합의하려는 내용이 해당 특허권을 허여한 국가의 법규에 부합하는지의 여부를 확인할 필요가 있다.

한국 기업과 중국 기업 사이의 국제 특허 계약은 크게 중국에서 등록된 중국 특허권을 대상으로 하는 경우와 중국 이외의 국가에서 등록된 특허권을 대상으로 하는 경우로 나누어 볼 수 있다. 이 중 중국 이외의 국가에서 등록된 특허권을 대상으로 하는 것은 본고의 목적을 넘어서므로, 여기에서는 중국 특허권과 관련된 국제 특허 계약에 대해서만 다루기로 한다.

II. 중국 특허 계약에 대한 주요 법규

중국의 특허제도와 관련이 있는 법률 또는 법규로는 중국 특허법(专利法), 중국 특허법 실시세칙(专利法实施细则), 최고 인민법원의 사법해석(司法解释), 기타 관련 법률 등이 있다. 중국 특허법은 중국 특허제도의 근간이 되는 법률로써 원칙적이며 포괄적인 내용들로 구성되어 있다. 중국 특허법의 각 조문에 대한 구체적인 내용은 중국 특허법 실시세칙, 최고인민법원의 사법해석, 그리고 민법통칙(民法通则), 민사소송법(民事诉讼法), 계약법(合同法) 등의 관련 법률에 의하여 보충 해석된다.

특히 한국 기업과 중국 기업 사이의 특허 계약은 서로 다른 국적을 가진 당사자 사이의 기술 거래에 해당하므로, 중국 특허 계약은 "대외무역법(对外贸易法)" 및 "기술수출입관리조례(技术进出口管理条例)"의 규정에 부합하여야 한다. 그리고 최근 중국에서는 독점 금지가 중요한 법률 이슈로 부상하고 있으므로, 중국 특허 계약이 중국의 "반독점법(反垄断法)"에서 금지하는 행위에 해당하지 않는지 여부에도 주의하여야 한다. 이하에서는 상기의 법률들을 고려하여, 바람직한 중국 특허권 양도 계약서 및 특허 실시권 허가 계약서를 제시하고, 계약서 각 조문의 의미를 살펴보도록 한다.

제2절 특허권 양도계약

Ⅰ. 특허권 양도 계약서 (중문)

专利权转让合同

专利名称：
专利号：
转让方名称：
地址：
代表人：
受让方名称：
地址：
代表人：
合同登记号：
签订地点：
签订日期_____年_____月_____日
前言(鉴于条款)
— 鉴于转让方(姓名或名称 注：必须与所转让的专利的法律文件相一致)拥有(专利名称 注：必须与所转让的专利的法律文件相一致)专利，其专利号_____，公开号_____，公告号_____，申请日_____，授权日_____，公开日_____，专利权的有效期为_____。
— 鉴于受让方(姓名或名称)对上述专利的了解，希望获得该专利权。
— 鉴于转让方同意将其拥有的专利权转让给受让方。
双方一致同意签订本合同

第一条 转让方向受让方交付资料

1. 向国家知识产权局递交的全部专利申请文件，包括说明书、权利要求书、附图、摘要、及摘要附图、请求书、意见陈述书以及著录事项变更、权利丧失后恢复权利的审批决定、代理委托书等(若申请的是PCT，还要包括所有PCT申请文件)。
2. 国家知识产权局发给转让方的所有文件，包括受理通知书、中间文件、授权决定、专利证书及副本等。
3. 转让方已许可他人实施的专利实施许可合同书，包括合同书附件(即与实施该专利有关的技术、工艺等文件)。
4. 国家知识产权局出具的专利权有效证明文件。指最近一次专利年费缴费凭证，在专利权无效请求中，专利复审委员会或人民法院作出的维持专利权有效的决定等。
5. 级主管部门或国务院有关主管部门的批准专利转让文件。

第二条 交付资料的时间、地点及方式

1. 交付资料的时间

合同生效后，转让方收到受让方支付的转让费后_____日内，转让方向受让方交付合同第一条所述的全部资料；或者合同生效后，_____日内转让方向受让方交付合同第一条所述的全部(或部分)资料，如果是部分资料，待受让方将转让费交付给转让方后_____日内，转让方向受让方交付其余的资料。

2. 交付资料的方式和地点

转让方将上述全部资料以面交、挂号邮寄等方式递交给受让方，并将资料清单以面交、邮寄或传真的方式递交给受让方。
全部资料的交付地点为受让方所在地域或双方约定的地点。

第三条 专利实施和实施许可的情况及处置办法

在本合同签订前，转让方已经实施该专利，本合同可约定，在本合同签订生效后，转让方可继续实施或停止实施该专利。如果合同没有约定，则转让方应停止实施该专利。
在本合同签订前，转让方已经许可他人实施的许可合同，其权利义务关系在本合同签订生效之日起，转移给受让方。

第四条 转让费基支付方式

1. 本合同涉及的专利权的转让费为(¥、$_____元)，采用一次付清方式，在合同生效之日起_____日内，或在国家知识产权局公告后_____日内，受让方将转让费全部汇至转让方的账号，或以现金方式汇至(或面交给)转让方。
2. 本合同涉及的专利权的转让费为(¥、$_____元)，采用分期付款方式，在合同生效之日起_____日内，或在国家知识产权局公告后_____日内，受让方即将转让费的_____%(¥、$_____元)汇至转让方的账号；待转让方交付全部资料

后＿＿＿＿＿＿日内，受让方将其余转让费汇至(或面交)转让方；或采用合同生效后，＿＿＿＿＿＿日内支付(￥、$＿＿＿＿＿＿元)，＿＿＿＿＿＿个月内支付(￥、$＿＿＿＿＿＿元)，＿＿＿＿＿＿个月内支付(￥、$＿＿＿＿＿＿元)，最后在＿＿＿＿＿＿个月内付清其余转让费的方式。

支付方式采用银行转账(或托收、现金兑付等)，现金兑付地点一般为合同签约地。

第五条 专利权被宣告无效的处理

根据《专利法》第47条，在本合同成立后，转让方的专利权被宣告无效时，如无明显违反公平原则，且转让方无恶意给受让方造成损失，则转让方不向受让方返还转让费，受让方也不返还全部资料。

如果本合同的签订明显违反公平原则，或转让方有意给受让方造成损失的，转让方应返还转让费。

他人请求专利复审委员会对该专利权宣告无效或复审委员会的决定不服向人民法院起诉时，在本合同成立后，由受让方负责答辩，并承担由此发生的请求或诉讼费。

第六条 过渡其条款

1. 在本合同签字生效后，至国家知识产权局著录事项变更登记公告之日，转让方应维持专利的有效性，在其期间，所要缴纳的年费由转让方支付。
2. 本合同在著录事项变更登记公告后，受让方负责维持专利的有效性，如办理专利的年费和无效请求的答辩及无效诉讼的应诉等事宜。
3. 在过渡期内，因不可抗力，致使转让方或受让方不能履行合同的，本合同即告解除。

第七条 税费

1. 对转让方和受让方均为中国公民或法人，本合同所涉及的转让费需纳的税，依中华人民共和国税法，由转让方纳税。
2. 对转让方是境外居民或单位的，按中华人民共和国税法及《中华人民共和国外商投资企业和外国企业所得税法》，由转让方向中国税务机关纳税。
3. 对转让方是中国的公民或法人，而受让方是境外单位或个人的，则按对方国家或地区税法纳税。

第八条 违约及

对转让方：

1. 转让方拒不交付合同规定的全部资料，办理专利权转让手续的，受让方有权解除合同，要求转让方返还转让费，并支付违约金_____。
2. 转让方无正当理由，逾期向受让方交付资料办理专利法转让手续(包括向国家知识产权局作著录事项变更)，每逾期一周，支付违约金_____；逾期2个月，受让方有权终止合同，并要求返还转让费。
3. 根据第六条，转让方违约的，应支付违约金_____。

对受让方：

1. 受让方拒付转让费，转让方有权解除合同，要求返回全部资料，并要求赔偿其损失或支付违约金_____。
2. 受让方逾期支付转让费，每逾期_____(时间)支付违约金_____；逾期2个月，转让方有权终止合同，并要求支付违约金_____。
3. 根据第六条，受让方违约的，应支付违约金_____。

第九条 争议的解决办法

甲乙双方就本合同的内容、解释、生效、效力和履行而发生争议，应先友好协商解决，任何一方不愿协商或者在30天内协商未果的，任何一方均可向位于韩国首尔市大韩商事仲裁院申请仲裁解决，按照该仲裁机构当时有效的仲裁规则进行仲裁，仲裁裁决是终局性的，对争议各方具有最终的法律拘束力。

第十条 其他

前九条未包括，但需要特殊约定的内容，包括出现不可预见的技术问题如何约定，出现不可预见的法律问题如何约定等。

第十一条 合同的生效

本合同的双方签字后即对双方具有约束力，自国家知识产权局对双方所作的《著录事项变更》进行登记并予以公告之日起，合同具有法律效力。

第十二条 适用法律

本合同的签署、交付、生效、履行、变更、效力、终止和解释等,均使用大韩民国的法律,大韩民国法律没有规定的,适用国际惯例。

转让方签章　　　　　　　　　　　　受让方签章
转让方法人代表签章　　　　　　　　受让方法人代表签章
　　年　月　日　　　　　　　　　　　年　月　日

<table>
<tr><td rowspan="8">转让方</td><td>名称(或姓名)</td><td colspan="3"></td><td>(签章)</td></tr>
<tr><td>法人代表</td><td>(签章)</td><td>委托代理人</td><td colspan="2">(签章)</td></tr>
<tr><td>联系人</td><td colspan="3"></td><td>(签章)</td></tr>
<tr><td>住所(通讯地址)</td><td colspan="4"></td></tr>
<tr><td>电话</td><td colspan="2"></td><td>传真</td><td></td></tr>
<tr><td>开户银行</td><td colspan="4"></td></tr>
<tr><td>账号</td><td colspan="2"></td><td>邮政编号</td><td></td></tr>
<tr><td rowspan="7">受让方</td><td>名称(或姓名)</td><td colspan="3"></td><td>(签章)</td></tr>
<tr><td>法人代表</td><td>(签章)</td><td>委托代理人</td><td colspan="2">(签章)</td></tr>
<tr><td>联系人</td><td colspan="3"></td><td>(签章)</td></tr>
<tr><td>住所(通讯地址)</td><td colspan="4"></td></tr>
<tr><td>电话</td><td colspan="2"></td><td>传真</td><td></td></tr>
<tr><td>开户银行</td><td colspan="4"></td></tr>
<tr><td>账号</td><td colspan="2"></td><td>邮政编号</td><td></td></tr>
<tr><td rowspan="7">中介方</td><td>单位名称</td><td colspan="3"></td><td>(签章)
年　月　日</td></tr>
<tr><td>法人代表</td><td>(签章)</td><td>委托代理人</td><td colspan="2">(签章)</td></tr>
<tr><td>联系人</td><td colspan="3"></td><td>(签章)</td></tr>
<tr><td>住所(通讯地址)</td><td colspan="4"></td></tr>
<tr><td>电话</td><td colspan="2"></td><td>传真</td><td></td></tr>
<tr><td>开户银行</td><td colspan="4"></td></tr>
<tr><td>账号</td><td colspan="2"></td><td>邮政编号</td><td></td></tr>
</table>

印花税票粘贴处

登记机关审查登记栏：

　　　　　　　　　　　　　　　技术合同登记机关　（专用章）
　　　　　　　　　　　　　　　经办人：　　　　　（签章）
　　　　　　　　　　　　　　　　　　年　月　日

Ⅱ. 특허권 양도 계약서 (한글)

특허권 양도 계약서

특허의 명칭 :
특허번호 :
양도인 명칭 :
주소 :
대표인 :
양수인 명칭 :
주소 :
대표인 :
계약등기번호 :
계약 체결지 :
계약일   년   월   일

서언(서술성 조문)

— 양도인 (성명 또는 명칭, 주의: 양도하는 특허의 법률문건과 반드시 일치해야 함)은 (특허명칭, 주의: 양도하는 특허의 법률문건과 반드시 일치해야 함)의 특허를 보유하고 있으며, 그 특허의 특허번호는_____, 공개번호는_____, 공고번호는_____, 출원일은_____, 수권일은_____, 공개일은_____, 특허권의 유효기간은_____이다.
— 양수인(성명 또는 명칭)은 상기의 특허에 대하여 이해하고 있으며, 해당 특허권을 획득하기를 희망한다.
— 양도인은 보유하고 있는 특허권을 양수인에게 이전하는 것에 동의한다.
쌍방은 일치하여 본 계약의 서명에 동의한다.

제1조 양도인이 양수인에게 교부하는 자료

1. 명세서, 특허청구범위, 첨부도면, 요약서, 요약서 도면, 출원신청서, 의견진술서 및 기재사항변경, 권리상실 후 권리회복 비준 결정, 대리위탁서 등 국가지식산권국에 제출한 모든 특허 신청 문건 (만약 PCT 출원인 경우에, PCT 신청문건을 포함한다)
2. 수리통지서, 중간문건, 수권결정, 특허증서 및 부본 등 국가지식산권국이 양도인에

게 발송한 모든 문건
3. 양도인이 이미 허가한 타인에 대한 특허실시허가계약서, 계약서 부본을 포함 (즉, 해당 특허를 실시하는데 관련된 기술, 공정 등 문건)
4. 국가지식산권국이 발행한 특허권 유효 증명 문건. 최근 일회 특허연차료 납부 증빙, 특허권 무효심판 중 특허복심위원회 또는 인민법원이 결정한 특허권 유효 유지의 결정 등을 가리킨다.
5. 상급주관부문 또는 국무원 유관 부문의 특허양도의 비준 문건

제2조 자료 교부의 시기, 장소 및 방식

1. 자료 교부의 시기

계약의 효력이 발생 후, 양수인이 지불한 양도금을 양도인이 수령한 후_____일 내에, 양도인은 양수인에게 계약서 제1조의 전술한 전부의 자료를 교부한다. 또는 계약의 효력이 발생한 후, _____일 내에 양도인은 양수인에게 계약서 제1조의 전술한 전부(또는 부분) 자료를 교부하며, 만약 부분 자료인 경우에, 양수인이 양도금을 양도인에게 지불한 후_____일 내에, 양도인은 양수인에게 나머지 자료를 교부한다.

2. 자료의 교부 방식 및 장소

양도인은 전술한 전부 자료를 직접 전달하거나, 등기우편 등의 방식으로 양수인에게 자료를 전달하며, 자료목록을 직접 교부, 우편 또는 팩스의 방식으로 양수인에게 전달한다.
전부 자료의 교부지점은 양수인의 주소지 또는 쌍방이 약정한 지점으로 한다.

제3조 특허실시 또는 실시허가의 상황 및 처리방법

본 계약의 체결 전에 양도인이 이미 해당 특허를 실시하는 경우, 본 계약의 효력이 발생한 후에 양도인이 계속하여 실시를 하거나 또는 해당 특허의 실시를 중지하도록 약정을 할 수 있다. 만약 약정이 없다면, 양도인은 마땅히 해당 특허의 실시를 중지하여야 한다.
본 계약의 체결 전에 양도인이 이미 타인으로 하여금 실시를 허가하는 계약을 승인하였다면, 그 권리와 의무 관계는 본 계약 체결의 효력이 발생하는 날로부터 양수인에게 이전된다.

제4조 양도금의 기본적 지불 방식

1. 본 계약과 관련된 특허권의 양도금은(¥、$_____위안)이며, 일괄지급방식을 차

용한다. 계약효력의 발생일로부터 _____ 일 내에, 또는 국가지식산권국의 공고 후 _____ 일 내에, 양수인은 양도금 전부를 양도인의 계좌로 이체하거나 또는 현금방식으로 양도인에게 입금(혹은 직접교부)한다.
2. 본 계약과 관련된 특허권의 양도금은(¥、$_____위안)이며, 분할지급방식을 차용한다. 계약효력의 발생일로부터 _____ 일 내에, 또는 국가지식산권국의 공고 후 _____ 일 내에, 양수인은 양도금의 _____%(¥、$_____위안)를 양도인의 계좌로 입금하며, 양도인이 모든 자료를 교부한 후 _____ 일 내에 양수인은 그 나머지 양도금을 양수인에게 입금(또는 직접지급)한다. 또는 계약발행 후 _____ 일 내에 (¥、$_____위안)을 지급하고, _____ 월 내에 (¥、$_____위안)을 지급하며, _____ 월 내에 (¥、$_____위안)을 지급하고, 마지막으로 _____ 월 내에 그 나머지 금액을 지급하는 방식을 차용한다.
지불방식은 은행계좌이체(또는 대리징수, 현금지불 등)를 차용하며, 현금지급의 지점은 계약 체결지로 한다.

제5조 특허권 무효시의 처리

"전리법" 제47조에 근거하여, 본 계약이 성립한 후에, 양도인의 특허권이 무효선고를 받은 때에, 만약 공평의 원칙에 명확하게 반하지 않으며 양도인이 고의 없이 양수인의 손해를 초래하였다면, 양도인은 양수인에게 양도금을 반환하지 않고, 양수인 역시 모든 자료를 반환하지 않는다.
만약 본 계약의 체결이 명확하게 공평의 원칙에 반하거나, 또는 양도인의 고의로 양수인의 손해를 초래하였다면, 양도인은 양도금을 마땅히 반환하여야 한다.
타인이 특허복심위원회에 상기 특허권의 무효선고를 신청하거나 혹은 복심위원회의 결정에 불복하여 인민법원에 소송을 제기할 때에, 본 계약이 성립한 후에, 양수인이 답변의 책임 및 이로 인하여 발생하는 청구 혹은 소송비용을 부담한다.

제6조 과도기 조항

1. 본 계약 서명의 효력이 발생한 후로부터 국가지식산권국의 등기사항변경 공고일에 이르기까지, 양도인은 마땅히 특허의 유효성을 유지하여야 하며, 그 기간 내에 지불하여야 하는 연차료는 양도인이 지불한다.
2. 본 계약의 등기사항변경 공고 후, 양수인은 특허 연차료의 처리, 무효심판에서의 답변 및 무효소송에서의 응소 등의 사항과 같은 특허의 유효성의 유지할 책임을 부담한다.
3. 과도기간 내에, 불가항력으로 인하여 양도인 또는 양수인이 계약을 이행하지 못하는 경우, 본 계약은 즉시 해제된다.

제7조 세금

1. 양도인 및 양수인이 중국공민 또는 법인인 경우, 본 계약과 관련된 양도금의 필요한 세금납부는, 중화인민공화국 세법에 의거하여, 양도인이 세금을 납부한다.
2. 양도인이 경외 주민 혹은 단위인 경우, 중화인민공화국 세법 및 "중화인민공화국 외상투자기업 및 외국기업의 세법"에 따라, 양도인이 중국 세무기관에 세금을 납부한다.
3. 양도인이 중국의 공민 또는 법인이나 양수인이 경외 단위 또는 개인인 경우, 상대방 국가 또는 지역의 세법에 따라 세금을 납부한다.

제8조 위약 및 배상

양도인에 대하여:

1. 양도인이 계약에서 규정한 모든 자료의 교부, 특허권 양도 수속을 거절하는 경우, 양수인은 계약 해제의 권리를 가지며, 양도인에게 양도금의 반환 및 위약금_____의 지급을 청구할 수 있다.
2. 양도인이 정당한 이유 없이 기간을 도과하여 양수인에게 자료를 교부하고 특허권 양도 수속을 처리하는 경우(국가지식산권국 등기사항변경 포함), 매 1주 씩 초과할 때마다 _____의 위약금을 지불하며, 2개월이 도과하는 경우, 양수인은 계약을 종결할 권리를 가지며 양도금의 반환을 청구할 수 있다.
3. 제6조에 근거하여, 양도인이 위약하는 경우, 마땅히 _____의 위약금을 지불하여야 한다.

양수인에 대하여:

1. 양수인이 양도금의 지불을 거절하는 경우, 양도인은 계약을 해제하고, 모든 자료의 반환을 청구하며, 그 손실을 배상하거나 혹은 위약금 _____의 지불을 청구할 권리를 가진다.
2. 양수인이 기간을 도과하여 양도금을 지불하는 경우, 매 도과하는 _____ (시간)마다 위약금_____를 지불한다. 2개월을 도과하는 경우, 양도인은 계약을 종료하고 위약금_____의 지불을 청구할 수 있는 권리를 가진다.
3. 제6조에 근거하여 양수인이 위약하는 경우, 마땅히 _____의 위약금을 지불하여야 한다.

제9조 분쟁의 해결 방법

갑·을 쌍방은 본 계약의 내용, 해석, 효력의 발생, 효력 및 이행에 관하여 분쟁발생시 우선 우호적으로 협상하여 해결하여야 한다. 일방이 협상을 원하지 않거나 또는 30일 내에 협상으로 결과를 보지 못한 경우, 임의의 일방은 한국 서울시에 위치한 대한상사중재원에 중재를 신청하여 당해 중재기관의 중재규칙에 따라 중재한다. 중재판정은 최종적인 것이며, 분재의 각 당사자에 대하여 법률적인 구속력을 가진다.

제10조 기타

앞의 아홉 개의 조문에 포함되어 있지 않으나, 예상할 수 없는 기술적 문제를 어떻게 해결할 것인지의 약정, 예견할 수 없는 법률적 문제를 어떻게 해결할 것인지의 약정 등 필요하다고 판단되는 내용을 특별히 약정할 수 있음.

제11조 계약의 효력 발생

본 계약의 쌍방이 서명을 한 후 즉시 쌍방에 대하여 구속력을 가지며, 국가지식산권국에 의하여 쌍방이 행한 "등기사항변경"의 등기가 진행되어 공개된 날로부터, 계약을 법률효력을 가진다.

제12조 적용되는 법률

본 계약의 체결, 교부, 효력의 발생, 이행, 변경, 중지 및 해석 등은 모두 대한민국의 법률을 적용하고 대한민국의 법률에 규정이 없는 경우 국제 관습을 적용한다.

양도인 서명날인　　　　　　　　　양수인 서명날인
양도인 법인대표 서명날인　　　　　양수인 법인대표 서명날인
　　　년　 월　 일　　　　　　　　　　년　 월　 일

양도인	명칭(또는 성명)					(서명날인)
	법인대표	(서명날인)		위탁대리인		(서명날인)
	연락인					(서명날인)
	주소(통신주소)					
	전화			팩스		
	계좌개설 은행					
	계좌번호			우편번호		
양수인	명칭(또는 성명)					(서명날인)
	법인대표	(서명날인)		위탁대리인		(서명날인)
	연락인					(서명날인)
	주소(통신주소)					
	전화			팩스		
	계좌개설 은행					
	계좌번호			우편번호		
중개인	단위명칭					(서명날인) 년 월 일
	법인대표	(서명날인)		위탁대리인		(서명날인)
	연락인					(서명날인)
	주소(통신주소)					
	전화			팩스		
	계좌개설 은행					
	계좌번호			우편번호		

수입인지 붙이는 곳

등기기관심사등기란 :

기술계약등기기관　(전용날인)

담당자 :　　　　(서명날인)

년　월　일

Ⅲ. 특허권 양도 계약서 분석

1. 특허권 양도 계약 전 수출입 가능 기술 여부의 확인

(1) 의의

한국에서도 국가핵심기술의 외국으로의 무단 유출을 방지하기 위하여 법률[111]로써 일정부분 통제를 가하고 있듯이, 중국에서도 이와 유사한 법규를 두어 핵심기술의 해외 유출을 제한하고 있다. 중국 기업과의 기술 거래 시에 고려해야 할 중국 법률로는 특허법(专利法), 대외무역법(对外贸易法), 기술수출입관리조례(技术进出口管理条例) 등이 있으며, 특히 특허권의 양도와 관련해서는 기술수출입관리조례에 따른 수출입 금지 또는 제한 기술이 아닌지의 여부를 확인할 필요가 있다.

(2) 기술수출입관리조례에 따른 특허권 양도의 제한

기술수출입관리조례 제2조 제1항에 따르면, 기술수출입이란 중국 경내(境内)에서 경외(境外) 또는 중국 경외(境外)에서 경내(境内)로 기술이 이전되는 행위를 가리킨다. 또한 동조 제2항에 따르면, 기술수출입에는 특허권 양도, 특허실시허가, 특허 출원권 양도를 포함한다. 따라서 한국 기업과 중국 기업 사이에 특허권 양도 계약을 체결하고자 한다면, 이는 기술수출입관리조례에서 규정하는 기술수출입에 해당하여 해당 조례의 적용을 받게 된다.

기술수출입관리조례의 제8조 내지 제10조 그리고 제31조 내지 제34조에 따르면, 중국 당국은 수출입 대상 기술의 성질에 따라 각각 수출입 금지기술(禁止进口或出口的技术), 수출입 제한기술(限制进口或出口的技术), 수출입 자유기술(自由进口或出口的技术)로 구분하여 관리한다. 만약 해당 기술이 수출입 금지기술에 해당한다면, 해당 기술의 수출입은 불가하다. 만약 해당 기술이 수출입 제한기술에 해당한다면, 중국 상무부(商务部)로부터 해당 기술의 수출입에 대한 심사 및 허가를 받아야 한다. 그리고 해당 기술이 수출입 자유기술에 해당한다면, 해당 기술의 수출입은 원칙적으로 자유로우며 중국 상무부는 단지 해당 계약서를 등기할 것만을 요구한다.

---

[111] 한국에서는 "산업기술의 유출방지 및 보호에 관한 법률"을 두고 있으며, 해당 법률의 제11조에 따라 국가핵심기술을 해외에 이전하기 위해서는 산업통상자원부장관의 승인을 얻어야 한다.

따라서 만약 한국 기업과 중국 기업 사이의 특허권 양도 계약을 체결하였는데 해당 특허 기술이 수출입 금지기술이나 제한기술에 해당하는 것으로 밝혀진다면, 해당 특허권 양도 계약은 중국의 법률 또는 행정법규의 강제성 규정을 위반하는 것으로 무효에 해당하게 된다.[112] 결국 특허권 양도 계약 전에 해당 기술이 수출입 금지기술이나 제한기술이 아닌지를 먼저 확인하여야, 불필요한 시간과 비용의 낭비를 방지할 수 있다.

(3) 수출입 가능 기술 여부의 확인 방법

특허권 양도 계약의 기술이 수출입 금지 또는 제한기술에 해당하는지의 여부는 중국 상무부에서 공포하는 "중국 수출금지 수출제한 기술목록(中国禁止出口限制出口技术目录)" 및 "중국 수입금지 수입제한 기술목록(中国禁止进口限制进口技术目录)"을 살펴봄으로써 확인할 수 있다.[113] 해당 기술목록에 속하지 않는다면 수출입 자유기술에 해당하게 된다.

만약 특허권 양도 계약의 대상 기술이 "수출입 제한기술"에 해당한다면, 중국 상무부로부터 해당 기술의 수출입에 대한 허가를 받아야 한다. 따라서 서면으로 특허권 양도 계약을 체결하기에 앞서, 해당 기술이 중국 상무부로부터 수출입 허가를 받을 수 있는 것인지의 여부를 확인하는 것이 바람직하다. 실무상 수출입 허가 가능 여부의 타진은 중국 상무부에 "수출 제한기술 신청서(限制出口技术申请书)" 또는 "수입 제한기술 신청서(限制进口技术申请书)"를 제출함으로써 이루어진다. 이 경우 중국 상무부는 심사를 진행한 후에 "기술 수출 허가 의향서(技术出口许可意向书)" 또는 "기술 수입 허가 의향서(技术进口许可意向书)"를 발행하며, 신청인은 이를 통하여 해당 기술의 수출입 가능 여부를 확인할 수 있다. 결론적으로 중국에서의 특허권 양도 계약은 우선적으로 해당 기술에 대한 수출 또는 수입의 허가 의향서를 확인한 후에 진행하여야 하며, 그렇지 않다면 중국 상무부의 수출입 불허로 인하여 자칫 힘들게 체결한 계약이 무효로 되는 불상사가 생길 수 있다.

한편 이후 중국 기업과의 협상이 진행되어 정식으로 특허권 양도 계약을 체결하였다면, 해당 계약서의 부본 및 이전에 취득한 허가 의향서를 첨부하여 중국 상무부에 기술수출허가증(技术出口许可证) 또는 기술수입허가증(技术进口许可证)을 신청하여야 한다. 이 경우 상무부는 해당 계약의 진실성에 대한 심사를 진행한 후에 특별한 문제가 없는 한 수출입 허가의 결정을 내리게 된다. 기술수출입관리조례의 제16조 및 제38조에 따

---

[112] 중국 계약법(合同法) 제52조에 따르면, 법률 또는 행정법규의 강제성 규정을 위반하는 계약은 무효 사유에 해당한다.

[113] 해당 기술목록은 수출입 금지 및 수출입 제한 기술에 대하여 각각 열거하고 있으며, 이는 중국 상무부의 홈페이지(http://www.mofcom.gov.cn)에서 다운로드 할 수 있다.

라, 수출입 제한기술에 대한 특허권 양도 계약의 효력은 허가증이 발부되어야 비로소 발생하게 된다.[114]

2. 계약의 대상이 되는 특허권 및 당사자의 기재[115]

专利名称 (특허의 명칭) :
专利号 (특허번호) :
转让方名称 (양도인 명칭) :
地址 (주소) :
代表人 (대표인) :
受让方名称 (양수인 명칭) :
地址 (주소) :
代表人 (대표인) :
签订地点 (계약 체결지) :

(1) 계약 대상 중국 특허권의 확정

중국 특허권에 대한 양도 계약을 체결할 시에는, 먼저 해당 양도 계약의 대상이 되는 중국 특허권을 확정하여야 한다. 중국 특허법 제39조 및 제40조의 규정에 따라, 중국에서 특허권의 효력은 특허출원에 대한 특허권의 수여를 결정하고 이를 공고한 날로부터 발생한다. 따라서 본 특허권 양도 계약의 대상이 되는 중국 특허권이란 심사를 거쳐 특허권의 수여가 공고된 특허권을 의미하며, 아직 특허 심사 중이거나 비밀상태에 있는 특허권을 가리키지 않는다.

실무상 계약의 대상이 되는 중국 특허권은 그 "발명의 명칭"과 "특허번호"를 계약서에 기재함으로써 특정할 수 있다. 또한 특허번호 이외에 출원번호(申请号), 공개번호(公开

---

[114] 참고로 "수출입 자유기술"의 경우에는 특허권 양도 계약이 성립한 때에 계약의 효력이 발생하며, 등기증(登记证)의 취득이 계약의 효력 발생 요건은 아니다(기술수출입관리조례 제39조 참조). 다만 특허권 양도 계약 체결 후 중국 특허청에 특허권 명의변경을 신청할 때에 실무상 보통 해당 등기증을 함께 제출하여야 하므로, 수출입 자유기술의 경우에 특허권 양도 계약을 체결한 후에 해당 계약을 등기하는 것이 필요하다. 한편, "수출입 제한기술" 역시 실무상 중국 특허청에 특허권 명의 변경을 신청할 때에 해당 기술의 수출입에 대한 허가증을 제출하여야 한다.

[115] 이하에서 소개되는 중국 특허권 양도 계약서의 각 조문은 "专利技术转移(저자: 陶鑫良, 출판사: 知识产权出版社)"의 120~124p에 수록된 "모범 특허권 양도 계약서"를 기초로 한 것이다. 다만 원문의 계약서는 중국 기업들 사이의 특허권 양도 계약을 상정하고 작성된 것이기에, 한국 기업과 중국 기업 사이의 특허권 양도 계약에 대한 정보 제공이라는 본고의 목적에 맞도록, 원저자(陶鑫良)의 동의 하에 일정부분 수정 및 보충되었다.

호), 공고번호(公告号), 출원일(申请日), 공고일(公告日) 등을 계약서에 함께 기재하여도 무방하다.

(2) 계약 당사자의 확인

일반적인 매매계약과 마찬가지로, 중국 기업과 중국 특허권에 대한 양도 계약을 체결하는 경우에도 해당 중국 기업 및 그 대표자에 대한 정보를 확인하는 것은 당연히 필요하다. 일반적으로 중국 기업 및 그 대표자에 대한 정보는 기업영업허가(企业营业执照)를 통하여 확인할 수 있다.

다만 특허권 양도 계약과 관련하여 주의할 점은 계약서 상의 양도인과 해당 특허권의 특허권자가 반드시 일치하여야 한다는 것이다. 이는 계약 상의 양도인이 해당 특허권의 진정한 권리자라는 것을 담보하기 위한 것이다. 만약 양도인이 해당 특허권에 대한 합법적 권리자가 아니라면, 해당 계약서의 양도인은 당연히 해당 특허권의 처분권한이 없다. 중국에서 특허권자란 원칙적으로 중국특허청(国家知识产权局)의 특허등기부(专利登记簿) 상에 등기된 특허권자를 가리킨다. 따라서 양수인은 중국 특허청의 특허등기부 상의 특허권자를 확인하고, 해당 특허권자와 계약서 상의 양도인이 일치하는지를 확인하여야 한다.

> **| 사례 |** 애플의 IPAD 상표권 분쟁의 발생 원인 – 계약서 상 양도인의 불일치
>
> **(사건의 요약)** PROVIEW는 대만 전자업체로 한국, 유럽, 멕시코 등지에서 IPAD 상표권을 보유하여 왔다. 또한 대만 PROVIEW는 중국 심천에 자회사인 심천 PROVIEW를 설립한 후, 2000년 초반에 IPAD 중국 상표권을 등록 받고 이를 자사 모니터에 부착하여 판매하여 왔다. 한편 애플은 아이폰으로 유명한 세계적인 전자업체로, 2010년 4월 태블릿 PC인 아이패드의 출시를 앞두고 IPAD 상표가 중국에서 이미 등록된 사실을 알게 되었다. 이에 애플은 IPADL이라는 업체를 통하여 2009년 12월 대만 PROVIEW로부터 중국을 포함한 7개국에 대한 상표권을 한화 약 6,000만원에 양도 받는 계약을 체결하였다. 다만 해당 계약서의 양도인은 대만 PROVIEW였으며, 자회사인 중국의 심천 PROVIEW는 계약서 상 양도인이 아니었다. 후에 애플이 아이패드를 출시하자, 중국의 심천 PROVIEW는 상표권 양도 계약서 상 양도인이 아니라는 이유로 중국 IPAD 상표권의 이전을 거부하였다. 이에 애플은 광동성 심천중급법원에 상표권자를 확인하는 소송을 제기하였으나 패소하였다. 이에 2012년 6월 애플은 심천 PROVIEW에 아이패드 상표권 이전의 대가로 $60,000,000 지불하는 것으로 화해를 맺고 분쟁을 종결하였다.

| 시사점 |

중국 IPAD 상표권 분쟁이 발생하게 된 계기는 상표권 양도 계약서 상의 양도인(대만 PROVIEW)과 실제 상표권자(심천 PROVIEW)가 일치하지 않았기 때문이다. 애플은 IPADL이라는 회사를 내세워 비교적 저렴한 값에 상표권 양도 계약을 체결하는데 성공하였으나, 중국 IPAD 상표권의 상표권자와 상표권 양도 계약의 양도인이 일치하는지 여부를 확인하지 않는 실수를 범하였다. 더욱이 소송 과정에서 애플이 실수를 만회하기 위하여 내세운 표현대리 등의 주장은 중국 법원에 의하여 인정되지 않았다. 결국 애플은 계약서 상의 작은 실수로 말미암아 거액의 비용을 지불하고 중국 IPAD 상표권을 양수할 수 밖에 없었다.

(3) 특허권자가 복수인 경우의 유의점

하나의 특허권에 둘 이상이 특허권자가 존재한다면, 둘 이상의 특허권자들은 해당 특허권에 대한 권리를 공유한다. 중국 특허법 제15조의 규정에 따라, 만약 한 명의 특허권자가 자신의 지분을 양도하려 한다면, 원칙적으로 다른 공유자들의 동의를 얻어야 한다. 따라서 만약 한국 기업이 중국 특허권을 양수하려 한다면, 해당 특허권의 공유자들의 동의가 있었는지를 확인할 필요가 있다.

(4) 계약이 체결된 장소

일반적으로 특허권 양도 계약서에 계약이 체결된 장소, 즉 계약 체결지를 반드시 기재하여야 하는 것은 아니다. 다만 향후 계약 관련 분쟁의 발생을 대비한 분쟁 해결 방법을 협상하는 과정에서 계약 체결지 법원을 관할 법원으로 선정하려 한다면, 상기와 같이 계약서의 서두에 계약 체결지를 기재하는 것을 고려할 수 있다. 이는 이하의 제9조 분쟁 해결 방법에서 좀더 자세히 설명된다.

3. 양도인이 양수인에게 교부하여야 하는 자료

第一条 转让方向受让方交付资料

1. 向国家知识产权局递交的全部专利申请文件, 包括说明书、权利要求书、附图、摘要、及摘要附图、请求书、意见陈述书以及著录事项变更、权利丧失后恢复权利的审批决定、代理委托书等(若申请的是PCT, 还要包括所有PCT申请文件)。
2. 国家知识产权局发给转让方的所有文件, 包括受理通知书、中间文件、授权决定、专利证书及副本等。
3. 转让方已许可他人实施的专利实施许可合同书, 包括合同书附件(即与实施该专利有关的技术、工艺等文件)。
4. 国家知识产权局出具的专利权有效证明文件。指最近一次专利年费缴费凭证, 在专利权无效请求中, 专利复审委员会或人民法院作出的维持专利权有效的决定等。
5. 上级主管部门或国务院有关主管部门的批准专利转让文件。

제1조 양도인이 양수인에게 교부하는 자료

1. 명세서, 특허청구범위, 첨부도면, 요약서, 요약서 도면, 출원신청서, 의견진술서 및 기재사항변경, 권리상실 후 권리회복 비준 결정, 대리위탁서 등 국가지식산권국에 제출한 모든 특허 신청 문건 (만약 PCT 출원인 경우에, PCT 신청문건을 포함한다)
2. 수리통지서, 중간문건, 수권결정, 특허증서 및 부본 등 국가지식산권국이 양도인에게 발송한 모든 문건
3. 양도인이 이미 허가한 타인에 대한 특허실시허가계약서, 계약서 부본을 포함 (즉, 해당 특허를 실시하는데 관련된 기술, 공정 등 문건)
4. 국가지식산권국이 발행한 특허권 유효 증명 문건. 최근 일회 특허 연차료 납부 증빙, 특허권 무효심판 중 특허복심위원회 또는 인민법원이 결정한 특허권 유효 유지의 결정 등을 가리킨다.
5. 상급주관부문 또는 국무원 유관 부문의 특허양도의 비준 문건

(1) 의의

중국 계약법 제349조에 따르면, 기술 이전 계약의 양도인은 스스로가 제공하는 기술의 합법적인 권리자임을 보증하여야 하며, 제공하는 기술이 완전하고 유효하여 계약의 목적을 달성할 수 있음을 보증하여야 한다. 특허권 양도 계약 역시 기술 이전 계약의 일 유형에 속하므로[116], 중국 특허의 특허권자인 양도인은 양수인에게 특허권의 유효성 및 본인이 특허권자임을 증명하는 자료를 제출할 의무가 있다. 본 계약서의 조항은 양도인이 양수인에게 제출하여야 하는 자료를 계약서 상에 다시 한번 명확하게 규정하는데 목적이 있다.

(2) 양도인이 중국 특허청에 제출한 자료

한국과 마찬가지로, 중국에서 특허권을 획득하기 위해서는 중국 특허청에 특허출원신청서와 함께 명세서, 특허청구범위 등을 제출하여야 한다. 특허출원이 발명특허인 경우에, 중국 심사관은 해당 특허출원에 대하여 실질심사를 진행하며, 거절이유가 있는 경우에 심사의견통지서를 발행한다. 출원인은 심사관의 심사의견통지서에 대하여 보통 의견진술서 또는 보정서를 제출하여 대응하게 된다. 이러한 과정을 거쳐 해당 특허출원이 특허성이 있다고 판단되면, 심사관은 해당 특허출원에 대한 등록 결정을 내린다. 만약 한국 기업이 중국 기업으로부터 중국 특허권을 양수한다면, 출원이 중국 특허청에 제출한 명세서, 청구범위, 의견진술서 등 일체의 자료를 넘겨줄 것을 계약서에 약정하는 것이 바람직하다. 양수인은 등록된 중국 특허권의 청구범위 뿐만 아니라 특허출원의 심사과정에서 출원인이 제출한 의견진술서를 분석함으로써, 양수하는 중국 특허권의 권리범위를 명확하게 파악할 수 있게 되기 때문이다.[117]

(3) 양도인이 중국 특허청으로부터 수신한 자료

중국에서 특허권을 획득한 특허권자는 출원부터 등록에 이르기까지 중국 특허청으로부

---

[116] 중국 계약법 제342조 참조

[117] 중국 특허권의 권리범위를 해석하는 방법 중 하나로 금반언의 원칙(禁止反悔原則)이 있다. 금반언의 원칙이란 특허권의 수여절차 또는 무효심판 절차에서 보정 또는 의견진술을 통하여 포기한 기술방안은 이후에 특허권 침해분쟁 사건에서 다시 이를 특허권 보호범위에 속한다는 주장을 할 수 없다고 하는 것이다. 중국의 최고인민법원은 "특허권 침해분쟁 사건 심리에 적용하는 법률에 관한 약간의 문제해석(最高人民法院关于审理侵犯专利权纠纷案件应用法律若干问题的解释)"의 제6조에서 금반언의 원칙을 긍정하였으며, 많은 중국 침해소송에서 특허권의 권리범위 확정시에 금반언의 원칙이 주요 논점이 되고 있다. 따라서 양수하고자 하는 특허권의 권리범위를 명확히 알기 위해서는, 청구항에 쓰여진 권리범위는 물론이고, 심사과정에서 제출된 의견서 등도 함께 분석하여야 한다.

터 각종 문서를 수신하게 된다. 예를 들어, 특허 출원의 신청이 접수된 경우에 중국 특허청은 수리 통지서를 출원인에게 송부하며, 심사과정에서 중국 특허법의 규정에 부합하지 않은 사항을 발견한 경우에는 심사의견통지서 등 각종 중간문건을 출원인에게 송부한다. 또한 등록 가능한 것으로 판단되면, 중국 특허청은 등록결정(수권결정), 특허증서 등을 출원인에게 발송하게 된다. 본 조항은 양도인인 특허권자가 수신한 이러한 자료들을 양수인에게 교부할 것을 명확히 하는 것이다.

(4) 종래 특허권자가 허여한 특허 실시허가에 관한 자료

중국 특허권에 대한 권리자는 보유한 특허권에 대하여 제3자와 실시허가 계약을 체결할 수 있다.[118] 따라서 중국 특허권 양도 계약을 체결하기 전에 해당 특허권에 대한 실시허가계약이 체결된 경우가 존재할 수 있다. 중국 최고인민법원의 사법해석에 따르면, 특허권 양도 계약의 성립은 양도인이 계약의 성립 전에 제3자와 체결한 특허 실시허가 계약의 효력에는 영향을 미치지 않는다.[119] 이는 특허권 양도 계약 성립 전에 이루어진 특허 실시허가 계약의 권리와 의무가 해당 특허권의 양수인에게 이전됨을 의미한다. 따라서 만약 한국 기업이 중국 기업으로부터 중국 특허권을 양수한다면, 본 조항을 삽입하여 실시허가 계약의 존재 유무 및 그 권리와 의무를 파악하여야 혹시 모를 선 실시권자의 존재로 인한 피해를 최소화할 수 있다.

(5) 특허권의 유효를 증명하는 문건

중국에서 등록된 특허권의 보호기간은 원칙적으로 발명특허의 경우에 출원일로부터 20년이며, 실용신안특허 및 디자인특허의 경우에 출원일로부터 10년이다.[120] 그러나 특허권은 그 보호기간이 만료되기 전에 그 효력이 종료될 수 있다. 특허 연차료를 납부하지 않은 경우, 특허권이 무효심판에 의하여 무효로 선고된 경우, 특허권자 스스로 특허권의 포기를 성명한 경우가 그러하다. 따라서 한국 기업이 중국 특허권을 양수하는 경우에는 중국 특허권자로부터 최근의 특허 연차료 납부 증빙[121], 특허권 무효심판 중 특허

---

[118] 중국 특허법 제12조 참조.

[119] "최고인민법원의 기술계약분쟁안건의 심리에 적용하는 법률의 약간의 문제에 대한 해석" 제24조 제2항 참조.

[120] 중국 특허법 제42조.

[121] 참고로 중국 특허법 제43조 및 중국특허법실시세칙 제98조의 규정에 따라, 특허권자는 특허권을 수여받은 당해 연도부터 연차등록료를 납부하여야 하며, 특허권 수여의 당해 연도 이후의 연차등록료는 전 1년도의 기한 만료 전에 납부하여야 한다.

복심위원회 또는 인민법원이 결정한 특허권 유효 유지의 결정 등을 요구하여, 해당 중국 특허권의 유효성을 확인할 필요가 있다.

(6) 특허권 양도 계약 시에 기술지도까지 제공하여야 하는지의 여부

중국 특허권 양도 계약을 체결하는 경우, 특허권자인 양도인은 중국 계약법 제349조의 규정에 따라 계약의 목적을 달성할 수 있을 정도로 완전하고 유효한 기술을 양도하여야 한다. 다만 이는 제공하는 특허권이 완전하고 유효하여 계약의 목적을 달성할 수 있을 정도면 족할 것을 의미할 뿐, 해당 특허기술에 대한 기술지도를 제공하는 것은 이에 해당하지 않는다고 보는 것이 일반적이다. 즉, 계약에 별도로 규정하고 있지 않다면, 양도인은 양수인에게 특허기술에 대한 기술지도를 제공하여야 할 의무는 없다.

실무상 한국 기업이 양도인이고 중국 기업이 양수인인 경우, 중국 기업은 해당 기술의 특허권 뿐만 아니라 해당 특허기술에 대한 기술 지도를 함께 요구할 가능성이 높다. 만약 계약 협상 중에 중국 기업이 한국 기업에게 특허권의 이전 뿐만 아니라 기술설비, 기술지도 등을 제공해줄 것을 함께 요구한다면, 한국 기업은 중국의 법률 상 양도인에게는 이러한 의무가 없음을 인식하고, 기술지도 제공에 따른 별도의 대가를 요구하는 등 협상을 유리하게 이끌어나가야 할 것이다.

4. 자료 교부의 시기, 장소 및 방식

第二条 交付资料的时间、地点及方式

1. 交付资料的时间
   合同生效后，转让方收到受让方支付的转让费后＿＿＿＿＿＿日内，转让方向受让方交付合同第一条所述的全部资料；或者合同生效后，＿＿＿＿＿＿日内转让方向受让方交付合同第一条所述的全部(或部分)资料，如果是部分资料，待受让方将转让费交付给转让方后＿＿＿＿＿＿日内，转让方向受让方交付其余的资料。

2. 交付资料的方式和地点
   转让方将上述全部资料以面交、挂号邮寄等方式递交给受让方，并将资料清单以面交、邮寄或传真的方式递交给受让方。
   全部资料的交付地点为受让方所在地域或双方约定的地点。

> 제2조 자료 교부의 시기, 장소 및 방식
> 1. 자료 교부의 시기
>   계약의 효력이 발생 후, 양수인이 지불한 양도금을 양도인이 수령한 후 _____일 내에, 양도인은 양수인에게 계약서 제1조의 전술한 모든 자료를 교부한다. 또는 계약의 효력이 발생한 후, _____일 내에 양도인은 양수인에게 계약서 제1조의 전술한 모든 (또는 일부) 자료를 교부하며, 만약 일부 자료인 경우에, 양수인이 양도금을 양도인에게 지불한 후_____일 내에, 양도인은 양수인에게 나머지 자료를 교부한다.
> 2. 자료의 교부 방식 및 장소
>   양도인은 전술한 모든 자료를 직접 전달하거나, 등기우편 등의 방식으로 양수인에게 자료를 전달하며, 자료목록을 직접 교부, 우편 또는 팩스의 방식으로 양수인에게 전달한다.
>   모든 자료의 교부지점은 양수인의 주소지 또는 쌍방이 약정한 지점으로 한다.

(1) 의의

본 계약서의 제1조에 따라 양도인이 양수인에게 교부하여야 하는 자료를 확정하였다면, 제2조에서는 해당 자료의 교부 시기 등을 구체적으로 약정하는 것이 필요하다. 이에 대한 약정이 없는 경우에 양도인이 양수인에게 자료의 교부를 거부하거나 이를 미루는 등 다툼이 발생할 여지가 있다. 본 계약서 제2조의 자료의 교부 시기 등에 대해서는 법적 이슈가 그리 많지 않으므로, 상기의 예시와 같이 약정하거나 또는 각 당사자의 사정에 따라 다양한 방식으로 약정할 수 있다. 다만 상기의 예시와 같이 약정하는 경우에 자료 교부 시기의 기준이 되는 "계약의 효력 발생일"의 의미에 대하여 주의를 기울일 필요가 있다.

(2) 자료 교부의 시기

양도인이 양수인에게 교부하여야 하는 자료의 교부 시기는 계약이 효력 발생 시기 및 양도금 수령 시기 등을 고려하여 비교적 자유롭게 약정할 수 있다. 예를 들어, 양도인은 모든 자료를 일괄적으로 교부할 수 있으며, 또는 일부의 자료를 먼저 지급하고 나머지 자료는 나중에 지급하는 부분 교부 방식을 채택할 수도 있다.

만약 일괄 교부 방식을 채택하였다면, 본 조항과 같이 "계약의 효력이 발생 후, 양수인이 지불한 양도금을 양도인이 수령한 후_____일 내에, 양도인은 양수인에게 계약서 제1조의 전술한 전부의 자료를 교부한다"라고 약정하는 것이 일반적이다. 또한 만약 부분 교부 방식을 채택하였다면, 본 조항과 같이 "계약의 효력이 발생한 후, _____일 내에 양도인은 양수인에게 계약서 제1조의 전술한 일부 자료를 교부하며, 양수인이 양도금을 양도인에게 지불한 후_____일 내에, 양도인은 양수인에게 나머지 자료를 교부한다"고 규정하는 것이 가능하다. 다만 이는 하나의 예에 불과하며, 각 당사자의 사정에 따라 다양한 방식이 가능하다.

(3) 자료 교부의 방식 및 장소

양도인이 교부하여야 하는 자료의 전달 방법 및 장소는 당사자의 편의에 따라 다양한 방식으로 약정할 수 있다. 예를 들어, 본 조항과 같이 양도인이 양수인에게 직접 전달하는 방식을 채택할 수도 있으며, 등기 우편의 방식으로 전달하는 방식을 채택할 수도 있다. 또한 자료의 교부지점은 양수인의 주소지로 하는 것이 일반적이나, 당사자의 사정에 따라 다양하게 약정 가능하다.[122]

(4) 자료 교부 시기 협의 시 유의점 – 계약의 효력 발생시기의 확정

만약 상기의 조항과 유사하게 "계약의 효력 발생일"을 일 기준으로 하여 자료 교부 시기를 약정한다면, "계약의 효력 발생일"이 의미하는 바를 명확히 이해할 필요가 있다. 계약의 효력 발생일을 이해하기 위해서는 중국 계약법 제44조 및 제45조의 규정을 고려해야 할 뿐만 아니라, 기술 수출입 관리조례에 의한 제한기술인지의 여부도 확인하여야 한다. 참고로, 본 계약서에서는 제11조에 특허권 양도로 인한 등기 변경이 공고된 날로부터 계약의 효력이 발생하는 것으로 약정하였으며, 이 경우 계약의 효력 발생일은 제한기술인지의 여부와 무관하게 실무상 "특허권 등기 변경 공고일"로 되게 된다. 이는 이하의 "6. 양도금의 지불 방식 및 시기"에서 보다 자세히 설명된다.

---

[122] 참고로, 만약 한국 기업이 양도인이라면, 향후 혹시 모를 분쟁에 대비하기 위하여 자료의 교부 후에 해당 자료의 교부사실을 증명할 수 있는 증거를 미리 확보하는 것이 바람직하다. 특허권 양도 계약에 대한 분쟁에서, 양수인은 종종 양도인의 자료 교부 사실을 부정하며, 이 경우 특별한 사정이 없는 한 자료 교부에 대한 입증 책임은 양도인에게 있다. ((2005)菏民三初字第10号의 특허권 매매계약 분쟁 사건 등)

5. 양도인의 계속 실시에 대한 특약 및 제3자에 대한 실시허가

> 第三条 专利实施和实施许可的情况及处置办法
> 在本合同签订前, 转让方已经实施该专利, 本合同可约定, 在本合同签订生效后, 转让方可继续实施或停止实施该专利。如果合同没有约定, 则转让方应停止实施该专利。
> 在本合同签订前, 转让方已经许可他人实施的许可合同, 其权利义务关系在本合同签订生效之日起, 转移给受让方。
>
> 제3조 특허실시 또는 실시허가의 상황 및 처리방법
> ① 본 계약의 체결 전에 양도인이 이미 해당 특허를 실시하는 경우, 본 계약의 효력이 발생한 후에 양도인이 계속하여 실시를 하거나 또는 해당 특허의 실시를 중지하도록 약정을 할 수 있다. 만약 약정이 없다면, 양도인은 마땅히 해당 특허의 실시를 중지하여야 한다.
> ② 본 계약의 체결 전에 양도인이 이미 타인으로 하여금 실시를 허가하는 계약을 승인하였다면, 그 권리와 의무 관계는 본 계약 체결의 효력이 발생하는 날로부터 양수인에게 이전된다.

(1) 의의

특허권 양도 계약에 따라 특허권이 양도인에게 양수인에게 이전된 경우, 해당 특허권에 대한 권리와 의무 역시 양도인에게서 양수인에게로 이전된다. 이는 양도인의 입장에서는 특허권자로써 해당 특허를 실시할 수 있던 권리가 특허권의 양도로 인하여 자연스럽게 상실되는 것을 의미하며, 양수인의 입장에서는 해당 특허기술에 대한 제3자의 실시에 대한 의무가 자연스럽게 승계됨을 의미한다.

중국의 최고인민법원은 2004년에 공포한 "최고인민법원의 기술계약분쟁안건의 심리에 적용하는 법률의 약간의 문제에 대한 해석" 제24조 제2항에서 이에 대하여 명확히 정의한 바 있으며, 본 계약서의 상기 제3조는 해당 사법해석에 따라 권리와 의무를 명확히 함으로써 분쟁을 방지하기 위하여 필요한 것이다. 특히 한국 기업이 양도인이며 특허권을 양도한 이후에도 해당 특허기술을 계속하여 실시하고자 한다면 본 조항에서 반드시 해당 특허기술의 실시를 약정하여야 한다.

(2) 양도인이 특허기술을 계속하여 실시하고자 하는 경우

상기 최고인민법원의 사법해석 제24조 제1항에 따르면, "특허권 양도 계약(또는 특허 출원권 양도 계약)의 체결 전에 양도인이 스스로 발명창조를 실시하였으며, 양도 계약의 효력이 발생한 후에 양수인이 양도인의 실시 중지를 요구하는 경우, 법원은 이를 지지한다. 다만 당사자가 별도의 약정이 있는 경우에는 예외로 한다"고 규정하고 있다. 따라서 양도인이 특허권 양도 계약을 체결한 후에도 계속하여 해당 특허기술을 실시하고자 한다면, 반드시 계약서에 특허기술의 계속 실시를 별도로 약정해 두어야 한다. 만약 계약서에 별도의 약정을 맺지 않은 채로 양도인이 계속하여 해당 특허기술을 실시한다면, 양도인의 실시행위는 중국 특허법 제11조[123]에서 규정하는 특허침해 행위에 해당하게 될 가능성이 높으며, 이에 따라 법원은 해당 양도인의 실시행위가 특허침해임을 이유로 상기 사법해석 제24조 제1항과 같이 양도인이 실시행위를 중지할 것을 판결하게 된다. 특히 한국 기업이 양도인인 경우에 계속하여 특허기술을 실시하고자 한다면, 반드시 본 계약서의 제3조 제1항에 양도인의 계속 실시에 대한 규정을 명확히 약정하여야 한다.[124]

(3) 양도인이 특허계약 전에 이미 제3자에게 실시의 허가를 한 경우

상기 최고인민법원의 사법해석 제24조 제2항에 따르면, "양도인과 양수인 사이에 체결된 특허권 또는 특허 출원권의 양도 계약은 계약의 성립 전에 양도인과 타인 사이에 체결된 상관 특허 실시허가 계약 또는 기술 비밀의 양도 계약의 효력에 영향을 미치지 않는다"라고 규정하고 있다. 이는 특허권 양도 계약 이전에 이미 제3자와 양도인이 실시허가 계약을 체결한 경우, 해당 실시허가 계약에 대한 권리 및 의무가 특허권 양도 계약으로 인하여 양도인으로부터 양수인에게로 이전됨을 의미한다. 본 계약서의 제3조 제2항은 이러한 권리와 의무의 이전을 명확하게 하기 위한 확인적 의미를 갖는 것이다.

---

[123] 중국 특허법 제11조에 의하면, "특허권이 수여된 후에는 중국 특허법에 별도의 규정이 있는 경우를 제외하고 어떠한 단위 또는 개인도 특허권자의 허락을 받지 않고는 생산경영의 목적으로 그 특허제품을 제조, 사용, 판매의 청약, 판매, 수입하거나 또는 그 특허방법을 사용하거나 당해 특허방법에 의하여 직접 획득한 제품을 사용, 판매의 청약, 판매, 수입할 수 없다"고 규정하고 있다. 따라서 중국 특허법 상 침해가 성립되기 위해서는 ⅰ) 특허권이 수여된 후일 것, ⅱ) 특허권자의 허락을 받지 않은 상태일 것, ⅲ) 생산경영의 목적일 것, ⅳ) 중국 특허법 제11조의 실시행위에 속할 것, ⅴ) 중국 특허법에 별도의 규정이 없을 것이라는 요건을 만족하여야 한다. 실시허가 없는 양도인의 계속적 실시행위는 해당 조건을 만족할 가능성이 높아 대부분 특허침해행위에 해당하게 된다.

[124] 구체적인 실시 허가 방식에 대하여는 본 책의 "특허실시허가계약"을 참조할 것.

6. 양도금의 지불 방식 및 시기

第四条 转让费及支付方式

1. 本合同涉及的专利权的转让费为(¥、$_____元), 采用一次付清方式, 在合同生效之日起_____日内, 或在国家知识产权局公告后_____日内, 受让方将转让费全部汇至转让方的账号, 或以现金方式汇至(或面交给)转让方。

2. 本合同涉及的专利权的转让费为(¥、$_____元), 采用分期付款方式, 在合同生效之日起_____日内, 或在国家知识产权局公告后_____日内, 受让方即将转让费的_____%(¥、$_____元)汇至转让方的账号；待转让方交付全部资料后_____日内, 受让方将其余转让费汇至(或面交)转让方；或采用合同生效后, _____日内支付(¥、$_____元), _____个月内支付(¥、$_____元), _____个月内支付(¥、$_____元), 最后在_____个月内付清其余转让费的方式。
支付方式采用银行转账(或托收、现金兑付等), 现金兑付地点一般为合同签约地。

제4조 양도금의 기본적 지불 방식

1. 본 계약과 관련된 특허권의 양도금은(¥、$_____위안)이며, 일괄지급방식을 차용한다. 계약 효력의 발생일로부터 _____일 내에, 또는 국가지식산권국의 공고 후 _____일 내에, 양수인은 양도금 전부를 양도인의 계좌로 이체하거나 또는 현금방식으로 양도인에게 입금(혹은 직접교부)한다.

2. 본 계약과 관련된 특허권의 양도금은(¥、$_____위안)이며, 분할지급방식을 차용한다. 계약 효력의 발생일로부터 _____일 내에, 또는 국가지식산권국의 공고 후 _____일 내에, 양수인은 양도금의 _____%(¥、$_____元)를 양도인의 계좌로 입금하며, 양도인이 모든 자료를 교부한 후 _____일 내에 양수인은 그 나머지 양도금을 양수인에게 입금(또는 직접지급)한다. 또는 계약 효력 발생 후 _____일 내에 (¥、$_____위안)을 지급하고, _____월 내에 (¥、$_____위안)을 지급하며, _____월 내에 (¥、$_____위안)을 지급하고, 마지막으로 _____월 내에 그 나머지 금액을 지급하는 방식을 차용한다.
지불방식은 은행계좌이체(또는 대리징수, 현금지불 등)를 차용하며, 현금지급의 지점은 계약 체결지로 한다.

(1) 의의

양도금의 지급은 양수인이 양도인에 대하여 부담하는 의무이다. 특허권 양도 계약은 무형의 재산인 특허권을 그 대상으로 하기 때문에, 양수인이 양도인으로부터 받아야 하는 자료를 모두 받지 못하였거나 특허권 이전이 이루어지지 않았다고 판단하여 양수인이 양도금의 지급을 거절하는 경우가 종종 발생한다. 따라서 양도금의 지급 시기 및 그 방식은 특허자료의 교부 시기, 양도 계약의 효력 발생 시기, 특허권 이전의 효력 발생 시기 등을 고려하여 합리적으로 결정하여야 향후 발생할 수 있는 분쟁을 예방할 수 있다. 본 계약서의 제4조는 중국 법규를 고려한 양도금 지급 시기 및 방식의 모범 예들을 제시하고 있으나, 각 당사자의 사정에 따라 다른 방식으로도 약정할 수 있다.

(2) 양도금의 지급 방식 – 일괄 지급 및 분할 지급 방식

먼저 양도금의 지급 방식은 크게 일괄 지급 방식과 분할 지급 방식으로 나누어 볼 수 있다. 일괄 지급 방식이란 소정 시기에 양도금의 전부를 양수인에게 전부 지급하는 것을 의미하며, 분할 지급 방식이란 양도인의 의무 이행 여부(예를 들어, 자료 교부 등) 및 특허권의 실제 이전 여부(예를 들어, 특허권 변경 등기 공고)에 맞추어 양도금을 분할하여 지급하는 방식을 의미한다. 특허권 양도 계약의 당사자들은 협의에 따라 자유롭게 양도금의 지급 방식을 결정할 수 있으며, 본 예와 다른 지급 방식을 약정할 수도 있다.

(3) 양도금 지급 시기 결정 시 주의할 사항

양도금의 지급 시기는 당사자의 협의에 따라 다양하게 결정할 수 있으나, 통상 본 계약의 제4조와 같이 "계약의 효력 발생일" 또는 "특허권 이전일(또는 공고일)"을 기준으로 하게 된다. 다만 종종 "계약의 효력 발생일"과 "특허권 이전일"에 대해 계약 당사자 사이에 오해가 발생할 수 있으므로, 이에 대하여 명확히 이해한 후 계약서를 작성할 필요가 있다.

① 특허권 양도 계약의 효력 발생 시기

중국 계약법 제44조에 의하면 법에 의하여 성립된 계약은 그 성립 시[125]부터 계약의 효력이 발생한다. 그러나 중국 계약법 제45조에 의하면 쌍방 당사자는 계약의 효력 발생 요건을 부가하는 약정을 추가할 수도 있다. 이에 따라 만약 계약서에 부가적인 효력 발

---

[125] 중국 계약법 제32조에 따르면, 당사자가 계약서의 형식을 차용하여 체결한 계약은 쌍방이 서명 또는 날인한 때로부터 계약이 성립된다.

생 요건에 대하여 규정하는 조항이 있다면, 해당 계약은 부가적인 효력 발생 요건을 만족하여야 비로소 법적 효력을 갖게 된다. 또한 만약 해당 특허권이 수출입 제한기술과 관련된 것이라면, 계약의 효력은 중국의 상무부로부터 허가증이 발부되어야 비로소 발생하게 된다(기술 수출입 관리조례의 제16조 및 제38조).

예를 들어, 상기 본 계약의 제4조의 일 예와 같이 "계약 효력의 발생일로부터 10일 내에 양도금을 지급한다"라고 하였으며, 별다른 계약의 효력 발생 조건은 약정하지 않았다고 가정하여 보도록 하겠다. 이 경우, 중국 계약법 제44조에 따라 해당 계약은 계약의 성립시부터 효력이 발생한다. 따라서 이와 같이 약정하였을 시에, 계약 효력의 발생일은 곧 계약의 성립일을 가리키므로, 양수인은 계약의 성립일로부터 10일 내에 양도금을 지급하여야 한다.

다른 예로, "계약 효력의 발생일로부터 10일 내에 양도금을 지급한다"라고 하였으며, 추가적으로 "계약은 소정 실험을 합격하였을 때, 그 합격의 통지일로부터 효력이 발생한다"라고 약정을 하였다고 가정하도록 하겠다. 이 경우, 중국 계약법 제44조에 따라 해당 계약은 해당 특허기술에 대한 실험이 합격하고 그 통지를 받았을 때부터 효력이 발생한다. 따라서, 양수인은 실험의 합격 통지일로부터 10일 내에 양도금을 지급하여야 한다.

또 다른 예로, "계약효력의 발생일로부터 10일 내에 양도금을 지급한다"라고 약정하였을 뿐 별 다른 약정은 없으나, 해당 기술은 수출입 제한기술인 것으로 가정하도록 하겠다. 이 경우, 기술 수출입 관리조례 제16조 및 제38조에 따라 해당 계약은 허가증이 발부되어야 비로소 효력이 발생한다. 따라서 이와 같은 경우에는 양수인은 허가증이 발부된 날로부터 10일 내에 양도금을 지급하여야 한다.

마지막으로, 본 특허권은 수출입 제한기술에 해당하고, "계약효력의 발생일로부터 10일 내에 양도금을 지급한다"라고 약정하였을 뿐만 아니라, 추가적으로 "본 계약은 중국 특허청에 대하여 쌍방이 진행한 '등기사항변경'의 등기가 진행되어 공고된 날로부터 효력이 있다"고 약정하였다고 가정하도록 하겠다(본 계약서 제11조 참조). 이 경우, 본 계약의 효력이 발생하기 위해서는 상무부로부터 허가증을 발부 받아야 함과 동시에 중국 특허청에 등기사항 변경이 등기되어 공고되어야 효력이 발생한다. 다만 실무상 중국 특허청에 등기사항변경을 신청하기 위해서는 수출입 제한 기술에 대한 허가증 또는 수출입 자유기술에 대한 등기증을 보통 요구하므로, 이와 같은 경우에 계약의 효력 발생일은 등기사항변경 등기의 "공고일"이 된다. 따라서 양수인은 등기사항변경의 공고일로부터 10일 내에 양도금을 지급해야 한다.

	지급 시기의 약정 사항	추가 약정 사항	해석
제1예	계약 효력 발생일로부터 10일 내	無	계약 성립일로부터 10일 내
제2예		실험 합격 통지일에 계약 효력 발생의 약정	실험 합격 통지일로부터 10일 내
제3예		수출입 제한기술에 해당	허가증이 발부된 날로부터 10일 내
제4예		등기변경 공고일에 계약 효력 발생 & 수출입 제한기술에 해당	등기변경 공고일로부터 10일 내(실무)

〈양도금 지급 시기 해석의 예〉

② 특허권 이전의 효력 발생 시기

중국 특허법 제10조 제3항의 규정에 따르면, 특허권을 양도할 경우에 당사자는 서면으로 계약을 체결하고 국무원 특허행정부서(중국 특허청)에 등기해야 하며, 국무원 특허행정부서는 이를 공고한다. 이 경우 특허권의 양도는 등기를 한 날로부터 효력이 발생한다. 따라서 만약 계약서에 "특허권이 이전된 날로부터 _____일 내에 양도금을 지급한다"라고 약정하였다면, 여기서 "특허권이 이전된 날"이란 "특허권 변경사항의 등기가 된 날"을 의미한다. 다만 실무상 특허권이 등기되었는지의 여부는 공고 여부를 통하여 알게 되며, 해당 등기일과 공고일 사이에는 약간의 시간 차가 존재하므로, 본 계약서 제4조의 조문과 같이 "중국 특허청(국가지식산권국)의 공고일"을 기준으로 하는 것이 좀더 명확한 표현이다.

7. 특허권 무효 시의 처리

> 第五条 专利权被宣告无效的处理
>
> 根据《专利法》第47条, 在本合同成立后, 转让方的专利权被宣告无效时, 如无明显违反公平原则, 且转让方无恶意给受让方造成损失, 则转让方不向受让方返还转让费, 受让方也不返还全部资料。
> 如果本合同的签订明显违反公平原则, 或转让方有意给受让方造成损失的, 转让方应返还转让费。
> 他人请求专利复审委员会对该专利权宣告无效或复审委员会的决定不服向人民法院起诉时, 在本合同成立后, 由受让方负责答辩, 并承担由此发生的请求或诉讼费。

> 제5조 특허권 무효시의 처리
> ① "전리법" 제47조에 근거하여, 본 계약이 성립한 후에, 양도인의 특허권이 무효 선고를 받은 때에, 만약 공평의 원칙에 명확하게 반하지 않으며 양도인이 고의 없이 양수인의 손해를 초래하였다면, 양도인은 양수인에게 양도금을 반환하지 않고, 양수인 역시 모든 자료를 반환하지 않는다.
> ② 만약 본 계약의 체결이 명확하게 공평의 원칙에 반하거나, 또는 양도인의 고의로 양수인의 손해를 초래하였다면, 양도인은 양도금을 마땅히 반환하여야 한다.
> ③ 타인이 특허복심위원회에 상기 특허권의 무효선고를 신청하거나 혹은 복심위원회의 결정에 불복하여 인민법원에 소송을 제기할 때에, 본 계약이 성립한 후에, 양수인이 답변의 책임 및 이로 인하여 발생하는 청구 혹은 소송비용을 부담한다.

(1) 의의

중국 특허법 제45조에 의하면, 중국 특허청이 특허권 수여를 공고한 날로부터 누구든지 해당 특허의 무효심판을 청구할 수 있다. 특히 중국은 발명 특허에 대하여는 실질심사를 진행하지만 실용신안 특허 및 디자인 특허에 대하여는 실질심사를 진행하지 않기 때문에, 침해 분쟁 시에 실용신안 및 디자인에 대한 무효심판 청구는 빈번한 편이다. 따라서 특허권에 대한 양도 계약을 하는 경우, 특허권 무효가 양도 계약에 미치는 효력에 대하여 알아둘 필요가 있다. 중국은 특허법 제47조에서 이에 대하여 규정하고 있으며, 이는 한국과 많은 차이가 있으므로 주의하여야 한다. 본 계약의 조문은 중국 특허법 제47조를 반영하는 것이며, 동시에 계약 성립 후부터 특허권이 이전되기까지 과도기 동안의 무효심판 대응 책임의 주체를 약정을 통하여 명확히 하는데 목적이 있다.

(2) 특허권 무효의 소급력 및 예외

중국 특허법 제47조 제1항에 따르면, 무효로 선고된 특허권은 처음부터 존재하지 않은 것으로 본다. 다만 동조의 제2항에 따르면, 특허권 무효선고의 결정은 이미 이행한 특허 실시 허가계약과 특허권 양도 계약에 대하여 소급력을 가지지 않는다. 즉, 특허권 양도 계약 체결 후에 해당 특허권이 무효로 되더라도 이미 이행한 특허권 양도 계약에는 영향을 미치지 않는 것이 원칙이다. 이에 따라 양도인은 양수인에게 양도금을 반환하지 않아도 되며, 또한 양수인 역시 양도인으로부터 받은 자료를 반환하지 않아도 된다. 다만 이에 대한 예외가 존재하지 않는 것은 아니며, 동조 제3항에서는 특허권 양도금의 반환이 공평의 원칙에 명백히 위배되는 경우에 그 양도금의 전부 또는 일부를 반환할 것을 규정하고 있다. 따라서 특허권 양도 계약 작성 시에는 본 계약서의 제5조 제1항 및 제2항과 같이 확인적 의미에서 특허권 무효 시의 처리 방법에 대하여 규정할 수 있다.

(3) 계약 성립 후 특허권이 이전되기 전까지의 과도기 규정

만약 특허권 양도 계약을 체결하기 전에 제3자가 해당 특허권에 대한 무효심판을 청구하였다면, 제3자에 맞서 해당 특허권이 유효함을 주장하는 것은 특허권자인 양도인에게 있음이 자명하다. 또한 특허권 양도 계약에 의하여 특허권이 실제로 이전된 후에 제3자가 무효심판을 청구하였다면, 제3자에 맞서 특허권을 방어하는 책임은 특허권자인 양수인에게 있는 것 역시 자명하다. 다만 계약이 성립된 후로부터 실제로 이전이 이루어지기 전까지의 과도기 동안에는 양도인 또는 양수인 중 누가 특허권을 방어할 것인지 불분명할 뿐만 아니라 이에 대한 다툼이 종종 있으므로, 약정을 통하여 이에 대하여 규정할 필요가 있다.[126]

만약 상기의 과도기 기간에 제3자가 무효심판을 청구하였다면, 상기의 본 계약서 제5조 제3항과 같이 "본 계약이 성립한 후에는 양수인이 답변의 책임 및 이로 인하여 발생하는 청구 혹은 소송비용을 부담한다"고 약정하는 것을 고려할 수 있다. 이는 만약 계약의 성립 후에 무효심판이 제기되었다면, 해당 계약에 따라 특허권이 이전되기 까지는 비교적 짧은 시간이 소요되나 특허권 무효심판이 종료되기 까지는 이보다 긴 시간이 소요되므로, 결국 무효심판은 특허권의 양수인에 의하여 대부분 진행될 가능성이 높다는 점을 감안할 때 처음부터 양수인이 무효심판을 담당하는 것이 좀더 효율적이기 때문이다. 다만 본 조항은 당사자의 협의에 따라 다르게 약정할 수 있음은 물론이며, 예를 들어 "본 계약에 따라 특허권이 이전된 후에는 양수인이 답변의 책임을 지고, 특허권이 이전되기 전에는 양도인이 답변 책임을 진다"라고 규정할 수도 있다.

---

[126] 이와 같은 과도기적 상황에서 당사자 사이에 약정이 없는 경우에 무효심판의 답변 책임이 누구에게 있는가에 대하여는 명확한 최고인민법원의 판례는 없는 것으로 보인다. 다만 동일한 과도기적 상황에서 해당 특허권에 대한 권리 및 의무는 양도인 특허권자에게 있는 것으로 보는 지방법원판례가 있다는 점과 중국 특허법 제10조의 규정을 감안할 때, 당사자 사이에 약정이 없다면 과도기적 상황에서 무효심판에 대한 답변 책임은 법리적으로 특허권자인 양도인에게 있다고 볼 수 있다.

8. 과도기(过渡其) 동안 특허권의 유효성 유지

> 第六条 过渡期条款
> 1. 在本合同签字生效后, 至国家知识产权局著录事项变更登记公告之日, 转让方应维持专利的有效性, 在其期间, 所要缴纳的年费由转让方支付。
> 2. 本合同在著录事项变更登记公告后, 受让方负责维持专利的有效性, 如办理专利的年费和无效请求的答辩及无效诉讼的应诉等事宜。
> 3. 在过渡期内, 因不可抗力, 致使转让方或受让方不能履行合同的, 本合同即告解除。
>
> 제6조 과도기 조항
> 1. 본 계약 서명의 효력이 발생한 후로부터 국가지식산권국의 등기사항변경 공고일에 이르기까지, 양도인은 마땅히 특허의 유효성을 유지하여야 하며, 그 기간 내에 지불하여야 하는 연차료는 양도인이 지불한다.
> 2. 본 계약의 등기사항변경 등기공고 후, 양수인은 특허 연차료의 처리, 무효심판에서의 답변 및 무효소송에서의 응소 등의 사항과 같은 특허의 유효성의 유지할 책임을 부담한다.
> 3. 과도기간 내에, 불가항력으로 인하여 양도인 또는 양수인이 계약을 이행하지 못하는 경우, 본 계약은 즉시 해제된다.

(1) 의의

본 계약서 제6조의 과도기란 "서명의 효력이 발생한 후 (또는 계약 성립 후)로부터 특허권 변경 등기의 공고일에 이르기까지의 기간"을 가리킨다. 만약 해당 과도기 내에 특허권의 유효성 유지 의무에 대한 명확한 규정이 없다면, 양도인과 양수인 사이에 연차료 납부의 책임 등에 다툼이 생길 수 있으며, 최악의 경우에 연차료 미납으로 인하여 해당 특허권이 소멸하는 경우가 발생할 수 있다. 본 계약서의 제6조는 과도기 내에서의 특허 유지 의무를 명확히 규정하여, 이러한 분쟁을 사전에 방지하는데 목적이 있다.

(2) 양도인의 특허 유효성 유지 의무

중국 계약법 제349조에 따르면 양도인은 제공하는 특허권이 완전하고 유효하여 계약의 목적을 달성하기에 충분하도록 보장할 의무가 있으며, 중국 특허법 제10조 제3항에 따르면 특허권의 양도는 특허권 변경이 등기된 날로부터 효력이 발생한다. 따라서 특허권 양도 계약에 따라 특허권이 이전되어 중국 특허청에 의하여 해당 사실이 등기되기 전까지, 특허권자는 별다른 약정이 없는 한 해당 특허권을 유효하게 유지할 의무를 부담한다.

본 계약서 제6조 제1호는 이러한 규정을 반영한 것으로, 과도기 내에 특허권을 유효하게 유지할 의무는 원칙적으로 양도인에게 있음을 약정하고 있으며, 만약 과도기 내에 연차료를 납부하여야 한다면 이 역시 양도인이 지불하여야 한다고 약정하고 있다. 다만 이는 예시적인 것이며, 당사자 간의 약정에 따라 양수인이 연차료를 납부하게 하는 것도 가능하다.

(3) 양수인의 특허 유효성 유지 의무

중국 특허법 제10조 제3항에 따라 특허권 변경의 등기가 이루어지면, 해당 특허권에 대한 권리는 양수인에게 이전된다. 본 계약서 제6조 제2호는 이러한 규정을 반영한 것으로, 등기의 공고 후에 양수인이 특허 연차료의 납부 등의 의무를 부담함을 확인하는 규정이다.

(4) 불가항력인 경우의 처리

중국 계약법 제94조 제1호에 의하면, 불가항력으로 인하여 계약의 목적을 실현할 수 없는 경우에 당사자 일방은 해당 계약을 해지할 수 있으며, 그 밖에 당사자 간의 합의에 의하여도 계약의 해제 조건을 약정할 수 있다. 본 계약서의 제6조 제3호는 이러한 규정을 반영한 것으로, 과도기 내에 불가항력으로 인하여 계약을 이행하지 못하는 경우에 계약을 해지할 수 있음을 약정하는 것이 가능하다.

9. 세금의 납부

第七条 税费
1. 对转让方和受让方均为中国公民或法人, 本合同所涉及的转让费需纳的税, 依中华人民共和国税法, 由转让方纳税.
2. 对转让方是境外居民或单位的, 按中华人民共和国税法及《中华人民共和国外商投资企业和外国企业所得税法》, 由转让方向中国税务机关纳税.

> 3. 对转让方是中国的公民或法人, 而受让方是境外单位或个人的, 则按对方国家或地区税法纳税。
>
> 제7조 세금
> 1. 양도인 및 양수인이 중국공민 또는 법인인 경우, 본 계약과 관련된 양도금의 필요한 세금납부는, 중화인민공화국 세법에 의거하여, 양도인이 세금을 납부한다.
> 2. 양도인이 경외 주민 혹은 단위인 경우, 중화인민공화국 세법 및 "중화인민공화국 외상투자기업 및 외국기업의 세법"에 따라, 양도인이 중국 세무기관에 세금을 납부한다.
> 3. 양도인이 중국의 공민 또는 법인이나 양수인이 경외 단위 또는 개인인 경우, 상대방 국가 또는 지역의 세법에 따라 세금을 납부한다.

본 계약서 제7조는 특허권 양도 시 발생하는 세금 문제에 대하여 규정하는 것이다. 만약 한국 기업이 실질적으로는 중국에 세워진 중국 법인에 해당한다면 제7조 제1호와 같이 중국의 세법의 규율을 받는 것으로 약정할 수 있다. 만약 한국 법인인 한국 기업이 양도인인 경우에는 중국의 세법 및 중화인민공화국 외상투자기업 및 외국기업의 세법의 규율을 받는 것으로 약정할 수 있으며, 한국 법인인 한국 기업이 양수인인 경우에는 한국의 세법의 적용을 받는 것으로 약정 가능하다.

10. 계약의 해제 및 위약금의 약정

> 第八条 违约及赔偿
> 对转让方:
> 1. 转让方拒不交付合同规定的全部资料, 办理专利权转让手续的, 受让方有权解除合同, 要求转让方返还转让费, 并支付违约金_____。
> 2. 转让方无正当理由, 逾期向受让方交付资料办理专利法转让手续(包括向国家知识产权局作著录事项变更), 每逾期一周, 支付违约金_____; 逾期2个月, 受让方有权终止合同, 并要求返还转让费。
> 3. 根据第六条, 转让方违约的, 应支付违约金_____。
>
> 对受让方:
> 1. 受让方拒付转让费, 转让方有权解除合同, 要求返回全部资料, 并要求赔偿其

损失或支付违约金_____。
2. 受让方逾期支付转让费, 每逾期_____(时间)支付违约金_____; 逾期2个月, 转让方有权终止合同, 并要求支付违约金_____。
3. 根据第六条, 受让方违约的, 应支付违约金_____。

제8조 위약 및 배상

양도인에 대하여:
1. 양도인이 계약에서 규정한 모든 자료의 교부, 특허권 양도 수속을 거절하는 경우, 양수인은 계약 해제의 권리를 가지며, 양도인에게 양도금의 반환 및 위약금 _____의 지급을 청구할 수 있다.
2. 양도인이 정당한 이유 없이 기간을 도과하여 양수인에게 자료를 교부하고 특허권 양도 수속을 처리하는 경우(국가지식산권국 등기사항변경 포함), 매 1주 씩 초과할 때마다 _____의 위약금을 지불하며, 2개월이 도과하는 경우, 양수인은 계약을 종결할 권리를 가지며 양도금의 반환을 청구할 수 있다.
3. 제6조에 근거하여, 양도인이 위약하는 경우, 마땅히 _____의 위약금을 지불하여야 한다.

양수인에 대하여:
1. 양수인이 양도금의 지불을 거절하는 경우, 양도인은 계약을 해제하고, 모든 자료의 반환을 청구하며, 그 손실을 배상하거나 혹은 위약금 _____의 지불을 청구할 권리를 가진다.
2. 양수인이 기간을 도과하여 양도금을 지불하는 경우, 매 도과하는 _____(시간)마다 위약금_____를 지불한다. 2개월을 도과하는 경우, 양도인은 계약을 종료하고 위약금_____의 지불을 청구할 수 있는 권리를 가진다.
3. 제6조에 근거하여 양수인이 위약하는 경우, 마땅히 _____의 위약금을 지불하여야 한다.

(1) 의의

특허권 양도 계약을 체결할 때에는 당사자 일방이 계약을 이행하지 않을 것에 대비하여 위약의 책임을 약정할 수 있다. 예를 들어, 양도인이 중국 특허청에 대한 특허권 이전 수속을 밟지 않거나 양수인이 양도금을 지급하지 않을 것에 대비하여 이에 대한 위약의 책임을 약정한다면, 향후 이로 인한 분쟁을 보다 용이하게 해결할 수 있다. 중국 계약법 및 최고인민법원 사법해석은 계약의 해제에 대하여 보다 구체적인 규정을 두고 있으며, 본 계약서의 제8조는 이러한 규정들을 고려하여 바람직한 계약 해제 및 위약금 청구의 예들을 제시하는데 목적이 있다.

(2) 계약의 해제 및 위약금의 약정

중국 계약법 제94조에 따르면, 당사자 일방이 주요 채무의 이행을 지체하며 이에 대한 최고(催告) 후에도 합리적인 기간 내에 여전이 이행을 하지 않는 경우, 또는 당사자 일방이 채무의 이행을 지체하거나 계약을 위반하는 행위를 하여 계약의 목적을 실현할 수 없는 결과를 초래하는 경우에, 다른 일방은 계약을 해제할 수 있다. 또한 중국 계약법 제93조에 따르면, 당사자는 협의를 통하여 계약을 해제할 수 있으며, 계약해제의 조건을 계약서에 명시할 수도 있다. 이 경우, 계약 해제의 조건이 완성된 경우에 계약 해제의 권리를 가진 자는 계약을 해제할 수 있다.

상기 본 계약서의 제8조는 중국 계약법 제93조 및 제94조의 규정을 고려하여 위약의 책임을 약정한 것이다. 구체적으로, 본 계약서의 제8조에서는 양도인이 계약을 위반하는 경우와 양수인이 계약을 위반하는 경우를 각각 구분하여 위약의 책임을 약정하였다. 양도인이 계약을 위반하는 경우에는 양수인에게 자료를 지급하지 않는 경우와 중국 특허청에 대하여 특허권 양도 수속을 밟지 않는 경우가 있으며, 양수인이 계약을 위반하는 경우에는 양도인에게 특허권 양도금을 지급하지 않는 경우가 있다. 다만 이는 예시적인 것에 불과하므로, 당사자는 이 밖의 다양한 방식으로 약정할 수도 있다. 한 가지 주의할 점은 특허권 양도 계약의 경우에 일방 당사자의 계약 위반으로 인하여 발생하는 손해를 입증하는 것은 용이하지 않으므로, 위약의 책임을 약정할 때에 그 위약금을 구체적으로 명기하는 것이 바람직하다.

(3) 계약의 해제권 행사 시 유의점

한편 중국 최고인민법원은 "전국법원 지식재산심판업무협의의 기술계약분쟁심리 안건의 약간의 분쟁에 관한 기요(全国法院知識产权审判工作会议关于审理技术合同纠纷案件若干问题的纪要)"의 제26조 및 제27조에서 기술계약의 해제와 관련하여 구체적인 해석을 발표한 적이 있다. 따라서 계약서에 계약의 해제에 관한 약정 및 약정된 계약의 해제권을 행사하고자 할 때에는 이를 고려하여야 한다.

먼저 중국 계약법 제94조 제3항에서 "당사자 일방이 주요 채무의 이행을 지체하고 있으며, 이에 대한 최고(催告) 후에도 합리적인 기간 내에 여전히 이행을 하지 않는 경우에 계약을 해제할 수 있다"고 규정한 것과 관련하여, 최고인민법원은 "최고 후 합리적인 기간"을 "최고 후 30일"로 보고 있다. 따라서 양도인 또는 양수인은 먼저 상대방이 의무를 이행할 것을 최고하여야 하며, 최고 후 30일이 지난 후에도 여전히 상대방이 의무를 이행하지 않으면 비로소 계약을 해제할 수 있다. 다만 최고를 통지할 때에 해당 "합리적인 기간"을 30일 보다 긴 기간으로 설정하여 통지하였다면, 해당 기간이 만료된 후에 계약을 해제할 수 있다.

또한 중국 계약법 제94조 제4항에서 "당사자 일방의 채무 이행 지체 또는 위약 행위로 인하여 계약의 목적을 실현할 수 없는 경우에 계약을 해제할 수 있다"고 규정한 것과 관련하여, 최고인민법원은 "일방의 위약이 계약을 이행하는데 필수적인 물질의 멸실 또는 중대한 손실을 초래하거나 이를 대체 및 수리할 수 없는 경우, 그리고 특허권 양도 계약의 목적물이나 특허기술이 자연법칙을 위반하거나 중대한 결함이 있어 약정한 기술 또는 경제적 효능 지표를 달성할 수 없는 경우"가 이에 해당한다고 보고 있다. 이와 같이 특허기술이 자연법칙을 위반하거나 중대한 결함이 있어 약정한 기술을 실현할 수 없는 것으로 밝혀진 경우, 일방 당사자는 최고 없이 계약을 해제할 수 있다.[127]

11. 분쟁의 해결 방법

> 第九条 争议的解决办法
> 甲乙双方就本合同的内容、解释、生效、效力和履行而发生争议, 应先友好协商解决, 任何一方不愿协商或者在30天内协商未果的, 任何一方均可向位于韩国首尔市大韩商事仲裁院申请仲裁解决, 按照该仲裁机构当时有效的仲裁规则进行仲裁, 仲裁裁决是终局性的, 对争议各方具有最终的法律拘束力。
>
> 제9조 분쟁의 해결 방법
> 갑·을 쌍방은 본 계약의 내용, 해석, 효력의 발생, 효력 및 이행에 관하여 분쟁발생 시 우선 우호적으로 협상하여 해결하여야 한다. 일방이 협상을 원하지 않거나 또는 30일 내에 협상으로 결과를 보지 못한 경우, 임의의 일방은 한국 서울시에 위치한 대한상사중재원에 중재를 신청하여 당해 중재기관의 중재규칙에 따라 중재한다. 중재판정은 최종적인 것이며, 분재의 각 당사자에 대하여 법률적인 구속력을 가진다.

---

[127] 참고로 자연법칙을 위반한 발명이 특허 등록되는 경우, 해당 특허권은 중국 특허법 제2조의 발명의 정의 위반에 해당하여 무효사유에 해당하게 된다.

(1) 의의

계약과 관련하여 분쟁이 발생할 때에 그 분쟁을 어떻게 해결할 것인가에 관한 약정은 중국 기업과의 계약 체결 시에 서로의 이해가 첨예하게 대립되는 사항 중 하나이다. 중국 기업과 특허권 관련 협상을 진행하는 경우에 있어서, 일반적으로 한국 기업이 중국 기업에 비하여 유리한 위치에 있는 경우가 많다. 이 경우, 본 계약서의 제9조와 같이 분쟁의 해결방법 및 기관으로 한국의 대한상사중재원을 지정하는 것이 가장 유리하다고 볼 수 있다.[128]

한편 중국 기업이 한국 기업에 비하여 협상에서 유리한 위치에 있는 경우, 중국 기업은 보통 다음의 3가지 중 하나를 선택하여 분쟁의 해결방법으로 약정할 것을 요구한다. 중국 법원에 소송을 제기하는 방법, 중재위원회에 중재를 요청하는 방법, 그리고 특허관리기구에 조정을 요청하는 방법이 그것이다. 이하에서는 이와 같은 상황에서 분쟁 해결방법에 대한 협상을 진행하는 경우에, 한국 기업이 주의해야 할 사항들에 대하여 설명한다.

(2) 중국 법원의 소송을 통한 해결

특허권 양도 계약의 쌍방 당사자는 분쟁이 발생한 경우에 중국 법원에 제소하는 방식으로 분쟁을 해결할 것을 약정할 수 있다. 이 경우, 한국 기업은 해당 분쟁 해결의 법원을 중국의 어느 지역의 법원으로 할지에 대하여 주의를 기울여야 한다. 이는 중국 사법시스템의 특성 상 중국 지방정부와 해당 지역의 법원이 결탁하여 해당 지역의 기업에게 유리한 판결을 내리는 경우가 빈번하게 발생하기 때문이다. 중국에서는 이를 "지방보호주의"라 통상 지칭하며, 이러한 지방보호주의를 회피하기 위하여 한국 기업은 소송을 통한 분쟁 해결 시에 관할 법원을 세심히 고려할 필요가 있다.

관할 법원을 약정하기 위해서는 중국 민사소송법 제34조의 규정을 참고하여야 한다.[129] 중국 민사소송법 제34조에 따르면, 계약의 당사자는 서면의 방식으로 피고 주소지, 계약 이행지, 계약 체결지, 원고 주소지, 목적물의 소재지 그리고 분쟁이 실질적으로 연관

---

[128] 다만 이러한 약정에도 불구하고, 실제 분쟁시에 한국의 중재판정이 항상 중국법원에 의하여 승인되는 것은 아님을 유의할 필요가 있다.

[129] 현재의 중국 민사소송법으로 개정되기 전, 구 중국 민사소송법은 제242조에서 일방 당사자가 외국 기업인 경우의 섭외 사건에 대하여 "서면의 방식으로 실질적으로 쟁의가 있는 지역의 법원을 관할로 선택할 수 있다"고 규정하고 있었다. 그러나 현재의 중국 민사소송법은 중국 국내의 협의관할에 대한 규정과 섭외 사건에 대한 협의관할의 규정을 일치시키고, 이전의 제242조의 규정을 삭제하였다. 따라서 현재 협의 관할은 제34조에 의하여 규율 된다.

된 지역의 법원을 관할 법원으로 선택할 수 있다. 즉, 관할 법원을 약정할 때에 당사자는 ⅰ) 반드시 서면으로 하여야 하며, ⅱ) 피고 주소지, 계약 이행지, 계약 체결지, 원고 주소지, 목적물의 소재지 그리고 분쟁이 실질적으로 연관된 지역의 법원 중 어느 하나를 관할 법원으로 선택할 수 있다. 예를 들어, 만약 "계약 체결지"의 법원을 관할 법원으로 하고자 한다면, 본 계약서의 서두의 기재와 같이 계약 체결지를 구체적으로 기재하고, 본 계약서의 제9조에서 관할 법원을 계약 체결지의 법원으로 약정하는 방법이 가능하다.

참고로 최고인민법원의 사법해석에 의하여, 중국의 특허분쟁안건은 보통 중급인민법원을 1심으로 하여 진행된다.[130] 다만 2010년 실시된 최고인민법원의 다른 사법해석에 따라, 소송 가액이 1억 위안 이상인 섭외사건은 예외적으로 고급인민법원을 1심으로 하여 진행된다.[131]

 | 사례 | 한국 MGAME CORPORATION의 관할 이의 사건

(사건의 요약) 한국의 MGAME 사는 중국 산동성의 한 인터넷 회사(聚丰网络公司)와 2005년 3월 25일에 "게임의 실시허가에 대한 협의"를 체결하였다. 해당 협의의 제21조에서는 "본 협의는 중국법률의 관할을 받으며, 중국 법률에 의하여 해석된다. 본 협의에 의하여 발생하거나 본 협의와 관련된 모든 분쟁은 싱가폴에서 최종적으로 해결하며, 본 협의에 의하여 생성되는 분쟁은 싱가폴을 사법관할로 한다"고 약정하였다. 이후 계약의 이행 과정에서 분쟁이 발생하자, 중국의 해당 인터넷 회사는 2008년 7월 30일 산동성 고급인민법원에 소송을 제기하였으며, 이에 한국의 MGAME 사는 협의서 제21조 규정을 근거로 양 당사자의 협의에 따라 해당 분쟁은 싱가폴 법원에서 해결되어야 하며 중국 법원은 본 사건의 관할이 없음을 주장하였다. 이와 관련하여 중국의 최고인민법원은 "섭외계약 또는 섭외재산권의 분쟁 관련 사건의 당사자가 협의로 관할법원을 선정할 때에는 <u>실질적인 분쟁관계가 있는 지역의 법원을 선택하여야 하며, 그렇지 않다면 관할법원에 대한 협의는 무효이다</u>"라고 판단하면서, 한국 MAGAME 사의 관할 이의를 배척하였다.

 | 시사점 |

중국 기업과 특허 협의를 진행할 때에, 한국을 포함한 외국 기업은 종종 계약 관련 분쟁을 중국이 아닌 타국의 법원을 관할로 하여 해결할 것을 약정하고자 한

---

130) "최고인민법원의 '중화인민공화국 민사소송법' 적용의 약간의 문제에 관한 의견" 제2조 참조
131) "최고인민법원의 지방각급인민법원이 관할하는 1심 지식재산권 민사안건의 조정에 관한 표준의 통지" 참조

다. 이는 중국에서 소송을 진행하는 경우에 중국기업에게 편향된 판결을 받지 않을까 하는 염려에 기인한 것으로, 통상 외국 기업은 홍콩, 싱가폴과 같은 지역의 법원에서 분쟁을 해결하는 것을 선호한다. 그러나 본 최고인민법원의 판례와 같이 "협의 관할이 실질적으로 계약과 관련된 분쟁과 아무런 관련이 없다면" 해당 약정은 무효로 될 수 있다.

위와 유사한 사건으로, 애플과 PROVIEW의 중국 IPAD 상표권 귀속 분쟁 사건을 들 수 있다. 애플은 PROVIEW와 계약을 체결할 당시에 분쟁이 발생할 경우에 홍콩 법원에서 이를 해결하기로 약정하였다. 이후 심천 PROVIEW와 중국 상표권에 대한 분쟁이 발생하자, 애플은 홍콩 법원에 소를 제기하였으며, 홍콩 법원은 애플에게 유리한 판결을 하였다. 그러나 중국 광동성 중급인민법원은 해당 홍콩 법원의 판결을 승인하지 않았을 뿐만 아니라, 홍콩 법원과는 반대로 애플의 패소 판결을 하였다. 결론적으로, 양 당사자가 합의로 외국 법원을 관할로 지정한다고 할지라도, 특별한 사정이 없는 한 현재의 중국 사법 실무상 해당 외국판결에 대한 중국 내 승인 및 집행은 쉽지 않은 것으로 생각된다.

(3) 중국 중재기구의 중재를 통한 해결

당사자 사이에 계약의 이행과 관련하여 분쟁이 발생한 경우, 중재기구에 중재를 신청하는 방법으로 분쟁을 해결할 수 있다. 중재기구는 스스로 강제 집행을 할 수는 없지만, 당사자는 법원에 중재결과에 기초한 강제 집행을 신청할 수 있다. 만약 특허권 양도 계약서에 중재의 협의가 있다면, 당사자는 우선적으로 중재를 거쳐야 하며, 중재를 거치지 않고 법원에 직접 소송을 제기할 수는 없다. 특허권 양도 계약서에 중재에 대하여 약정하지 않고 분쟁이 발생한 후에도 중재의 협의에 이르지 못한 경우, 당사자는 법원에 소송을 제기할 수 있다.

(4) 중국 특허관리기구를 통한 해결

중국 특허법 실시세칙 제85조의 규정에 따라, 당사자 사이에 특허권 귀속 분쟁이 발생하는 경우에 특허관리부서에 조정(調解)을 신청할 수 있다. 이 경우, 중국 특허법 실시세칙 제81조의 규정에 따라, 피청구인 소재지 또는 특허권 침해 행위지의 특허관리부서가 관할권을 갖는다. 다만 법원의 조정과 달리 특허권리부서의 조정이 법적 강제력을 갖는 것은 아니다. 즉, 당사자 중 일방이 조정협의에 따라 그 의무를 이행하지 않는다고 하더라도 다른 당사자 일방이 법원에 강제집행을 청구할 권리를 갖는 것은 아니다. 이 경우, 다른 당사자 일방은 법원에 소를 제기하여야 하며, 단지 특허관리부서의 조정협의에 기초하여 법원이 조정서를 작성하여 줄 것을 요청할 수 있을 뿐이다.

12. 기타 약정

> 第十条 其他
>
> 前九条未包括，但需要特殊约定的内容，包括出现不可预见的技术问题如何约定，出现不可预见的法律问题如何约定等。
>
> 제10조 기타
>
> 앞의 아홉 개의 조문에 포함되어 있지 않으나, 예상할 수 없는 기술적 문제를 어떻게 해결할 것인지, 예상할 수 없는 법률적 문제를 어떻게 해결할 것인지 등 필요하다고 판단되는 내용에 관하여 추가로 약정할 수 있음

본 계약서에 제시하는 제1조 내지 제9조 이외에 쌍방 당사자는 특허권의 내용 및 당사자의 사정에 따라 필요하다고 판단되는 내용을 추가적으로 약정할 수도 있다. 본 계약서의 제10조는 이러한 추가 약정의 일례를 보여주기 위한 것이다.

다만 필요하다고 생각되는 조문을 추가할 때에 주의할 점은 중국 계약법 제329조에 규정하는 기술계약의 무효 사유에 해당하지 않아야 한다는 것이다. 구체적으로 중국 계약법 제329조를 참조하면, 불법으로 기술을 독점, 기술진보를 방해하거나 타인의 기술성과를 침해하는 기술계약은 무효라고 규정하고 있다. 또한 중국 최고인민법원은 사법해석[132]에서 중국 계약법 제329조의 "불법으로 기술을 독점하거나, 기술진보를 방해하는 행위"에 대하여 구체적으로 제시하고 있는데, 대표적으로 ① 당사자 일방이 계약 목적물인 기술에 기초하여 새로운 기술을 연구하거나 이를 개량하는 것을 제한하는 것, ② 당사자 일방이 다른 루트를 통하여 기술제공자의 기술과 유사하거나 경쟁하는 기술을 획득하는 것을 제공하는 것, ③ 당사자 일방이 시장의 수요에 따라 합리적인 방식으로 계약 목적물 기술을 충분히 실시하는 것을 방해하는 것, ④ 기술 양수인에게 기술을 실시하는데 반드시 필요하지 않은 부가적 조건을 받아들일 것을 요구하는 것, ⑤ 불합리하게 기술 양수인이 원자재, 부품, 상품 또는 기술설비를 구매하는 경로 또는 루트를 제

---

[132] "최고인민법원의 기술계약분쟁안건의 심리에 적용하는 법률의 약간의 문제에 대한 해석" 제10조 참조

한하는 것, ⑥ 기술 양수인이 계약 목적물 기술의 지식재산권의 유효성에 대하여 이의를 제기하는 것을 금지하는 것 등이 있다. 따라서 추가적으로 조문을 약정할 때에는 이러한 사유에 해당하지 않도록 주의를 기울여야 한다.

13. 계약의 효력 발생

> 第十一条 合同的生效
> 本合同的双方签字后即对双方具有约束力，自国家知识产权局对双方所作的《著录事项变更》进行登记并予以公告之日起，合同具有法律效力。
>
> 제11조 계약의 효력 발생
> 본 계약의 쌍방이 서명을 한 후 즉시 쌍방에 대하여 구속력을 가지며, 국가지식산권국에 의하여 쌍방이 행한 "등기사항변경"의 등기가 진행되어 공개된 날로부터, 계약을 법률효력을 가진다.

상기 본 계약서의 제11조는 본 계약의 효력 발생 시기를 예시적으로 제시하는 것이다. 앞서 설명한 바와 같이, 중국 계약법 제44조에 의하여 법에 의하여 성립된 계약은 그 성립 시부터 계약의 효력이 발생하는 것이 원칙이나 중국 계약법 제45조에 의하면 쌍방 당사자는 계약의 효력 발생 요건을 부가하는 약정을 추가할 수도 있다. 또한 만약 해당 기술이 수출입 제한기술에 해당한다면, 기술 수출입 관리조례의 제16조 및 제38조에 의하여 계약의 효력은 중국의 상무부로부터 허가증이 발부되어야 발생한다.

본 계약서의 제11조는 이러한 규정들을 고려하여 계약 발생 시기의 불확실성을 가장 감소시킬 수 있는 "등기사항변경의 공고일"에 계약의 효력이 발생하는 것으로 약정하였다.[133] 다만 이는 예시적인 것이므로, 당사자는 구체적 사정 및 협의에 따라 다양하게 계약의 효력 발생 시기를 약정할 수도 있다.

---

133) 본 특허권 양도 계약서 분석의 "6. 양도금의 지불 방식 및 시기" 참조

14. 적용되는 법률

> 第十二条 适用法律
> 本合同的签署、交付、生效、履行、变更、效力、终止和解释等, 均使用大韩民国的法律, 大韩民国法律没有规定的, 适用国际惯例。
>
> 제12조 적용되는 법률
> 본 계약의 체결, 교부, 효력의 발생, 이행, 변경, 중지 및 해석 등은 모두 대한민국의 법률을 적용하고 대한민국의 법률에 규정이 없는 경우 국제 관습을 적용한다.

준거법이란 해당 계약의 해석에 적용되는 법률을 의미한다. 일반적인 국제 상품 매매 계약에 있어서 어느 나라의 법률을 준거법으로 하느냐에 따라 서로 다른 판결이 나올 수 있는 바, 준거법의 선택은 계약 협의 시에 중요한 사항 중 하나이다. 중국의 섭외민사관계법률적용법(涉外民事关系法律适用法) 제41조에서는 "당사자는 협의로 계약에 적용되는 법률을 선택할 수 있다"고 규정하여, 통상적인 계약의 경우에 준거법의 선택을 사적 자치의 영역에 속하는 것으로 보고 있다.[134]

그러나 주의할 점은 특허의 독립성 및 산업재산권적 특성으로 인하여, 국제 특허 계약은 국제 상품 매매 계약과 달리 준거법의 선택이 제한되는 경향이 있다는 것이다. 특히 중국의 경우에 섭외민사관계법률적용법 제48조에서 "지식재산권의 귀속 및 내용은 보호가 청구된 지역의 법률을 적용한다"고 규정하고 있을 뿐만 아니라, 중국 사법 실무에서도 중국 특허권 양도 계약 및 특허 실시허가 계약 분쟁과 관련하여서는 일반적으로 중국의 법률을 적용하는 것으로 보고 있다.

따라서 한국 기업은 중국 기업과 특허권 양도 계약을 체결할 때에 "한국의 법률"을 준거법으로 선택하였다고 하더라도, 향후 실제 분쟁 시에는 중국의 법률에 기초하여 계약서가 해석될 위험성이 여전히 존재함을 염두에 두어야 한다. 이에, 경우에 따라서는 본 계약서 제12조와 달리 차라리 준거법에 대한 사항을 상대 중국 기업에게 양보하고, 계약의 다른 부분에 있어서 이익을 취하는 전략을 가져가는 것도 고려할 수 있다.

---

[134] 따라서 한국 기업의 입장에서는 본 계약서 제12조와 같이 "한국의 법률"을 준거법으로 선택할 것을 주장하는 것이 협상 단계에서 유리한 지위를 점할 수 있는 전략 중 하나라 할 수 있다.

제3절 특허권 실시 계약

Ⅰ. 특허권 실시 계약서(중문)

专利实施许可合同

合同号：

前言(鉴于条款)

— 鉴于许可方(姓名或名称　注：必须与所许可的专利的法律文件相一致)拥有(专利名称　注：必须与专利法律文件相一致)专利, 该专利名称为(　　　　), 专利号为(　　　　), 公开号为(　　　　), 申请日为　　年　　月　　日, 授权日为　　年　　月　　日, 专利的法定届满日为　　年　　月　　日。并拥有实施该专利所涉及的技术秘密及工艺；

— 鉴于被许可方(姓名或名称)属于　　　　领域的企业、事业单位、社会团体或个人等, 拥有厂房　　　　, 　　　　设备, 人员　　　　及其它条件, 并对许可方的专利技术有所了解, 希望获得许可而实施该专利技术(及所涉及的技术秘密、工艺等)；

— 鉴于许可方同意向被许可方授予所请求的许可；
　双方一致同意签订本合同

第一条　名词和术语(定义条款)

本条所涉及的名词和术语均为签定合同时出现的需要定义的名词和术语。如:

专利 — 本合同中所指的专利是许可方许可被许可方实施的由中国专利局受理的发明专利(或实用新型专利或外观设计专利。专利号：　　　　　　发明名称：　　　　　　　　　　　　　。

技术秘密(know-how) — 指实施本合同专利所需要的、在工业化生产中有助于本合同技术的最佳利用、没有进入公共领域的技术。

技术资料 — 指全部专利申请文件和与实施该专利有关的技术秘密及设计图纸、工艺图纸、工艺配方、工艺流程及制造合同产品所需的设备清单等技术资料。

合同产品 — 指被许可方使用本合同提供的被许可技术制造的产品, 其产品名称为：　　　　　　　　　　　　　　　　　　　　。

技术服务 — 指许可方为被许可方实施合同提供的技术所进行的服务, 包括传授技术
　　与培训人员。
销售额 — 指被许可方销售合同产品的总金额。
净销售额 — 指销售额减去包装费、运输费、税金、广告费、商业折扣。
纯利润 — 指合同产品销售后, 总销售额减去成本、税金后的利润额。
改进技术 — 指在许可方许可被许可方实施的技术基础上改进的技术。
普通实施许可 — 指许可方许可被许可方在合同约定的期限、地区、技术领域内实施
　　该专利技术的同时, 许可方保留实施该专利技术的权利, 并可以继续许可被
　　许可方以外的任何单位或个人实施该专利技术。
排他实施许可 — 指许可方许可被许可方在合同约定的期限、地区、技术领域内实施
　　该专利技术的同时, 许可方保留实施该专利技术的权利, 但不得再许可被许可
　　方以外的任何单位或个人实施该专利技术。
独占实施许可 — 指许可方许可被许可方在合同约定的期限、地区、技术领域内实施该
　　专利技术, 许可方和任何被许可方以外的单位或个人都不得实施该专利技术。
分许可 — 被许可方经许可方同意将本合同涉及的专利技术许可给第三方。
等等。

第二条 专利许可的方式与范围

该专利的许可方式是独占许可, (排他许可、普通许可、交叉许可、分许可);
该专利的许可范围是在某地区制造(使用、销售)其专利的产品;(或者)使用其专利方法
以及使用、销售依照该专利方法直接获得的产品;(或者)进口其专利产品(或者)进口
依照其专利方法直接获得的产品。

第三条 专利的技术内容

许可方向被许可方提供专利号为＿＿＿＿＿＿＿＿, 专利名称为＿＿＿＿＿＿＿＿

＿＿＿＿＿＿＿＿的全部专利文件(见附件1), 同时提供为实施该专利而必须的工艺
流程文件(见附件2), 提供设备清单(或直接提供设备)用于制造该专利产品(见附件3),
并提供实施该专利所涉及的技术秘密(见附件4)及其它技术(见附件5)。

第四条 技术资料的交付

技术资料的交付时间

合同生效后, 许可方收到被许可方支付的使用费后的＿＿＿＿＿＿日内, 许可方向被许可

方交付合同第三条所述的全部资料, 即附件(1~5)中所示的全部资料。
(或者)自合同生效日起, _____日内, 许可方向被许可方交付合同第三条所述全部(或部分)技术资料, 即附件(1~5)中所示的全部资料, 如果是部分资料, 待被许可方将转让费交付给许可方后_____日内, 许可方向被许可方交付其余的资料。

技术资料的交付方式和地点

许可方将全部技术资料以面交、挂号邮寄、或空运方式递交给被许可方, 并将资料清单以面交、邮寄或传真方式递交给被许可方, 将空运单以面交、邮寄方式递交给被许可方。技术资料交付地点为被许可方所在地或双方约定的地点。

第五条 使用费及支付方式

1. 本合同涉及的使用费为(¥、$_____元)。采用一次总付方式, 合同生效之日起_____日内, 被许可方将使用费全部汇至许可方帐号, 或以现金方式支付给许可方。
2. 本合同涉及的使用费为(¥、$_____元)。采用分期付款方式, 合同生效后, _____日内, 被许可方即支付使用费的_____%即(¥、$_____元)给许可方, 待许可方指导被许可方生产出合格样机_____台_____日后再支付_____%即(¥、$_____元)。
   被许可方将使用费按上述期限汇至许可方帐号, 或以现金方式支付给许可方。
3. 使用费总额(¥、$_____元), 采用分期付款方式
   合同生效日支付(¥、$_____元)
   自合同生效日起_____个月内支付(¥、$_____元)
   _____个月内再支付(¥、$_____元)
   最后于_____日内支付(¥、$_____元), 直至全部付清。
   被许可方将使用费按上述期限汇至许可方帐号, 或以现金方式支付给许可方。
4. 该专利使用费由入门费和销售额提成二部分组成。
   合同生效日支付入门费(¥、$_____元),
   销售额提成为_____%(一般3~5%), 每_____个月(或每半年、每年底)结算一次。
   被许可方将使用费按上述期限汇至许可方帐号, 或以现金方式支付给许可方。
5. 该专利使用费由入门费和利润提成二部分组成(提成及支付方式同4)。
6. 该专利使用费以专利技术入股方式计算, 被许可方与许可方共同出资(¥、$_____万元)联合制造该合同产品, 许可方以专利技术入股股份占总投资的_____%(一般不超过20%), 第_____年分红制, 分配利润。
   支付方式采用银行转帐(托收、现金总付等)现金总付地点一般为合同签约地。
7. 在4、5、6情况下许可方有权查阅被许可方实施合同技术的有关帐目。

第六条 验收的标准与方法

1、被许可方在许可方指导下，生产完成合同产品_____个(件、吨、等单位量词)须达到许可方所提供的各项技术性能及质量指标(具体指标参数见附件6)并符合
   国际_____标准
   _____国家_____标准
   _____行业_____标准
2、验收合同产品。由被许可方委托国家检测部门进行，或由被许可方组织验收，许可方参加，并给予积极配合，所需费用由被许可方承担。
3、如因许可方的技术缺陷，造成验收不合格的，许可方应负责提出措施，消除缺陷。第二次验收仍不合格，许可方没有能力消除缺陷的，被许可方有权终止合同，许可方返还使用费，并赔偿被许可方的部分损失。
4、如因被许可责任使合同产品验收不合格的，许可方应协助被许可方，进行补救，经再次验收仍不合格，被许可方无力实施该合同技术的，许可方有权终止合同，且不返还使用费。
5、合同产品经验收合格后，双方应签署验收合格报告。

第七条 对技术秘密的保密事项

1、被许可方不仅在合同有效期内而且在有效期后的任何时候都不得将技术秘密(附件4)泄露给本合同当事双方(及分许可方)以外的任何第三方。
2、被许可方的具体接触该技术秘密的人员均要同被许可方的法人代表签订保密协议，保证不违反上款要求。
3、被许可方应将附件4妥善保存(如放在保险箱里)
4、被许可方不得私自复制附件4，合同执行完毕，或因故终止、变更，被许可方均须把附件4退给许可方。

第八条 技术服务与培训(本条可签订从合同)

1、许可方在合同生效后_____日内负责向被许可方传授合同技术，并解答被许可方提出的有关实施合同技术的问题。
2、许可方在被许可方实施该专利申请技术时，要派出合格的技术人员到被许可方现场进行技术指导，并负责培训被许可方的具体工作人员。
   被许可方接受许可方培训的人员应符合许可方提出的合理要求。(确定被培训人员标准)
3、被许可方可派出人员到许可方接受培训和技术指导。
4、技术服务与培训的质量，应以被培训人员能够掌握该技术为准。(确定具体标准)

5. 技术服务与培训所发生的一切费用，如差旅费、伙食费等均由被许可方承担。
6. 许可方完成技术服务与培训后，经双方验收合格共同签署验收证明文件。

第九条 后续改进的提供与分享

1. 在合同有效期内，任何一方对合同技术所作的改进应及时通知对方；
2. 有实质性的重大改进和发展，申请专利的权利由合同双方当事人约定。没有约定的，其申请专利的权利归改进方，对方有优先、优价被许可，或者免费使用该技术的权利；
3. 属原有基础上的较小的改进，双方免费互相提供使用；
4. 对改进的技术还未申请专利时，另一方对改进技术承担保密义务，未经许可不得向他人披露、许可或转让该改进技术。
5. 属双方共同作出的重大改进，申请专利的权利归双方共有，另有约定除外。

第十条 违约及索赔

对许可方：

1. 许可方拒不提供合同所规定的技术资料、技术服务及培训，被许可方有权解除合同，要求许可方返还使用费，并支付违约金_____。
2. 许可方无正当理由逾期向被许可方交付技术资料，提供技术服务与培训的，每逾期一周，应向被许可方支付违约金_____，逾期超过_____(具体时间)，被许可方有权终止合同，并要求返还使用费。
3. 在排他实施许可中，许可方向被许可方以外的第三方许可该专利技术，被许可方有权终止合同，并要求支付违约金_____。
4. 在独占实施许可中，许可方自己实施或许可被许可方以外的第三方实施该专利技术，被许可方有权要求许可方停止这种实施与许可行为，也有权终止本合同，并要求许可方支付违约金_____。

对被许可方：

1. 被许可方拒付使用费的，许可方有权解除合同，要求返回全部技术资料，并要求赔偿其实际损失，并支付违约金_____。
2. 被许可方延期支付使用费的，每逾期_____(具体时间)要支付给许可方违约金_____；逾期超过_____(具体时间)，许可方有权终止合同，并要求支付违约金_____。
3. 被许可方违反合同规定，扩大对被许可技术的许可范围，许可方有权要求被许可方停止侵害行为，并赔偿损失，支付违约金_____；并有权终止合同。
4. 被许可方违反合同的保密义务，致使许可方的技术秘密泄露，许可方有权要求被许可方立即停止违约行为，并支付违约金_____。

第十一条 侵权的处理

1、对合同有效期内，如有第三方指控被许可方实施的技术侵权，许可方应负一切法律责任；
2、合同双方任何一方发现第三方侵犯许可方的专利权时，应及时通知对方，由许可方与侵权方进行交涉，或负责向专利管理机关提出请求或向人民法院提起诉讼，被许可方协助。

第十二条 专利权被宣告无效的处理

1、在合同有效期内，许可方的专利权被宣告无效时，如无明显违反公平原则，且许可方无恶意给被许可方造成损失，则许可方不必向被许可方返还专利使用费。
2、在合同有效期内，许可方的专利权被宣告无效时，因许可方有意给被许可方造成损失，或明显违反公平原则，许可方应返还全部专利使用费，合同终止。

第十三条 不可抗力

1、发生不以双方意志为转移的不可抗力事件(如火灾，水灾，地震，战争等)妨碍履行本合同义务时，双方当事人应做到：
采取适当措施减轻损失；
及时通知对方当事人；
在（某种事件）期间，出具合同不能履行的证明；
2、发生不可抗力事件在（合理时间）内，合同延期履行；
3、发生不可抗力事件在_____情况下，合同只能履行某一部分(具体条款)；
4、发生不可抗力事件，持续时间超过_____(具体时间)，本合同即告终止。

第十四条 税费

1、对许可方和被许可方均为中国公民或法人的，本合同所涉及的使用费应纳的税，按中华人民共和国税法，由许可方纳税；
2、对许可方是境外居民或单位的，按中华人民共和国税法及《中华人民共和国外商投资企业和外国企业所得税法》，由许可方纳税；
3、对许可方是中国公民或法人，而被许可方是境外单位或个人的，则按对方国家或地区税法纳税。

第十五条 争议的解决方法

1. 双方在履行合同中发生争议的, 应按合同条款, 友好协商, 自行解决;
2. 双方不能协商解决争议的, 提请_____专利管理机关调处, 对调处决定不服的, 向人民法院起诉;
3. 双方发生争议, 不能和解的, 向人民法院起诉;
4. 双方发生争议, 不能和解的提请_____促裁委员会促裁;
注: 2、3、4只能选其一。

第十六条 合同的生效、变更与终止

1. 本合同自双方签字、盖章之日起生效, 合同的有效期为_____年, (不得超过专利的有效期)
2. (对独占实施许可合同)被许可方无正当理由不实施该专利技术的, 在合同生效日后_____(时间), 本合同自行变更为普通实施许可合同。
3. 由于被许可方的原因, 致使本合同不能正常履行的, 本合同即告终止, 或双方另行约定变更本合同的有关条款。

第十七条 适用法律

本合同的签署、交付、生效、履行、变更、效力、终止和解释等, 就适用_____的法律, _____法律没有规定的, 适用国际惯例。

第十八条 其他

前十六条没有包含, 但需要特殊约定的内容, 如:
其他特殊约定, 包括出现不可预见的技术问题如何解决, 出现不可预见的法律问题如何解决等。

许可方	被许可方
通讯地址	通讯地址
通讯电话	通讯电话
签署地点	签署地点
法人代表签章	法人代表签章
年　月　日	年　月　日

Ⅱ. 특허권 실시 계약서 (한글)

특허권 실시 계약서

계약번호:

서언(서술성 조항)
— 허가자(성명 또는 명칭, 주의: 허가하는 특허의 법률문건과 반드시 일치해야 함)는 특허(특허명칭, 주의: 특허의 법률문건과 반드시 일치해야 함)를 보유하고 있으며, 그 특허의 명칭은＿＿＿＿, 특허번호는＿＿＿＿, 공개번호는＿＿＿＿, 출원일은＿＿＿＿, 수권일은＿＿＿＿, 공개일은＿＿＿＿, 특허권의 만료일은＿＿＿＿이며, 상기 특허 실시와 관련된 기술비밀 및 공정을 소유하고 있다.
— 피허가자(성명 또는 명칭, 주소, 법정대표인)는＿＿＿＿영역의 기업, 사업단위, 사회단체 또는 개인으로서, 공장, 설비, 인원 및 기타조건은＿＿＿＿하며, 상기의 허가자의 특허에 대하여 이해하고 있으며, 해당 특허에 대한 실시권을 획득하여 상기 특허기술(및 관련된 기술비밀 및 공예 등)을 실시하기를 희망한다.
— 허가자는 피허가자에 대한 실시허가 수여에 동의한다.
쌍방은 일치하여 본 계약의 서명에 동의한다.

제1조 용어에 대한 정의조항
본 조항과 관련된 용어는 계약 체결시정의가 필요한 용어이다.
예:
특허 : 본 계약에서 의미하는 특허는 허가자가 피허가자의 실시를 허가한, 전리국에 의해 수리된 발명특허(또는 실용신안특허 또는 외관설계특허)이다. 특허번호는 ＿＿＿＿이며, 특허명칭은＿＿＿＿이다.
기술비밀(know-how) : 본 계약의 특허실시에 필요하며, 공업화생산과정중 본 계약기술의 최적의이용에 도움이 되는, 공중에 공개되지 않은 기술이다.
기술자료 : 특허출원서류 및 특허실시와 관련된 기술비밀 및 설계도면, 공정도면, 공정제조법,공정프로세스 및 계약제품의 생산에 필요한 설비목록 등의 기술자료를 의미한다.
계약제품 : 본 계약의 피허가 기술을 사용하여 제조된 제품으로서, 제품의 명칭은 ＿＿＿＿이다.

기술서비스 : 피허가자의 본 계약실시를 위해, 허가자가 제공하는 서비스로서, 기술전수 및 직원교육을 의미한다.
판매액 : 피허가자가 판매한 계약제품의 총금액
순매상액 : 판매액에서, 포장비용, 운송비용, 세금, 광고 비용, 상업할인을 제외한 금액
순이익 : 계약제품 판매 후, 총 판매액에서 사업자금, 세금을 제외한 이익액
개량기술 : 허가자가 허가한 피허가자의 실시기술을 기초로 개량된 기술
보통실시권 허가 : 피허가자는 계약에서 정한 기간, 지역, 기술영역내에서 특허기술을 실시하는 것과 동시에, 허가자는 특허기술에 대한 권리를 유지하며, 피허가자 이외의 어떠한 단위 및 개인에게 그 특허기술의 실시를 허가할 수 있다.
배타실시권 허가 : 피허가자는 계약에서 정한 기간, 지역, 기술영역내에서 특허기술을 실시하는 것과 동시에, 허가자는 특허기술에 대한 권리를 유지하지만, 피허가자 이외의 어떠한 단위나 개인에게도 그 특허기술의 실시를 허가할 수 없다.
독점실시권 허가 : 피허가자는 계약에서 정한 기간, 지역, 기술영역내에서 특허기술을 실시하며, 피허가자 이외의 어떠한 단위 또는 개인과 허가자 자신은 그 특허기술을 실시할 수 없다.
재실시권 허가 : 피허가자가 허가자의 동의를 받고 본 계약관련 특허기술을 제3자에게 허가하는 계약
등등.

제2조 특허허가의 방식 및 범위

본 특허의 허가방식은 독점실시권 허가(또는 배타실시권 허가, 보통실시권 허가, 크로스라이센스 허가, 재실시권 허가)이다:
본 특허의 허가범위는 본 특허의 제품을 어떤 지역에서 제조(사용, 판매) 하는 것이다: (또는)본 특허방법을 사용하는 것과 본 특허방법을 통해 직접 획득한 제품의 사용, 판매이다: (또는) 본 특허제품의 수입(또는)본 특허방법을 통해 직접 획득한 제품의 수입이다.

제3조 특허의 기술내용

허가인이 피허가인에게 특허번호_____,특허명칭_____의 전부 기술문헌(첨부서류1 참조)을 제공하며, 동시에 본 특허를 실시하기 위해 필요한 공정 프로세스문헌(첨부서류 2 참조)을 제공하며, 본 특허제품의 제조에 사용되는 설비목록(첨부서3 참조)을 제공하며(혹은 직접 설비를 제공하며), 본 특허와 관련된 기술비밀(첨부서류4 참조) 및 기타 기술(첨부서류 5 참조) 을 제공한다.

제4조 기술자료의 교부

1. 자료 교부의 시기

계약의 효력이 발생 후, 허가자가 지불한 실시료를 피허가자가 수령한 후_____일 내에, 허가자는 피허가인에게 계약서 제3조의 전술한 전부의 자료, 즉, 첨부자료 1내지 5를 교부한다.

또는, 계약의 효력이 발생한 후, _____일 내에 허가자는 피허가자에게 계약서 제3조의 전술한 전부(또는 부분) 자료를 교부하며, 만약 부분 자료인 경우에, 피허가자 실시료를 허가자에게 지불한 후_____일 내에, 허가자는 피허가자에게 나머지 자료를 교부한다.

2. 자료의 교부 방식 및 지점

허가자는 전술한 전부 자료를 직접 전달하거나, 등기우편 등의 방식으로 피허가자에게 자료를 전달하며, 자료목록을 직접 교부, 우편 또는 팩스의 방식으로 피허가자에게 전달한다.

전부 자료의 교부지점은 피허가자 주소지 또는 쌍방이 약정한 지점으로 한다.

제5조 실시료 및 지급방식

1. 본 계약과 관련된 실시료는(¥、$_____위안)이며, 일괄지급방식을 차용한다. 계약효력의 발생일로부터 _____일 내에, 피허가자는 실시료 전부를 허가자의 계좌로 이체하거나 또는 현금방식으로 허가자에게 직접 교부한다.

2. 본 계약과 관련된 실시료는(¥、$_____위안)이며, 분할지급방식을 차용한다. 계약효력의 발생일로부터 _____일 내에, 피허가자는 실시료의 _____%(¥、$_____위안)를 피허가자에게 교부하며, 허가자의 도움으로 피허가자의 합격 시 제품_____대를 생산한 후 _____일 내에 피허가자는 그 나머지 실시료를 허가자에게 교부한다.

    피허가자는 실시료를 상술한 기한 내에 허가자의 계좌로 이체하거나 또는 현금방식으로 허가자에게 교부한다.

3. 실시료 총액은 (¥、$_____위안)이며, 분할지급방식을 차용한다.

    계약효력의 발생일에 (¥、$_____위안)교부하고 계약효력발생 후 _____월 내에 (¥、$_____위안)을 지급하며, _____월 내에 (¥、$_____위안)을 다시 지급하고, 마지막으로 _____월 내에 그 나머지 금액을 지급하는 방식을 차용한다.

    피허가자는 실시료를 상술한 기한 내에 허가자의 계좌로 이체하거나 또는 현금방식으로 허가자에게 교부한다.

4. 본 특허실시료는 선급료와 판매액 로얄티 두개의 부분으로 구성된다.
   계약효력의 발생일에 선급료(¥、$_____위안)를 교부하고, 판매액 로얄티는 _____%(일반적으로 3 내지5%)로서, _____개월마다(혹은, 반년, 연말) 계산한다.
   피허가자는 실시료를 상술한 기한 내에 허가자의 계좌로 이체하거나 또는 현금방식으로 허가자에게 교부한다.
5. 본 특허실시료는 선급료와 이윤로얄티 두개의 부분으로 구성된다(로얄티 및 지급방식은 전술한 4 와 같다).
6. 본 특허실시료는 특허기술로 주주가 되는 방식으로 계산하며, 피허가자와 허가자는 공동으로 (¥、$_____위안)을 출자하여 본 계약 제품을 연합하여 제조하며, 허가자가 특허기술로서 소유하는 주식은 총 투자액의_____%이며(일반적으로 20%를 초과하지 않는다), _____년 후, 이익을 분배한다.
   지불방식은 은행계좌이체(또는 대리징수, 현금지불 등)를 차용하며, 현금지급의 지점은 계약 체결지로 한다.
7. 상기 4,5,6 과 같은 경우에 허가자는 계약기술실시 관련 장부를 열람할 수 있는 권리를 가진다.

제6조 검수의 기준과 방법

1. 피허가자가 허가자의 지도하에 생산 완료한 계약제품_____개(건, 톤 등의 단위 수량)는 허가자가 제공한 각각의 기술성능 및 질량 기준을 만족해야 하며 국제 표준_____국가표준_____산업표준_____에 부합해야 한다.
2. 계약제품의 검수. 피허가자가 국가검수기관에 진행을 위탁하거나, 피허가자 검수를 구성하는 경우, 허가자는 참가하여 적극적인 협조를 해야하며, 관련 비용은 피허가자가 부담한다.
3. 만약 허가자의 기술 결함으로 인해 검수 불합격인 경우, 허가자는 책임지고 대책을 제공하여 결함을 제거해야 한다.
   제2차 검수가 여전히 불합격이고 허가자가 결함을 제거할 능력이 없는 경우, 피허가자는 계약을 종결할 권리를 가지고 허가자는 실시료를 반환하고 피허가자의 손실을 보상해야 한다.
4. 만약 피허가자의 책임으로 계약제품의 검수가 불합격인 경우, 허가자는 피허가에 협조하여 보완해야 하며, 재차 검수 역시 불합격이서 피허가자가 계약기술을 실시할 수 없는 경우, 허가자는 계약을 중지할 권리를 가지며, 실시료를 반환하지 않는다.
5. 계약제품의 검수합격 후, 양측은 검수 합격 보고서에 서명한다.

제7조 기술비밀의 비밀유지 사항

1. 피허가자는 계약기간 뿐만 아니라 계약기간 후 언제라도 기술비밀(첨부자료4)을 본 계약쌍방당사자 (및 재 실시계약 허가자) 외에 어떠한 제3자에게라도 누설하면 안 된다.
2. 피허가자측에서 기술비밀을 구체적으로 접한 직원은 피허가자측의 법인대표와 비밀유지계약을 맺고 상기 조항의 요구를 위반하지 않도록 해야 한다.
3. 피허가자는 첨부자료4를 적절하게 보관해야 한다 (예:금고에 보관)
4. 피허가자는 사적으로 첨부자료를 복사해서는 안되며, 계약실행이 완성되거나 사정으로 인해서 종결되거나 변경되는 경우에는 피허가자는 첨부자료4를 허가자에게 돌려줘야 한다.

제8조 기술서비스와 교육 (본 조항을 계약상에서 체결할 수 있다)

1. 허가자는 계약효력발생 후 _____ 일 내에 피허가자에게 계약기술을 전수하고, 피허가자측이 제기한 계약기술 실시관련 문제에 답해야 한다.
2. 허가자는 피허가자가 본 특허 출원기술을 실시하는 경우, 자격 있는 기술직원을 피허가자측의 현장에 파견해서 기술지도를 해야하며, 피허가자의 구체적 인력에 대해 교육을 진행해야 한다.
   피허가자측에서 허가자의 교육을 받는 직원은 허가자측의 합리적 요구에 부합해야 한다.(피교육자의 기준을 정함)
3. 피허가자는 직원을 허가자측에 파견하여 교육과 기술지도를 받게 할 수 있다.
4. 기술서비스와 교육의 질은 피교육자가 기술을 파악할 수 있는지 여부를 기준으로 해야 한다.(구체적 기준을 정함).
5. 기술서비스와 교육에 의해 발생한 모든 비용, 예를 들어, 출장비, 식비 등은 모두 피허가자가 부담하도록 한다.
6. 허가자가 기술서비스와 교육을 완성한 후, 양측의 합격 검수를 통해 검수증명 서류에 공통으로 서명한다.

제9조 후속 개량발명의 제공과 향유

1. 계약기간 내, 계약의 당사자 일방이 계약기술에 대해 개량을 한 경우 상대방에게 통지해야 한다.
2. 실질적인 중대한 개량과 발전이 있다면, 특허를 출원할 권리는 양 당사자의 약정에 의한다. 약정이 없는 경우, 특허를 출원할 권리는 개량을 한 자에게 귀속되며, 상대방은 본 기술의 권리에 대해 우선적, 우대 가격으로 허가를 받거나 무료로 사용할 수 있다.
3. 원래의 기초상 비교적 작은 개량사항에 해당하면, 양측은 무상으로 상호 사용할 수 있다.

4. 개량발명에 대해 특허출원을 하지 않은 경우, 일방은 개량발명에 대한 비밀 유지 의무를 부담하며, 허가 없이 타인에게 폭로하거나 개량기술을 허가 또는 양도할 수 없다.
5. 양측이 공동으로 만든 중대한 개량에 해당하면, 특허를 출원할 권리는 양측이 공유하며, 약정으로 다르게 정할 수 있다.

제10조 위약 및 배상

허가자에 대하여:

1. 허가자가 계약에서 규정한 자료의 교부, 특허권 기술서비스 및 교육을 거부하는 경우, 피허가자는 계약을 해제할 권리를 가지며, 허가자에게 실시료의 반환 및 위약금 _____의 지급을 청구할 수 있다.
2. 허가자가 정당한 이유 없이 기간을 도과하여 피허가자에게 자료의 교부, 특허권 기술서비스 및 교육을 처리하는 경우, 매 1주 씩 초과할 때마다 _____의 위약금을 지불하며, _____개월(구체적 기간)이 도과하는 경우, 피허가자는 계약을 종결할 권리를 가지며 실시료의 반환을 청구할 수 있다.
3. 배타실시권 허가중, 허가자가 피허가자 이외의 제 3자에게 본 특허기술의 실시를 허가한 경우, 피허가자는 계약을 종결할 권리를 가지며, 위약금_____을 청구할 수 있다.
4. 독점실시권 허가중, 허가자 자신이 실시하거나 피허가자 이외의 제3자에게 본 특허기술의 실시를 허가한 경우, 피허가자는 상기 실시의 정지를 요구하고, 계약을 종결할 권리를 가지며, 위약금_____을 청구할 수 있다.

피허가자에 대하여:

1. 피허가자가 실시료의 지불을 거절하는 경우, 허가자는 계약을 해제할 수 있고, 모든 자료의 반환을 청구하며, 그 손실을 배상하고 위약금 _____의 지불을 청구할 권리를 가진다.
2. 피허가자가 기간을 도과하여 양도금을 지불하는 경우, 매 도과하는 _____(구체적 시간)마다 위약금_____을 지불한다. _____(구체적 시간)을 도과하는 경우, 허가자는 계약을 종결하고 위약금_____의 지불을 청구할 수 있는 권리를 가진다.
3. 피허가자가 계약을 위반하여, 피허가기술의 허가범위를 초과하는 경우, 허가자는 계약을 종결하고, 침해행위의 중지를 요구하고 그 손실을 배상하거나 위약금 _____의 지불을 청구할 권리를 가진다.
4. 피허가자 계약상의 비밀유지 의무를 위반하여, 허가자 기술의 비밀이 누설된 경우, 허가자는 피허가자의 위약행위의 중지를 요구할 권리를 가지며, 위약금 _____의 지불을 청구할 권리를 가진다.

제11조 침해의 처리

1. 계약기간 내, 제3자가 피허가자의 실시 기술이 침해라고 고소하는 경우에, 허가자는 일체의 법률 책임을 부담한다.
2. 계약 양측 중 어느 일방이 제3자가 허가자의 특허권을 침해한 것을 발견한 경우, 즉시 상대방에게 알려야 하며, 허가자가 침해자와 교섭을 진행하거나, 특허관리기관에 제기한 청구 또는 인민법원에 제기한 소송에 책임져야 하며, 피허가자는 이에 협조해야한다.

제12조 특허권 무효시의 처리

1. 계약기간 내, 허가자의 특허가 무효선고된 경우, 만약 공평의 원칙에 명확하게 반하지 않으며 허가자가 고의 없이 손해를 초래하였다면, 허가자는 피허가자에게 특허 실시료를 반환할 필요가 없다.
2. 계약기간 내, 허가자의 특허가 무효선고된 경우, 허가자가 고의로 피허가자의 손해를 초래하였거나, 명확하게 공평의 원칙에 반한 경우, 허가자는 실시료를 마땅히 전부 반환하여야 하며, 계약은 중지된다.

제13조 불가항력

1. 양측의 의지와 상관없이 발생한 불가항력적인 사건(예를 들어, 화재, 홍수,지진, 전쟁 등)이 계약 의무의 이행을 방해하는 경우, 양측은
   (1) 합리적 조치를 취해 손실을 줄여야 하며,
   (2) 즉시 상대방에게 통지해야 하며,
   (3) 사건 발생기간 동안, 이행할 수 없는 사유를 증명해야 한다.
2. 불가항력적인 사건 발생기간 동안, 계약은 연기되어 이행된다.
3. 불가항력적인 사건 발생기간 동안, _____의 경우에, 계약의 특정 일부분 (구체적 조항)만 이행될 수 있다.
4. 불가항력적인 사건이 _____기간을 넘어 해결되지 않는 경우, 계약은 바로 종결된다.

제14조 세금

1. 허가자 및 피허가자가 중국공민 또는 법인인 경우, 본 계약과 관련된 실시료의 필요한 세금납부는, 중화인민공화국 세법에 의거하여, 허가자가 세금을 납부한다.
2. 허가자가 경외 주민 혹은 단위인 경우, 중화인민공화국 세법 및 "중화인민공화국 외상투자기업 및 외국기업의 세법"에 따라, 허가자가 중국 세무기관에 세금을 납부한다.
3. 허가자가 중국의 공민 또는 법인이나 피허가자가 경외 단위 또는 개인인 경우, 상대방 국가 또는 지역의 세법에 따라 세금을 납부한다.

제15조 분쟁의 해결 방법

갑·을 쌍방은 본 계약의 내용, 해석, 효력의 발생, 효력 및 이행에 관하여 분쟁발생시 우선 우호적으로 협상하여 해결하여야 한다. 일방이 협상을 원하지 않거나 또는 30일 내에 협상으로 결과를 보지 못한 경우, 임의의 일방은 한국 서울시에 위치한 대한상사중재원에 중재를 신청하여 당해 중재기관의 중재규칙에 따라 중재한다. 중재판정은 최종적인 것이며, 분재의 각 당사자에 대하여 법률적인 구속력을 가진다.

제16조 계약의 효력 발생, 변경 및 종결

1. 본 계약은 양측이 서명, 날인한 날부터 효력이 발생하며, 계약유효기간은 _____ (특허권의 존속기간을 초과하면 안됨)으로 한다.
2. (독점실시권 계약) 피허가자가 정당한 이유없이, 계약효력 발생 후 _____ 일 내에 본 특허기술을 실시하지 않으면, 본 계약은 자동으로 보통 실시권 계약으로 변경된다.
3. 피허가자의 원인으로 본 계약을 정상적으로 이행할 수 없는 경우, 본 계약은 종결되거나 양측이 본 계약의 관련 조건을 별도로 변경할 수 있다.

제17조 적용되는 법률

본 계약의 체결, 교부, 효력의 발생, 이행, 변경, 중지 및 해석 등은 모두 대한민국의 법률을 적용하고 대한민국의 법률에 규정이 없는 경우 국제 관습을 적용한다.

제18조 기타

앞의 열 여섯 개의 조문에 포함되어 있지 않으나, 이하와 같은 기타 특수약정의 내용이 필요하다.
예: 예상할 수 없는 기술적 문제를 어떻게 해결할 것인지의 약정, 예견할 수 없는 법률적 문제를 어떻게 해결할 것인지의 약정 등

허가자:　　　　　　　　　　피허가자:
통신주소　　　　　　　　　통신주소
통신전화　　　　　　　　　통신전화
서명지점　　　　　　　　　서명지점
법인대표 서명날인　　　　　법인대표 서명날인
　년　월　일　　　　　　　　년　월　일

Ⅲ. 특허 실시권계약서 분석

1. 개요

특허 실시권 계약은 중국 계약법(合同法)에서 규정한 기술양도 계약의 일종으로, 동법 제342조에 의하면 서면 방식으로 이루어져야 한다. 특허 실시권 계약은 중국 계약법, 중국 특허법(专利法), "최고인민법원의 기술계약분쟁안건의 심리에 적용하는 법률의 약간의 문제에 대한 해석(最高人民法院关于审理技术合同纠纷案件适用法律若干问题的解释)"[135] 등의 적용을 받으며, 중국 기업과 특허 실시권 계약을 맺는 한국 기업은 이외에 대외무역법(对外贸易法), 기술수출입관리조례(技术进出口管理条例)를 고려해야 한다. 본 장의 분석 대상인 특허 실시권 계약서는 중국 특허청에서 배포한 모범 계약서를 기초로 한 것이다. 다만 해당 모범 계약서가 주로 중국 기업들 사이의 특허 실시권 계약을 상정하고 작성된 것이나 본 장의 목적은 한국 기업과 중국 기업 사이의 계약을 대상으로 한다는 점, 그리고 해당 모범 계약서가 중국 계약법 제324조[136]의 사항들 중 일부분을 미진하게 반영하고 있다는 점을 고려하여 필요에 따라 일부 수정하거나 보충하였다.

2. 특허실시권 계약 체결 전 수출입 가능 기술 여부의 확인

기술수출입관리조례 제2조 제1항에 따르면, 기술수출입이란 중국 경내(境内)에서 경외(境外) 또는 중국 경외(境外)에서 경내(境内)로 기술이 이전되는 행위를 가리킨다. 또한 동조 제2항에 따르면, 기술수출입에는 특허권 양도뿐만 아니라 특허실시허가를 포함한다. 따라서 한국 기업과 중국 기업 사이에 특허 실시권 계약을 체결하고자 한다면, 이는 기술수출입관리조례에서 규정하는 기술수출입에 해당하여 해당 조례의 적용을 받게 된다. 이에 따라, 중국 기업과 특허 실시권 계약을 체결하고자 하는 한국 기업은 계약을 체결하기에 앞서 해당 기술이 수출입 금지 또는 제한 기술에 해당하는지 여부를 먼저 확인할 필요가 있다. 관련 절차 및 주의사항에 대해서는 본 서 특허권 양도 계약과 관련하여 앞서 기술된 "1. 특허권 양도 계약 전 수출입 가능 기술 여부의 확인" 부분을 참조하길 바란다.

---

[135] 본 해석 제22조에 따르면 계약법 제342조의 특허 실시권 계약에는 관련 기술자문, 기술서비스의 약정이 포함되며, 이와 관련한 분쟁이 발생하면 당사자간의 계약에 따라 처리한다.

[136] 중국 계약법 제324조에 따르면, 특허 실시권 계약은 일반적으로 계약명칭, 계약 대상의 내용, 범위 및 요구, 이행의 계획, 기간, 지역 및 방식, 기술보호 의무, 위험책임의 부담, 기술 성과의 귀속, 검수의 기준 및 방법, 세금 납부 방법, 위약금 계산 방법, 분쟁해결 방법, 용어의 정의 등을 포함한다고 규정하고 있으며, 본 분석은 이를 반영하여 작성하였다.

3. 서언(서술성 조문)

> 前言(鉴于条款)
> ― 鉴于许可方(姓名或名称注：必须与所许可的专利的法律文件相一致)拥有(专利名称注：必须与专利法律文件相一致)专利, 该专利名称为(　　), 专利号为(　　), 公开号为(　　), 申请日为＿＿＿年＿＿＿月＿＿＿日, 授权日为＿＿＿年＿＿＿月＿＿＿日, 专利的法定届满日为＿＿＿年＿＿＿月＿＿＿日。并拥有实施该专利所涉及的技术秘密及工艺；
> ― 鉴于被许可方(姓名或名称)属于＿＿＿领域的企业、事业单位、社会团体或个人等, 拥有厂房＿＿＿, ＿＿＿, 设备, 人员＿＿＿及其它条件, 对许可方的专利技术有所了解, 希望获得许可而实施该专利技术(及所涉及的技术秘密、工艺等)；
> ― 鉴于许可方同意向被许可方授予所请求的许可；
> 双方一致同意签订本合同
>
> 서언(서술성 조항)
> ― 허가자(성명 또는 명칭, 주의: 허가하는 특허의 법률문건과 반드시 일치해야 함)는 특허(특허명칭, 주의: 특허의 법률문건과 반드시 일치해야 함)를 보유하고 있으며, 그 특허의 명칭은 ＿＿＿, 특허번호는 ＿＿＿, 공개번호는 ＿＿＿, 출원일은 ＿＿＿, 수권일은 ＿＿＿, 공개일은 ＿＿＿, 특허권의 만료일은 ＿＿＿이며, 상기 특허 실시와 관련된 기술비밀 및 공정을 소유하고 있다.
> ― 피허가자(성명 또는 명칭, 주소, 법정대표인)는 ＿＿＿영역의 기업, 사업단위, 사회단체 또는 개인으로서, 공장＿＿＿, ＿＿＿설비, 인원＿＿＿ 및 기타조건은 ＿＿＿하며, 상기의 허가자의 특허에 대하여 이해하고 있으며, 해당 특허에 대한 실시권을 획득하여 상기 특허기술(및 관련된 기술비밀 및 공예 등)을 실시하기를 희망한다.
> ― 허가자는 피허가자에 대한 실시허가 수여에 동의한다.
> 쌍방은 일치하여 본 계약의 서명에 동의한다.

(1) 의의

중국에서 기술 거래 계약서의 대부분은 서술성 조항으로 시작하며, 서술성 조항은 계약의 양 당사자, 계약의 대상, 양 당사자가 계약을 통해 달성하려고 하는 목적 등 계약의 전반적인 사항에 대해 특정하는 역할을 하므로, 계약 당사자는 이 서술성 조항을 꼼꼼하게 확인하는 것이 좋다.

(2) 계약 대상 특허권의 특정 및 법률상태 확인

계약 대상 중국 특허권은 그 "발명의 명칭"과 "특허번호"를 계약서에 기재함으로써 특정할 수 있다. 실무상 특허번호 이외에도 출원번호(申请号), 공개번호(公开号), 공고번호(公告号), 출원일(申请日), 공고일(公告日) 등을 계약서에 함께 기재하는 경우가 많다.

한편 중국 계약법 제344조에 따르면, 특허 실시권 계약은 특허권의 존속기간 내에서만 유효하다. 따라서 특허 실시권 계약의 피허가자는 특허권 수여 여부[137], 연차료 납부 여부, 무효 심판 청구여부[138], 존속기간 만료여부[139] 등을 살펴봄으로써 해당 특허권의 법률상태를 확인할 필요가 있다.

(3) 계약 당사자 및 특허등기부(专利登记簿) 상 권리자의 확인

계약 당사자의 확인과 관련하여, 일반적으로 중국 기업 및 그 대표자에 대한 정보는 기업영업허가증(企业营业执照)을 통하여 확인할 수 있다. 다만 특허 실시권 계약의 경우에는 이에 더하여 특허등기부상의 권리자를 추가로 확인할 필요가 있다.

구체적으로, 중국 계약법 제349조에 따르면, 특허 실시권 계약의 허가자는 자신이 계약 대상의 합법적인 권리자임을 밝혀야 될 의무가 있다. 이 때, 허가자는 보통 특허증서만을 제공하여 자신이 특허권자임을 밝히는 경우가 많은데, 중국 특허청은 특허 등록에 따라 최초로 특허증서를 발행한 이후에는 특허권이 승계되거나 양도되더라도 이를 특허등기부 상에만 반영할 뿐 일반적으로 새로운 특허증서를 발행하지는 않는다. 이에 따라 특허증서상의 권리자와 실제 권리자가 서로 일치 하지 않는 경우가 실무상 많이 발견된다. 따라서 특허 실시권 계약의 피허가자는 특허등기부(专利登记簿)상의 권리자와 계약의 허가자가 서로 일치하는지 여부를 확인해야 한다.[140]

---

137) 중국 특허법 제39조 및 제40조에 따르면, 중국에서 특허권의 효력은 특허출원에 대한 특허권의 수여를 결정하고 이를 공고한 날로부터 발생한다.

138) 단, 무효 심결이 확정되기 전까지 특허권이 유효하므로, 피허가자는 이를 고려하여 계약진행여부를 결정해야 한다.

139) 중국 특허법 제42조에 따른 존속기간은, 발명특허는 출원일로부터 20년, 실용신안 및 디자인 특허는 출원일로부터 10년이다.

140) 이 때, 피허가자는 중국특허청(国家知识产权局)에 등기부의 열람이나 복사를 요청할 수 있다.

(4) 특허권이 공유인 경우 유의점

2011년 8월 1일부터 시행된 "특허권 실시계약 등록 방법(专利实施许可合同备案办法)" 제3조는 "특허실시권 허가 시에, 다른 약정 및 특허법의 다른 규정이 있는 경우를 제외하고는 모든 공유자의 동의를 얻어야 한다"라고 규정하고 있으며, 중국 특허법 제15조는 "특허권이 공유인 경우 단독으로 실시하거나 보통 실시권의 형식으로 타인에게 실시허여를 할 수 있다"라고 규정하고 있다. 이에 따라, 공유자 사이에 다른 약정이 없는 이상, 보통 실시권 이외의 특허 실시권 계약은 공유자 모두의 동의를 얻어야 한다고 해석된다.

따라서 만약 특허 실시권 계약이 독점 실시권 또는 배타 실시권 계약이라면 피허가자는 해당 특허권의 모든 공유자의 동의가 있었는지의 여부를 확인하고, 만약 특허 실시권 계약이 보통 실시권 계약이라면 해당 계약의 피허가자라는 공유자들 사이에 보통 실시권의 허여를 금지하는 약정이 별도로 존재하지 않은 지의 여부를 확인하여야 향후에 발생할 수 있는 문제를 미연에 방지할 수 있다.

4. 정의 조항

> 第一条 名词和术语(定义条款)
> 本条所涉及的名词和术语均为签定合同时出现的需要定义的名词和术语.如：
> 专利 — 本合同中所指的专利是许可方许可被许可方实施的由中国专利局受理的发明专利(或实用新型专利或外观设计专利.专利号：发明名称。
> 技术秘密(know-how) — 指实施本合同专利所需要的、在工业化生产中有助于本合同技术的最佳利用、没有进入公共领域的技术。
> 技术资料 — 指全部专利申请文件和与实施该专利有关的技术秘密及设计图纸、工艺图纸、工艺配方、工艺流程及制造合同产品所需的设备清单等技术资料。
> 合同产品 —指被许可方使用本合同提供的被许可技术制造的产品, 其产品名称为：。
> 技术服务 — 指许可方为被许可方实施合同提供的技术所进行的服务, 包括传授技术与培训人员。
> 销售额 — 指被许可方销售合同产品的总金额。
> 净销售额 — 指销售额减去包装费、运输费、税金、广告费、商业折扣。
> 纯利润 — 指合同产品销售后, 总销售额减去成本、税金后的利润额。
> 改进技术 — 指在许可方许可被许可方实施的技术基础上改进的技术。
> 普通实施许可 — 指许可方许可被许可方在合同约定的期限、地区、技术领域内

实施该专利技术的同时，许可方保留实施该专利技术的权利，并可以继续许可被许可方以外的任何单位或个人实施该专利技术。

排他实施许可 — 指许可方许可被许可方在合同约定的期限、地区、技术领域内实施该专利技术的同时，许可方保留实施该专利技术的权利，但不得再许可被许可方以外的任何单位或个人实施该专利技术。

独占实施许可 — 指许可方许可被许可方在合同约定的期限、地区、技术领域内实施该专利技术，许可方和任何被许可方以外的单位或个人都不得实施该专利技术。

分许可 — 被许可方经许可方同意将本合同涉及的专利技术许可给第三方。

等等。

제1조 용어에 대한 정의 조항

본 조항과 관련된 용어는 계약 체결시 정의가 필요한 용어이다.

예:

특허 : 본 계약에서 의미하는 특허는 허가자가 피허가자의 실시를 허가한, 전리국에 의해 수리된 발명특허(또는 실용신안특허 또는 외관설계특허)이다. 특허번호는 _____이며, 특허명칭은 _____이다.

기술비밀(know-how) : 본 계약의 특허실시에 필요하며, 공업화생산과정중 본 계약기술의 최적의 이용에 도움이 되는, 공중에 공개되지 않은 기술이다.

기술자료 : 특허출원서류 및 특허실시와 관련된 기술비밀 및 설계도면, 공정도면, 공정제조법, 공정프로세스 및 계약 제품의 생산에 필요한 설비목록 등의 기술자료를 의미한다.

계약 제품 : 본 계약의 피허가 기술을 사용하여 제조된 제품으로서, 제품의 명칭은 _____이다.

기술서비스 : 피허가자의 본 계약실시를 위해, 허가자가 제공하는 서비스로서, 기술전수 및 직원교육을 의미한다.

판매액 : 피허가자가 판매한 계약 제품의 총금액

순매상액 : 판매액에서, 포장비용, 운송비용, 세금, 광고 비용, 상업할인을 제외한 금액

순이익 : 계약 제품 판매 후, 총 판매액에서 사업자금, 세금을 제외한 이익액

개량기술 : 허가자가 허가한 피허가자의 실시기술을 기초로 개량된 기술

보통 실시권 허가 : 피허가자는 계약에서 정한 기간, 지역, 기술영역내에서 특허기술을 실시하는 것과 동시에, 허가자는 특허기술에 대한 권리를 유지하며, 피허가자 이외의 어떠한 단위 및 개인에게 그 특허기술의 실시를 허가할 수 있다.

> 배타 실시권 허가 : 피허가자는 계약에서 정한 기간, 지역, 기술영역내에서 특허기술을 실시하는 것과 동시에, 허가자는 특허기술에 대한 권리를 유지하지만, 피허가자 이외의 어떠한 단위나 개인에게도 그 특허기술의 실시를 허가할 수 없다.
> 독점 실시권 허가 : 피허가자는 계약에서 정한 기간, 지역, 기술영역내에서 특허기술을 실시하며, 피허가자 이외의 어떠한 단위 또는 개인과 허가자 자신도 그 특허기술을 실시할 수 없다.
> 재실시권 허가 : 피허가자가 허가자의 동의를 받고 본 계약관련 특허기술을 제3자에게 허가하는 계약
> 등등.

정의 조항은 계약서에서 정의가 필요한 용어에 대해 명확히 설명한 것으로, 계약서 조항의 해석 시[141] 중요한 역할을 한다. 계약과 관련된 주요 용어를 규정함으로써 용어의 불명확함으로 인해 발생하는 분쟁을 미연에 방지할 수 있다. 본 분석에서는 실무상 특허 실시권 계약서에서 자주 사용되는 용어 및 이에 대한 정의를 싣고 있다.

예를 들어, 한국 특허법에서는 특허 실시권의 종류를 보통 통상 실시권, 전용 실시권으로 구분하지만 중국 특허법에서는 특허 실시권의 종류를 보통 실시권, 배타 실시권, 독점 실시권으로 구분하고 있어, 정의 조항이 없다면 한국 기업과 중국 기업 사이에 오해가 발생할 수 있다. 따라서 이에 대한 오해가 없도록, 본 정의 조항에서는 실시권의 의미를 분명하게 정의하고 있다. 다만, 당사자 사이의 구체적 사안에 따라 본 조항의 용어를 추가하거나 변경하여 사용할 수도 있다.

5. 특허 실시권 허여의 방식 및 범위

> 第二条 专利许可的方式与范围
> 该专利的许可方式是独占许可, (排他许可、普通许可、交叉许可、分许可) ;
> 该专利的许可范围是在某地区制造(使用、销售)其专利的产品 ; (或者)使用其专利方法以及使用、销售依照该专利方法直接获得的产品 ; (或者)进口其专利产品(或者)进口依照其专利方法直接获得的产品.

---

[141] 특히, 특허 경상 실시료의 계산(본 분석 제5조 참조)과 특허 실시권의 범위(본 분석 제2조 참조)해석 시 중요한 역할을 한다.

> 제2조 특허허가의 방식 및 범위
> 본 특허의 허가방식은 독점 실시권 허가(또는 배타 실시권 허가, 보통 실시권 허가, 크로스라이센스 허가, 재실시권 허가)이다;
> 본 특허의 허가범위는 본 특허의 제품을 어떤 지역에서 제조(사용, 판매) 하는 것이다; (또는) 본 특허방법을 사용하는 것과 본 특허방법을 통해 직접 획득한 제품의 사용, 판매이다; (또는) 본 특허제품의 수입(또는) 본 특허방법을 통해 직접 획득한 제품의 수입이다.

(1) 의의

특허 실시권 계약의 피허가자는 계약으로 정한 실시권의 범위 내에서만 특허를 실시할 수 있으며, 이를 초과하여 실시하는 경우에 계약 위반의 책임뿐만 아니라 특허 침해의 책임도 부담하게 될 수 있다. 실시권의 범위는 중국 계약법 제4조의 계약 자유 원칙에 따라 당사자의 의사에 기초하여 자유로이 정할 수 있으며, 그 허가의 방식뿐만 아니라, 실시 유형, 지역, 실시 대상 제품, 실시 기간, 재실시 계약 체결 가능 여부 등에 관해 정할 수 있다. 중국 기업과 특허 실시권 계약을 체결할 시에 본 조항을 통해 특허 실시권의 범위를 구체적으로 정하여야 향후 분쟁을 미연에 방지할 수 있다.

(2) 특허 실시권 허가의 방식

"최고인민법원의 기술계약분쟁안건의 심리에 적용하는 법률의 약간의 문제에 대한 해석" 제25조에 따르면, 특허 실시권 허가는 독점 실시권 허가, 배타 실시권 허가, 보통 실시권 허가의 방식을 포함하며[142], 실무상 위 세 방식 중 하나를 선택하여 계약을 체결하게 된다.[143] 계약서에 특허 실시권 허가 방식에 대한 명확한 조항이 없거나 그 조항이 불명확하면 보통 실시권(普通许可)의 허가로 간주된다.[144] 한편, 앞서 설명한 바와 같이 특

---

[142] 본 조항에 따르면, 독점 실시권 허가를 체결한 경우, 피허가자를 제외한 제3자 및 특허권자 자신도 그 특허를 실시할 수 없으며, 배타 실시권 허가의 경우 피허가자를 제외한 제3자(특허권자는 실시 가능)는 그 특허를 실시할 수 없으며, 보통 실시권 허가의 경우 특허권자는피허가자 이외의 제3자에게 특허 실시를 허여할 수 있다.

[143] 참고로, 한국 특허법은 제100조 및 제101조에서 전용 실시권(본 분석의 독점 실시권 또는 배타 실시권에 해당한다)의 범위, 이전 등록의 효력에 대해서 규정하고, 제102조 및 제118조에서 통상 실시권(본 분석의 보통 실시권에 해당한다)의 범위, 이전, 등록의 효력에 대해서 규정하고 있으나, 중국 특허법은 제12조에서 "어떤 단위 또는 개인이 타인의 특허를 실시하고자 할 경우, 특허권자와 실시허가계약을 체결하고 특허권자에게 특허사용료를 지급하여야 한다"라고 규정한 것을 제외하고, 특허 실시권의 범위, 이전, 등록의 효력에 대해서는 규정하고 있지 않다. 따라서 실무상 보통 전술한 사법해석에 따라 특허권의 범위를 규정하게 된다.

[144] 전술한 사법해석 제25조 참조.

허권이 공유인 경우에 독점 실시권, 배타 실시권 계약의 피허가자는 다른 공유자의 동의가 있었는지 여부를 반드시 확인하여야 한다.[145]

(3) 일부 청구항의 실시허가 가능 여부

중국 특허법 제31조에 따르면 하나의 출원은 여러 개의 청구항들을 포함할 수 있는데, 실무상 일부 청구항만에 대한 실시허가도 가능하다. 따라서 피허가자는 허가자의 특허 청구항을 꼼꼼히 살펴보고, 만약 필요하지 않은 청구항이 존재한다면 이를 계약에서 배제함으로써 특허 실시료를 감소시킬 수 있다.

(4) 재실시 허가 가능 여부

중국 특허법 제12조 및 중국 계약법 제346조에 따르면[146], 계약으로 다르게 규정한 경우를 제외하고는 피허가자는 실시 허가를 받은 특허권에 대해 제3자에게 실시허가를 하는 것이 불가능하다. 다만, "최고인민법원의 기술계약분쟁안건의 심리에 적용하는 법률의 약간의 문제에 대한 해석" 제27조에 따르면, 독점 실시권 또는 배타 실시권의 피허가자는 자신이 특허를 독립적으로 실시할 수 있는 조건을 구비하지 않은 경우, 실시 능력이 있는 단체 또는 개인에 보통 실시권을 허가하는 방식으로 이들과 합작하여 특허를 실시할 수 있으며[147], 이 경우 계약 위반이 아니다.

한편 재실시 계약을 체결한 경우, 본 계약의 허가자, 즉 특허권자와 재실시 계약의 피허가자 사이에는 직접적인 법률관계가 존재하지 않으며, 재실시 계약의 허가자, 즉 본 계약의 피허가자는 직접 재실시 계약의 피허가자로부터 실시료를 받으며, 그에 따른 의무를 직접 부담한다.

또한 제3자에게 하청 또는 외주를 맡길 필요가 있는 피허가자의 경우[148], 상술한 최고

---

[145] 전술한 서술성 조항의 '특허권이 공유인 경우' 참조.

[146] 중국 특허법 제12조는 "피허가자는 계약규정 이외의 제3자에게 실시허가를 할 수 없다"라고 규정하고 있으며, 중국 계약법 제346조는 "피허가자는 계약에 따라 특허를 실시해야 하며 계약규정 이외의 제3자에게 실시를 허가할 수 없다"라고 규정하고 있다.

[147] 계약으로 다르게 정한 경우는 제외된다.

[148] 특허 제품 전체 또는 일부 부품의 제조 능력이 없는 경우와 제조 능력은 있으나 사업상의 이유로 제3자에게 하청을 맡기는 것이 유리한 경우가 이에 해당된다.

인민법원의 사법 해석 제27조는 특정한 경우[149]에 한하여 인정되는 것이므로, 하청 또는 외주 관련 사항을 계약에 명확하게 포함하는 것이 바람직하다. 이 경우 위탁 받은 자의 실시는 피허가자 자신의 실시로 간주된다.[150] 한편, 허가자가 한국 기업인 경우, 위탁제조나 하청생산을 허용하면 특허 침해자를 면책시키는 방어수단으로 활용될 수 있고 영업비밀 등이 유출될 수 있으므로 허용여부에 대하여 면밀히 검토해야 한다.

(5) 실시 유형, 지역 등의 제한

특허권의 효력 및 실시행위에 관해 정의한 중국 특허법 제11조에 따르면, 특허 실시권의 피허가자는 생산경영의 목적으로 당해 특허제품을 제조, 사용, 판매의 청약, 판매, 수입하거나 또는 그 특허방법을 사용하거나 특허방법에 의하여 직접 획득한 제품을 사용, 판매의 청약, 판매, 수입할 권한을 가진다. 다만, 필요에 따라 상술한 실시 행위 중 일부만 허여하고 다른 행위는 금지할 수 있으므로, 실시 행위의 유형에 대해 계약으로 명확하게 할 필요가 있다.

먼저 실시 지역의 경우, 계약으로써 전국 또는 일부 지역으로 한정할 수 있다. 특히 실무상 제품의 판매지역이 문제가 되는 경우가 많으므로 명확하게 할 필요가 있다.

실시의 대상 제품과 관련하여, 계약 당사자는 계약제품의 범위를 한정하여 약정한 계약제품에만 특허기술을 사용하도록 할 수 있다. 이 때 정의 조항에서 정의한 계약제품의 범위가 허락한 특허의 실시 대상 또는 실시분야를 한정하는 역할을 할 수 있으므로 이를 꼼꼼히 검토해야 한다. 특히 특허기술이 범용기술인 경우에, 실시는 정의된 계약 제품의 제조, 판매 등에 한정되며, 그 이외 제품을 제조하는데 특허기술을 사용하는 것은 계약의 위반에 해당한다. 만약 한국 기업이 피허가자라면, 정액실시료인 경우에는 계약 제품의 범위를 최대한 확대하고, 반대로 경상실시료인 경우에는 계약 제품의 범위를 필요한 범주로 국한시키는 것이 유리하다.

(6) 특허 실시권의 계약기간

중국 계약법 제344조에 따르면, 특허 실시권 계약의 계약기간은 특허권의 존속기간을 초과할 수 없으며, 특허권이 만료되거나 무효선고를 받은 경우에 특허권자는 타인과 특허 실시권 계약을 맺을 수 없다. 한편 특허 실시권의 계약기간이 불명확하거나, 특별한

---

[149] 독점 또는 배타 실시권자가 실시 능력이 없는 경우로 한정된다.
[150] 강소성 고급인민법원 민사판결서 2009년 0018호 판례

약정이 없는 경우에, 중국 계약법 제62조에 따라 보충 협의가 이루어지지 않으면 피허가자의 실시는 기간의 제한을 받지 않는다.[151]

6. 특허의 기술 내용

> 第三条 专利的技术内容
>
> 许可方向被许可方提供专利号为_____, 专利名称为_____的全部专利文件(见附件1), 同时提供为实施该专利而必须的工艺流程文件(见附件2), 提供设备清单(或直接提供设备)用于制造该专利产品(见附件3), 并提供实施该专利所涉及的技术秘密(见附件4)及其它技术(见附件5)。
>
> 제3조 특허의 기술내용
>
> 허가인이 피허가인에게 특허번호_____, 특허명칭_____의 전부 기술문헌(첨부서류1 참조)을 제공하며, 동시에 본 특허를 실시하기 위해 필요한 공정 프로세스문헌(첨부서류 2 참조)을 제공하며, 본 특허제품의 제조에 사용되는 설비목록(첨부서3 참조)을 제공하며(혹은 직접 설비를 제공하며), 본 특허와 관련된 기술비밀(첨부서류4 참조) 및 기타 기술(첨부서류 5 참조)을 제공한다.

중국 계약법 제349조에 따르면, 특허 실시권 계약의 허가자는 제공하는 기술이 완전하고 유효하여 계약의 목적을 달성할 수 있음을 보증하여야 하며, 동법 제345조에 따르면 특허 실시권 계약의 허가자는 관련 기술자료를 제공할 의무가 있다. 본 조항은 허가자가 제공하는 특허기술을 명확하게 특정하고, 피허가자에게 제공하여야 하는 자료를 계약서에 다시 한번 명확하게 규정하는데 목적이 있다. 따라서 피허가자는 특허기술을 실시하기 위해 필요한 관련 기술 비밀, 프로세스 과정, 설비 등이 있는지의 여부를 사전에 파악하여 이를 계약의 대상에 포함시키는 것이 유리하며, 본 계약서의 예시 조항과 같이 관련 자료를 계약서에 첨부하여 계약의 일부로 명확하게 규정하는 것이 바람직하다.

---

[151] "최고인민법원의 전국법원지식재산권심판업무협의 중 기술계약분쟁안건심리에 관한 기요 통지(最高人民法院关于印发全国法院知识产权审判工作会议关于审理技术合同纠纷案件若干问题的纪要通知)" 제62조 참조

7. 기술자료의 교부

第四条 技术资料的交付

1. 技术资料的交付时间

合同生效后, 许可方收到被许可方支付的使用费后的_____日内, 许可方向被许可方交付合同第三条所述的全部资料, 即附件(1~5)中所示的全部资料。
(或者)自合同生效日起, _____日内, 许可方向被许可方交付合同第三条所述全部(或部分)技术资料, 即附件(1~5)中所示的全部资料, 如果是部分资料, 待被许可方将转让费交付给许可方后_____日内, 许可方向被许可方交付其余的资料。

2. 技术资料的交付方式和地点

许可方将全部技术资料以面交、挂号邮寄、或空运方式递交给被许可方, 并将资料清单以面交、邮寄或传真方式递交给被许可方, 将空运单以面交、邮寄方式递交给被许可方。
技术资料交付地点为被许可方所在地或双方约定的地点。

제4조 기술자료의 교부

1. 자료 교부의 시기

계약의 효력이 발생 후, 허가자가 지불한 실시료를 피허가자가 수령한 후_____일 내에, 허가자는 피허가인에게 계약서 제3조의 전술한 모든 자료, 즉, 첨부자료 1 내지 5를 교부한다.
또는, 계약의 효력이 발생한 후, _____일 내에 허가자는 피허가자에게 계약서 제3조의 전술한 모든(또는 부분) 자료를 교부하며, 만약 일부 자료인 경우에, 피허가자 실시료를 허가자에게 지불한 후_____일 내에, 허가자는 피허가자에게 나머지 자료를 교부한다.

2. 자료의 교부 방식 및 지점

허가자는 전술한 모든 자료를 직접 전달하거나, 등기우편 등의 방식으로 피허가자에게 자료를 전달하며, 자료목록을 직접 교부, 우편 또는 팩스의 방식으로 피허가자에게 전달한다.
모든 자료의 교부지점은 피허가자 주소지 또는 쌍방이 약정한 지점으로 한다.

(1) 의의

본 계약서 제3조에서 설명한 바와 같이 기술자료의 교부는 허가자의 주요 의무이며, 기술 자료의 교부를 미루거나 하자가 있는 경우 허가자는 위약 책임을 부담한다.[152] 하지만 그 시기, 교부 방식 등을 명확히 하지 않은 경우 위약 책임을 묻기가 힘들어 본 조항을 통해 명확하게 정하는 것이 중요하다. 한편, 특허 실시권 계약은 특허 양도 계약과 달리 허가자가 기술 자료의 교부와 별도로 피허가자에게 특허기술에 대한 기술지도를 제공하여야 할 의무가 있으며 이에 대해서는 본 계약서 제8조 관련 분석을 참조하길 바란다.

(2) 자료 교부의 시기

허가자가 피허가자에게 교부하여야 하는 자료의 교부 시기는 계약의 효력 발생 시기 및 실시료 수령 시기 등을 고려하여 비교적 자유롭게 약정할 수 있다. 예를 들어, 허가자는 모든 자료를 일괄적으로 교부할 수 있으며, 일부의 자료를 먼저 지급하고 나머지 자료는 나중에 지급하는 부분 교부 방식을 채택할 수도 있다.

만약, 본 분석의 예시 조항과 유사하게 "계약의 효력 발생일"을 기준으로 자료 교부 시기를 약정한다면, "계약의 효력 발생일"의 의미를 명확히 이해할 필요가 있다. 중국 계약법 제44조에 의하면 법에 의하여 성립된 계약은 그 성립 시부터 계약의 효력이 발생한다. 그러나 중국 계약법 제45조에 의하면 쌍방 당사자는 계약의 효력 발생 요건을 부가하는 약정을 추가할 수도 있다. 예를 들어, 특허 실시권을 설정등록한 날부터 효력이 발생한다고 계약으로 규정한 경우, 설정등록일이 계약의 효력 발생일이 된다.[153]

(3) 자료 교부의 방식 및 장소

기술계약의 허가자가 교부하여야 하는 자료의 전달 방법 및 장소는 당사자의 편의에 따라 다양한 방식으로 약정할 수 있다. 예를 들어, 본 조항과 같이 허가자가 피허가자에게 직접 전달하는 방식을 채택할 수도 있으며, 등기 우편의 방식으로 전달하는 방식을 채택할 수도 있다. 또한 자료의 교부지점은 피허가자의 주소지로 하는 것이 일반적이나 당사자의 사정에 따라 다양하게 약정 가능하다.

---

[152] 본 계약서 제10조 관련분석 참조
[153] 보다 자세한 내용은 본 계약서 제16조 관련분석 참조

8. 실시료 및 지급 방식

第五条 使用费及支付方式

1、本合同涉及的使用费为(￥、$_____元)。采用一次总付方式, 合同生效之日起_____
日内, 被许可方将使用费全部汇至许可方帐号, 或以现金方式支付给许可方。

2、本合同涉及的使用费为(￥、$_____元)。采用分期付款方式, 合同生效后,_____
日内, 被许可方即支付使用费的_____%即(￥、$_____元)给许可方, 待许可
方指导被许可方生产出合格样机_____台_____日后再支付_____%即(￥、$
_____元)。
被许可方将使用费按上述期限汇至许可方帐号, 或以现金方式支付给许可方。

3、使用费总额 (￥、$_____元), 采用分期付款方式
合同生效日支付 (￥、$_____元)
自合同生效日起个月内支付 (￥、$_____元)
_____个月内再支付 (￥、$_____元)
最后于_____日内支付 (￥、$_____元), 直至全部付清。
被许可方将使用费按上述期限汇至许可方帐号, 或以现金方式支付给许可方。

4、该专利使用费由入门费和销售额提成二部分组成。
合同生效日支付入门费 (￥、$_____元),
销售额提成为_____%(一般3~5%), 每_____个月(或每半年、每年底) 结算一次。
被许可方将使用费按上述期限汇至许可方帐号, 或以现金方式支付给许可方。

5、该专利使用费由入门费和利润提成二部分组成(提成及支付方式同4)。

6、该专利使用费以专利技术入股方式计算, 被许可方与许可方共同出资(￥、$
_____元)联合制造该合同产品, 许可方以专利技术入股股份占总投资的
_____%(一般不超过20%), 第_____年分红制, 分配利润。
支付方式采用银行转帐(托收、现金总付等)。现金总付地点一般为合同签约地。

7、在4、5、6情况下许可方有权查阅被许可方实施合同技术的有关帐目。

제5조 실시료 및 지급 방식

1. 본 계약과 관련된 실시료는(￥、$_____위안)이며, 일괄 지급 방식을 차용한다. 계약효력의 발생일로부터 _____일 내에, 피허가자는 실시료 전부를 허가자의 계좌로 이체하거나 또는 현금방식으로 허가자에게 직접 교부한다.

2. 본 계약과 관련된 실시료는(￥、$_____위안)이며, 분할 지급 방식을 차용한다. 계약효력의 발생일로부터 _____일 내에, 피허가자는 실시료의 _____

%(¥、$_____위안)를 피허가자에게 교부하며, 허가자의 도움으로 피허가자의 합격 시제품 _____대를 생산한 후_____일 내에 피허가자는 그 나머지 실시료를 허가자에게 교부한다.

피허가자는 실시료를 상술한 기한 내에 허가자의 계좌로 이체하거나 또는 현금 방식으로 허가자에게 교부한다.

3. 실시료 총액은 (¥、$_____위안)이며, 분할 지급 방식을 차용한다.
계약효력의 발생일에 (¥、$_____위안)교부하고
계약효력발생 후 _____월 내에 (¥、$_____위안)을 지급하며, _____월 내에 (¥、$_____위안)을 다시 지급하고, 마지막으로 _____월 내에 그 나머지 금액을 지급하는 방식을 차용한다.
피허가자는 실시료를 상술한 기한 내에 허가자의 계좌로 이체하거나 또는 현금 방식으로 허가자에게 교부한다.

4. 본 특허실시료는 선급료와 판매액 로얄티 두 개의 부분으로 구성된다.
계약효력의 발생일에 선급료(¥、$_____위안)를 교부하고,
판매액 로얄티는 _____%(일반적으로 3 내지5%)로서, _____개월마다 (혹은, 반년, 연말) 계산한다.
피허가자는 실시료를 상술한 기한 내에 허가자의 계좌로 이체하거나 또는 현금 방식으로 허가자에게 교부한다.

5. 본 특허실시료는 선급료와 이윤로얄티 두 개의 부분으로 구성된다(로얄티 및 지급 방식은 전술한 4 와 같다).

6. 본 특허실시료는 특허기술로 주주가 되는 방식으로 계산하며, 피허가자와 허가자는 공동으로 (¥、$_____위안)을 출자하여 본 계약 제품을 연합하여 제조하며, 허가자가 특허기술로서 소유하는 주식은 총 투자액의_____%이며(일반적으로 20%를 초과하지 않는다), _____년 후, 이익을 분배한다.
지불방식은 은행계좌이체(또는 대리징수, 현금지불 등)를 차용하며, 현금지급의 지점은 계약 체결지로 한다.

7. 상기 4,5,6과 같은 경우에 허가자는 계약기술실시 관련 장부를 열람할 수 있는 권리를 가진다.

(1) 의의

중국 계약법 제346조에 따르면, 실시료의 지급은 피허가자의 주요 의무이다. 특허 실시권계약의 이행과 관련된 대부분의 분쟁은 실시료 산정 및 지불에 대한 것이기 때문에, 지급 방식, 지급 시기, 기술자료 교부와의 관계 등을 명확하게 계약으로 정하는 것이 필

요하다. 중국 계약법 제325조는 일괄 지급 방식, 분할 지급 방식 및 경상 실시료 지급 방식에 대해 규정하고 있으며, 본 분석은 이를 기초로 지급 시기 및 지급 방식의 예를 제시하고 있다.

(2) 일괄 지급 및 분할 지급 방식

실시료의 지급 방식은 정액 실시료 지급과 경상 실시료 지급 등으로 나눌 수 있으며, 정액 실시료는 일괄 지급하거나 분할 지급할 수 있다. 일괄 지급 방식이란 소정 시기에 실시료의 전부를 허가자에게 전부 지급하는 것을 의미하며, 분할 지급 방식이란 피허가자의 의무 이행 여부(예를 들어, 자료 교부, 기술지도 제공 여부 등), 실시권의 설정 등록 여부, 시제품의 합격 여부 등을 고려하여 실시료를 분할하여 지급하는 방식을 의미한다. 분할 지급 방식과 관련하여 본 계약서는 시제품의 합격 생산 여부를 기준으로 하여 분할 지급하는 방식을 예로 하였으며, 계약 당사자의 사정에 따라 다른 방식을 채용하는 것도 가능하다.

(3) 경상 실시료 방식

경상 실시료는 계약 초기에 지급하는 선급금과 계약 제품 판매 후의 판매액 로열티 또는 이윤 로열티로 구성된다. 판매액 또는 이윤 로열티 액수 및 지급 시기는 계약 당사자의 구체적 사정에 따라 자유롭게 정할 수 있다. 로열티 산정 시, 중국 계약법 제325조에서 제시하고 있는 제품 가격, 특허기술 실시 이후 증가된 제품 가치, 이윤 또는 판매액의 일정 비율[154]을 고려하여 정할 수 있다. 한편, 이러한 실시료 산정의 기준이 되는 판매액, 이익액 등의 용어의 정의가 분명하지 않은 경우 분쟁이 발생할 수 있으므로, 본 계약서 제1조의 정의 조항을 통해 이를 명확히 하는 것이 필요하다.

한편, 경상 실시료 방식의 경우 중국 계약법 제325조에 의해 허가자는 계약기술실시 관련 장부를 열람할 수 있는 권리를 가진다. 한국 기업이 허가자인 경우 관련 조항의 삽입을 통해 실시료 확인을 위한 장부열람과 공장출입 등 회계감사 가능 여부를 명확히 하고 감사비용을 중국 기업의 부담으로 하는 것을 고려할 수 있다. 만약 한국 기업이 피허가자이며 장래에 시장이 활성화될 가능성이 큰 경우라면, 경상실시료 방식보다는 정액 실시료 방식을 택하고, 경상실시료 방식인 경우에는 본 조항 및 정의 조항을 통해 가능한 공제항목(수송비, 보험료, 세금, 포장비, 현금할인, 광고비 등)을 확대하는 것이 바람직하다.

---

[154] 이 비율은 고정 비율일 수도 있으며, 구체적 사항에 따라 증가 또는 감소시킬 수 있다. 계약법 제325조 참조

(4) 주식 배당 방식

중국 회사법(公司法) 제27조에 따르면, 특허기술로 출자를 하는 방식으로 주주가 될 수 있다. 허가자가 좋은 특허기술을 보유하고 있으나 제조 능력이 없는 경우, 특허기술을 제공하고 피허가자 회사의 주주가 되어 이익을 분배받는 방법을 고려할 수 있다. 다만, 이와 관련하여서는 중국 회사법에 관련 규정들[155]이 존재하나, 해당 규정이 다소 포괄적이며 이에 대한 최고인민법원의 사법 해석 역시 아직 나오지 않은 상태이므로, 본 방식을 사용하는 경우 보다 철저한 준비가 필요하다.

9. 검수의 기준과 방법

第六条 验收的标准与方法
1. 被许可方在许可方指导下，生产完成合同产品个(件、吨、等单位量词)须达到许可方所提供的各项技术性能及质量指标(具体指标参数见附件6)并符合
    国际_____标准
    _____国家_____标准
    _____行业_____标准
2. 验收合同产品。由被许可方委托国家检测部门进行，或由被许可方组织验收，许可方参加，并给予积极配合，所需费用由被许可方承担。
3. 如因许可方的技术缺陷，造成验收不合格的，许可方应负责提出措施，消除缺陷。第二次验收仍不合格，许可方没有能力消除缺陷的，被许可方有权终止合同，许可方返还使用费，并赔偿被许可方的部分损失。
4. 如因被许可责任使合同产品验收不合格的，许可方应协助被许可方，进行补救，经再次验收仍不合格，被许可方无力实施该合同技术的，许可方有权终止合同，且不返还使用费。
5. 合同产品经验收合格后，双方应签署验收合格报告。

제6조 검수의 기준과 방법
1. 피허가자가 허가자의 지도하에 생산 완료한 계약 제품____개(건, 톤 등의 단위 수량)는 허가자가 제공한 각각의 기술성능 및 질량 기준을 만족해야 하며
    국제 표준____

---

[155] 중국 회사법의 제27조, 제28조, 제31조, 제83조의 규정 참조

> 국가표준___
> 산업표준___에 부합해야 한다.
> 2. 계약 제품의 검수. 피허가자가 국가검수기관에 진행을 위탁하거나, 피허가자 검수를 구성하는 경우, 허가자는 참가하여 적극적인 협조를 해야하며, 관련 비용은 피허가자가 부담한다.
> 3. 만약 허가자의 기술 결함으로 인해 검수 불합격인 경우, 허가자는 책임지고 대책을 제공하여 결함을 제거해야 한다.
> 제2차 검수가 여전히 불합격이고 허가자가 결함을 제거할 능력이 없는 경우, 피허가자는 계약을 종결할 권리를 가지고 허가자는 실시료를 반환하고 피허가자의 손실을 보상해야 한다.
> 4. 만약 피허가자의 책임으로 계약 제품의 검수가 불합격인 경우, 허가자는 피허가에 협조하여 보완해야 하며, 재차 검수 역시 불합격이서 피허가자가 계약기술을 실시할 수 없는 경우, 허가자는 계약을 중지할 권리를 가지며, 실시료를 반환하지 않는다.
> 5. 계약 제품의 검수합격 후, 양측은 검수 합격 보고서에 서명한다.

(1) 의의

중국 계약법 제349조에 따르면, 특허 실시권 계약의 허가자는 제공하는 기술이 완전하고 유효하여 계약의 목적을 달성할 수 있음을 보증하여야 하며, 이를 위해 허가자는 피허가자가 생산한 계약 제품의 시제품이 일정 기준에 만족할 수 있도록 협조해야 한다. 만약, 특허기술의 결함 등으로 시험제작에 실패하는 경우 계약의 종결 및 허가자의 하자담보책임과 연결되므로 주의해야 하며, 본 조항은 이러한 계약 제품의 검수 비용과 불합격시의 책임 등을 규정한 것이다.

(2) 계약 제품의 시험 제작

피허가자가 특허기술에 따라 시험 제작한 계약 제품이 피허가자의 책임으로 인하여 실패한 경우, 허가자는 피허가자의 시험 제작에 협조하여 이를 보완하여야 한다. 만약 시험 제작이 재차 실패한다면, 허가자는 계약을 종결할 권리를 가지며 이때 이미 받은 실시료[156]는 반환하지 않아도 된다. 이와 반대로, 만약 허가자에게 시험 제작 실패의 귀책사유가 허가자에게 존재하며 허가자가 결함을 제거할 능력이 없는 경우, 피허가자는 계약을 종결할 권리를 갖고, 허가자는 실시료를 반환하고 손실을 보상하는 등의 위약 책임을 부담한다.

---

[156] 예를 들어, 경상 실시료의 선급료

(3) 계약 제품의 검수

피허가자가 계약 제품의 시험 제작에 성공하면 계약에서 약정한 성능 기준에 부합하는지 검수를 진행하게 된다. 실무상 이러한 검수는 권위 있는 국가 기관에 위탁하여 진행하게 되며, 검수 비용은 일반적으로 피허가자가 부담한다. 검수 합격 실패의 경우, 그 책임 소재가 허가자 또는 피허가자 중 누구에게 있는지에 따라, 상술한 시험 제작 실패의 경우와 동일하게 처리하는 것이 일반적이다.

 | 사례 | 허가자의 기술 자료 제공 부족으로 인한 검수 실패의 경우 위약의 책임[155]

(사건의 요약) A회사는 자성가열 보일러의 특허권자이며, B회사는 A회사로부터 특허 실시권을 허여받아 A회사가 제공한 기술자료에 기초하여 보일러를 시험 제작하였다. B회사는 제작한 보일러의 판매를 위해 귀주(贵州)성 보일러 감독 기구에 안전성 검사를 위탁했으나, A회사가 제공한 기술자료의 부족으로 인해 보일러 가열 과정 중 금속이 얼마나 뜨거워지는 지에 대한 실험 데이터를 제출하지 못하여 안전성 검사에서 탈락했다. 이에 B회사는 계약을 해제하고 손실 보상 등의 위약 책임을 구하는 소를 A회사에 제기했다. 1심 법원과 2심 법원은, A회사와 B회사가 체결한 특허 실시권 계약은 특허기술이 적용되는 제품의 검수를 위해 A회사가 기술자료와 기술지도를 충분히 제공하기로하는 조항을 포함하고 있으며, A회사의 귀책으로 인해 B회사가 생산한 제품이 기술 검사를 통과하지 못하였다고 인정하였다. 따라서, 계약을 정상적으로 이행하지 못하는 책임은 A회사에 있으므로 B회사의 계약해제권을 인정하고 A회사로 하여금 손해를 배상하라고 판결하였다.

 | 시사점 |

허가자는 중국 계약법 제345조 및 제349조에 따라 자신이 허여한 특허기술의 목적 달성에 대한 보증 의무 및 기술지도 제공의무가 있다. 하지만 법문상 "목적 달성"이 의미하는 바가 모호하므로, 계약서를 체결할 당시에 이를 명확하게 할 필요가 있다. 만약 계약 체결시에 이를 명확하게 하지 않는다면, 피허가자가 실시료를 지불한 대가로 허여 받은 특허기술을 이용하여 생산한 제품이 품질 검사를 통과하지 못하여 손해를 보았다고 할지라도 허가자에게 책임을 묻기 힘든 경우가 많이 있다. 따라서 본 조항을 통해 시제품 생산 및 품질 검사 기구의 검사 통과[156]를 명확히 규정하는 것이 바람직하다.

---

[157] 귀주(贵州)성 고급인민법원 2007년제75호 판례 참조

[158] 제품 판매를 위해 필수적으로 통과해야 하는 검사가 있다면, 그 감독 기구의 명칭을 계약서에 명확히 써 놓는 것이 좋다.

10. 비밀유지의무

> 第七条 对技术秘密的保密事项
> 1. 被许可方不仅在合同有效期内而且在有效期后的任何时候都不得将技术秘密(附件4)泄露给本合同当事双方(及分许可方)以外的任何第三方。
> 2. 被许可方的具体接触该技术秘密的人员均要同被许可方的法人代表签订保密协议, 保证不违反上款要求。
> 3. 被许可方应将附件4妥善保存(如放在保险箱里)。
> 4. 被许可方不得私自复制附件4, 合同执行完毕, 或因故终止、变更, 被许可方均须把附件4退给许可方。
>
> 제7조 기술비밀의 비밀유지 사항
> 1. 피허가자는 계약기간 뿐만 아니라 계약기간 후 언제라도 기술비밀(첨부자료4)을 본 계약쌍방당사자 (및 재 실시계약 허가자) 외에 어떠한 제3자에게라도 누설하면 안된다.
> 2. 피허가자측에서 기술비밀을 구체적으로 접한 직원은 피허가자측의 법인대표와 비밀유지계약을 맺고 상기 조항의 요구를 위반하지 않도록 해야한다.
> 3. 피허가자는 첨부자료4를 적절하게 보관해야한다 (예: 금고에 보관).
> 4. 피허가자는 사적으로 첨부자료를 복사해서는 안되며, 계약실행이 완성되거나 사정으로 인해서 종결되거나 변경되는 경우에는 피허가자는 첨부자료4를 허가자에게 돌려줘야 한다.

중국 계약법 제350조에 따르면, 특허 실시권 계약의 피허가자는 약정한 범위와 기간 내에 공개되지 않은 기술 비밀에 대하여 비밀유지 의무를 부담한다. 실무상 계약기간 중 비밀유지에 관한 문제가 발생하는 경우는 많지 않은 편이지만, 실시권 계약이 종료된 후에 피허가자가 기술비밀을 유출하여 문제가 되는 경우는 종종 발생하고 있다. 따라서 한국 기업이 허가자라면, 위 예시조항과 같이 계약기간의 종료 후에 피허가자가 기술자료를 반환할 것과 직원 관리에도 주의를 다할 것을 계약서에 포함시키는 것이 좋다.

11. 기술서비스와 교육

第八条 技术服务与培训(本条可签订从合同)
1、许可方在合同生效后___日内负责向被许可方传授合同技术, 并解答被许可方提出的有关实施合同技术的问题。
2、许可方在被许可方实施该专利申请技术时, 要派出合格的技术人员到被许可方现场进行技术指导, 并负责培训被许可方的具体工作人员。
被许可方接受许可方培训的人员应符合许可方提出的合理要求。(确定被培训人员标准)
3、被许可方可派出人员到许可方接受培训和技术指导。
4、技术服务与培训的质量, 应以被培训人员能够掌握该技术为准。(确定具体标准)
5、技术服务与培训所发生的一切费用, 如差旅费, 伙食费等均由被许可方承担。
6、许可方完成技术服务与培训后, 经双方验收合格共同签署验收证明文件。

제8조 기술서비스와 교육 (본 조항을 계약상에서 체결할 수 있다)
1. 허가자는 계약효력발생 후___일 내에 피허가자에게 계약기술을 전수하고, 피허가자측이 제기한 계약기술 실시관련 문제에 답해야 한다.
2. 허가자는 피허가자가 본 특허 출원기술을 실시하는 경우, 자격 있는 기술직원을 피허가자측의 현장에 파견해서 기술지도를 해야하며, 피허가자의 구체적 인력에 대해 교육을 진행해야 한다.
피허가자측에서 허가자의 교육을 받는 직원은 허가자측의 합리적 요구에 부합해야 한다. (피교육자의 기준을 정함)
3. 피허가자는 직원을 허가자측에 파견하여 교육과 기술지도를 받게 할 수 있다.
4. 기술서비스와 교육의 질은 피교육자가 기술을 파악할 수 있는지 여부를 기준으로 해야한다.(구체적 기준을 정함).
5. 기술서비스와 교육에 의해 발생한 모든 비용, 예를 들어, 출장비, 식비 등은 모두 피허가자가 부담하도록 한다.
6. 허가자가 기술서비스와 교육을 완성한 후, 양측의 합격 검수를 통해 검수증명 서류에 공통으로 서명한다.

(1) 의의

중국 계약법 제345조에 의하면, 특허 실시권 계약의 허가자는 특허 양도 계약의 양도인과는 달리, 기술 자료의 교부와 별도로 피허가자에게 특허기술에 대한 기술지도를 제공할 의무가 있다. 기술지도는 다양한 방식으로 진행될 수 있으며, 본 조항은 이러한 기술지도의 방식의 예시이다.

(2) 특허기술의 지도 및 자문

허가자는 피허가자측에 대해 어떻게 특허기술을 실시하는 지에 대해 지도하고, 피허가자측이 제기한 계약기술 실시관련 문제에 대해 자문을 해 줄 의무가 있다. 또한 필요시에는 허가자측이 직원을 피허가측에 파견하여 교육을 진행할 수도 있으며, 이 때 발생하는 비용은 실무상 피허가자측에서 부담하는 경우가 일반적이다.

한편, 실무상 기술지도가 잘 이루어졌는지 여부는 피교육자가 특허기술을 파악했는지 여부를 기준으로 하는 경우가 많다. 또한 허가자의 기술지도가 이루어진 후, 피허가자는 빠른 시일 내에 검수를 진행하여야 하며, 검수의 기준과 방법에 대해서는 본 계약서 제6조의 관련 분석을 참조하길 바란다.

12. 후속 개량발명의 처리

> 第九条 后续改进的提供与分享
> 1. 在合同有效期内, 任何一方对合同技术所作的改进应及时通知对方;
> 2. 有实质性的重大改进和发展, 申请专利的权利由合同双方当事人约定。没有约定的, 其申请专利的权利归改进方, 对方有优先、优价被许可, 或者免费使用该技术的权利;
> 3. 属原有基础上的较小的改进, 双方免费互相提供使用;
> 4. 对改进的技术还未申请专利时, 另一方对改进技术承担保密义务, 未经许可不得向他人披露, 许可或转让该改进技术。
> 5. 属双方共同作出的重大改进, 申请专利的权利归双方共有, 另有约定除外。
>
> 제9조 후속 개량발명의 제공과 향유
> 1. 계약기간 내, 계약의 당사자 일방이 계약기술에 대해 개량을 한 경우 상대방에게

통지해야 한다.
2. 실질적인 중대한 개량과 발전이 있다면, 특허를 출원할 권리는 양 당사자의 약정에 의한다. 약정이 없는 경우, 특허를 출원할 권리는 개량을 한 자에게 귀속되며, 상대방은 본 기술의 권리에 대해 우선적, 우대 가격으로 허가를 받거나 무료로 사용할 수 있다.
3. 원래의 기초상 비교적 작은 개량사항에 해당하면, 양측은 무상으로 상호 사용할 수 있다.
4. 개량발명에 대해 특허출원을 하지 않은 경우, 일방은 개량발명에 대한 비밀 유지 의무를 부담하며, 허가 없이 타인에게 폭로하거나 개량기술을 허가 또는 양도할 수 없다.
5. 양측이 공동으로 만든 중대한 개량에 해당하면, 특허를 출원할 권리는 양측이 공유하며, 약정으로 다르게 정할 수 있다.

(1) 의의

특허권 계약의 이행 중 양 당사자는 특허기술에 기초해서 개량발명을 하는 경우가 종종 있는데, 본 조항은 이러한 개량발명이 누구에게 귀속되는지 및 상대방에게 사용할 권한을 주는지 여부에 대해 규정하는 역할을 한다. 중국 계약법 제354조에 따르면, 양 당사자는 호혜 원칙에 따라 개량발명의 성과에 대한 귀속을 약정할 수 있으며, 별도의 약정이 없는 경우 사후에 보충 협의를 통해 정할 수 있다. 그러나 이를 통해서도 명확하지 않다면, 일방의 개량 발명에 대해서 상대방은 사용할 권리를 가지지 않는다. 본 계약서의 예시 조항은 여러 경우에 따른 개량 발명의 귀속에 대한 예를 제시하고 있다.

(2) 개량발명시 기본 의무

계약 기간 내에 당사자 일방이 계약 기술에 대해 개량 발명을 한 경우, 해당 당사자는 일반적으로 이를 상대방에게 통지해야 한다. 또한 개량발명에 대해 출원을 진행하지 않은 경우, 상대방은 개량발명에 대한 비밀 유지 의무를 부담하며, 허가 없이 개량기술을 허가 또는 양도할 수 없다.

(3) 개량발명의 귀속

실무상 개량발명이 작은 개량사항에 해당하면 양측은 무상으로 사용하는 것이 일반적이며, 실질적인 중대한 개량에 해당하면 출원할 권리는 개량한 일방에게 귀속되며 일반적으로 상대방은 타인에 비해 유리한 조건으로 사용할 권리를 취득할 수 있다.[159] 공동으로 개량 발명을 완성한 경우, 양 당사자는 특허를 출원할 수 있는 권리를 공유하게 되며 일방이 다른 일방에게 특허 출원할 권리를 양도하면 그 다른 일방은 단독으로 출원할 수 있다.

(4) 실무상 주의점

개량발명의 귀속에 대해 약정할 때 주의해야 할 규정으로 "최고인민법원의 기술계약분쟁안건의 심리에 적용하는 법률의 약간의 문제에 대한 해석" 제10조가 있다. 본 규정에 따르면, 당사자 일방이 계약 대상 특허에 기초하여 새로운 연구개발하는 것이나 그 개량된 기술의 사용을 제한하는 행위, 당사자 일방의 개량발명을 무상으로 상대방에게 제공하도록 강요하거나, 상대방에게 호혜적이지 않은 조건으로 양도하는 등의 행위는 중국 계약법 제329조의 "기술진보를 방해하는 행위 및 불법적인 독점행위"에 해당되어 계약이 무효가 될 수 있다. 따라서, 계약 시 당사자 일방의 개량발명을 금지하거나 완성된 개량발명을 불합리한 조건으로 상대방에게 양도하게 하는 조항을 포함하지 않도록 주의해야 한다.

13. 위약금 약정 및 손해배상

> 第十条 违约及索赔
> 对许可方：
> 1. 许可方拒不提供合同所规定的技术资料，技术服务及培训，被许可方有权解除合同，要求许可方返还使用费，并支付违约金_____。
> 2. 许可方无正当理由逾期向被许可方交付技术资料，提供技术服务与培训的，每逾期一周，应向被许可方支付违约金_____，逾期超过_____(具体时间)，被许可方有权终止合同，并要求返还使用费。
> 3. 在排他实施许可中，许可方向被许可方以外的第三方许可该专利技术，被许可方有权终止合同，并要求支付违约金_____。
> 4. 在独占实施许可中，许可方自己实施或许可被许可方以外的第三方实施该专

---

[159] 계약으로 다르게 정하는 경우, 그 계약이 우선적으로 적용된다.

利技术, 被许可方有权要求许可方停止这种实施与许可行为, 也有权终止本合同, 并要求许可方支付违约金_____。

对被许可方:
1、被许可方拒付使用费的, 许可方有权解除合同, 要求返回全部技术资料, 并要求赔偿其实际损失, 并支付违约金_____。
2、被许可方延期支付使用费的, 每逾期(具体时间)要支付给许可方违约金_____；逾期超过_____(具体时间), 许可方有权终止合同, 并要求支付违约金_____。
3、被许可方违反合同规定, 扩大对被许可技术的许可范围, 许可方有权要求被许可方停止侵害行为, 并赔偿损失, 支付违约金_____；并有权终止合同。
4、被许可方违反合同的保密义务, 致使许可方的技术秘密泄露, 许可方有权要求被许可方立即停止违约行为, 并支付违约金_____。

제10조 위약 및 배상

허가자에 대하여:
1. 허가자가 계약에서 규정한 자료의 교부, 특허권 기술서비스 및 교육을 거부하는 경우, 피허가자는 계약을 해제할 권리를 가지며, 허가자에게 실시료의 반환 및 위약금_____의 지급을 청구할 수 있다.
2. 허가자가 정당한 이유 없이 기간을 도과하여 피허가자에게 자료의 교부, 특허권 기술서비스 및 교육을 처리하는 경우, 매 1주씩 초과할 때마다_____의 위약금을 지불하며, _____개월(구체적 기간)이 도과하는 경우, 피허가자는 계약을 종결할 권리를 가지며 실시료의 반환을 청구할 수 있다.
3. 배타 실시권허가중, 허가자가 피허가자 이외의 제 3자에게 본 특허기술의 실시를 허가한 경우, 피허가자는 계약을 종결할 권리를 가지며, 위약금_____을 청구할 수 있다.
4. 독점 실시권허가중, 허가자 자신이 실시하거나 피허가자 이외의 제3자에게 본 특허기술의 실시를 허가한 경우, 피허가자는 상기 실시의 정지를 요구하고, 계약을 종결할 권리를 가지며, 위약금_____을 청구할 수 있다.

피허가자에 대하여:
1. 피허가자가 실시료의 지불을 거절하는 경우, 허가자는 계약을 해제할 수 있고, 모든 자료의 반환을 청구하며, 그 손실을 배상하고 위약금 _____의 지불을 청구할 권리를 가진다.

2. 피허가자가 기간을 도과하여 양도금을 지불하는 경우, 매 도과하는 _____(구체적 시간)마다 위약금_____를 지불한다. ___(구체적 시간)을 도과하는 경우, 허가자는 계약을 종결하고 위약금_____의 지불을 청구할 수 있는 권리를 가진다.
3. 피허가자가 계약을 위반하여, 피허가기술의 허가범위를 초과하는 경우, 허가자는 계약을 종결하고, 침해행위의 중지를 요구하고 그 손실을 배상하거나 위약금 _____의 지불을 청구할 권리를 가진다.
4. 피허가자 계약상의 비밀유지 의무를 위반하여, 허가자 기술의 비밀이 누설된 경우, 허가자는 피허가자의 위약행위의 중지를 요구할 권리를 가지며, 위약금___의 지불을 청구할 권리를 가진다.

(1) 의의

위약책임에 대한 조항은 분쟁 해결시 중요한 역할을 하는 조항으로 특허 실시권 계약에서 신중하게 약정해야 한다. 본 계약서 제10조는 중국 계약법 및 최고인민법원의 사법해석을 고려하여 계약 해제 및 위약금 청구의 예들을 허가자가 위반한 경우와 피허가자와 위반한 경우를 나누어 제시하고 있다. 한편, 특허 실시권 계약의 경우, 일방 당사자의 계약 위반으로 인하여 발생하는 손해를 입증하거나 그 손해를 계산하는 것은 용이하지 않으므로, 그 위약금을 구체적으로 명기하는 것이 필요하다.

(2) 계약의 해제 및 위약금의 청구

중국 계약법 제94조에 따르면, 당사자 일방이 주 채무의 이행을 지체하며 최고(催告) 후에도 합리적인 기간 내에 여전히 이행을 하지 않는 경우, 또는 당사자 일방이 채무의 이행을 지체하거나 계약을 위반하는 행위를 하여 계약의 목적을 실현할 수 없는 결과를 초래하는 경우에, 다른 일방은 계약을 해제할 수 있다. 여기서, 전자와 관련하여, 최고인민법원은 "최고 후 합리적인 기간"을 "최고 후 30일"로 보고 있다.[160] 후자와 관련하여, 최고인민법원은 "특허기술이 자연법칙을 위반하거나 중대한 결함이 있어 약정한 기술 또는 경제적 효능 지표를 달성할 수 없는 경우"가 이에 해당한다고 보고 있다. 만약 이와 같이 특허기술이 자연법칙을 위배하여 중대한 결함이 있는 것으로 밝혀진 경우, 일방 당사자는 최고 없이 계약을 해제할 수 있다.[161]

---

[160] 다만 당사자가 최고의 통지 중에 30일 보다 긴 기간을 부과하였다면 해당 기간이 만료된 후에 계약을 해제할 수 있는 것으로 보고 있다 ("전국법원 지식재산권심판업무협의 중 기술계약분쟁안건심리에 관한 기요"의 제26조 참조)

[161] 보다 자세한 내용은 본 서 특허 양도계약서 제8조 관련분석 참조

(3) 허가자가 위반한 경우

중국 계약법 제351조는 허가자가 약정에 따라 실시권 계약의 이행을 하지 않은 경우, 독점, 배타 실시권 계약의 피허가자 이외의 제3자에게 실시권을 허여한 경우, 비밀 유지의무를 지키지 않은 경우 위약 책임을 부담한다고 예시적으로 규정하고 있다. 구체적으로, 허가자가 계약에서 규정한 자료의 교부, 특허권 기술서비스 및 교육을 거부하거나 기한 내에 교부하지 않는 경우에 피허가자는 계약을 해제할 수 있고 허가자로부터 위약금을 배상받도록 정할 수 있다. 또한, 기술자료의 교부 및 기술지도가 불충분한 경우에도 위약책임을 물을 수 있으며, 이에 관한 구체적인 사례에 대해서는 본 계약서 제6조의 관련 분석에 설명되어 있다.

> | 사례 | 허가자가 제3자와의 보통실시권 계약 사실을 숨기고 독점 실시권 계약을 체결한 경우[162]
>
> **(사건의 요약)** A회사(특허권자)는 B회사와 먼저 보통 실시권 계약을 체결한 후, 이 사실을 숨기고 C회사와 독점실시권 계약을 체결하였다. 독점실시권 계약 체결 후, B회사의 보통 실시권의 존재 및 특허기술의 실시를 알게 된 C회사는 A회사에 대해 위약의 책임을 묻고, B회사에 대해서는 특허 침해를 이유로 소송을 제기하였다. 산동성 치박시 중급인민법원은 A회사의 보통 실시권 계약 체결 행위는 독점 실시권자인 C회사에 대해 명백한 계약 위반 행위에 해당하므로 위약금과 경제 손실 13만위안(인민폐)을 배상하여야 한다고 판단하였다. 다만, C회사가 A회사와의 계약을 해제하고자 하는 의사가 없으므로, A회사와 C회사 사이의 계약은 유효하며 A회사는 기술자료 제공 등의 계약 의무를 계속 이행하여야 한다고 판단하였다. 한편, B회사에 대한 실시 중지 요구에 대해, 법원은 A회사와 B회사 사이의 보통실시권 계약 체결은 A회사와 C회사와의 독점 실시권 계약에 선행하는 것으로 유효하며, 따라서 B회사는 특허를 실시할 정당한 권리가 있어 침해에 해당하지 않는다 하여 B회사에 대한 실시 금지 청구는 기각하였다.
>
> | 시사점 |
>
> 독점 실시권 계약을 체결한 경우, 원칙적으로 피허가자를 제외한 개인 또는 법인은 특허기술을 실시할 수 없으며, 만약 제3자가 특허기술을 실시한다면 이는 보통 침해를 구성하게 된다. 그러나 본 사례와 같이 보통 실시권 계약이 먼저 체결된 상태에서 독점 실시권 계약을 체결하는 경우에는 그 법률관계가 문제가 될 수 있

---

[162] 산동성 치박시 중급인민법원 2007년 판례 (2007) 淄民三初字第11号

다. 특히 한국과 달리, 중국에서는 보통 실시권의 등기가 제3자 대항 요건이 아니므로 중국에서는 이러한 문제가 언제든지 발생할 수 있다.

이러한 경우, 산동성 중급인민법원의 판결과 같이, 독점 실시권 계약의 피허가자는 허가자에게 위약 책임을 묻고 필요에 따라 해제권을 행사할 수 있다. 그러나 독점 실시권 계약에 선행하는 보통 실시권 계약은 특별한 사정이 없는 한 유효한 것이므로, 해당 보통 실시권 계약의 피허가자에 대해서는 실시 중지를 요구할 수 없다고 봄이 일반적이다. 따라서 독점 실시권 계약의 피허가자는 계약의 체결 전 선행하는 실시권 계약이 있는 지 필히 확인해야 하며, 위약 조항에 이에 대한 위약금을 명시하는 것이 필요하다.

(4) 피허가자 위반한 경우

중국 계약법 제352조는 피허가자가 약정에 따라 실시료를 지불하지 않은 경우에 위약금을 추가적으로 지불해야 하며, 실시료를 계속 지불하지 않는 경우 특허권의 실시를 중지하고 기술자료를 반환하고 위약책임을 져야 한다고 규정하고 있다. 또한, 계약의 범위를 초과하여 실시한 경우 및 비밀 유지의무를 위반한 경우에 위약책임을 부담한다고 예시적으로 규정하고 있다.

14. 침해 발생시 처리

> 第十一条 侵权的处理
> 1. 对合同有效期内, 如有第三方指控被许可方实施的技术侵权, 许可方应负一切法律责任;
> 2. 合同双方任何一方发现第三方侵犯许可方的专利权时, 应及时通知对方, 由许可方与侵权方进行交涉, 或负责向专利管理机关提出请求或向人民法院提起诉讼, 被许可方协助。
>
> 제11조 침해의 처리
> 1. 계약기간 내, 제3자가 피허가자의 실시 기술이 침해라고 고소하는 경우에, 허가자는 일체의 법률 책임을 부담한다.
> 2. 계약 양측 중 어느 일방이 제3자가 허가자의 특허권을 침해한 것을 발견한 경우, 즉시 상대방에게 알려야 하며, 허가자가 침해자와 교섭을 진행하거나, 특허관리

기관에 제기한 청구 또는 인민법원에 제기한 소송에 책임져야 하며, 피허가자는 이에 협조해야 한다.

(1) 피허가자의 실시가 제3자의 특허권을 침해하는 경우

중국 계약법 제353조에 따르면, 피허가자가 계약에 따라 특허를 실시하였으나 해당 실시행위가 제3자의 합법적인 권리를 침해하였다면, 허가자가 그 책임을 부담한다.[163] 다만, 피허가자가 계약에 따라 실시하지 않아서 타인의 권리의 침해를 초래하게 된 경우나, 계약으로 다르게 약정한 경우는 제외된다. 한편, 실무상 허가자가 위약 책임 등을 부담하기 위해서는 피허가자가 고소당한 것만으로는 부족하며, 법원이나 행정기관의 결정을 통해 침해가 확실한 경우에 한한다. 따라서 그 전까지는 계약이 유효하며, 당사자는 정상적으로 계약을 이행해야 한다. 다만, 여기서 주의해야 할 점은 본 규정을 통해 피허가자는 제3자에 대해서 법률적 책임을 면제받는 것은 아니라는 것이다. 즉, 피허가자는 허가자와 특허침해에 대해 연대책임을 부담하며, 피허가자는 별도로 허가자에 대하여 본 규정을 통한 법률 책임을 물을 수 있다는 것이다.[164]

(2) 제3자가 계약의 특허권을 침해한 경우

계약의 양 당사자 중 어느 일방이 제3자가 허가자의 특허권을 침해한 것을 발견한 경우, 즉시 상대방에게 알려야 한다. 실무상 독점 실시권 계약의 피허가자인 경우에는 단독으로 소를 제기하거나 행정구제를 신청할 수 있으며, 배타실시권 계약의 피허가자인 경우에는 특허권자가 소를 제기하지 않는 경우에 한하여 단독으로 소를 제기할 수 있다. 그러나 보통 실시권 계약의 피허가자인 경우에는 계약으로 다르게 약정한 경우를 제외하고는 단독으로 소를 제기할 수 없다.

한편, 제3자가 계약의 특허권을 침해한 것만으로는 허가자가 위약 책임을 부담하는 것이 아니며, 특허 실시권 계약은 정상적으로 이행된다. 다만, 특허권자가 적극적으로 침해 행위에 대한 조치를 취하지 않아 피허가자가 손해를 입어 계약의 목적을 정상적으로 달성하지 못하는 경우에 피허가자는 위약 책임을 부담하게 된다. 한편, 제3자의 침해에 대한 손해배상액은 특허 실시권 계약을 참고하여 산정될 수 있다. 예를 들어, "특허권

---

[163] 이 경우에 대비해, 허가자의 위약 책임과 허가자의 해제권 행사에 대해 위약 규정을 통해 명확히 하는 것이 좋다.

[164] "북경인민법원의 특허침해 판정에 관한 약간의 문제에 대한 의견(北京高级人民法院关于专利侵权判定若干问题的意见)" 제104조 내지 제106조 참조.

실시계약 등록 관리방법"의 제19조에 따르면, 행정구제를 신청한 경우 특허 관리 부문은 설정 등록을 한 특허 실시권의 종류, 기간, 실시료 등을 침해배상액의 근거로 삼을 수 있다.

15. 특허권 무효시의 처리

> 第十二条 专利权被宣告无效的处理
> 1. 在合同有效期内, 许可方的专利权被宣告无效时, 如无明显违反公平原则, 且许可方无恶意给被许可方造成损失, 则许可方不必向被许可方返还专利使用费。
> 2. 在合同有效期内, 许可方的专利权被宣告无效时, 因许可方有意给被许可方造成损失, 或明显违反公平原则, 许可方应返还全部专利使用费, 合同终止。
>
> 제12조 특허권 무효시의 처리
> 1. 계약기간 내에, 허가자의 특허가 무효선고된 경우, 만약 공평의 원칙에 명확하게 반하지 않으며 허가자가 고의 없이 손해를 초래하였다면, 허가자는 피허가자에게 특허 실시료를 반환할 필요가 없다.
> 2. 계약기간 내, 허가자의 특허가 무효선고된 경우, 허가자가 고의로 피허가자의 손해를 초래하였거나, 명확하게 공평의 원칙에 반한 경우, 허가자는 실시료를 마땅히 전부 반환하여야 하며, 계약은 중지된다.

본 규정은 특허권 무효가 특허 실시권 계약에 미치는 효력에 대하여 규정하고 있으며, 이는 한국과 많은 차이가 있으므로 주의하여야 한다. 최고인민법원의 "기술계약분쟁안건의 심리에 적용하는 법률의 약간의 문제에 대한 해석" 제26조에 따르면, 특허 실시권 계약의 허가자는 무효 심판이 청구된 경우 적극적으로 이에 대응할 의무가 있다.[165] 만약 허가자의 노력에도 불구하고 특허가 무효로 되었다면, "전국 법원 지식재산권심판업무협의 중 기술계약분쟁안건심리에 관한 기요"의 제61조에 따라 무효로 된 특허에 관한 계약의 이행은 종료되며, 중국 특허법에 따라 처리된다.

이 경우, 무효의 소급효에 대한 중국 특허법 제47조의 규정 및 이에 대한 해석은 한국 특허법과는 차이를 가지고 있으므로, 이에 대한 정확한 이해가 필요하다. 이에 대한 구체적

---

[165] 무효 심판에 대응하는 주체가 허가자라는 점에서 양수인이 주로 대응 의무를 부담하는 특허권 양도 계약과는 다르며, 계약으로 다르게 약정한 경우는 제외된다.

내용은 본 서 특허권 양도 계약서 파트의 "제5조 특허권 무효시의 처리" 부분에 자세히 설명되어 있다. 한편, 한국 기업이 피허가자인 경우에 특허권의 무효로 실시료를 반환 받기 위해서는 허가자가 계약체결시부터 무효에 해당됨을 알고 있었다는 등의 증거를 확보하여 허가자의 고의를 증명하는 것이 중요하다.

16. 불가항력의 경우 처리

第十三条 不可抗力
1. 发生不以双方意志为转移的不可抗力事件(如火灾，水灾，地震，战争等)妨碍履行本合同义务时，双方当事人应做到：
   采取适当措施减轻损失；
   及时通知对方当事人；
   在(某种事件)期间，出具合同不能履行的证明；
2. 发生不可抗力事件在(合理时间)内，合同延期履行；
3. 发生不可抗力事件在_____情况下，合同只能履行某一部分(具体条款)；
4. 发生不可抗力事件，持续时间超过_____(具体时间)，本合同即告终止。

제13조 불가항력
1. 양측의 의지와 상관없이 발생한 불가항력적인 사건(예를 들어, 화재, 홍수, 지진, 전쟁 등)이 계약 의무의 이행을 방해하는 경우, 양측은
   (1) 합리적 조치를 취해 손실을 줄여야 하며,
   (2) 즉시 상대방에게 통지해야 하며,
   (3) 사건 발생기간 동안, 이행할 수 없는 사유를 증명해야 한다
2. 불가항력적인 사건 발생기간 동안, 계약은 연기되어 이행된다.
3. 불가항력적인 사건 발생기간 동안, _____의 경우에, 계약의 특정 일부분(구체적 조항)만 이행될 수 있다.
4. 불가항력적인 사건이 _____기간을 넘어 해결되지 않는 경우, 계약은 바로 종결된다.

중국 계약법 제94조 제1호에 의하면, 불가항력으로 인하여 계약의 목적을 실현할 수 없는 경우에 당사자 일방은 해당 계약을 해제할 수 있으며, 그 밖에 당사자 간의 합의에 의하여도 계약의 해제 조건을 약정할 수 있다. 본 계약서의 제13조는 이러한 규정에 기초하여 실무상 보편적으로 처리하는 방법을 제시하고 있다.

17. 세금의 납부

> 第十四条 税费
> 1. 对许可方和被许可方均为中国公民或法人的，本合同所涉及的使用费应纳的税，按中华人民共和国税法，由许可方纳税；
> 2. 对许可方是境外居民或单位的，按中华人民共和国税法及《中华人民共和国外商投资企业和外国企业所得税法》，由许可方纳税；
> 3. 对许可方是中国公民或法人，而被许可方是境外单位或个人的，则按对方国家或地区税法纳税
>
> 제14조 세금
> 1. 허가자 및 피허가자가 중국공민 또는 법인인 경우, 본 계약과 관련된 실시료의 필요한 세금납부는, 중화인민공화국 세법에 의거하여, 허가자가 세금을 납부한다.
> 2. 허가자가 경외 주민 혹은 단위인 경우, 중화인민공화국 세법 및 "중화인민공화국 외상투자기업 및 외국기업의 세법"에 따라, 허가자가 중국 세무기관에 세금을 납부한다.
> 3. 허가자가 중국의 공민 또는 법인이나 피허가자가 경외 단위 또는 개인인 경우, 상대방 국가 또는 지역의 세법에 따라 세금을 납부한다.

본 계약서 제14조는 특허 실시권 계약 시 발생하는 세금 문제에 대하여 규정하고 있다. 만약 한국 기업이 실질적으로는 중국에 세워진 중국 법인에 해당한다면 제14조 제1호와 같이 중국의 세법의 규율을 받는 것으로 약정할 수 있다. 만약 한국 법인인 한국 기업이 허가자인 경우에는 중국의 세법 및 중화인민공화국 외상투자기업 및 외국기업의 세법의 규율을 받는 것으로 약정할 수 있으며, 한국 법인인 한국 기업이 피허가자인 경우에는 한국의 세법의 적용을 받는 것으로 약정 가능하다.

18. 분쟁의 해결 방법

> 第十五条 争议的解决办法
> 甲乙双方就本合同的内容、解释、生效、效力和履行而发生争议，应先友好协商解决，任何一方不愿协商或者在30天内协商未果的，任何一方均可向位于韩

国首尔市大韩商事仲裁院申请仲裁解决, 按照该仲裁机构当时有效的仲裁规则进行仲裁, 仲裁裁决是终局性的, 对争议各方具有最终的法律拘束力。

제15조 분쟁의 해결 방법
갑·을 쌍방은 본 계약의 내용, 해석, 효력의 발생, 효력 및 이행에 관하여 분쟁발생시 우선 우호적으로 협상하여 해결하여야 한다. 일방이 협상을 원하지 않거나 또는 30일 내에 협상으로 결과를 보지 못한 경우, 임의의 일방은 한국 서울시에 위치한 대한상사중재원에 중재를 신청하여 당해 중재기관의 중재규칙에 따라 중재한다. 중재판정은 최종적인 것이며, 분재의 각 당사자에 대하여 법률적인 구속력을 가진다.

본 계약서 제15조는 분쟁 발생 시 해결방법에 대해 규정한 것이다. 일반적으로 중국 기업과 특허권 실시 계약 협상 시에 한국 기업이 중국 기업에 비하여 유리한 위치를 점하고 있는 경우가 많다. 이 경우, 본 계약서의 제15조와 같이 분쟁의 해결방법 및 기관으로 한국의 대한상사중재원을 지정하는 것이 가장 유리하다고 볼 수 있다. 그러나 중국 기업이 한국 기업에 비하여 협상에서 유리한 위치에 있는 경우, 중국 기업은 중국 법원에 소송을 제기하는 방법, 중재위원회에 중재를 요청하는 방법, 그리고 특허관리기구에 조정을 요청하는 방법 중 하나를 선택할 것을 보통 요구한다. 이에 대한 자세한 설명은 본 서 특허권 양도 계약 파트의 "제9조 분쟁의 해결 방법"에 보다 상세히 설명되어 있다.

19. 계약의 효력 발생, 변경 및 종료

第十六条 合同的生效、变更与终止
1. 本合同自双方签字、盖章之日起生效, 合同的有效期为___年, (不得超过专利的有效期)
2. (对独占实施许可合同)被许可方无正当理由不实施该专利技术的, 在合同生效日后_____(时间), 本合同自行变更为普通实施许可合同。
3. 由于被许可方的原因, 致使本合同不能正常履行的, 本合同即告终止, 或双方另行约定变更本合同的有关条款。

제16조 계약의 효력 발생, 변경 및 종결
1. 본 계약은 양측이 서명,날인한 날부터 효력이 발생하며, 계약유효기간은___(특

허권의 존속기간을 초과하면 안됨)으로 한다.
2. (독점 실시권 계약) 피허가자가 정당한 이유없이, 계약효력 발생 후 ___일 내에 본 특허기술을 실시하지 않으면, 본 계약은 자동으로 보통 실시권 계약으로 변경된다.
3. 피허가자의 원인으로 본 계약을 정상적으로 이행할 수 없는 경우, 본 계약은 종결되거나 양측이 본 계약의 관련 조건을 별도로 변경할 수 있다.

(1) 계약의 효력 발생

계약의 효력 발생일은 기술자료의 교부 및 실시료의 납부와 관련하여 중요한 의미를 가진다. 중국 계약법 제44조에 의하면 법에 의하여 성립된 계약은 그 성립 시부터 계약의 효력이 발생한다. 이에 따라, 본 조항은 계약에 서명, 날인한 날을 효력 발생일로 예시적으로 규정하였다. 그러나 중국 계약법 제45조에 의하면 쌍방 당사자는 계약의 효력 발생 요건을 부가하는 약정을 추가할 수도 있다. 따라서, 만약 계약서에 부가적인 효력 발생 요건에 대하여 규정하는 조항이 있다면, 해당 계약은 부가적인 효력 발생 요건을 만족하여야 비로소 법적 효력을 갖게 된다. 예를 들어, 특허 실시권의 설정 등록일을 효력 발생일로 한다는 약정이 있다면, 설정 등록일이 효력 발생일이 된다. 다만 주의할 점은 만약 해당 특허권이 수출입 제한기술과 관련된 것이라면, 계약의 효력은 중국의 상무부로부터 허가증이 발부되어야 비로소 발생하게 된다는 것이다(기술수출입관리조례의 제16조 및 제38조).

(2) 계약의 변경

계약 당사자는 계약의 기간 내에, 실제사정의 변화, 계약의 불명확함 등으로 인해 계약의 내용, 특히 실시권의 범위나 실시료에 대해 변경할 필요가 종종 있다. 이 경우, 당사자는 협의를 통해 계약 조항을 변경할 수 있는데, 중국 계약법 제78조는 "당사자가 계약에 대해 변경한 내용이 불명확한 경우에는 변경되지 않은 것으로 본다"라고 규정하고 있으므로 서면의 형식을 통해 변경 사항을 명확히 하는 것이 중요하다.

(3) 계약의 종료

본 조항은 본 계약서 제10조의 위약 사항으로 인해 종료되는 것 이외에도 계약의 종료 사유를 약정으로 정할 수 있다는 것에 의미가 있다. 특허 실시권 계약의 종료 시 주의할 점은, 계약의 종료 이후에 교부 받은 기술자료의 반환 여부를 약정해야 한다는 점이다. 실무상 기술자료의 반환 여부는 약정에 따라 처리하는데, 반환 의무에 대한 약정이 있으면 반환하고 복사본도 폐기해야 한다.[166] 약정이 없거나 불명확한 경우에는 자료를 반환하지 않아도 되나, 비밀 유지의무는 부담한다. 따라서, 한국 기업이 허가자인 경우 본 조항에 기술자료 반환의 기한 및 복사본의 보유 금지 사항을 추가하여 계약의 종료 후 기술이 유출되는 것을 방지할 수 있다.

20. 적용되는 법률

> 第十七条 适用法律
> 本合同的签署、交付、生效、履行、变更、效力、终止和解释等，均使用大韩民国的法律，大韩民国法律没有规定的，适用国际惯例。
>
> 제17조 적용되는 법률
> 본 계약의 체결, 교부, 효력의 발생, 이행, 변경, 중지 및 해석 등은 모두 대한민국의 법률을 적용하고 대한민국의 법률에 규정이 없는 경우 국제 관습을 적용한다.

준거법이란 해당 계약의 해석에 적용되는 법률을 의미하며, 본 조항은 이러한 준거법을 정하는 데 목적이 있다. 중국의 섭외민사관계법률적용법(涉外民事关系法律适用法) 제41조에서는 "당사자는 협의로 계약에 적용되는 법률을 선택할 수 있다"고 규정하여, 통상적인 계약의 경우에 준거법의 선택을 사적 자치의 영역에 속하는 것으로 보고 있다.[167]

그러나 특허의 독립성 및 산업재산권적 특성으로 인하여, 국제 특허 계약은 일반적인 계약과 달리 준거법의 선택이 제한되는 경향이 있다. 특히 중국의 경우에 섭외민사관계법률적용법 제48조에서 "지식재산권의 귀속 및 내용은 보호가 청구된 지역의 법률을 적용한다"고 규정하고 있다. 만약 중국에서 등록된 특허권의 실시권 허가 계약과 관련하여 실제 분쟁이 발생한다면, 특정한 경우[168]를 제외하고는 특허권의 귀속 및 내용과 관련한 분쟁이 대부분이다. 따라서

---

[166] 광동성고급인민법원 2006년 233호판례(2006)粤高法民三终字第233号 참조

[167] 따라서 한국 기업의 입장에서는 본 계약서 제12조와 같이 "한국의 법률"을 준거법으로 선택할 것을 주장하는 것이 협상에서 유리한 지위를 점하는데 좋은 전략 중 하나라고 볼 수 있다.

[168] 특허권의 귀속 및 내용과 관련 없는 경우, 예를 들어 정당한 이유 없이 실시료의 지급을 미루는 경우 등이 있다.

본 계약서 제17조와 같이 "한국의 법률"을 준거법으로 선택하였다고 하더라도, 향후 실제 분쟁 시에는 중국의 법률에 기초하여 계약서가 해석될 위험성이 여전히 존재한다. 따라서, 경우에 따라서는 차라리 준거법에 대한 사항을 상대 중국 기업에게 양보하고, 계약의 다른 부분에서 이익을 취하는 전략도 고려할 만 하다.

21. 기타

第十八条 其他

前十六条没有包含, 但需要特殊约定的内容, 如 :
其他特殊约定, 包括出现不可预见的技术问题如何解决, 出现不可预见的法律问题如何解决等。

제18조 기타

앞의 열 여섯 개의 조문에 포함되어 있지 않으나, 이하와 같은 기타 특수약정의 내용이 필요하다.
예: 예상할 수 없는 기술적 문제를 어떻게 해결할 것인지의 약정, 예견할 수 없는 법률적 문제를 어떻게 해결할 것인지의 약정 등

(1) 의의

본 계약서에 제시하는 제1조 내지 제16조 이외에 쌍방 당사자는 특허권의 내용 및 당사자의 사정에 따라 필요하다고 판단되는 내용을 추가적으로 약정할 수도 있다. 본 조항에서는 예상할 수 없는 기술적 문제 및 법률적 문제를 어떻게 해결할 것인가에 대한 약정을 예로 들었다. 여기서 주의해야 할 점은, 중국 계약법 제329조에 규정하는 "불법으로 기술을 독점하거나, 기술진보를 방해하는 행위"에 해당하면 계약이 무효로 된다는 점이다. 이에 대해, 중국 최고인민법원은 사법해석[169]을 통하여 중국 계약법 제329조에

---

[169] "최고인민법원의 기술계약분쟁안건의 심리에 적용하는 법률의 약간의 문제에 대한 해석" 제10조 는 대표적으로 ① 당사자 일방이 계약 목적물인 기술에 기초하여 새로운 기술을 연구하거나 이를 개량하는 것을 제한하는 것, ② 당사자 일방이 다른 루트를 통하여 기술제공자의 기술과 유사하거나 경쟁하는 기술을 획득하는 것을 제공하는 것, ③ 당사자 일방이 시장의 수요에 따라 합리적인 방식으로 계약 목적물 기술을 충분히 실시하는 것을 방해하는 것, ④ 기술 양수인에게 기술을 실시하는데 반드시 필요하지 않은 부가적 조건을 받아들일 것을 요구하는 것, ⑤ 불합리적으로 기술 양수인이 원자재, 부품, 상품 또는 기술설비를 구매하는 경로 또는 루트를 제한하는 것, ⑥ 기술 양수인이 계약 목적물 기술의 지식재산권의 유효성에 대하여 이의를 제기하는 것을 금지하는 것 등을 규정하고 있다.

해당하는 행위를 규정하고 있으므로, 이에 해당하지 않도록 주의해야 한다. 한편, 추가적으로 이하의 사항에 대해 규정하는 것을 고려해 볼 수 있다.

(2) 설정등록 관련 조항

한국 특허법 제101조에 따르면 전용실시권은 설정등록을 해야 효력이 발생하며, 제118조에 따르면 통상실시권의 설정등록은 제3자에 대한 대항요건이다. 이에 반해, 중국 특허법은 제10조에서 특허권의 이전은 설정등록의 공고일로부터 효력이 발생한다고 한다고 규정하고 있으나 실시권의 설정등록의 효력에 대해서는 규정하고 있지 않으며, 중국 특허법 실시세칙(专利法实施细则) 제14조에서, "특허권자와 타인이 체결한 특허권 실시허가 계약은 계약효력 발생일로부터 3개월 내에 국무원 특허행정부서에 등기해야 한다"라고 규정하고 있을 뿐이다.

이와 관련하여, 특허 실시권 계약은 주체의 이동이 아니라, 피허가자와 허가자 사이의 사적 이익에 관한 측면이 크고 공중 이익에 미치는 영향이 적기 때문에 설정등록 없이 계약의 달성일로부터 효력이 발생한다고 보는 것이 중국 실무이다.[170] 한편, 설정등록이 제3자 대항요건인가와 관련하여, 설정등록 없이도 실시권을 제3자에게 주장할 수 있다는 것이 판례와 학계의 일반적인 입장[171]이지만, 설정 등록을 하면 공시적 효과로 인해 실시권을 증명하기 수월해지므로 피허가자 입장에서는 설정등록에 관한 조항을 포함하는 것이 유리하다. 이러한 설정 등록의 관련 절차에 대해서는 "특허권 실시계약 등록 방법"에서 규정하고 있으며, 한국 기업이 피허가자인 경우, "특허권 실시계약 등록 관리방법" 제6조에 따라 특허대리기구에 위탁하여 설정 등록을 처리해야 한다는 점에 주의해야한다.

(3) 연차료 납부에 관한 조항

특허 실시권의 계약 체결 후, 연차료 납부의 주체에 대해서 추가적으로 규정할 수 있다. "최고인민법원의 기술계약분쟁안건의 심리에 적용하는 법률의 약간의 문제에 대한 해석" 제26조에 따르면, 계약에서 다르게 정한 경우를 제외하고 특허 실시권 계약의 허가자는 법에 따라 연차료를 납부해야한다고 규정하고 있다. 다만, 피허가자가 연체료를

---

[170] 절강성 중급인민법원 2006년 36호 판례 참조

[171] 광동성 고급인민법원 2002년 153호 판례 외의 다수의 판례의 입장이다. 2001년 이전의 "특허권 실시계약 등록 관리방법" 제6조에서 설정 등록한 실시권자는 제3자에 대한 효력을 주장할 수 있다고 규정하고 있지만, 2001년 새로 시행된 "특허권 실시계약 등록 방법"에서 상기 조항은 폐지되었는 바, 설정등록이 없어도 제3자 대항요건을 갖춘다는 의견이 다수이다.

내는 것으로도 약정하는 경우에는 계약이 우선하므로 이러한 조항을 추가하는 것을 고려할 수 있다.

(4) 특허의 유효성에 대한 질의 금지 조항 가능 여부

종종 특허 실시권 계약의 허가자는피허가자가 계약 대상 특허권의 무효사유를 발견하더라도 해당 특허권에 대한 무효심판의 청구를 금지하는 약정을 추가하고자 한다. 이와 관련하여, 중국 "대외무역법(対外貿易法)" 제30조는 이러한 규정은 공정한 경쟁을 방해하는 행위에 해당하여 국무원이 이를 금지하는 조치를 취할 수 있다고 규정하고 있으며, "최고인민법원의 기술계약분쟁안건의 심리에 적용하는 법률의 약간의 문제에 대한 해석" 제10조 6항 역시 이러한 조항은 무효라고 규정하고 있는 바, 특허의 유효성에 대한 질의 금지 조항을 계약서에 포함하는 것은 보통 허용되지 않는다는 점을 주의하길 바란다.

Ⅳ. 중국 특허권계약서 조견표

중문	한글	영어
国家知识产权局	국가지식산권국 (중국특허청)	Patent Office of the State Intellectual Property Office
说明书	명세서(설명서)	Specification
权利要求书	특허청구범위	Claims
附图	첨부도면	Fig
意见陈述书	의견진술서	Observations
著录事项变更	기재사항변경	The change of the bibliographic data
代理委托书	대리위탁서	A power of attorney
专利实施许可	특허실시허가	Patent licensing
专利年费	특허 연차료	Patent annual fee
专利复审委员会	특허복심위원회	The patent reexamination board
转让费	양도금	Transfer fee

专利权被宣告无效	특허권무효선고 (특허무효심판)	Invalidation of patent rights
过渡期	과도기	Transition period
违约金	위약금	penalty
解除合同	계약 해제	Terminate a contract
和解	화해	Settlement of action
仲裁委员会	중재위원회	Arbitration commission
技术资料	기술자료	Technical documents
技术改进	기술개량	Technical improvement
保密	비밀유지	confidentiality
侵权	침해	Infringement
不可抗力	불가항력	Force majeure
适用法律	준거법	Applicable law
合同产品	계약 상품	Contract products
合同生效日	계약 효력발생일	The data of coming into effect of the contract
技术服务	기술서비스	Technical service
专利申请文件	특허출원문건	Application documents for patent
专利申请	특허출원	Application for patent
申请号	출원번호	Application number
受让人	양수인	Assignee
转让人	양도인	Assignor
专利证书	특허증서	Certificate of patent
交叉许可	크로스 라이센스	Cross license
专利有效期	특허유효기간	Duration of patent
授予专利权	특허권 수여	Grant of a patent

제3장
중국 국제상표 허가 계약

제1절 중국 국제상표 허가 계약 개요
제2절 국제상표 허가 계약

제1절 중국 국제상표 허가 계약 개요

상표사용허가계약(商標使用许可合同)은 상표권자가 자신이 등록한 상표를 타인에게 사용할 수 있도록 허가하고 허가 받은 자는 비용을 지불하도록 체결된 계약을 가리키며 국제상표사용허가계약(涉外商标使用许可合同)은 외국요소가 포함된 상표사용허가계약을 가리킨다. 상표사용허가를 통해 허가인은 상용상표의 범위를 확대하여 짧은 시간 내 상표의 영향력을 확대함으로써 최대한 상표의 우세를 살릴 수 있고 피허가인은 짧은 시간 내 상품의 판매량을 높이고 소비자의 인정을 받을 수 있다. 하지만 상표허가과정 중 존재하는 리스크에 대비하지 않는다면, 허가인의 브랜드가치가 하락할 수 있고 피허가인이 이중손해를 볼 수 있기에 주의해야 한다. 계약서의 구체내용에는 상표사용허가계약의 정의와 종류, 계약 당사자의 기재, 허가상표와 해당상품 (서비스)에 대한 기술, 배경설명, 권한부여와 소유권, 허가기한과 종료 후의 권리의무, 보수와 재무장부, 품질표준과 유지, 상표의 사용방식, 계약위반책임, 양방의 권리와 의무, 보증, 계약체결자의 독립성 및 배상, 광고와 홍보, 제3자에 의한 권리침해, 분쟁해결, 불가항력, 기타 조항, 서명, 효력발생 등이 포함된다.

제2절 국제상표 허가 계약

Ⅰ. 국제상표허가계약서 (중문)

国际商标使用许可合同

甲方(许可方)：＿＿＿＿＿＿＿＿＿＿＿＿＿＿＿＿＿
地址：＿＿＿＿＿＿ 邮编：＿＿＿＿＿＿ 电话：＿＿＿＿＿＿
法定代表人：＿＿＿＿＿＿ 职务：＿＿＿＿＿＿

乙方(被许可方)：＿＿＿＿＿＿＿＿＿＿＿＿＿＿＿＿＿
地址：＿＿＿＿＿＿ 邮编：＿＿＿＿＿＿ 电话：＿＿＿＿＿＿
法定代表人：＿＿＿＿＿＿ 职务：＿＿＿＿＿＿

第一条　定义

1. "产品"(或"服务")指的是(用必要的和适于本许可实际情况的专门术语进行描述)货物(或服务)，这些货物(或服务)是与许可方正在使用而被许可方将要使用的商标相联系的。
2. "许可商标"指的是(描述正被许可的商标)，如附录所示。

第二条　背景说明

关于其产品，许可方已经选用并正在使用本许可商标，该许可商标已经注册或已经申请注册。

许可方花费了大量时间、精力和财力已获得并保持着独一无二的以许可商标出售其高质量货物的良好信誉。

被许可方认识到本许可商标的价值及其有效性，希望从许可方得到(独占/排他/普通)使用许可。

许可方愿意将该许可商标的(独占/排他/普通)使用授予被许可方。

第三条 授权；所有权

1. 按照本协议的条款和条件，许可方授予被许可方(独占/排他/普通)使用许可证：在附录中充分描述的产品制造和销售中，被许可方可以使用本许可商标。
2. 第三条第1款授予的许可证是有限制的(具体规定被许可方限定的工厂或地点生产，以许可商标销售的产品)。
3. 按第三条第1款授予的许可限于地域范围(具体规定的被许可方以许可商标向第三方和分公司或其他有关的公司提供货物或服务的地域范围)。
4. 按第三条第1款授予的许可不赋予被许可方让他方为其制造产品的权利。
5. 被许可方确认许可方本许可商标的所有权，保证尊重和维护这一所有权，在许可商标的使用中被许可方保证不损害许可方的名誉和利益，被许可方理解并同意：除本协议规定的许可商标的使用权外，本协议未授予被许可方任何别的权利、资格或利益。被许可方不怀疑许可方对本许可商标的所有权或本协议的有效性。

第四条 许可期限；终止后的权利和义务

1. 若不是按规定提前终止，这里授予的许可将自生效日起持续＿＿＿＿年。
2. 如遇下列情况，许可方有权终止本协议，但需提前30天以书面方式通知被许可方：被许可方违反本协议的重大条款；被许可方宣告破产或肯定无偿付能力；被许可方指定接管人或受托人占有其资产或政府当局查封了被许可方的财产；被许可方进行拍卖或甩卖；被许可方与别的企业合并。
3. 协议的终止
   A. 这里授予的许可证应按规定终止。
   B. 协议终止后，被许可方不得以许可商标或任何易于产生混淆的类似商标的名义宣传或销售任何货物、宣传或提供任何服务、保留采用任何业务名称，或进行其他活动。
   C. 协议终止后，被许可方应停止一切自认为有许可商标使用权的活动，停止一切自认为与许可方相联系的活动；除了万一因被许可方违反协议，许可方终止许可外，对于终止日前收到的定单、被许可方可以照常供货。

第五条 报酬

1. 当事双方确认协议关于报酬的规定是充分和适当的。
2. 在本协议生效日后＿＿＿＿天（例如10天）内，被许可方应付给许可方＿＿＿＿＿＿美元。

3. 被许可方同意因在推销产品(服务)中使用许可商标而支付使用费，使用费按被许可方销售额的＿＿＿＿＿＿%计算。每月15日前支付，按上个月总销售额计算使用费。申报上月总销售额的同时应支付上月的使用费。总销售额不应包括附加税、营业税或由被许可方向顾客收集的其他税。

第六条　财会帐目

使用许可商标或与之有关的货物(或服务)的销售情况被许可方应作完整而精确的记录，并加以妥善保存。唯一的目的是用于确定使用费的支付是否按照本协议得到了正确执行。许可方或其代表有权在适当的时候及正常营业时间内审查被许可方的帐目，审查费用由许可方自己负担。若发现差错超过5%(按报告的总销售量计算)，则被许可方应赔偿许可方全部的审查费用，包括旅费、伙食费、住宿费和许可方派出的审查人员工资等。

第七条　质量标准和保持；商标使用方式

1. 所有使用许可商标的货物，其制造、宣传和销售必须与许可方所提供的产品规格一致，其规格列于附录中，不过在本协议有效期内，许可方可随时予以修改。
2. 被许可方同意在维持许可方的标准和控制其所销售的所有与许可商标有关的货物的质量和性能方面与许可方合作。
   A. 许可商标产品在初次投放市场或初次进入商业流通之前，任何使用许可商标的广告和文字材料发表之前，应将这种产品的样品或这种广告或文字材料的样本送交许可方认可，许可方不得无理扣留。许可方在收到所述样品后的10个工作日内应将认可或不认可的意见以书面方式告诉被许可方。如果不认可，则许可方应说明其理由。
   B. 在本协议有效期内的适当时间，一旦许可方提出要求，被许可方应及时向许可方提交许可商标产品其宣传广告的样品或样本。如果该产品或广告不符合许可方的规格和标准，许可方可行使其否定权，被许可方则应停止销售这种被否定的产品，停止使用这种被否定的广告。被许可方必须克服产品和广告上的缺点，并再次谋求许可方的认可，才能重新开始销售该产品和使用该广告。
3. 被许可方同意，仅以许可方规定的方式或形式使用许可商标，在未得到许可方的书面认可前，不在许可商标上添加任何别的标记。
4. 在每次使用许可注册商标中，被许可方应严格遵守一切标记规定，这是法律的要求或者是为了保护许可方在许可商标方面的权利。按照可适用的法律行事。根据许可方的书面要求，被许可方同意在使用许可商标时加上一个说明，说明本许可商标是许可方授予的许可。

第八条　违约责任

任何一方违约，另一方可以要求或采纳本合同和法律所允许的补救措施，包括但不限于实际履行和补偿经济损失。

第九条　双方的权利和义务

1. 许可人的权利：
   A. 有权按本合同的规定使用本合同项下的商标。
   B. 有权要求被许可人依本合同约定支付许可商标维系费用。
2. 许可人的义务：
   A. 除非经被许可人同意，许可人不得向第三方转让许可商标。
   B. 承诺并保证本合同项下商标许可的合法性。如果因本合同导致第三人的索赔、诉讼或给被许可人造成任何损失，许可人保证使被许可人免受该类索赔、诉讼和损失的侵害，并就此向被许可人进行赔偿。
   C. 许可人保证按时向有关机关交纳有关维系许可商标有效性的费用；负责保持许可商标的注册状况，不放弃续展注册，不申请注销；并依据被许可人的要求，在被许可人要求的国家和地区注册登记该商标。
   D. 根据被许可人要求或许可商标保护需要，向国家有关机构就有关许可商标申请保护。
3. 被许可人的权利：
   A. 有权按本合同的规定依法使用许可商标。
   B. 有权将许可使用商品参加各级名优产品的评比，所获得的荣誉和物质利益归被许可人所有。
4. 被许可人的义务：
   A. 非经许可人同意，被许可人不得与第三人就许可商标再签订使用许可合同。
   B. 如发生许可商标侵权事宜，许可人负责向有关部门投诉或起诉，被许可人应当协助查明事实。
   C. 依照本合同约定，按时向许可人支付许可商标的维系费用。

第十条 保证

1. 许可方保证自己是本许可商标的所有者;许可方未发现由于销售本许可商标产品而侵犯任何别的权利;许可方有权签订本协议,可以将本协议规定的权利授予被许可方。
2. 许可方对被许可方制造和销售的产品或提供的服务不作任何担保。
3. 被许可方保证有权签订本协议;保证不因承担本协议的义务而违反它作为当事方的其他协议;保证按本协议的条款和条件明确规定的方式使用本许可商标。

第十一条 订约人的独立性;赔偿

1. 被许可方是一个独立订约人,不是代理人,不是联合投机商的合伙人,不是许可方雇员。
2. 在本协议有效期内,被许可方应自费参加综合责任保险,包括契约和产品责任保险,涉及与本协议许可商标有关的所有货物与活动,保险总额不少于_____美元。被许可方应向许可方提供一份保险凭证副本,或其他保险证明副本,这种凭证使许可方确信其权利以及由本协议所授予的权利而产生的索赔均已得到了保护。

第十二条 广告;宣传

在本许可证授权的被许可方市场内作宣传广告,当事双方都可能希望在协议中包括这样一些条款,规定各方关于广告类型和费用应分担份额。关于广告的形式、规模和布局,被许可方希望得到许可方的保证。如果许可方在被许可方的市场内作关于许可商标货物或服务广告,则它可能希望得到被许可方的资助,例如可按照被许可方的销售总额对在该市场内许可方、被许可方和别的被许可方们的全部销售总额之比来计算。

第十三条 第三方侵权

被许可方同意,一旦发现任何未经许可而使用许可商标的行为,立即通告许可方。对侵权行为或不正当竞争是否诉诸法律是许可方独享的权利,但许可方同意对上述情况采取行动要同被许可方协商,包括诉讼费以及所得赔偿的分配等。

第十四条　争议的解决

1. 对合同有争议需要修改，必须经过双方一致同意，签署书面合同报原备案商标局受理方可生效。
2. 由于一方不履行合同的义务，或严重违反合同的规定而造成的损失，守约方有权向违约方提出经济赔偿。双方经过协商达成共识，守约方得到赔偿后合同可继续履行。
3. 甲乙双方就本协议的内容、解释、生效、效力和履行而发生争议，应先友好协商解决，任何一方不愿协商或者在30天内协商未果的，任何一方均可向位于韩国首尔市大韩商事仲裁院申请仲裁解决，按照该仲裁机构当时有效的仲裁规则进行仲裁，仲裁裁决是终局性的，对争议各方具有最终的法律拘束力。

第十五条　不可抗力

1. 如果本合同任何一方因受不可抗力事件(不可抗力事件指受影响一方不能合理控制的，无法预料或即使可预料到也不可避免且无法克服，并于本合同签订日之后出现的，使该方对本合同全部或部分的履行在客观上成为不可能或不实际的任何事件。此等事件包括但不限于水灾、火灾、旱灾、台风、地震及其它自然灾害、交通意外、罢工、骚动、暴乱及战争以及政府部门的作为及不作为)影响而未能履行其在本合同下的全部或部分义务，该义务的履行在不可抗力事件妨碍其履行期间应予中止。
2. 声称受到不可抗力事件影响的一方应尽可能在最短的时间内通过书面形式将不可抗力事件的发生通知另一方，并在该不可抗力事件发生后十五日内以手递或挂号空邮向另一方提供关于此种不可抗力事件及其持续时间的适当证据。声称不可抗力事件导致其对本合同的履行在客观上成为不可能或不实际的一方，有责任尽一切合理的努力消除或减轻此等不可抗力事件的影响。
3. 不可抗力事件发生时，双方应立即通过友好协商决定如何执行本合同。不可抗力事件或其影响终止或消除后，双方须立即恢复履行各自在本合同项下的各项义务。如不可抗力及其影响无法终止或消除而致使合同任何一方丧失继续履行合同的能力，则可终止合同。

第十六条　其他条款

1. 合同的修改：

   A. 本协议是当事双方关于所涉及标的物的完整协议。以前关于上述标的物的一切口头或书面的谅解或协议均由本协议代替。
   B. 本协议的修改必须经当事双方签署书面文件并说明修改的目的。
2. 可分割性
本协议中的某一条款如果被认为是不合法的、无效的或不可实施的，则该条款将终止执行，但这不影响本协议其他条款的有效性，尽管原协议中不含上述条款，而协议仍将继续被执行。
3. 准据法
本协议的签署、交付、生效、履行、变更、效力、终止和解释等，均使用大韩民国的法律，大韩民国法律没有规定的，适用国际惯例。
4. 遵守管辖的法律
被许可方同意将得到有关政府当局的任何必要的批准，被许可方同意在当局管辖范围内定居或按本协议进行活动。被许可方还同意将遵守一切地方的或国家的对本协议或按协议进行的活动有约束力的一切法律。
5. 非自动弃权
任一当事方未能行使本协议赋予的权利，或者未严格坚持本协议的条款，那么不能认为它放弃了其他权利。
6. 平等待遇
被许可方应特别留心在协议中加入这样的条款，即如果后来的被许可方使用费更低，则他也应享受同等待遇。许可方通常会抵制这种条款，即使答应了，一般也会坚持对之加以限制，例如要被许可方接受别的许可证协议中对被许可方不利的条款。
7. 通告
本协议所要求的一切通知、支付的款项或帐单等应专人递送或通过挂号邮件或担保邮件（邮资预付的）递送给接收方，接收方的地址如下，可按随时提供的地址：
   若寄给甲方：_____
   若寄给乙方：_____
通知、支付的款项和帐单从递送日起生效，如果标明正确地址和付足够邮资后以邮寄方式递送的话，从邮寄日起生效。
8. 语言
本协议以中文和韩文书就。中文文本的协议一式二份，甲乙双方各执一份，韩文文本的协议一式二份，甲乙双方各执一份。各份文本具有同等法律效力。当两种文字版本的协议发生语意冲突的，以韩文文本为准。

作为证据，本协议一式两份已由当事双方正式委派的代表签字使之生效。

甲方(许可方)：＿＿＿＿＿＿＿＿＿＿＿＿＿＿＿＿＿＿＿
代表签字：＿＿＿＿＿＿＿＿＿ 日期：＿＿＿＿＿＿＿

乙方(被许可方)：＿＿＿＿＿＿＿＿＿＿＿＿＿＿＿＿＿＿
代表签字：＿＿＿＿＿＿＿＿＿ 日期：＿＿＿＿＿＿＿

Ⅱ. 국제상표허가계약서 (한글)

국제상표사용허가계약서

갑(허가인): ＿＿＿＿＿＿＿＿＿＿＿＿＿＿＿＿＿＿＿
주 소: ＿＿＿＿＿＿＿＿ 우편번호: ＿＿＿＿＿＿＿ 전화: ＿＿＿＿＿＿
법정대리인: ＿＿＿＿＿＿＿＿ 직무: ＿＿＿＿＿＿＿

을(피허가인): ＿＿＿＿＿＿＿＿＿＿＿＿＿＿＿＿＿＿
주 소: ＿＿＿＿＿＿＿＿ 우편번호: ＿＿＿＿＿＿＿ 전화: ＿＿＿＿＿＿
법정대리인: ＿＿＿＿＿＿＿＿ 직무: ＿＿＿＿＿＿＿

본 계약서는 쌍방이 ＿＿＿＿＿년 ＿＿＿＿＿월 ＿＿＿＿＿일 체결 및 효력을 발생한 것으로서 계약쌍방은 (명칭)(허가인), (회사의 소재지), (주요 영업장소)와 (명칭)(피허가인), (회사의 소재지), (주요 영업장소)이다.

제1조 정의

1. "제품"(또는 "서비스")은 (필요하고 동 허가의 실제상황에 적합한 전문술어로 묘사)의 상품(또는 서비스)를 가리키며, 이들 상품(또는 서비스)은 허가인이 사용 중이고 피허가인이 사용하게 될 상표와 연계되는 것이다.
2. "허가상표"는 (허가하게 되는 상표를 묘사)를 가리킨다.

제2조 배경설명

동 상품과 관련하여, 허가인은 이미 동 허가상표를 사용 중이고 동 허가상표는 이미 등록되었거나 또는 이미 등록 신청 중이다.

허가인은 많은 시간, 정력과 재력을 소모하여 이미 유일한 허가상표로 그 고품질의 상품을 판매하는 양호한 신용을 취득 및 유지하고 있다.

피허가인은 동 허가상표의 가치 및 그 유효성을 인식하고 허가인으로부터 (독점/배타/일반)사요허가를 취득하기를 원하고 있다.

허가인은 허가상표의 (독점/배타/일반)사용허가를 피허가인에게 부여하는데 동의한다.

제3조 수권, 소유권

1. 동 계약서의 조항과 조건에 따라, 허가인은 피허가인에게 (독점/배타/일반)사용허가증을 부여하며, 부록에 충분히 기술된 상품제조와 판매에 있어 피허가인은 동 허가상표를 사용할 수 있다.
2. 제3조제1항에서 부여한 허가증은 제한조건(피허가인의 한정된 공장이나 지점에서 생산 및 허가상표를 사용하여 판매하는 상품에 대해 구체적으로 규정)을 갖고 있다.
3. 제3조제1항에서 부여한 허가증은 지역범위에 대한 제한(피허가인이 허가상표를 사용하여 제3자와 지사 또는 기타 관련회사에 상품 또는 서비스를 제공하는 지역범위)이 있다.
4. 제3조제1항에 의해 부여한 허가는 피허가인이 타인으로 하여금 자신을 위해 제품을 생산하도록 하는 권리를 포함하지 않는다.
5. 피허가인은 허가인의 허가상표에 대한 소유권을 확인하고, 이러한 소유권을 존중 및 보호할 것을 보증하며 허가상표의 사용 중에 피허가인은 허가인의 명예와 이익에 손상주지 않을 것을 보증하며 동 계약서에 규정된 허가상표의 사용권 외에 어떠한 다른 권리, 자격 또는 이익도 부여하지 않는다는 점에 대해 피허가인은 이해 및 동의한다. 피허가인은 허가인이 동 허가상표에 대한 소유권과 동 계약서의 유효성에 대해 의심하지 않는다.

제4조 허가기한, 종료 후의 권리와 의무

1. 만약 규정에 의해 사전에 종료하지 않는다면, 여기에서 부여한 허가는 효력발생 일로부터 _____년 지속된다.
2. 아래의 상황에 직면하면, 허가인은 동 계약서를 종료할 수 있으며, 단 30일 전에 서면방식으로 피허가인에게 통지해야 한다. 피허가인이 동 계약서의 중대한 조항을 위

배한 경우, 피허가인이 파산을 선고 또는 확실히 상환능력이 없는 경우, 피허가인이 접수관리자 또는 의뢰인을 지정하여 그 자산을 점유하도록 하거나 정부당국이 피허가인의 재산을 차압한 경우, 피허가인이 경매 또는 투매를 한 경우, 피허가인이 다른 기업과 합병한 경우.

3. 계약의 종료
   A. 여기에서 부여한 허가증은 규정에 따라 종료한다.
   B. 계약서의 종료 후, 피허가인은 허가상표 또는 어떠한 쉽게 혼동을 야기할 수 있는 유사상표의 명의로든지 상품에 대해 홍보 또는 판매하거나 서비스를 홍보 또는 제공할 수 없고 어떠한 업무명칭을 보류하거나 기타 활동을 진행할 수 없다.
   C. 계약서의 종료 후, 피허가인은 허가상표의 사용권과 관련된다고 판단되는 활동을 모두 정지하여야 하고, 허가인과 연계되는 것으로 판단되는 모든 활동을 정지하여야 한다. 피허가인이 계약서를 위반하여 허가인이 허가를 종료한 경우를 제외하고, 종료일 전에 받은 주문에 대해 피허가인은 예전대로 상품을 제공할 수 있다.

제5조 보수

1. 양 당사자는 계약 중 보수에 관한 규정이 충분하고 적당함을 확인한다.
2. 동 계약서의 발효일 후 _____일(예를 들어 10일) 내, 피허가인은 허가인에게 _____달러를 지급해야 한다.
3. 피허가인은 상품(서비스)의 판매 중 허가상표를 사용하여 사용비용을 지급하는데 동의하며, 사용비용은 피허가인 판매금액의 _____%로 계산한다. 매달 15일 전에 지급하며 지난 달 총 판매금액에 따라 사용비용을 계산한다. 지난 달 총 판매금액을 신고할 때 동시에 지난 달의 사용비용을 지불해야 한다. 총 판매금액은 부가가치세, 영업세 또는 피허가인이 고객을 상대로 대리 접수하는 기타 세금을 포함시키지 말아야 한다.

제6조 재무장부

허가상표 또는 이와 관련되는 상품(또는 서비스)을 사용하는 경우, 그 판매상황에 대해 피허가인은 완전하고 정확한 기록을 하여 적절히 보존해야 한다. 그 유일한 목적은 사용비용의 지급이 동 계약서에 따라 정확히 집행되었는지 여부를 확정하기 위해서이다. 허가인 또는 그 대표는 적당한 시기 및 정상적인 영업시간 내에 피허가인의 장부를 심사할 수 있으며 심사비용은 허가인이 스스로 부담한다. 만약 오차가 5%를 초과(보고한 총 판매량에 따라 계산)함이 발견되면, 피허가인은 허가인의 전부 심사비용을 배상해야 하며 이는 여비, 식비, 주숙비와 허가인이 파견한 심사요원의 급여 등을 포함한다.

제7조 품질표준과 유지, 상표의 사용방식

1. 허가상표를 사용하는 모든 상품은 그 제조, 홍보와 판매에 있어서 반드시 허가인이 제공한 상품의 규격과 일치해야 하는데 동 규격은 부록에 따르며, 다만 동 계약서의 유효기간 내 허가인은 수시로 이를 수정할 수 있다.
2. 피허가인은 허가인의 표준을 유지하고 자신이 판매하는 모든 허가상표와 관련되는 상품의 품질과 기능을 통제하는데 있어 허가인과 협력하는데 동의한다.
   A. 허가상표 상품이 처음으로 시장에 투입되거나 또는 상업유통에 진입하기 전, 허가상표를 사용하는 어떠한 광고와 문자자료의 발표 전, 이러한 상품의 샘플 또는 이러한 광고 또는 문자자료의 샘플을 허가인에게 송달하여 승낙을 받아야 하며 허가인은 이유 없이 억류할 수 없다. 허가인은 상술한 샘플을 받은 후 근무일 기준 10일 내 승낙여부의 의견을 서면방식으로 피허가인에게 알려주어야 한다. 만약 승낙을 하지 않는 경우, 허가인은 그 이유를 설명해야 한다.
   B. 동 계약서 유효기간 내의 적당한 시간에 일단 허가인이 요구를 제출하면 피허가인은 적시적으로 허가인에게 허가상표 상품 및 그 홍보광고의 샘플을 제공해야 한다. 만약 동 상품 또는 광고가 허가인의 규격과 표준에 부합되지 않으면, 허가인은 부결권을 행사할 수 있으며 피허가인은 부결당한 상품의 판매를 정지하고 부결당한 광고의 사용을 정지해야 한다. 피허가인은 반드시 상품과 광고의 결함을 극복해야 하고 다시 허가인의 승낙을 받아야만 동 제품의 판매와 동 광고의 사용을 계속할 수 있다.
3. 피허가인은 허가인이 규정한 방식 또는 형식으로만 허가상표를 사용하는데 동의하며 허가인의 서면승낙을 받지 않은 상황에서 허가상표에 어떠한 표기도 추가하지 않는다.
4. 매번 허가등록상표를 사용함에 있어, 피허가인은 모든 표기규정을 엄격히 준수해야 하며 이는 법률의 요구 또는 허가인이 허가상표에 대한 권리를 보호하기 위해서이다. 적용 가능한 법률에 따라 행사해야 한다. 허가인의 서면요구에 근거하여, 피허가인은 허가상표의 사용 시 설명을 추가하여 동 허가상표가 허가인이 부여한 허가임을 설명하는데 동의한다.

제8조 계약위반책임

어느 일방이 계약을 위반하면, 상대방은 동 계약서와 법률이 허용하는 구제조치를 취할 것을 요구할 수 있으며, 실제이행과 경제손실의 보상이 포함되나 이에 한정되지는 않는다.

제9조 양방의 권리와 의무

1. 허가인의 권리.
    A. 동 계약의 규정에 따라 계약 하의 상표를 사용할 권리를 가진다.
    B. 피허가인에게 동 계약의 약정에 따라 허가상표의 유지비용을 지불할 것을 요구할 권리를 가진다.
2. 허가인의 의무.
    A. 피허가인의 동의가 없이 허가인은 제3자에게 허가상표를 양도할 수 없다.
    B. 동 계약 중 상표허가의 합법성을 약속한다. 만약 동 계약으로 인해 제3자의 배상청구, 소송이 있거나 또는 피허가인에게 어떠한 손실을 야기한다면 허가인은 피허가인이 이들 배상청구, 소송과 손실의 침해를 받지 않도록 보증하며 이에 대해 피허가인에게 배상을 진행한다.
    C. 허가인은 제때에 관련기관에 허가상표 유효성 유지비용을 지급할 것을 보증한다. 허가상표의 등록상황 유지를 책임지고 연장등록을 포기하지 않으며 말소를 신청하지 않는다. 또한 피허가인의 요구에 의해, 피허가인이 요구하는 국가와 지역에서 동 상표를 등록한다.
    D. 피허가인의 요구 또는 허가상표 보호의 수요에 근거하여, 국가의 관련기관에 허가상표의 보호를 신청한다.
3. 피허가인의 권리.
    A. 동 계약의 규정에 의해 합법적으로 허가상표를 사용할 권리를 가진다.
    B. 허가사용상품을 이용하여 각종 우량제품의 평가에 참가하고 취득한 영예와 물질이익을 피허가인소유로 할 권리가 있다.
4. 피허가인의 의무.
    A. 허가인의 동의가 없이, 피허가인은 제3자와 허가상표에 대해 재차 사용허가계약을 체결할 수 없다.
    B. 만약 허가상표의 권익침범사건이 발생하면, 허가인은 관련부문에 고소 또는 기소를 책임지며 피허가인은 사실의 조사 판명에 협조해야 한다.
    C. 동 계약의 약정에 의해, 제때에 허가인에게 허가상표의 유지비용을 지불해야 한다.

제10조 보증

1. 허가인은 자신이 동 허가상표의 소유자임을 보증한다. 허가인은 동 허가상표 상품의 판매가 어떠한 다른 권리를 침해함을 발견하지 못했다. 허가인은 동 계약서를 체결할 권리를 가지며, 동 계약서에 규정된 권리를 피허가인에게 부여할 수 있다.

2. 허가인은 피허가인이 제조 및 판매한 상품 또는 제공한 서비스에 대해 어떠한 담보도 하지 않는다.
3. 피허가인은 동 계약서를 체결할 권리가 있음을 보증한다. 동 계약서의 의무를 부담함으로 인하여 당사자로 있는 기타 계약서를 위반하지 않음을 보증한다. 동 계약서의 조항과 조건에서 명확히 규정한 방식에 따라 동 허가상표를 사용할 것을 보증한다.

제11조 계약 체결자의 독립성, 배상

1. 피허가인은 하나의 독립적인 계약체결자이고 대리인이 아니며 연합투기상인의 공동경영자가 아니고 허가인측 피고용인이 아니다.
2. 동 계약서의 유효기간 내, 피허가인은 자비로 종합책임보험에 가입해야 하며, 동 보험은 계약과 상품책임보험 및 동 계약 허가상표 관련 모든 상품과 활동에 연관되는데 보험총액은 ＿＿＿＿＿＿＿달러 이상이어야 한다. 피허가인은 허가인에게 한부의 보험증명서 부본 또는 기타 보험증명 부본을 제공해야 하며, 이러한 증명은 허가인으로 하여금 그 권리 및 동 계약에서 부여한 권리로 인한 배상청구가 모두 보호 받았다고 확신할 수 있도록 한다.

제12조 광고, 홍보

동 허가증에서 권한을 부여한 피허가인의 시장 내에서 홍보광고를 함에 있어 양 당사자는 모두 계약서에 다음과 같은 일부 조항이 포함되어 각 당사자가 광고유형과 비용분담 비중에 대한 내용을 규정하기를 원할 가능성이 있다. 광고의 형식, 규모와 분포에 대해 피허가인은 허가인의 보증을 받기를 바란다. 만약 허가인이 피허가인의 시장 내에서 허가상표의 상품 또는 서비스에 대한 광고를 할 경우, 피허가인의 자금지원을 받기를 바랄 가능성이 있다. 예를 들어 피허가인의 판매총액이 동 시장 내 허가인, 피허가인과 기타 피허가인의 전부 판매총액과의 비중으로 계산할 수 있다.

제13조 제3자의 권익 침범

피허가인은 일단 허가를 거치지 않고 허가상표를 사용하는 어떠한 행위를 발견하든지 즉시 허가인에게 통보하는데 동의한다. 권익침범행위 또는 부당경쟁에 대해 법률로 해결할지는 허가인이 단독으로 향수하는 권리이며 단지 허가인은 상술한 상황에서 행동을 취할 경우 소송비용 및 취득한 배상의 분배 등에 대해 피허가인과 협상할 것임에 동의한다.

제14조 분쟁의 해결

1. 계약서에 대해 쟁의가 있어 수정해야 하는 경우, 반드시 양측의 일치한 동의 하에 서면계약서를 체결한 후 기존에 기록했던 상표국에 보고한 후에야 효력을 발생할 수 있다.
2. 어느 일방이 계약서의 의무를 이행하지 않거나 계약의 규정을 심각히 위반하여 손실이 발생한 경우, 계약을 이행한 일방은 계약을 위반한 상대방에 경제배상을 요구할 수 있다. 양방이 협상을 통해 동의하는 경우, 계약을 이행한 일방은 배상을 취득한 후 계속하여 계약을 이행할 수 있다.
3. 양 당사자는 본 계약의 내용, 해석, 효력의 발생, 효력 및 이행에 관하여 분쟁발생시 우선 우호적으로 협상하여 해결하여야 한다. 일방이 협상을 원하지 않거나 또는 30일 내에 협상으로 결과를 보지 못한 경우, 임의의 일방은 한국 서울시에 위치한 대한상사중재원에 중재를 신청하여 당해 중재기관의 중재규칙에 따라 중재한다. 중재판정은 최종적인 것이며, 분쟁의 각 당사자에 대하여 법률적인 구속력을 가진다.

제15조 불가항력

1. 동 계약서의 어느 일방이 불가항력사건(불가항력사건이란 영향을 받는 일방이 합리적으로 통제할 수 없는, 예측할 수 없거나 예측하였다 하더라도 피면할 수 없고 또한 극복할 수 없으며, 동 계약의 체결일 이후 발생되어 동 계약의 전부 또는 부분적 이행이 객관적으로 불가능하거나 현실적이지 못하게 하는 모든 사건을 가리킨다. 이들 사건에는 수재, 화재, 가뭄, 태풍, 지진 및 기타 자연재해, 교통사고, 파업, 소동, 폭란 및 전쟁, 정부부서의 작위와 부작위가 포함되나 이에 한정되지는 않는다)의 영향으로 인하여 자신이 동 계약서에서의 전부 또는 부분적 의무를 이행할 수 없는 경우, 동 의무의 이행은 불가항력사건이 그 이행을 방해하는 기간동안 중지되어야 한다.
2. 불가항력사건의 영향을 받았다고 주장하는 일방은 최대한 빠른 시간 내 서면형식으로 불가항력사건의 발생을 상대방에게 통지해야 하며 동 불가항력사건의 발생 후 15일 내에 직접전달이나 항공우편 방식으로 상대방에게 이러한 불가항력사건 및 그 지속시간에 대한 적당한 증거를 제공해야 한다. 불가항력사건으로 자신이 동 계약에 대한 이행이 객관적으로 불가능하거나 현실적이지 않다고 주장하는 일방은 모든 합리적인 노력을 통해 이러한 불가항력사건의 영향을 해소하거나 감소시킬 책임이 있다.
3. 불가항력사건 발생 시, 양방은 즉시 우호협상을 통해 어떻게 동 계약을 집행할지에 대해 결정한다. 불가항력사건 또는 그 영향이 종료 또는 제거 후, 양방은 즉시 각자가 동 계약에서의 각종 의무에 대한 이행을 회복해야 한다. 만약 불가항력 및 그 영향이 종료 또는 제거될 수 없어 계약의 어느 일방이 계속하여 계약을 이행할 수 있는 능

력을 상실하는 경우, 계약을 종료할 수 있다.

제16조 기타 조항

1. 계약서의 수정.
   A. 동 계약서는 양 당사자가 관련 표적물에 대한 완전한 계약서이다. 전에 상술한 표적물에 대한 모든 구두 또는 서면 양해각서나 계약서는 모두 동 계약서로 대체한다.
   B. 동 계약서의 수정은 반드시 양 당사자의 서면문서 체결 및 수정의 목적 설명을 거쳐야 한다.
2. 분할 가능성.
   동 계약서의 어느 한 조항이 불법, 무효 또는 이행불가로 판단되면, 동 조항은 집행을 종료하고, 단지 이는 동 계약서 기타 조항의 유효성에 영향을 미치지 않으며 비록 기존의 계약서에 상술한 조항이 포함되지 않았다 하더라도 계약서는 계속하여 이행된다.
3. 준거법.
   본 계약의 체결, 교부, 효력의 발생, 이행, 변경, 중지 및 해석 등은 모두 대한민국의 법률을 적용하고 대한민국의 법률에 규정이 없는 경우 국제 관습을 적용한다.
4. 관할지 법률의 준수.
   피허가인은 관련 정부당국의 모든 필요한 비준을 취득하고 당국의 관할범위 내 거주하거나 동 계약서에 따라 활동할 것임을 동의한다. 피허가인은 또한 모든 지방 및 국가차원의 동 계약서 또는 계약서에 따라 활동하는데 구속력을 가지는 모든 법률을 준수한다는데 동의한다.
5. 비 자동 포기.
   어느 당사자든지 동 계약서에서 부여한 권리를 행사할 수 없거나 또는 동 계약서의 조항을 엄격히 견지하지 않는다면 그가 기타 권리를 포기한 것으로 간주할 수 없다.
6. 평등대우.
   피허가인은 계약서에 다음의 조항을 추가하는데 특히 유의하여야 한다. 즉, 만약 추후 다른 피허가인의 사용비용이 더욱 낮은 경우, 역시 동등한 대우를 향수해야 한다. 허가인은 일반적으로 이러한 조항을 배척할 것이고, 설령 수락한다 하더라도 일반적으로 피허가인이 다른 허가계약서 중 피허가인 측에 불리한 조항을 수락하도록 하는 등의 제한을 가할 것을 주장하는 것이 일반적이다.
7. 통보.
   동 계약서에서 요구하는 모든 통지, 지불하는 금액 또는 장부 등은 전담자가 송달하거나 또는 등기우편이나 담보우편(우편비용 선납)을 통해 수신자에게 송달해야 하며 수신자의 주소는 다음과 같고 동 주소로 수시 송달이 가능하다.
만약 갑에 송달하는 경우: _____
만약 을에 송달하는 경우: _____
통지, 지불한 금액과 장부는 배달 일로부터 효력을 발생하고, 만약 정확한 주소를 표기하고 충분한 우편요금을 지불한후 우송방식으로 배달하였다면, 우송일로부터 효력을 발생한다.

8. 언어.
본 계약서는 한국어와 중국어로 작성한다. 한국어 계약서는 1식 2부로 작성하여, 양 당사자가 각 1부를 보관하고, 중국어 계약서는 1식 2부로 작성하여, 양 당사자가 각 1부를 보관한다. 각 언어의 계약서는 동등한 법적 효력을 가진다. 두가지 언어로 작성된 계약서의 의미가 상충하는 경우, 한국어 계약서를 기준으로 한다.

증거로서 동 계약서의 1식 2부는 이미 양 당사자가 정식으로 위임 파견한 대표가 서명하여 효력을 발생하였다.

갑(허가인): _____
대표서명: _____ 날짜: _____

을(피허가인): _____
대표서명: _____ 날짜: _____

Ⅲ. 국제상표허가계약분석

1. 상표사용허가계약의 정의와 종류

(1) 정의

상표사용허가계약(商標使用許可合同)은 상표권자가 자신이 등록한 상표를 타인에게 사용할 수 있도록 허가하고 허가 받은 자는 비용을 지불하도록 체결된 계약을 가리킨다. 상표권자 또는 그가 권리를 부여한 자는 허가인으로 되고 상대방은 피허가인으로 된다. 상표사용허가계약의 대상은 사용권이며, 해당 계약의 효력발생 후 허가인은 상표에 대한 소유권을 상실하지 않는다. 이 점에서 상표사용허가와 상표양도계약은 구분된다.

국제상표사용허가계약(涉外商標使用許可合同)은 외국요소가 포함된 상표사용허가계약을 가리킨다. 계약의 외국요소 포함에 대해 중국 최고인민법원은 "무릇 민사관계의 일방이나 양방 당사자가 외국인, 무국적자, 외국법인인 경우, 민사관계의 표적물이 외국영역범위 내에 있는 경우, 민사권리와 의무관계의 발생, 변경 또는 소멸에 관한 법적 사실이 외국에서 발생한 경우 국제민사관계에 속한다"[172]고 규정하고 있다.

(2) 종류

중국에서 상표사용허가계약의 종류는 다음과 같다.

① 독점사용허가(独占使用许可): 상표등록인은 약정된 시간, 지역과 약정된 방식으로 동 등록상표를 하나의 피허가인에게만 사용하도록 허가하며 상표등록인은 약정에 의해 동 등록상표를 사용할 수 없다.

② 배타사용허가(排他使用许可): 상표등록인은 약정된 기간, 지역과 약정된 방식으로 동 등록상표를 하나의 피허가인에게 사용하도록 허가하며 상표등록인은 약정에 의해 동 등록상표를 사용할 수 있으나 별도로 제3자에게 사용하도록 허가할 수 없다.

③ 일반사용허가(普通使用许可): 상표등록인은 약정된 기간, 지역과 약정된 방식으로 타인에게 동 등록상표를 사용하도록 허가하며 자신이 동 등록상표를 사용할 수 있고

---

[172] "중화인민공화국 민법통칙의 집행 일부문제에 관한 의견(시행)"(关于贯彻执行〈中华人民共和国民法通则〉若干问题的意见(试行)) 제178조.

제3자에게도 사용하도록 별도로 허가할 수 있다.[173]

일반허가는 허가인이 여럿을 상대로 상표의 사용을 허가할 수 있으므로 하나의 일반허가 사용비용이 배타허가 및 독점허가 사용비용에 비해 적더라도 누적을 통해 허가인은 많은 허가비용을 취득할 수 있는바 실무에서 허가인은 대개 일반허가계약을 체결하기를 원한다. 하지만 만약 상표가 여러 차례 사용되면 상표의 식별기능, 품질보증기능과 광고경쟁기능이 모두 일정한 정도로 약화되고 시장 역시 많은 동일 상표의 사용자들에 의해 분할된다. 따라서 시장에서 독점적인 지위를 취득하기 위해 피허가인은 독점 또는 배타허가계약을 체결하기를 원하는 경우가 많다. 따라서 계약 중 허가인으로 되느냐 아니면 피허가인으로 되느냐에 따라 허가종류를 신중히 선택할 필요가 있다.

2. 계약 당사자의 기재

(1) 허가인의 자격에 대한 심사

상표권자 또는 특별하게 권한을 부여받은 대리인만이 상표의 수권사용을 진행할 수 있다. 거래 전 반드시 거래자가 진정한 상표권리자인지 확인해야 하는데, 상표등록증서, 상표공고 또는 중국상표사이트 조회를 통해 진정한 권리주체를 파악할 수 있다.

또한 상표등록인의 명의나 기타 등록사항이 변경되었으나 법에 의해 관련 변경절차를 거치지 않은 상황이 있는지 여부에 대해서도 조사해야 한다.

주의해야 할 점은, 만약 허가인이 이미 상표의 피허가인인 경우, 기존 허가계약 중 권리자가 피허가인에게 허가 받은 상표의 재양도 또는 허가에 대해 권리를 부여했는지 여부를 파악해야 한다. 만약 동 허가계약에 약정이 되어있지 않거나 약정이 명확하지 않은 경우, 피허가인은 재허가의 권리를 갖지 못한다. 만약 허가인이 이미 상표를 양도받은 자일 경우, 기존의 양도계약이 상표국의 심사확인을 거쳤는지 검토해야 한다. 상표양도계약은 반드시 상표국의 확인공고를 거쳐야 하며 그렇지 않은 경우 법적효력이 발생하지 않는다.[174] 이러한 경우, 상표를 양도받은 자는 아직 진정한 권리자가 아니며 따라서 상표의 허가 또는 재양도를 할 권리가 없다.

---

[173] "최고인민법원의 상표민사분쟁사건 법률적용 일부문제에 관한 해석"(最高人民法院关于审理商标民事纠纷案件适用法律若干问题的解释) 제3조.

[174] "상표법"(商标法) 제42조.

(2) 피허가인의 자격에 대한 심사

상품 품질의 통제를 위하여 허가인은 합작파트너의 선택에 있어 신중해야 하며, 생산능력이 좋고 경영관리수준이 높으며 이행능력을 갖춘 상대방을 피허가인으로 선택해야 한다. 상표사용권을 허가하기에 앞서 허가인은 피허가인의 법인자격, 생산능력, 관리수준, 상품 품질 등을 고려해야 하며 품질기준을 충족시키지 못하는 경우 허가증을 부여하지 말아야 한다. 사용허가계약의 체결 후, 허가인은 피허가인의 생산과 판매상황을 면밀히 주시하여 피허가인이 상품 품질, A/S에 있어 상표의 신망에 피해를 주는 것을 방지해야 한다.

허가인은 계약기간 내에 피허가인의 생산과정, 제품 제작, 제품검사와 관리 등에 필요한 감독을 진행해야 한다. 피허가인의 제품이 사용을 허가한 등록상표의 상품 품질에 미치지 못하는 경우, 허가인은 조치를 취하여야 하며 필요한 경우에는 계약을 종료하고 상표의 사용허가권을 회수해야 한다.

甲方(许可方) : ＿＿＿＿＿＿＿＿＿＿＿＿
地址 : ＿＿＿＿＿＿＿ 邮编 : ＿＿＿＿＿＿＿ 电话 : ＿＿＿＿＿＿＿
法定代表人 : ＿＿＿＿＿＿＿ 职务 : ＿＿＿＿＿＿＿
乙方(被许可方) : ＿＿＿＿＿＿＿＿＿＿＿＿
地址 : ＿＿＿＿＿＿＿ 邮编 : ＿＿＿＿＿＿＿ 电话 : ＿＿＿＿＿＿＿
法定代表人 : ＿＿＿＿＿＿＿ 职务 : ＿＿＿＿＿＿＿

갑(허가인): ＿＿＿＿＿＿＿＿＿＿＿＿＿＿＿＿＿
주소: ＿＿＿＿＿＿＿ 우편번호: ＿＿＿＿＿＿＿ 전화: ＿＿＿＿＿＿＿
법정대리인: ＿＿＿＿＿＿＿ 직무: ＿＿＿＿＿＿＿
을(피허가인): ＿＿＿＿＿＿＿＿＿＿＿＿＿＿＿＿＿
주소: ＿＿＿＿＿＿＿ 우편번호: ＿＿＿＿＿＿＿ 전화: ＿＿＿＿＿＿＿
법정대리인: ＿＿＿＿＿＿＿ 직무: ＿＿＿＿＿＿＿

3. 허가상표와 해당상품(서비스)에 대한 기술

(1) 상표허가의 표적

계약서에 사용을 허가하는 상표가 어느 것인지, 피허가인이 어떠한 상품 또는 서비스를 사용하도록 허가하는지 명확히 규정하여야 한다. 상표허가인에게 몇개의 상표 또는 일련의 상표가 있을 수 있기에 모두 피허가인에게 사용을 허가하는지 계약에 명확히 규정하여야 한다. 사용을 허가하는 상표는 등록상표와 일치해야 하며 분할하여 사용하거나 마음대로 상표표지를 변경하여서는 아니된다. 한가지 상표에 대해 여러가지 상품 또는 서비스품목을 지정하였을 가능성이 있는데 만약 사용을 허가하는 품목이 모든 품목을 포함하지 않는다면 계약에 상표사용의 상품범위에 대해 명확히 하여야 한다.

만약 상표에 연합상표(联合商标), 방어상표(防御商标), 도메인(域名) 등 관련되는 상업표기가 존재한다면, 상표의 효과적인 사용을 위해 권리인에게 관련 상업표기를 함께 사용하도록 허가할 것을 요구하거나 권리인에게 관련 상업표기를 다른 상업주체에게 양도하거나 사용하도록 허가하지 말도록 요구하여야 한다.

(2) 등록상표의 상황

양방이 계약을 체결하는 목적이나 근거를 설명하고 피허가상표의 기본정황을 구체적으로 설명하는데 상표명칭, 등록된 국가, 등록증번호, 등록일자, 사용이 허가된 상품이나 서비스범위, 상표의 유효기한, 등록인의 명의와 주소가 포함되어야 한다. 상표의 도면과 "상표등록증"(商标注册证)은 계약서 부록에 첨부해야 한다.

第一条　定义

1. "产品"(或"服务")指的是(用必要的和适于本许可实际情况的专门术语进行描述) 货物(或服务), 这些货物(或服务)是与许可方正在使用而被许可方将要使用的 商标相联系的.
2. "许可商标"指的是(描述正被许可的商标), 如附录所示.

제1조 정의

1. "제품"(또는 "서비스")은 (필요하고 동 허가의 실제상황에 적합한 전문술어로 묘사)의 상품(또는 서비스)를 가리키며, 이들 상품(또는 서비스)은 허가인이 사용 중이고 피허가인이 사용하게 될 상표와 연계되는 것이다.
2. "허가상표"는 (허가하게 되는 상표를 묘사)를 가리킨다.

4. 배경설명

(1) 상표의 권리상태 확인

피허가인은 우선 피허가 상표가 권한을 부여받았는지, 권리보호기간이 얼마나 남아 있는지, 기간만료 후 제때에 등록연장을 하였는지 등을 살펴야 한다. 중국에서 상표전용권의 취득은 등록취득원칙을 취하며, 만약 상표가 등록되지 않았거나 기간만료 후 등록연장이 되지 않았거나 취소되었다면 상표전용권의 보호를 받지 못하므로 누구든지 동일한 종류 또는 서로 다른 종류의 상품에 피허가 상표를 사용할 수 있으며 심지어 타인에 의해 등록되어 피허가인의 상품이 시장에서 판매되는데 영향을 줄 수도 있다. 등록하지 않은 유명상표(馳名商標)의 사용을 허가 받은 경우, 비록 타인에 의한 상표등록은 피할 수 있다 하더라도[175] 유명상표인지 여부에 대한 인정은 확정되지 않은 상태여서 리스크가 비교적 크다. 유명상표의 인정은 당사자의 요청에 의하며 다음의 요소를 고려한다. (1) 동 상표에 대한 인지도, (2) 동 상표가 사용된 기간, (3) 동 상표에 대한 홍보 기간, 정도와 지리적 범위, (4) 동 상표가 유명상표로 보호를 받은 기록, (5) 동 상표가 유명한 기타 요소. 유명상표의 인정기관도 상황에 따라 다음과 같이 분류된다. 상표의 등록심사, 상표위법사건에 대한 조사과정에는 상표국(商標局)이 심사와 사건처리의 수요에 의해 인정을 할 수 있고, 상표의 분쟁처리과정에서 상표평가심사위원회(商標評審委員會)가 사건처리의 수요에 의해 인정을 할 수 있으며, 민사나 행정사건의 심리과정에서, 최고인민법원이 지정한 인민법원이 사건심리의 수요에 의해 인정을 할 수 있다.[176] 즉, 상표가 유명상표인지 여부는 가변적이므로 권리가 안정적이지 않으며 따라서 상표국, 상표평가심사위원회나 사법기관에 의해 유명상표 인정을 받은 상표에 대해 사용을 허가 받는 것이 좋다.

또한 허가인의 상표가 이의기간에 처해 있는지, 금지조항을 위반하여 등록한 상표가 5년의 쟁의기간을 경과하였는지, 저당권이 설정되었는지, 동결되거나 기타 권리분쟁이 있는지 등에 대해서도 조사해야 한다.

그리고 만약 상표가 여전히 신청과정에 있다면 피허가인은 계약체결에 있어 신중해야 한다. 중국의 상표등록은 실질심사원칙을 시행하여 반드시 "상표법"에 규정된 요건에 부합되어야 등록이 가능하다. 상표의 신청수량이 매우 많고 상표심사에 적어도 3년이라는 시간이 소요되며 만약 상표이의절차를 거치게 되면 상표등록에 더 많은 시간이 걸릴

---

[175] "상표법" 제13조.

[176] "상표법" 제14조.

수도 있다. 만약 신청과정에 있는 상표에 대해 사용을 허가 받게 되면 커다란 리스크에 직면하게 되는데 그 이유는 이들 상표의 법적상태가 안정적이지 않고 현저하지 않거나 기존권리 침범 등 원인으로 인하여 등록되지 못할 수도 있기 때문이다.

만약 상표가 이미 등록되었지만 분쟁 중이라면 취소될 수 있으므로 분쟁처리 결과가 있은 후 사용여부에 대해 결정하는 것이 좋다.

(2) 상표의 효력범위

상표독점권은 지역의 제한을 받는데 등록지에서만 독점권의 보호를 받는다. 사용을 허가 받기에 앞서 상표가 이미 중국에서 등록되었는지 확인해야 하고, 기업이 생산한 상품이 주로 수출에 사용되는 경우, 상표가 수출지역에서 등록되었는지 확인해야 하며 그렇지 아니할 경우 상품의 판매지에서 상표권 침해분쟁에 연루될 수 있다.

상표독점권은 상표에서 사용을 확정한 상품 또는 서비스에 한정되며, 권리자는 마음대로 상표의 사용 상품범위를 확대할 수 없다. 만약 서로 다른 종류의 상품에 이미 등록한 상표를 사용하고자 하는 경우 별도로 신청을 해야 한다. 사용허가를 받은 기업은 권리인이 어떠한 상품에 동 상표를 사용할 수 있도록 사정 받았는지 확인하여 권리자가 사정범위 밖으로 허가를 확대하는데 대비해야 하며 그렇지 않은 경우 분쟁이 발생할 수 있는데, 그 이유는 이미 타인이 다른 종류의 상품에 대해 동일하거나 유사한 상표를 등록했을 가능성이 있기 때문이다.

(3) 상표허가방식

위에서 언급했듯이 허가계약 중 허가방식에 대해 명확히 약정하여야 한다. 일반허가는 비록 사용허가비용이 비교적 낮지만 시장에 동일한 상표를 사용하는 주체가 많을 가능성이 있어 서로 경쟁이 유발되기 쉽다. 많은 피허가인이 자신의 생존을 위해 치열한 가격경쟁을 하면 이로 인하여 상품, 서비스 유지를 게을리하여 상품브랜드와 서비스품질이 하락할 수 있고 동시에 너무 낮은 가격은 기존 브랜드 이용자가 이에 대한 인정을 상실하게 하므로 상품의 시장용량이 매우 큰 경우를 제외하고 이러한 종류의 상표 사용자가 되는 것을 추천하지 않는다. 독점허가의 경우, 피허가인은 상표의 사용을 독점할 수 있으나 상표사용 허가비용이 비교적 높아 상품시장용량이 매우 큰 경우에는 이러한 방식을 취할 필요가 없다. 배타허가의 경우, 시장에서 상표소유권자와 피허가인이 동시에 동 상표를 사용한다면 서로 영향을 줄 수 있다. 따라서 어떠한 허가방식을 취할지는 당사자가 자신의 실제상황에 비추어 결정하여야 한다.

> 第二条　背景说明
>
> 关于其产品，许可方已经选用并正在使用本许可商标，该许可商标已经注册或已经申请注册。
>
> 许可方花费了大量时间、精力和财力已获得并保持着独一无二的以许可商标出售其高质量货物的良好信誉。
>
> 被许可方认识到本许可商标的价值及其有效性，希望从许可方得到(独占/排他/普通)使用许可。
>
> 许可方愿意将该许可商标的(独占/排他/普通)使用授予被许可方。
>
> 제2조 배경설명
>
> 동 상품과 관련하여, 허가인은 이미 동 허가상표를 사용 중이고 동 허가상표는 이미 등록되었거나 또는 이미 등록 신청 중이다.
>
> 허가인은 많은 시간, 정력과 재력을 소모하여 이미 유일한 허가상표로 그 고품질의 상품을 판매하는 양호한 신용을 취득 및 유지하고 있다.
>
> 피허가인은 동 허가상표의 가치 및 그 유효성을 인식하고 허가인으로부터 (독점/배타/일반)사용허가를 취득하기를 원하고 있다.
>
> 허가인은 허가상표의 (독점/배타/일반)사용허가를 피허가인에게 부여하는데 동의한다.

5. 권한부여와 소유권

(1) 상표허가의 기간 및 지역범위

계약에 상표사용의 기간 및 지역범위를 명확히 약정해야 한다. 허가가 국내사용에만 한정되는지 아니면 국외시장에서도 사용 가능한지 명확하게 해야 한다. 다국적회사가 상표 허가를 하는 경우, 일반적으로 세계시장을 여러 구역으로 나누고 한 구역에서 허가를 취득한 기업이 다른 구역에서 제조와 판매를 할 수 없도록 함으로써 한 구역에서 최대화한 경제이익을 취득하는 동시에 피허가인의 이익을 보호해 준다.

또한 합리적인 사용기간, 기간 만료 후 계속하여 사용할 수 있는지도 약정해야 한다.

(2) 생산주체 제한

계약서에 피허가인이 제3자에게 상품을 생산할 수 있게 할지 명확히 해야 한다. 만약 이러한 권리를 부여하면, 피허가인은 그 부속 또는 관련회사로 하여금 자신을 위해 제품을 제조하게 하거나 제3자에게 허가를 나눠주게 되므로 이러한 권리에 대해서 특별한 규정을 추가해야 한다.

第三条 授权;所有权

1. 按照本协议的条款和条件, 许可方授予被许可方(独占/排他/普通)使用许可证:在附录中充分描述的产品制造和销售中, 被许可方可以使用本许可商标。
2. 第三条第1款授予的许可证是有限制的(具体规定被许可方限定的工厂或地点生产, 以许可商标销售的产品)。
3. 按第三条第1款授予的许可限于地域范围(具体规定的被许可方以许可商标向第三方和分公司或其他有关的公司提供货物或服务的地域范围)。
4. 按第三条第1款授予的许可不赋予被许可方让他方为其制造产品的权利。
5. 被许可方确认许可方本许可商标的所有权, 保证尊重和维护这一所有权, 在许可商标的使用中被许可方保证不损害许可方的名誉和利益, 被许可方理解并同意:除本协议规定的许可商标的使用权外, 本协议未授予被许可方任何别的权利、资格或利益.被许可方不怀疑许可方对本许可商标的所有权或本协议的有效性。

제3조 수권, 소유권

1. 동 계약서의 조항과 조건에 따라, 허가인은 피허가인에게 (독점/배타/일반)사용허가증을 부여하며, 부록에 충분히 기술된 상품제조와 판매에 있어 피허가인은 동 허가상표를 사용할 수 있다.
2. 제3조 제1항에서 부여한 허가증은 제한조건(피허가인의 한정된 공장이나 지점에서 생산 및 허가상표를 사용하여 판매하는 상품에 대해 구체적으로 규정)을 갖고 있다.
3. 제3조 제1항에서 부여한 허가증은 지역범위에 대한 제한(피허가인이 허가상표를 사용하여 제3자와 지사 또는 기타 관련회사에 상품 또는 서비스를 제공하는 지역범위)이 있다.
4. 제3조 제1항에 의해 부여한 허가는 피허가인이 타인으로 하여금 자신을 위해 제품을 생산하도록 하는 권리를 포함하지 않는다.
5. 피허가인은 허가인의 허가상표에 대한 소유권을 확인하고, 이러한 소유권을 존중 및 보호할 것을 보증하며 허가상표의 사용 중에 피허가인은 허가인의 명예와

> 이익에 손상주지 않을 것을 보증하며 동 계약서에 규정된 허가상표의 사용권 외에 어떠한 다른 권리, 자격 또는 이익도 부여하지 않는다는 점에 대해 피허가인은 이해 및 동의한다. 피허가인은 허가인이 동 허가상표에 대한 소유권과 동 계약서의 유효성에 대해 의심하지 않는다.

6. 허가기간과 종료 후의 권리의무

(1) 허가기간

상표권의 기간은 10년이고 무한대로 연장이 가능하기에 약정한 기한은 일반적으로 10년을 초과할 수 없다. 일반적으로 10년의 기간이 경과하면 상표의 지명도나 시장가치에 많은 변동이 있게 된다. 따라서 실무상 상표사용허가계약의 기간은 1년 또는 3년 내지 5년으로 하는 경우가 많다.

(2) 허가계약 종료후 관련제품의 처리

허가계약 종료후, 피허가인은 계속하여 허가인의 상표를 사용할 수 없다. 따라서 피허가인의 잉여상품 판매기한, 잉여상표표식의 처리 등에 대해서도 약정을 하여 최대한 손실을 감소시켜야 한다. 분쟁을 방지하기 위하여 계약에서 계약종료 후의 관련제품 처리에 대해 약정을 해야 한다.

2006년 3월 9일, 북경시고급인민법원은 "상표민사분쟁사건의 심리 중 일부 문제에 관한 해답"(关于审理商标民事纠纷案件若干问题的解答)에서 "상표사용허가계약의 종료 후 피허가인이 종료 전 생산한, 허가인의 등록상표가 포함된 상품을 계속하여 판매하는 경우 상표권 침해에 해당하는가?"하는 질문에 대해 "상표사용허가계약에 약정이 있거나 또는 당사자가 동 문제에 대해 합의한 경우, 당사자의 약정에 따라 처리한다. 약정이 없거나 당사자간 합의할 수 없는 경우, 구체정황에 근거하여 합리적인 판매기한을 확정할 수 있다. 동 기한 내 피허가인이 사용허가계약 기한 내 생산한 상품을 판매하는 경우 권리침해가 인정되지 않고 동 기한을 초과하여 판매하는 경우, 권리침해가 인정된다"고 답변하였다.

| 사례 | 왕로우지(王老吉)와 쟈둬보우(加多宝)사이의 분쟁사건

(사건의 요약) 중국에서 유명한 음료생산업체 왕로우지(王老吉)와 쟈둬보우(加多宝)사이의 분쟁에서 상표사용허가기한 문제가 논쟁이 되었다. 이유는 후자가 왕로우지 상표의 사용허가기한 연장계약을 체결하면서 전자의 담당자에게 상업뇌물을 공여함으로써 중재에 의해 동 연장계약이 무효로 판명된 것이다. 이러한 중재결과를 취소하고자 진행한 후자의 소송도 법원에 의해 기각되면서 후자의 왕로우지 상표 사용이 금지되었다. 왕로우지 상표의 소유자인 광주의약그룹측은 중재판정이 내려진 후 쟈둬보우 상표의 소유자인 홍도그룹이 즉시 왕로우지 상표의 사용을 중지해야 한다고 주장하였으며 홍도그룹은 당시 시장에서 유통되고 있는 왕로우지 상표 제품은 판정 전에 이미 생산되었고 양방이 약정된 기준에 따라 상표사용비용을 지불하였기에 완전히 합법이라고 반박하였다.

 | 시사점 |

계약의 당사자들이 허가계약 종료 후 관련제품의 처리기간 등에 대해 사전에 약정을 하지 않으면 추후 합리적인 기간 등은 법원이나 중재기관에 의해서 확정될 것이므로 불확정적이다. 사전에 이에 대해 명확히 규정함이 바람직하다.

(3) 상표가치 증감에 대한 약정

상표사용허가계약은 허가인이 피허가인과 상표사용허가계약을 체결, 구체적인 허가사항에 대해 규정함으로써 자신의 상표권리를 처리하는 일종 권리방식이다. 해당 계약에서 사용허가기간 내에 발생된 상표가치의 증가에 대해 약정해야 한다. 예를 들어, 사용허가 초기와 말기의 평가에 근거하여 상표의 가치증가부분을 확정하고 상표사용허가비용의 금액과 피허가인이 취득 가능한 이익을 종합적으로 고려하여 상표의 가치증가부분에 대해 피허가인에게 일정한 보상을 하도록 약정할 수 있다. 반면에, 만약 상표사용허가기간 내 상표의 가치가 떨어진 경우에도 양 당사자는 피허가인이 허가인에게 상표사용허가비용 외에 합리적인 배상을 하도록 약정할 수 있다.

第四条　许可期限；终止后的权利和义务

1. 若不是按规定提前终止，这里授予的许可将自生效日起持续_____年。
2. 如遇下列情况，许可方有权终止本协议，但需提前30天以书面方式通知被许可方：被许可方违反本协议的重大条款；被许可方宣告破产或肯定无偿付能力；被许可方指定接管人或受托人占有其资产或政府当局查封了被许可方的财产；被许可方进行拍卖或甩卖；被许可方与别的企业合并。
3. 协议的终止
   A. 这里授予的许可证应按规定终止。
   B. 协议终止后，被许可方不得以许可商标或任何易于产生混淆的类似商标的名义宣传或销售任何货物、宣传或提供任何服务、保留采用任何业务名称，或进行其他活动。
   C. 协议终止后，被许可方应停止一切自认为有许可商标使用权的活动，停止一切自认为与许可方相联系的活动；除了万一因被许可方违反协议，许可方终止许可外，对于终止日前收到的定单、被许可方可以照常供货。

제4조 허가기한, 종료 후의 권리와 의무

1. 만약 규정에 의해 사전에 종료하지 않는다면, 여기에서 부여한 허가는 효력발생일로부터 _____년 지속된다.
2. 아래의 상황에 직면하면, 허가인은 동 계약서를 종료할 수 있으며, 단 30일 전에 서면방식으로 피허가인에게 통지해야 한다. 피허가인이 동 계약서의 중대한 조항을 위배한 경우, 피허가인이 파산을 선고 또는 확실히 상환능력이 없는 경우, 피허가인이 접수관리자 또는 의뢰인을 지정하여 그 자산을 점유하도록 하거나 정부당국이 피허가인의 재산을 차압한 경우, 피허가인이 경매 또는 투매를 한 경우, 피허가인이 다른 기업과 합병한 경우.
3. 계약의 종료
   A. 여기에서 부여한 허가증은 규정에 따라 종료한다.
   B. 계약서의 종료 후, 피허가인은 허가상표 또는 어떠한 쉽게 혼동을 야기할 수 있는 유사상표의 명의로든지 상품에 대해 홍보 또는 판매하거나 서비스를 홍보 또는 제공할 수 없고 어떠한 업무명칭을 보류하거나 기타 활동을 진행할 수 없다.
   C. 계약서의 종료 후, 피허가인은 허가상표의 사용권과 관련된다고 판단되는 활동을 모두 정지하여야 하고, 허가인과 연계되는 것으로 판단되는 모든 활동을 정지하여야 한다. 피허가인이 계약서를 위반하여 허가인이 허가를 종료한

> 경우를 제외하고, 종료일 전에 받은 주문에 대해 피허가인은 예전대로 상품을 제공할 수 있다.

7. 보수와 재무장부

(1) 상표허가비용의 지급

지급은 1회에 완납하거나 정기분할지급하는 방식이 있으며 후자가 실무에서 많이 사용된다. 특히 전자의 방식은 피허가인의 경제력이 뛰어난 경우를 제외하고 허가인으로 놓고 보면 매우 불리하다.

비용지급의 기준은 일차적으로 전체금액을 협상하거나 제품의 생산량 또는 이윤에 따라 일정 비율을 약정할 수도 있다. 전자의 경우 리스크가 너무 크며 상표가 이윤을 창조할 수 없을 경우에는 전부 손해보게 된다. 일정 비율을 지불하는 방식이 비교적 현실적이며 너무 많은 자금을 요하지 않을 뿐더러 상표의 실제상황에 근거하여 운용할 수 있으므로 편리하다. 일정 비율 지급은 이윤 또는 판매액에 따라 확정할 수 있다. 이윤에 따라 확정하는 경우 피허가인의 입장에서 공평하며 판매액에 따를 경우 분명하고 검증하기 쉽다. 실무에서 실제상황에 근거하여 상대방과 협상하여 선택할 수 있다. 판매액에 따라 확정하는 경우, 피허가인의 재무장부 보관에 대해 규정할 필요가 있으며, 검증비용의 배분도 일반적으로 허가인이 담당하되 피허가인이 허위의 정보 등을 제공하는 경우에는 이와 달리할 수 있다.

(2) 세금납부

외국(지역)의 법률에 의해 설립되고 실제 관리기관이 중국경내에 있지 않지만 중국경내에 기구, 장소를 설립한 경우, 또는 중국경내에 기구, 장소를 설립하지 않았지만 중국경내로부터의 소득이 있는 기업은 모두 상표사용비용을 포함한 특별허가권 사용비용으로 인한 수입에 대해 납세해야 하며 소득세 세율은 25%이다.[177] 계약에서 세금납부에 대해서도 명확히 하는 것이 좋다.

---

[177] "기업소득세법"(企业所得税法) 제2-4조, 제6조, 제19조.

第五条 报酬
1. 当事双方确认协议关于报酬的规定是充分和适当的。
2. 在本协议生效日后_____天(例如10天)内，被许可方应付给许可方_____美元。
3. 被许可方同意因在推销产品(服务)中使用许可商标而支付使用费，使用费按被许可方销售额的_____%计算。每月15日前支付，按上月总销售额计算使用费。申报上月总销售额的同时应支付上月的使用费。总销售额不应包括附加税、营业税或由被许可方向顾客收集的其他税。

第六条 财会帐目
使用许可商标或与之有关的货物(或服务)的销售情况被许可方应作完整而精确的记录，并加以妥善保存。唯一的目的是用于确定使用费的支付是否按照本协议得到了正确执行。许可方或其代表有权在适当的时候及正常营业时间内审查被许可方的帐目，审查费用由许可方自己负担。若发现差错超过5%(按报告的总销售量计算)，则被许可方应赔偿许可方全部的审查费用，包括旅费、伙食费、住宿费和许可方派出的审查人员工资等。

제5조 보수
1. 양 당사자는 계약 중 보수에 관한 규정이 충분하고 적당함을 확인한다.
2. 동 계약서의 발효일 후 _____일(예를 들어 10일) 내, 피허가인은 허가인에게 _____달러를 지급해야 한다.
3. 피허가인은 상품(서비스)의 판매 중 허가상표를 사용하여 사용비용을 지급하는 데 동의하며, 사용비용은 피허가인 판매금액의 _____%로 계산한다. 매달 15일 전에 지급하며 지난 달 총 판매금액에 따라 사용비용을 계산한다. 지난 달 총 판매금액을 신고할 때 동시에 지난 달의 사용비용을 지불해야 한다. 총 판매금액은 부가가치세, 영업세 또는 피허가인이 고객을 상대로 대리 접수하는 기타 세금을 포함시키지 말아야 한다.

제6조 재무장부
허가상표 또는 이와 관련되는 상품(또는 서비스)을 사용하는 경우, 그 판매상황에 대해 피허가인은 완전하고 정확한 기록을 하여 적절히 보존해야 한다. 그 유일한 목적은 사용비용의 지급이 동 계약서에 따라 정확히 집행되었는지 여부를 확정하

> 기 위해서이다. 허가인 또는 그 대표는 적당한 시기 및 정상적인 영업시간 내에 피허가인의 장부를 심사할 수 있으며 심사비용은 허가인이 스스로 부담한다. 만약 오차가 5%를 초과(보고한 총 판매량에 따라 계산)함이 발견되면, 피허가인은 허가인의 전부 심사비용을 배상해야 하며 이는 여비, 식비, 주숙비와 허가인이 파견한 심사요원의 급여 등을 포함한다.

8. 품질표준과 유지, 상표의 사용방식

(1) 허가인의 주의사항

1) 상품품질에 대한 통제

상표의 가치는 상표의 명성에 있으며, 타인에게 상표의 사용을 허가하는 것은 상표의 신망을 피허가인의 행위와 그 상품에 맡기게 됨을 뜻한다. 따라서 사용허가계약에 있어서 품질에 대한 통제는 매우 중요한 내용이다. 감독의 방법 및 피허가인이 품질을 준수하지 않을 경우 부담하는 책임도 명시해야 한다.

2) 피허가인의 상표사용에 대한 감독

상표신용의 보호, 상표사용에 의한 상품품질이 통제를 벗어나 상표권자의 이익을 침해하는 것을 방지하고 소비자의 권익을 보호하는 것은 기업의 상표관리업무에 있어서 중요한 임무이다. 상표권자는 피허가인의 상표사용을 감독하여 기업의 명성을 해하지 않도록 해야 한다. 피허가인의 상표사용에 대한 감독에는 다음의 내용이 포함된다.

첫째, 사용을 허가한 상표는 반드시 등록상표와 일치해야 한다. 피허가인의 등록상표 사용은 상표권자의 사용과 같으며 등록한 상표와 사용이 허가된 상품에 한정된다. 피허가인은 등록증에 사용이 허가된 상품의 범위를 초과하거나 임의로 등록상표의 문자와 도형을 수정하지 말아야 하며 계약에서 사용을 허가한 상품범위 내에서 사용해야 한다.

둘째, 사용이 허가된 상품에 피허가인의 명칭과 상품의 생산지가 표기되어야 한다.[178] 만약 이러한 명시규정을 위반하면, 공상행정관리부서에서 기한 내 시정을 명령하며, 시정하지 않는 경우, 상표표식을 몰수하고, 상표표식이 상품과 분리하기 어려운 경우에는

---

[178] "상표법" 제40조.

함께 몰수 및 소각하게 된다.[179] 상표허가사용의 실무에 있어, 일부 상표의 사용을 허가받은 기업은 허가인의 상표를 사용하는 외에 허가인의 공장명칭과 상품의 생산지 명칭도 함께 사용하고 있다. 이러한 행위는 소비자들로 하여금 오해하게 하며 허가인이 기업이미지와 상업신용에 대해서도 불리한 영향을 가져올 수 있다.

(2) 피허가인의 주의사항

피허가인의 상표 사용상황은 허가인의 이익에 영향을 미칠 수 있으며 심지어 상표의 유효성과도 관련된다. 때문에, 일반적으로 허가인은 허가 전 피허가인의 생산능력, 관리능력과 기술수준 등을 살피며, 허가계약의 체결 후에도 피허가인의 상품 또는 서비스 품질을 통제하게 된다. 통제의 방식에는 지원과 감독이 있는데, 예를 들어 비정기적으로 기술요원을 파견하여 지도, 훈련양성, 순시 등을 진행하거나 기타 교류활동을 진행하는 것이다. 예를 들면, 정기 또는 비정기적으로 추출검사하여 동일 상표를 사용하는 서로 다른 기업의 품질일치를 확보하여야 한다. 허가인의 상품에 대한 감독은 권리이자 의무로서 만약 품질통제의무를 이행하지 않으면 상표권을 박탈당할 수도 있다. 피허가인은 허가인이 상품품질에 대한 감독심사를 받아들일 의무가 있으며 허가인의 등록상표를 사용한 상품 또는 서비스 품질을 보증해야 한다. 또한 그 상품 또는 포장에 피허가인의 명칭과 상품 생산지를 표기하여 대중의 알권리를 충족시켜야 한다. 만약 사용 중의 불법행위로 인하여 피허가인의 상표사용허가가 취소된다면 기업은 막심한 피해를 보게 된다.

第七条　质量标准和保持；商标使用方式

1. 所有使用许可商标的货物, 其制造、宣传和销售必须与许可方所提供的产品规格一致, 其规格列于附录中, 不过在本协议有效期内, 许可方可随时予以修改。
2. 被许可方同意在维持许可方的标准和控制其所销售的所有与许可商标有关的货物的质量和性能方面与许可方合作。
   A. 许可商标产品在初次投放市场或初次进入商业流通之前, 任何使用许可商标的广告和文字材料发表之前, 应将这种产品的样品或这种广告或文字材料的样本送交许可方认可, 许可方不得无理扣留。许可方在收到所述样品后的10个工作日内应将认可或不认可的意见以书面方式告诉被许可方。如果不认可, 则许可方应说明其理由。

---

[179] "상표법실시조례" 제44조.

B. 在本协议有效期内的适当时间, 一旦许可方提出要求, 被许可方应及时向许可方提交许可商标产品其宣传广告的样品或样本。如果该产品或广告不符合许可方的规格和标准, 许可方可行使其否定权, 被许可方则应停止销售这种被否定的产品, 停止使用这种被否定的广告, 被许可方必须克服产品和广告上的缺点, 并再次谋求许可方的认可, 才能重新开始销售该产品和使用该广告。
3. 被许可方同意, 仅以许可方规定的方式或形式使用许可商标, 在未得到许可方的书面认可前, 不在许可商标上添加任何别的标记。
4. 在每次使用许可注册商标中, 被许可方应严格遵守一切标记规定, 这是法律的要求或者是为了保护许可方在许可商标方面的权利。按照可适用的法律行事。根据许可方的书面要求, 被许可方同意在使用许可商标时加上一个说明, 说明本许可商标是许可方授予的许可。

제7조 품질표준과 유지, 상표의 사용방식

1. 허가상표를 사용하는 모든 상품은 그 제조, 홍보와 판매에 있어서 반드시 허가인이 제공한 상품의 규격과 일치해야 하는데 동 규격은 부록에 따르며, 다만 동 계약서의 유효기간 내 허가인은 수시로 이를 수정할 수 있다.
2. 피허가인은 허가인의 표준을 유지하고 자신이 판매하는 모든 허가상표와 관련되는 상품의 품질과 기능을 통제하는데 있어 허가인과 협력하는데 동의한다.
   A. 허가상표 상품이 처음으로 시장에 투입되거나 또는 상업유통에 진입하기 전, 허가상표를 사용하는 어떠한 광고와 문자자료의 발표 전, 이러한 상품의 샘플 또는 이러한 광고 또는 문자자료의 샘플을 허가인에게 송달하여 승낙을 받아야 하며 허가인은 이유 없이 억류할 수 없다. 허가인은 상술한 샘플을 받은 후 근무일 기준 10일 내 승낙여부의 의견을 서면방식으로 피허가인에게 알려주어야 한다. 만약 승낙을 하지 않는 경우, 허가인은 그 이유를 설명해야 한다.
   B. 동 계약서 유효기간 내의 적당한 시간에 일단 허가인이 요구를 제출하면 피허가인은 적시적으로 허가인에게 허가상표 상품 및 그 홍보광고의 샘플을 제공해야 한다. 만약 동 상품 또는 광고가 허가인의 규격과 표준에 부합되지 않으면, 허가인은 부결권을 행사할 수 있으며 피허가인은 부결당한 상품의 판매를 정지하고 부결당한 광고의 사용을 정지해야 한다. 피허가인은 반드시 상품과 광고의 결함을 극복해야 하고 다시 허가인의 승낙을 받아야만 동 제품의 판매와 동 광고의 사용을 계속할 수 있다.
3. 피허가인은 허가인이 규정한 방식 또는 형식으로만 허가상표를 사용하는데 동의하며 허가인의 서면승낙을 받지 않은 상황에서 허가상표에 어떠한 표기도 추가하지 않는다.

> 4. 매번 허가등록상표를 사용함에 있어, 피허가인은 모든 표기규정을 엄격히 준수해야 하며 이는 법률의 요구 또는 허가인이 허가상표에 대한 권리를 보호하기 위해서이다. 적용 가능한 법률에 따라 행사해야 한다. 허가인의 서면요구에 근거하여, 피허가인은 허가상표의 사용 시 설명을 추가하여 동 허가상표가 허가인이 부여한 허가임을 설명하는데 동의한다.

9. 계약위반책임

계약의 이행과정에서 일방 또는 양방이 계약을 위반한 경우, 책임을 어떻게 분담할지 사전에 약정해야 한다. 예를 들어, 어떠한 상황이 계약위반에 속하는지, 책임을 어떻게 부담할지, 책임형식에는 어떤 것이 있는지, 어떤 상황에서 계약을 해지할 수 있는지 등이다. 계약위반책임의 부담은 구체화되어야 하는데, 위약금을 어떻게 계산할지, 어떻게 지불할지, 어떠한 구제수단을 취해야 할지 등이다. 위약 일방이 전부의 위약책임을 부담한다고 두리뭉실하게 규정하지 말아야 하며, 그렇지 않으면 약정이 명확하지 않아 조항이 형식적인 것으로 전락하게 된다.

> 第八条 违约责任
> 任何一方违约, 另一方可以要求或采纳本合同和法律所允许的补救措施, 包括但不限于实际履行和补偿经济损失。
>
> 제8조 계약위반책임
> 어느 일방이 계약을 위반하면, 상대방은 동 계약서와 법률이 허용하는 구제조치를 취할 것을 요구할 수 있으며, 실제이행과 경제손실의 보상이 포함되나 이에 한정되지는 않는다.

10. 양방의 권리와 의무

> 第九条 双方的权利和义务
> 1. 许可人的权利:
>   A. 有权按本合同的规定使用本合同项下的商标。
>   B. 有权要求被许可人依本合同约定支付许可商标维系费用。

2. 许可人的义务：
   A. 除非经被许可人同意，许可人不得向第三方转让许可商标。
   B. 承诺并保证本合同项下商标许可的合法性。如果因本合同导致第三人的索赔、诉讼或给被许可人造成任何损失，许可人保证使被许可人免受该类索赔、诉讼和损失的侵害，并就此向被许可人进行赔偿。
   C. 许可人保证按时向有关机关交纳有关维系许可商标有效性的费用；负责保持许可商标的注册状况，不放弃续展注册，不申请注销；并依据被许可人的要求，在被许可人要求的国家和地区注册登记该商标。
   D. 根据被许可人要求或许可商标保护需要，向国家有关机构就有关许可商标申请保护。
3. 被许可人的权利：
   A. 有权按本合同的规定依法使用许可商标。
   B. 有权就许可使用商品参加各级名优产品的评比，所获得的荣誉和物质利益归被许可人所有。
4. 被许可人的义务：
   A. 非经许可人同意，被许可人不得与第三人就许可商标再签订使用许可合同。
   B. 如发生许可商标侵权事宜，许可人负责向有关部门投诉或起诉，被许可人应当协助查明事实。
   C. 依照本合同约定，按时向许可人支付许可商标的维系费用。

제9조 양방의 권리와 의무

1. 허가인의 권리.
   A. 동 계약의 규정에 따라 계약 하의 상표를 사용할 권리를 가진다.
   B. 피허가인에게 동 계약의 약정에 따라 허가상표의 유지비용을 지불할 것을 요구할 권리를 가진다.
2. 허가인의 의무.
   A. 피허가인의 동의가 없이 허가인은 제3자에게 허가상표를 양도할 수 없다.
   B. 동 계약 중 상표허가의 합법성을 약속한다. 만약 동 계약으로 인해 제3자의 배상청구, 소송이 있거나 또는 피허가인에게 어떠한 손실을 야기한다면 허가인은 피허가인이 이들 배상청구, 소송과 손실의 침해를 받지 않도록 보증하며 이에 대해 피허가인에게 배상을 진행한다.
   C. 허가인은 제때에 관련기관에 허가상표 유효성 유지비용을 지급할 것을 보증한다. 허가상표의 등록상황 유지를 책임지고 연장등록을 포기하지 않으며 말소를 신청하지 않는다. 또한 피허가인의 요구에 의해, 피허가인이 요구하는

국가와 지역에서 동 상표를 등록한다.
　　　D. 피허가인의 요구 또는 허가상표 보호의 수요에 근거하여, 국가의 관련기관에 허가상표의 보호를 신청한다.
　3. 피허가인의 권리.
　　　A. 동 계약의 규정에 의해 합법적으로 허가상표를 사용할 권리를 가진다.
　　　B. 허가사용상품을 이용하여 각종 우량제품의 평가에 참가하고 취득한 영예와 물질이익을 피허가인소유로 할 권리가 있다.
　4. 피허가인의 의무.
　　　A. 허가인의 동의가 없이, 피허가인은 제3자와 허가상표에 대해 재차 사용허가계약을 체결할 수 없다.
　　　B. 만약 허가상표의 권익침범사건이 발생하면, 허가인은 관련부문에 고소 또는 기소를 책임지며 피허가인은 사실의 조사 판명에 협조해야 한다.
　　　C. 동 계약의 약정에 의해, 제때에 허가인에게 허가상표의 유지비용을 지불해야 한다.

11. 보증

(1) 상표권에 대한 유지

허가인은 사용을 허가한 상표권의 확정성과 안정성을 보증하고 피허가인의 사용권을 보장해야 한다. 구체적으로, 허가인은 계약서상의 등록상표가 진실하고 상표주무부서의 심사를 거쳐 등록이 된 상품상표 또는 서비스상표임을 보증해야 하며 동 상표가 법적보호의 유효기간 내에 있음을 보증해야 한다.

허가인은 동일한 지역 내에서 두 개 이상의 기업과 독점허가 사용계약을 체결하여 이들의 사용권이 충돌되도록 하지 말아야 한다. 계약의 유효기간에 허가인은 동 등록상표를 임의로 제3자에게 양도하지 못하며, 양도할 경우에는 반드시 피허가인에게 상황을 설명하여 피허가인의 동의를 받거나 피허가인과 사용허가계약을 해지하여야 한다.

허가인은 또한 상표의 연장 등 적절한 조치를 취하여 그 상표권을 유지해야 하고 필요한 비용을 부담해야 한다. 독점허가나 배타적허가인 경우, 시장에서 나타난 상표권침해행위에 대해, 피허가인이 소송을 제기할 수 있고 허가인은 적극 협조해야 한다. 일반허가인 경우, 허가인이 소송을 제기하며 피허가인은 권리침해관련 사실상황과 증거를 제때에 허가인에게 고지해야 한다.

(2) 상표의 유효성 유지

피허가인은 상표의 허가인으로 하여금 상표의 유효성을 유지하도록 감독하여야 한다. 피허가인의 동의가 없이 상표권을 제3자에게 양도할 수 없고 연장등록을 포기할 수 없으며 상표의 말소를 신청할 수 없고 피허가인이 상표를 합리적으로 사용하는 것을 방해할 수 없다. 피허가인도 적극적으로 상표를 사용해야 하며 그렇지 아니한 경우 3년간 사용하지 않아 말소될 수 있다.

상표의 권리침해가 발생한 경우, 피허가인은 허가인에게 독촉하여 자신과 적극 협조하여 공동으로 상표의 유효성을 보호하도록 해야 한다. 중국에서 세가지 허가의 피허가인은 소송에 있어 각 다른 권리를 갖는다. 최고인민법원의 사법해석에 근거하면, 독점허가의 피허가인은 단독으로 법원에 소송을 제기하거나 소송전 금지청구, 증거보전의 신청을 할 수 있다. 배타허가의 피허가인은 권리인이 소송을 제기하지 않거나 소송전 금지청구, 증거보전을 신청하지 않는 경우에야 법원에 소송 제기 또는 소송전 금지청구, 증거보전의 신청을 할 수 있다. 일반허가의 피허가인은 허가인이 명확한 권리부여를 한 경우에야 소송을 제기하거나 소송전 금지청구를 할 수 있다.[180] 권리침해를 제지할 수 없는 상황에서 피허가인은 상표권리인(특히 일반허가의 경우)을 독촉하여 자신에 협조(예를 들어 불기소성명 또는 적극적인 권리부여 등)하여 권리를 주장하도록 해야 한다.

물론 상표권이 타인에 의해 침해되는 경우, 피허가인도 허가인에 협조하여 사실을 조사하여 밝혀야 한다. 독점허가상표의 권리침해는 피허가인에 대한 영향이 매우 크며 배타허가 또는 일반허가라 하더라도 상표권리 침해현상이 보편화되면 피허가인의 이익은 실현될 수 없다.

第十条　保证

1. 许可方保证自己是本许可商标的所有者；许可方未发现由于销售本许可商标产品而侵犯任何别的权利；许可方有权签订本协议, 可以将本协议规定的权利授予被许可方。
2. 许可方对被许可方制造和销售的产品或提供的服务不作任何担保。
3. 被许可方保证有权签订本协议；保证不因承担本协议的义务而违反它作为当事方的其他协议；保证按本协议的条款和条件明确规定的方式使用本许可商标。

---

[180] "소송전 등록상표 전용권 침해행위의 정지와 증거보전에 있어 법률적용문제에 대한 최고인민법원의 해석"(最高人民法院关于诉前停止侵犯注册商标专用权行为和保全证据适用法律问题的解释) 제1조.

제10조 보증

1. 허가인은 자신이 동 허가상표의 소유자임을 보증한다. 허가인은 동 허가상표 상품의 판매가 어떠한 다른 권리를 침해함을 발견하지 못했다. 허가인은 동 계약서를 체결할 권리를 가지며, 동 계약서에 규정된 권리를 피허가인에게 부여할 수 있다.
2. 허가인은 피허가인이 제조 및 판매한 상품 또는 제공한 서비스에 대해 어떠한 담보도 하지 않는다.
3. 피허가인은 동 계약서를 체결할 권리가 있음을 보증한다. 동 계약서의 의무를 부담함으로 인하여 당사자로 있는 기타 계약서를 위반하지 않음을 보증한다. 동 계약서의 조항과 조건에서 명확히 규정한 방식에 따라 동 허가상표를 사용할 것을 보증한다.

12. 계약체결자의 독립성 및 배상

第十一条 订约人的独立性；赔偿

1. 被许可方是一个独立订约人, 不是代理人, 不是联合投机商的合伙人, 不是许可方雇员。
2. 在本协议有效期内, 被许可方应自费参加综合责任保险, 包括契约和产品责任保险, 涉及与本协议许可商标有关的所有货物与活动, 保险总额不少于_____美元被许可方应向许可方提供一份保险凭证副本, 或其他保险证明副本, 这种凭证使许可方确信其权利以及由本协议所授予的权利而产生的索赔均已得到了保护。

제11조 계약 체결자의 독립성, 배상

1. 피허가인은 하나의 독립적인 계약체결자이고 대리인이 아니며 연합투기상인의 공동경영자가 아니고 허가인측 피고용인이 아니다.
2. 동 계약서의 유효기간 내, 피허가인은 자비로 종합책임보험에 가입해야 하며, 동 보험은 계약과 상품책임보험 및 동 계약 허가상표 관련 모든 상품과 활동에 연관되는데 보험총액이 _____ 달러 이상이어야 한다. 피허가인은 허가인에게 한부의 보험증명서 부본 또는 기타 보험증명 부본을 제공해야 하며, 이러한 증명은 허가인으로 하여금 그 권리 및 동 계약에서 부여한 권리로 인한 배상청구가 모두 보호 받았다고 확신할 수 있도록 한다.

13. 광고와 홍보

(1) 허가사용상표 표식의 제공방식

실무에서 주요하게 두 가지 방식이 있는데, 한가지는 허가인이 제공하는 것이고 다른 한 가지는 피허가인이 허가인의 허가를 거쳐 등록상표에 따라 자체 제작하는 것이다. 일반적으로, 첫 번째 상황이 비교적 보편적이다. 현재, 상표표식은 일반적으로 모두 일부 위조방지 기술수단을 가지고 있어 허가인의 측면에서 보면 자체적으로 파악하는 것이 좋다. 또한 표식을 제공하는 방법을 통해 피허가인의 생산상황을 파악할 수도 있다. 만약 피허가인이 진짜와 가짜를 혼합하여 생산 및 판매하는 경우, 표식비교를 통해 쉽게 감별할 수 있다. 만약 구체적인 감별수단이 피허가인에 의해 완전히 파악, 누출된다면 시장에서 모조품이 범람할 가능성이 있으며 특히 시장 인지도가 있고 경제가치가 높은 상품의 경우 더욱 그러하다.

(2) 상표의 홍보와 보급

피허가인이 상표홍보에 참여하는 경우 허가인은 피허가인의 비용 투입으로써 홍보비용을 절감하고 상표의 인지도를 향상시킬 수 있다. 반면 피허가인이 상표의 홍보와 보급을 이용하여 기업자체를 홍보하면 소비자들이 상표를 인식하는 과정에서 피허가인에 대해서도 인식을 갖게 됨으로써 일정한 정도에서 상표의 기능을 약화시키게 된다. 때문에, 실무에서 허가인은 늘 상표허가사용과정 중 자신이 상표의 홍보와 보급을 통일적으로 통제하기를 바란다. 피허가인의 경우, 허가인이 계약사용기한 만료 시 동 상표의 사용을 거두어 들일 수 있기에 지나치게 많이 투자하면 사용허가계약 종료 후 허가인에게 이익을 창조해주는 것이 된다. 때문에, 실무에서 다수의 피허가인은 상표의 홍보 및 보급에 대해 신중한 태도를 보이고 있다.

> 第十二条 广告；宣传
>
> 在本许可证授权的被许可方市场内作宣传广告，当事双方都可能希望在协议中包括这样一些条款，规定各方关于广告类型和费用应分担份额,关于广告的形式、规模和布局，被许可方希望得到许可方的保证,如果许可方在被许可方的市场内作关于许可商标货物或服务广告，则它可能希望得到被许可方的资助，例如可按照被许可方的销售总额对在该市场内许可方、被许可方和别的被许可方们的全部销售总额之比来计算。

제12조 광고, 홍보

동 허가증에서 권한을 부여한 피허가인의 시장 내에서 홍보광고를 함에 있어 양 당사자는 모두 계약서에 다음과 같은 일부 조항이 포함되어 각 당사자가 광고유형과 비용분담비중에 대한 내용을 규정하기를 원할 가능성이 있다. 광고의 형식, 규모와 분포에 대해 피허가인은 허가인의 보증을 받기를 바란다. 만약 허가인이 피허가인의 시장 내에서 허가상표의 상품 또는 서비스에 대한 광고를 할 경우, 피허가인의 자금지원을 받기를 바랄 가능성이 있다. 예를 들어 피허가인의 판매총액이 동 시장 내 허가인, 피허가인과 기타 피허가인의 전부 판매총액과의 비중으로 계산할 수 있다.

14. 제3자에 의한 권리 침해

第十三条 第三方侵权

被许可方同意, 一旦发现任何未经许可而使用许可商标的行为, 立即通告许可方。对侵权行为或不正当竞争是否诉诸法律是许可方独享的权利, 但许可方同意对上述情况采取行动要同被许可方协商, 包括诉讼费以及所得赔偿的分配等。

제13조 제3자에 의한 권리 침해

피허가인은 일단 허가를 거치지 않고 허가상표를 사용하는 어떠한 행위를 발견하든지 즉시 허가인에게 통보하는데 동의한다. 권리 침해 행위 또는 부당경쟁에 대해 법률로 해결할지는 허가인이 단독으로 향수하는 권리이며 단지 허가인은 상술한 상황에서 행동을 취할 경우 소송비용 및 취득한 배상의 분배 등에 대해 피허가인과 협상할 것임에 동의한다.

15. 분쟁해결

분쟁이 발생하여 협상을 통해 해결할 수 없을 경우 소송이나 중재 중 어떠한 해결방식을 취할지, 어느 법원에서 소송을 제기할지에 대해 약정을 해야 한다. 물론 이러한 약정은 소송법의 규정에 부합해야 하며 그렇지 않을 경우 효력이 발생하지 않는다.

이 밖에도 양 당사자의 이익과 관련되는 문제에 대해서도 약정해야 하는데, 피허가인이 제3자에게 재허가하여 사용하도록 할 수 있는지, 피허가인이 허가비용의 금액에 대해 비밀을 지켜야 할지가 포함된다. 피허가인은 또한 상표허가계약 중 끼워팔기, 고정가격 또는 기타 불합리한 부가조건 등이 포함되지 않도록 주의해야 한다.

第十四条 争议的解决
1. 对合同有争议需要修改, 必须经过双方一致同意, 签署书面合同报原备案商标局受理方可生效。
2. 由于一方不履行合同的义务, 或严重违反合同的规定而造成的损失, 守约方有权向违约方提出经济赔偿。双方经过协商达成共识, 守约方得到赔偿后合同可继续履行。
3. 甲乙双方就本协议的内容、解释、生效、效力和履行而发生争议, 应先友好协商解决, 任何一方不愿协商或者在30天内协商未果的, 任何一方均可向位于韩国首尔市大韩商事仲裁院申请仲裁解决, 按照该仲裁机构当时有效的仲裁规则进行仲裁, 仲裁裁决是终局性的, 对争议各方具有最终的法律拘束力。

제14조 분쟁의 해결
1. 계약서에 대해 쟁의가 있어 수정해야 하는 경우, 반드시 양측의 일치한 동의 하에 서면계약서를 체결한 후 기존에 기록했던 상표국에 보고한 후에야 효력을 발생할 수 있다.
2. 어느 일방이 계약서의 의무를 이행하지 않거나 계약의 규정을 심각히 위반하여 손실이 발생한 경우, 계약을 이행한 일방은 계약을 위반한 상대방에 경제배상을 요구할 수 있다. 양방이 협상을 통해 동의하는 경우, 계약을 이행한 일방은 배상을 취득한 후 계속하여 계약을 이행할 수 있다.
3. 양 당사자는 본 계약의 내용, 해석, 효력의 발생, 효력 및 이행에 관하여 분쟁발생시 우선 우호적으로 협상하여 해결하여야 한다. 일방이 협상을 원하지 않거나 또는 30일 내에 협상으로 결과를 보지 못한 경우, 임의의 일방은 한국 서울시에 위치한 대한상사중재원에 중재를 신청하여 당해 중재기관의 중재규칙에 따라 중재한다. 중재판정은 최종적인 것이며, 분쟁의 각 당사자에 대하여 법률적인 구속력을 가진다.

16. 불가항력

第十五条　不可抗力

1. 如果本合同任何一方因受不可抗力事件(不可抗力事件指受影响一方不能合理控制的, 无法预料或即使可预料到也不可避免且无法克服, 并于本合同签订日之后出现的, 使该方对本合同全部或部分的履行在客观上成为不可能或不实际的任何事件.此等事件包括但不限于水灾、火灾、旱灾、台风、地震及其它自然灾害、交通意外、罢工、骚动、暴乱及战争以及政府部门的作为及不作为)影响而未能履行其在本合同下的全部或部分义务, 该义务的履行在不可抗力事件妨碍其履行期间应予中止。
2. 声称受到不可抗力事件影响的一方应尽可能在最短的时间内通过书面形式将不可抗力事件的发生通知另一方, 并在该不可抗力事件发生后十五日内以手递或挂号空邮向另一方提供关于此种不可抗力事件及其持续时间的适当证据。声称不可抗力事件导致其对本合同的履行在客观上成为不可能或不实际的一方, 有责任尽一切合理的努力消除或减轻此等不可抗力事件的影响。
3. 不可抗力事件发生时, 双方应立即通过友好协商决定如何执行本合同.不可抗力事件或其影响终止或消除后, 双方须立即恢复履行各自在本合同项下的各项义务。如不可抗力及其影响无法终止或消除而致使合同任何一方丧失继续履行合同的能力, 则可终止合同。

제15조 불가항력

1. 동 계약서의 어느 일방이 불가항력사건(불가항력사건이란 영향을 받는 일방이 합리적으로 통제할 수 없는, 예측할 수 없거나 예측하였다 하더라도 피면할 수 없고 또한 극복할 수 없으며, 동 계약의 체결일 이후 발생되어 동 계약의 전부 또는 부분적 이행이 객관적으로 불가능하거나 현실적이지 못하게 하는 모든 사건을 가리킨다. 이들 사건에는 수재, 화재, 가뭄, 태풍, 지진 및 기타 자연재해, 교통사고, 파업, 소동, 폭란 및 전쟁, 정부부서의 작위와 부작위가 포함되나 이에 한정되지는 않는다)의 영향으로 인하여 자신이 동 계약서에서의 전부 또는 부분적 의무를 이행할 수 없는 경우, 동 의무의 이행은 불가항력사건이 그 이행을 방해하는 기간동안 중지되어야 한다.
2. 불가항력사건의 영향을 받았다고 주장하는 일방은 최대한 빠른 시간 내 서면형식으로 불가항력사건의 발생을 상대방에게 통지해야 하며 동 불가항력사건의 발생 후 15일 내에 직접전달이나 항공우편 방식으로 상대방에게 이러한 불가항력사건

및 그 지속시간에 대한 적당한 증거를 제공해야 한다. 불가항력사건으로 자신이 동 계약에 대한 이행이 객관적으로 불가능하거나 현실적이지 않다고 주장하는 일방은 모든 합리적인 노력을 통해 이러한 불가항력사건의 영향을 해소하거나 감소시킬 책임이 있다.
3. 불가항력사건 발생 시, 양방은 즉시 우호협상을 통해 어떻게 동 계약을 집행할지에 대해 결정한다. 불가항력사건 또는 그 영향이 종료 또는 제거 후, 양방은 즉시 각자가 동 계약에서의 각종 의무에 대한 이행을 회복해야 한다. 만약 불가항력 및 그 영향이 종료 또는 제거될 수 없어 계약의 어느 일방이 계속하여 계약을 이행할 수 있는 능력을 상실하는 경우, 계약을 종료할 수 있다.

17. 기타 조항

(1) 적용법률

일단 상표가 중국에서 등록되고 동 상표에 대해 사용허가계약을 체결한 경우, 상표문제와 관련하여서는 중국 "상표법"의 규정에 따라야 한다.[181]

계약문제의 법률적용과 관련하여, 중국에서는 우선 당사자 의사에 의한다. 다만 계약의 당사자가 이에 대해 합의를 보지 못하는 경우에는 가장 밀접한 관련이 있는 국가의 법에 따른다.

第十六条 其他条款
1. 合同的修改:
   A. 本协议是当事双方关于所涉及标的物的完整协议。以前关于上述标的物的一切口头或书面的谅解或协议均由本协议代替。
   B. 本协议的修改必须经当事双方签署书面文件并说明修改的目的。
2. 可分割性
   本协议中的某一条款如果被认为是不合法的、无效的或不可实施的, 则该条款将终止执行, 但这不影响本协议其他条款的有效性, 尽管原协议中不含上述条款, 而协议仍将继续被执行。

---

[181] "국제상표사용허가계약 중 법률적용문제에 관한 서한"(关于涉外商标使用许可合同适用法律问题的复函).

3. 准据法

   本协议的签署、交付、生效、履行、变更、效力、终止和解释等，均使用大韩民国的法律，大韩民国法律没有规定的，适用国际惯例。

4. 遵守管辖的法律

   被许可方同意将得到有关政府当局的任何必要的批准，被许可方同意在当局管辖范围内定居或按本协议进行活动。被许可方还同意将遵守一切地方的或国家的对本协议或按协议进行的活动有约束力的一切法律。

5. 非自动弃权

   任一当事方未能行使本协议赋予的权利，或者未严格坚持本协议的条款，那么不能认为它放弃了其他权利。

6. 平等待遇

   被许可方应特别留心在协议中加入这样的条款，即如果后来的被许可方使用费更低，则他也应享受同等待遇。许可方通常会抵制这种条款，即使答应了，一般也会坚持对之加以限制，例如要被许可方接受别的许可证协议中对被许可方不利的条款。

7. 通告

   本协议所要求的一切通知、支付的款项或帐单等应专人递送或通过挂号邮件或担保邮件(邮资预付的)递送给接收方，接收方的地址如下，可按随时提供的地址：

   若寄给甲方：＿＿＿＿＿＿＿＿＿＿＿＿＿＿＿＿＿＿＿

   若寄给乙方：＿＿＿＿＿＿＿＿＿＿＿＿＿＿＿＿＿＿＿

   通知、支付的款项和帐单从递送日起生效，如果标明正确地址和付足够邮资后以邮寄方式递送的话，从邮寄日起生效。

8. 语言

   本协议以中文和韩文书就。中文文本的协议一式二份，甲乙双方各执一份，韩文文本的协议一式二份，甲乙双方各执一份。各份文本具有同等法律效力。当两种文字版本的协议发生语意冲突的，以韩文文本为准。

제16조 기타 조항

1. 계약서의 수정.

   A. 동 계약서는 양 당사자가 관련 표적물에 대한 완전한 계약서이다. 전에 상술한 표적물에 대한 모든 구두 또는 서면 양해각서나 계약서는 모두 동 계약서로 대체한다.

   B. 동 계약서의 수정은 반드시 양 당사자의 서면문서 체결 및 수정의 목적 설명을 거쳐야 한다.

2. 분할 가능성.
  동 계약서의 어느 한 조항이 불법, 무효 또는 이행불가로 판단되면, 동 조항은 집행을 종료하고, 단지 이는 동 계약서 기타 조항의 유효성에 영향을 미치지 않으며 비록 기존의 계약서에 상술한 조항이 포함되지 않았다 하더라도 계약서는 계속하여 이행된다.
3. 준거법.
  본 계약의 체결, 교부, 효력의 발생, 이행, 변경, 중지 및 해석 등은 모두 대한민국의 법률을 적용하고 대한민국의 법률에 규정이 없는 경우 국제 관습을 적용한다.
4. 관할지 법률의 준수.
  피허가인은 관련 정부당국의 모든 필요한 비준을 취득하고 당국의 관할범위 내 거주하거나 동 계약서에 따라 활동할 것임을 동의한다. 피허가인은 또한 모든 지방 및 국가차원의 동 계약서 또는 계약서에 따라 활동하는데 구속력을 가지는 모든 법률을 준수한다는데 동의한다.
5. 비 자동 포기.
  어느 당사자든지 동 계약서에서 부여한 권리를 행사할 수 없거나 또는 동 계약서의 조항을 엄격히 견지하지 않는다면 그가 기타 권리를 포기한 것으로 간주할 수 없다.
6. 평등대우.
  피허가인은 계약서에 다음의 조항을 추가하는데 특히 유의하여야 한다. 즉, 만약 추후 다른 피허가인의 사용비용이 더욱 낮은 경우, 역시 동등한 대우를 향수해야 한다. 허가인은 일반적으로 이러한 조항을 배척할 것이고, 설령 수락한다 하더라도 일반적으로 피허가인이 다른 허가계약서 중 피허가인 측에 불리한 조항을 수락하도록 하는 등의 제한을 가할 것을 주장하는 것이 일반적이다.
7. 통보.
  동 계약서에서 요구하는 모든 통지, 지불하는 금액 또는 장부 등은 전담자가 송달하거나 또는 등기우편이나 담보우편(우편비용 선납)을 통해 수신자에게 송달해야 하며 수신자의 주소는 다음과 같고 동 주소로 수시 송달이 가능하다.
  만약 갑방에 송달하는 경우: _____
  만약 을방에 송달하는 경우: _____
  통지, 지불한 금액과 장부는 배달 일로부터 효력을 발생하고, 만약 정확한 주소를 표기하고 충분한 우편요금을 지불한후 우송방식으로 배달하였다면, 우송일로부터 효력을 발생한다.
8. 언어
  본 계약서는 한국어와 중국어로 작성한다. 한국어 계약서는 1식 2부로 작성하여, 양 당사자가 각 1부를 보관하고, 중국어 계약서는 1식 2부로 작성하여, 양 당사자

> 가 각 1부를 보관한다. 각 언어의 계약서는 동등한 법적 효력을 가진다. 두가지
> 언어로 작성된 계약서의 의미가 상충하는 경우, 한국어 계약서를 기준으로 한다.

18. 서명, 효력발생

(1) 상표사용허가계약의 기록

피허가인은 허가인으로 하여금 계약 체결일로부터 3개월 내 상표사용허가계약의 부본을 상표국에 제출하여 기록하도록 해야 한다. 상표사용계약이 기록을 거치지 않아도 허가계약의 효력에 영향주지 않지만(당사자가 별도로 약정한 경우는 제외) 선의의 제3자에게 대항할 수 없다.[182] 즉, 기록을 하지 않은 경우, 당사자는 선의의 제3자에게 상표사용허가의 효력을 주장할 수 없다. 기록의 적용범위는 등록상표의 사용허가계약이며 상표국은 등록을 거치지 않은 상표의 사용허가계약에 대한 기록신청을 수리하지 않는다. 양 당사자는 허가계약의 부본을 각 소재지의 공상행정관리기관에 제출하여 비치해야 한다. 상표허가계약의 체결 후, 빠른 시일 내 기록비치의 절차를 거쳐 계약내용 및 계약의 이행이 대중의 감독아래 놓이게 해야 한다. 특히 피허가인이 독점 또는 배타허가에 속하는 경우, 대중의 감독은 권리자가 마음대로 제3자에게 사용을 허가하여 피허가인의 이익을 침범하는 것을 막을 수 있다.

> | 사례 | 와하하(娃哈哈)상표의 사용허가사건
>
> **(사건의 요약)** 와하하(娃哈哈)상표의 사용허가사건에서, 와하하그룹이 기록시 제출한 약식허가계약은 정식 체결한 상표사용계약과 일치하지 않았는데, 약식허가계약의 약정은 "상표사용허가계약기록방법"의 요구에 의해 체결한 것이었고 쌍방이 정식 체결한 상표사용계약은 상표사용허가에 대해 상표사용을 제한하는 많은 조항과 조건이 추가되어 있었다. 상표사용계약과 약식사용허가계약이 일치하지 않는 경우 상표사용계약의 약정에 따르도록 하였다.
>
> | 시사점 |
>
> 현실에서 상업비밀을 유지하기 위해 이러한 이면계약이 많이 이용되고 있는데 일단 분쟁이 발생하면 어느 계약에 따라야 할지의 문제가 발생하게 된다.

---

[182] "최고인민법원의 상표 민사분쟁사건을 심리함에 있어 법률적용의 일부 문제에 관한 해석"(最高人民法院关于审理商标民事纠纷案件适用法律若干问题的解释) 제19조.

```
作为证据, 本协议一式两份已由当事双方正式委派的代表签字使之生效.
甲方(许可方) : _____
代表签字 : _____    日期 : _____
乙方(被许可方) : _____
代表签字 : _____    日期 : _____
```

증거로서 동 계약서의 1식 2부는 이미 양 당사자가 정식으로 위임 파견한 대표가 서명하여 효력을 발생하였다.
갑(허가인): _____
대표서명: _____   날짜: _____
을(피허가인): _____
대표서명: _____   날짜: _____

참고문헌

1. 丛发源, "注册商标使用许可监管应把握五要点", 江苏经济报, 2012년 5월 23일.
2. 冯霞, "我国商标转让和使用许可制度", 西南政法大学硕士学位论文, 2012년.
3. 锦友, "商标使用许可合同的特殊条款", 中国工商报, 2004년 8월 26일.
4. 刘洁, "论商标使用许可制度中激励机制之引入—兼评王老吉商标纠纷案", 知识产权, 2013년 제1호.
5. 刘远山, 余秀宝, 魏微, 陈丽娟, "我国涉外商标使用许可合同的法律适用", 现代商业, 2011년 제9호.
6. 闫卫国, "与商标使用许可合同有关的问题", 中华商标, 2003년 제8호.
7. 夏强, "商标使用许可合同的管理要点", 中国安防, 2013년 제4호.
8. 谢昕, "商标使用许可法律问题研究", 华南理工大学硕士学位论文, 2013년.
9. 张诚, "国际商标使用许可合同的法律适用", 中国商标, 2007년 제6호.
10. 祝建军, "知识产权普通使用许可合同的被许可人可以作原告吗", 电子知识产权, 2007년 제11호.

Ⅳ. 중국 국제상표허가계약서 조견표

※ 영어표현은 주로 북대법보(北大法宝) 사이트(http://en.pkulaw.cn)를 참고하였다.

중문	한글	영어
商标使用许可合同	상표사용허가계약	The trademark license contract
涉外商标使用许可合同	국제상표사용허가계약	The trademark use permission contract involving foreign elements
使用许可	사용허가	licensing
独占使用许可	독점사용허가	An exclusive license
排他使用许可	배타사용허가	Exclusive license
普通使用许可	일반사용허가	Ordinary licensing
法定代表人	법정대리인	The legal representative
联合商标	연합상표	Joint trademark
防御商标	방어상표	Defensive trademark
域名	도메인	The domain name
商标注册证	상표등록증	Trademark registration certificate
驰名商标	유명상표	Well-known trademark
商标局	상표국	The trademark office
商标评审委员会	상표평가심사위원회	The trademark review and adjudication board
分公司	지사	Branch
查封	차압	Sealed
拍卖	경매	The auction
甩卖	투매	Sale
合并	합병	Merge
定单	주문	The order
附加税	부가가치세	The surcharge
营业税	영업세	Business tax

扣留	억류	Detained
违约责任	계약위반책임	Liability for breach of contract
实际履行	실제이행	Actual performance
补偿经济损失	경제손실 보상	To compensate the economic loss
续展注册	연장등록	Any renewal of registration
注销	말소	The cancellation
维系费用	유지비용	Maintain cost
合伙人	공동경영자	Partner
保险凭证	보험증명	Certificate of insurance
备案	기록	For the record
仲裁委员会	중재위원회	The arbitration commission
不可抗力	불가항력	The force majeure

제4장
중국 소프트웨어 판매 및 서비스계약

제1절 중국 소프트웨어 판매 및 서비스계약의 개요
제2절 소프트웨어 판매 및 서비스계약

제1절 중국소프트웨어 판매 및 서비스계약의 개요

소프트웨어 판매 및 서비스계약에서 당사자 갑이 당사자 을에게 구매하는 소프트웨어 제품과 그 서비스항목은 아래와 같다.

제품유형 내에 초판, 중판 여부를 기재해야 하며, 제품단가와 수량, 비고란을 기재한다. 발행판의 경우 유형에 따라 보급판, 표준판, 프로페셔널판으로 분류하고 금액과 수량, 합계총액을 기재해야 한다.

당사자 을이 당사자 갑에게 제공한 소프트웨어제품과 서비스는 모두 세 단계로 분류하여 실시한다.

제1단계는 시스템준비단계로 당사자 갑은 서버컴퓨터의 전원을 키고 윈도우 2000 서버를 장착하며, 인터넷도메인명을 확보하여야 한다. 또한 컴퓨터지식을 보유한 전문인력 1인을 컴퓨터관리원으로 정한 이후, 당사자 을과 함께 컴퓨터장비를 정비하며 데이터를 초기화하고, 프로그램의 설치 및 소프트웨어 서비스 지원작업을 수행해야 한다.

제2단계는 소프트웨어 설치와 훈련이 병행되어야 한다. 이에 대해서는 당사자 갑의 소프트웨어 관련업무 인원에 대해서 구체적인 사용훈련을 진행해야 하고, 컴퓨터관리인의 경우 시스템관리훈련을 진행하여야 한다. 해당업무가 수행되는 지역은 북경과 상해, 심천, 광조우 등 중국의 4대 도시에서 현장서비스를 수행하고 중국 내 다른 지역의 경우 전화상담을 통해 관련업무지원이나 AS를 수행한다.

제3단계는 기술서비스단계이다. 이 단계에서 당사자 을의 주요 서비스단계는 다음과 같다.

우선 전화나 이메일로 당사자 갑의 사용과정 중 발생한 문제에 대해 답변을 진행한다.

다음으로 소프트웨어에서 돌발상황이나 문제가 발생하면 현황파악과 원인분석을 진행하여야 한다.

그 이후에 당사자 갑의 컴퓨터관리자나 하드웨어공급업체가 문제를 해결하도록 위임한다. 이와 관련된 서비스제공에 대해서는 회수당 일정비용을 위안화로 결제받는다.

그리고 계약서에 서명한 날부터 시작하여 3일 이내로 당사자 갑이 당사자 을에게 계약 총금액의 ___%를 지불하도록 한다.

당사자 을은 당사자 갑의 전체금액을 받은지 3일 이내로 당사자 갑에게 소프트웨어 정품 등록번호를 제공하여 프로세싱을 도와야 한다.

또한 소프트웨어 사용과정에서 관련이 되는 하드웨어설비와 시스템설비, 그리고 시스템 소프트웨어는 당사자 갑이 자체 제공을 한다. 시스템 소프트웨어는 시스템구동시스템과 데이터시스템을 포함한다. 하드웨어 사용과정 중에 하드웨어 고장으로 초래한 기술보호작업은 당사자 갑이 자체적으로 책임을 져야 한다.

또한 소프트웨어 판매 및 서비스계약에서 당사자 갑과 당사자 을은 본 소프트웨어의 지식재산권을 확실히 보증하여야 하며 다른 제3자의 합법적인 권익도 침해하지 않아야 한다. 만약 당사자 갑이 사용한 소프트웨어 기술에 제3자의 권리침해가 발생하게 된다면, 당사자 을은 이에 상응하는 경제사범의 책임을 부담해야만 한다.

즉 본 소프트웨어의 경우 당사자 갑은 자기장소에서만 본 기술을 사용할 수 있으며, 타인에게 증정 또는 이전, 혹은 제3자에게 판매를 하면 아니 된다. 만약 당사자 갑의 상술한 행위로 인하여 지식재산권 분쟁이 발생하면 당사자 을은 법적 책임을 추궁할 권리를 보류하여야 한다.

본 소프트웨어 판매 및 서비스계약에서 당사자간에 협의하지 못한 안건에 대해서는 쌍방이 추후 별도의 협상을 진행하여 해결하도록 하고, 이것을 별도의 계약서형태인 부속서로 작성하여 첨부를 하도록 한다.

본 소프트웨어 판매 및 서비스계약서는 당사자 갑과 당사자 을이 각각 1부씩 소지하고, 당사자 갑과 당사자 을이 서명한 날로부터 효력이 발생하는 것으로 한다. 두 당사자간에 합의한 내용에 대해서는 엄격한 비밀유지의무를 부담하도록 한다.

본 소프트웨어 판매 및 서비스계약서의 하단부에는 당사자 갑과 당사자 을의 공식직인과 날인, 두 기관대표의 서명이 있어야 하며, 주소와 전화번호를 기재하고 계약서에 서명한 날과 서명지점을 명기하도록 한다.

제2절 소프트웨어 판매 및 서비스계약

Ⅰ. 소프트웨어 판매 및 서비스계약서 (중문)

软件销售及服务合同

甲方：_____
乙方：_____

甲乙双方经友好协商，就甲方向乙方购买_____软件产品及相关服务的事项，达成以下协议。

一、甲方向乙方购买的_____软件产品及其服务项目如下：
产品类别
版本
单价
数量
合计
备注
____软件

每套软件限在1个网点(总部或分店或售楼部)使用

合计金额
小写：人民币____元整
大写：人民币____万____千____佰____拾____元整

二、乙方为甲方提供的软件产品以及服务分三个阶段实施：

第一阶段：系统准备阶段

甲方工作
1. 准备服务器电脑，安装Windows 2000 Server；保证局域网各电脑连通；
2. 指定一位具备电脑基础知识的专职人员作为电脑管理员，配合乙方进行组织机构、物业参数等数据初始化，以及日后的安装实施和服务支持工作。

第二阶段：安装实施和培训

正式使用
1. 安装＿＿＿软件到服务器和业务员电脑中；
2. 进行＿＿＿等初始化工作；
3. 对甲方的相关业务人员进行使用培训，对电脑管理员进行系统管理培训。(该服务在深圳／广州／上海／北京为现场服务，其他地区为电话支持)

第三阶段：技术服务阶段

乙方工作
1. 通过电话或电子邮件解答甲方使用过程中的问题；
2. 软件出现故障，先通过电话了解故障现象并分析原因，通过电话协助甲方电脑管理员或硬件供应商解决故障；若需要现场处理，以每次＿＿＿元收取服务成本费。
3. 在本合同签署之日起三日内，甲方向乙方支付合同总额的＿＿＿％(＿＿＿元)。乙方在收到甲方全款的三日内，向甲方提供软件的正式版注册码。
4. 在软件使用过程中涉及的硬件设备和系统软件(包括操作系统、数据库系统)，由甲方自行提供，由硬件或系统软件故障引起的技术维护工作也由甲方自行负责，若有需要也可向乙方进行技术咨询。
5. 乙方保证拥有本软件的完全知识产权，不侵犯任何第三方的合法权益；如发生第三方指控甲方使用的技术侵权的，乙方应当独立承担相应的经济法律责任。本软件仅限于甲方在自己场地使用，不得赠送、转交或出售给第三方；若出现因甲方的上述行为而引起的知识产权纠纷，乙方将保留追究其法律责任的权利。
6. 本协议未尽事宜，双方友好协商解决，并以协议附件的方式予以确认。
7. 合同一式贰份，甲、乙双方各持壹份，自甲、乙双方签章之日起开始生效，双方均负有保密义务。

甲方单位(盖章)：＿＿＿＿＿＿　　　乙方单位(盖章)：＿＿＿＿＿
代表(签字)：＿＿＿＿＿＿＿　　　　代表(签字)：＿＿＿＿＿＿＿
通讯地址：＿＿＿＿＿＿＿＿　　　　通讯地址：＿＿＿＿＿＿＿＿
电话：＿＿＿＿＿＿＿＿＿＿　　　　电话：＿＿＿＿＿＿＿＿＿＿
＿＿＿＿＿年＿＿＿月＿＿＿日　　　＿＿＿＿＿年＿＿＿月＿＿＿日
签订地点：＿＿＿＿＿＿＿＿　　　　签订地点：＿＿＿＿＿＿＿＿

Ⅱ. 소프트웨어 판매 및 서비스계약서 (한글)

소프트웨어 판매 및 서비스 계약

갑 : _____

을 : _____

갑을 쌍방은 우호적인 협상을 거쳐 갑측이 을에게 _____ 소프트웨어제품 및 관련서비스를 구매하여 이하 협의를 달성한다.

1. 갑이 을에게 구매한 _____ 소프트웨어제품 및 서비스항목은 아래와 같다:

제품유형
버전
가격
수량
합계
비고
____ 소프트웨어

전체 소프트웨어는 하나의 지점(본사 혹은 자사 혹은 영업부)에서 사용함

합계금액
소문자 : 인민폐____위안 정
대문자 : 인민폐____만____천____백____십____위안 정

2. 당사자 을이 당사자 갑에 제공한 소프트웨어 프로그램 및 서비스는 3단계로 나누어 실시함

제1단계: 시스템준비단계

당사자 갑의 업무
1. 서버컴퓨터를 준비하고, Windows 2000 Server를 장착한다; 도메인명을 보장하여 컴퓨터를 연결한다.
2. 1인의 컴퓨터기초지식을 갖춘 전문인력을 컴퓨터관리원으로 지정하고, 을과 협조하

여 기구, 물류변수 등 데이터를 초기화하며, 향후 프로그램 장착시설 및 서비스지원 작업을 조직한다.

제2단계: 장착실시 및 훈련

정식사용

1. _____소프트웨어를 서버 및 작업인원 컴퓨터에 장착한다.
2. _____ 등 초기화 작업을 진행한다.
3. 갑의 관련 업무인원에 대해 사용훈련을 진행하고, 컴퓨터관리인에 대해 시스템관리 훈련을 진행한다. (이 업무는 심천/광조우/상해/북경에서 현장서비스를 하며 기타지역에서는 전화로 업무지원을 한다)

제3단계: 기술서비스단계

당사자 을의 업무

1. 전화 혹은 이메일을 통한 당사자 갑의 사용과정 중의 문제에 답을 한다.
2. 소프트웨어에 문제가 발생하면 먼저 전화로 문제현황을 파악하고 원인분석을 하고 전화를 통해 갑측 컴퓨터관리인이나 하드웨어공급상이 문제를 해결하도록 한다. 만약 현장에서의 처리가 필요하면 매회당 ___위안을 서비스제공비로 받는다.
3. 본 계약에 서명한 날부터 시작하여 3일 이내에 갑이 을에 계약 총액의 _____% (_____위안)을 지불한다. 을은 갑의 전액을 받은지 3일 이내에 갑에게 소프트웨어 정품 등록번호를 제공한다.
4. 소프트웨어 사용과정 중에 연관되는 하드웨어설비 및 시스템설비, 시스템 소프트웨어(구동시스템, 데이터시스템 포함)는 갑이 자체적으로 제공하고, 하드웨어 혹은 시스템 소프트웨어 고장으로 야기된 기술보호작업 또한 갑측이 자체적으로 책임지며, 만약 필요하면 을에 기술자문을 한다.
5. 갑, 을은 본 소프트웨어의 완전한 지식재산권을 보증하고 어떠한 제3자의 합법적 권익도 침해하지 않는다. 만약 제3자가 갑이 사용한 기술에 권리침해가 발생한다면, 을은 이에 상응하는 경제법률책임을 독립적으로 부담하여야만 한다. 본 소프트웨어는 단지 갑이 자기장소에서 사용한 것에 한하며, 증정, 이전 혹은 제3자에게 판매하면 아니 된다. 만약 갑의 상술한 행위 때문에 야기된 지식재산권 분쟁이 발생한다면, 을은 법적 책임을 추궁할 권리를 보류한다.
6. 본 협의에서 끝내지 못한 사안은 쌍방이 우호적인 협상으로 해결하고, 협의 부속서 방식으로 확인한다.
7. 계약서는 1부 2벌로 갑·을 쌍방이 각각 1부를 소지하고, 갑·을 쌍방이 서명한 날로

부터 효력이 발생하며, 쌍방이 균등하게 비밀유지의무를 부담한다.

당사자 갑 단위(직인) : _____   당사자 을 단위(직인) : _____
대표(서명) : _____   대표(서명) : _____
연락처 : _____   연락처 : _____
전화 : _____   전화 : _____
_____년____월____일   _____년____월____일
계약체결지점 : _____   계약체결지점 : _____

Ⅲ. 중국 소프트웨어판매 및 서비스계약서 조견표

[중국 소프트웨어판매 및 서비스계약]

	중국어	한국어	영어	일본어
1	软件销售	소프트웨어 판매	Software sales	ソフトウェア販売
2	售楼部	영업부	Sales department	営業部
3	服务器电脑	서버컴퓨터	Server computer	サーバーコンピューター
4	数据初始化	데이터 초기화	Data initialization	データ初期化
5	软件的正式版	정품 소프트웨어	Legitimate software	オリジナル版のソフトウェア
6	硬件设备	하드웨어 설비	Hardware equipment	ハードウェア設備
7	系统软件	시스템 소프트웨어	System software	システムソフトウェア

제5장
중국 영상부문 계약

제1절 중국 영상부문 계약에 대한 개요
제2절 영상부문 계약

제1절 중국 영상부문 계약에 대한 개요

Ⅰ. 중외 연합(합작) 영화제작 계약부분

당사자 갑과 당사자 을이라는 주체에 대한 개념정의를 보면 당사자 갑의 경우 중화인민공화국 영내에서 법에 따라 등록설립된 영화제작자이며, 당사자 을은 _____의 법률 및 해당국가에서 등록설립된 영화제작자이다.

당사자 갑과 을 쌍방 당사자는 공동으로 영화〈   〉를 제작하기로 결정하며, 사안의 신청은 이미 중화인민공화국 방송영화텔레비전 행정주관기관의 인가를 획득해야 하고 또한 〈중외합작 영화 촬영 인가증〉을 취득해야 한다.

영화 총투자예산에 대해서는 당사자 갑과 당사자 을이 각각 협의로 투자금액을 정한다. 우선 선수금지급이 확인되어야 하며, 최초납입금액은 총금액의 ___%, RMB_____위안 (즉 인민폐_____위안 整)으로 하며, 당사자 갑이 계약효력발생 당일 당사자 을에게 지불하여 당사자 을이 조기에 영화제작에 착수하도록 한다. 영화 합작제작계약서에서는 예산 및 투자 Chapter에서 당사자 갑이 인원배치와 촬영설비를 책임지고 총투자예산의 ___%를 점한다는 것을 기재하도록 한다.

당사자 갑과 을 쌍방은 제때 충분한 투자금액으로 각자 출자의무를 이행하여야만 하며, 그렇지 않은 경우 공동영화제작의 어떠한 권리도 자동적으로 방치한 것으로 간주하고, 그에 상응하는 위약책임을 부담한다.

중국에서 정식 계약문서 외에 추가협의사항 및 첨부가 필요한 사항이 있으면 부속서에 해당 내용을 기재한다. 따라서 부속서 내용을 반드시 확인하여야 하며, 계약서와 부속서를 동등하게 다루어야 한다.

만약 당사자 갑이 당사자 을에 영화제작 관련자료 교부 기한을 초과하거나, 선수금 지불기한을 초과하는 경우 제작기한은 이에 상응하게 연장할 수 있다. 만약 천재지변이나 날씨 등 불가항력적 요소로 인하여 제작시간이 연장되면 쌍방이 우호적으로 해결해야 한다. 즉 제작비용을 추가할 필요가 있거나 제작기한에 대한 협상이 별도로 필요한 경우 추가협의를 하여 부속서에 기재해야 한다.

영화 합작 촬영계약 제2조 투자방식에서는 화폐에 의한 직접투자 혹은 노무, 현물, 광고

시간 등의 할인가격(감가상각)을 투자로 삼는다. 이상의 투자금액을 쌍방이 지정한 계좌에 지불하고, 개설은행명과 계좌번호, 계약체결 이후 ＿＿＿작업일 이내에 쌍방이 계약금＿＿＿위안(대문자:＿＿＿)을 지불한다. 만약 당사자 일방이 제때 계약금을 지불하지 않으면 다른 당사자는 일방적으로 본 계약서를 중지할 권리가 있고 제3자와 유사한 계약서를 체결할 권리가 있다.

영화 합작 촬영계약 제2조 투자방식에서는 영화제작이 확정된 이후 크랭크 전 일주일 이내에 당사자 갑과 을 쌍방은 투자잔금을 모두 납부해야 한다. 그렇지 않을 경우 위법으로 간주하여 피해를 입은 당사자는 위약 당사자에게 손해배상을 요구할 권리가 있다. 갑을 쌍방은 제때 충분히 각자의 출자의무를 이행하여야 하며, 그렇지 않을 경우 자동적으로 이 영화의 공동제작 참여의 어떠한 권리도 방치하는 것으로 간주되며, 또한 상대방이 이로 인하여 입은 일체의 경제적 유무형 손실도 배상해야 한다. 영화 합작 촬영계약 제4조 촬영과 후기제작부분에서는 크랭크인 시간, 크랭크 중지시간, 작품출품시간을 명기하도록 하였다.

재정이 지출된 수표와 기타 재무영수증은 위탁파견된 두 명의 전문책임자의 공동서명으로 확인되어야 한다. 본 계약서 효력발생기간 내에 어떠한 당사자 일방이 전문경영책임자를 변경한다면 사전에 서면으로 상대방에게 먼저 통지를 하여야만 한다.

상대방의 서면동의 거치지 않고 어떠한 일방당사자라도 상대방을 대리하여 제3자와 공동영화제작에 관한 계약 혹은 협의를 체결할 수 없다. 그렇지 않은 경우 무권으로 계약을 체결한 일방당사자는 이로 인해 야기된 손해배상, 소송비용 및 기타 법적 책임을 부담하여야만 한다.

중외 합작 영화제작으로 형성된 유형재산, 무형재산 및 파생권리 전부는 당사자 갑과 을 쌍방 공유에 속한다. 모든 권리의 분배비율 및 행사하는 지역범위 등은 본 계약 부속서 3에서 상세히 볼 수 있다. 그 중 유형재산은 제작으로 인하여 설치된 각종 도구, 제작기자재, 빌드의 현장배치 등 구체적 형상이 있는 재산에 한정되지 않는 각종 재산을 포함한다. 무형재산은 영화저작권, 상업적인 운영에서 파생된 기타 재산성질을 구비한 저작권, 상품명칭사용권 및 상표권 등에 한정되지는 않는 지식재산권을 포함한다.

공동영화제작으로 획득한 이윤이나 발생한 순손실액은 구체적 상황에 근거하여 합자 쌍방간에 약정한 출자비율에 따라 분배하도록 한다.

당사자 갑과 을 쌍방은 회계연도에 따라 일년에 한 번 결산을 한다. 해당연도 회계결산은 본 회계연도 내 이윤 혹은 손실의 순가치를 확정해야 한다. 연도회계 결산 시 만약 공동영화제작 전용계좌 자금총액이 제작작업에 필요한 적립금 총액을 초과하는 경우 당사자 갑과 을 쌍방은 본 계약 부속서 3 규정에 따라 분배를 해야 한다.

당사자 갑에게 영화제작이 교부되면 해당 영화의 판권은 당사자 갑의 소유로 귀속된다. 당사자 갑은 영화 배포권을 가지며, 출판권과 원저작물 소재권을 가질 권리도 소유한다. 당사자 을이 제공한 기술적 지수는 당사자 갑의 영화제작요구가 확정한 기준보다 낮아서는 아니된다. 당사자 을은 작품 전체의 창의성, 번역, 대만 번체자 및 영문자 표기, 광동어 및 북경어 자막 기재를 책임진다.

Ⅱ. 중국 영화배우 고용계약부분

당사자 갑은 합법적인 영화제작단위이며 당사자 을은 법에 따라 등록설립한 중개회사로서 해당 배우를 대표하여 본 임용계약을 체결할 권리가 있다.

당사자 을인 계약체결배우는 완전한 민사행위능력을 구비한 자연인으로 일정한 배우경력을 지닌 영화배우이어야 한다.

영화촬영작업이 끝나는 시간은 아래 몇 가지 방식 가운데 확정하는데 배우가 출연한 시나리오 전체 촬영이 끝나는 날, 영화촬영 종료일, 영화 후기 녹음제작완성일 중에서 선택한다.

본 계약을 실제 이행한 날은 당사자 을이 업무를 시작한 날이어야 한다.

영화촬영 종료 이후 당사자 갑은 배우가 더빙, 추가촬영, 재촬영 등 배우의 전문분야를 초과하지 않는 범위 내 영화의 기타촬영제작작업에 참가하도록 요구할 권리가 있다. 다만 누적일이_____일을 초과하면 아니 된다. 그렇지 않은 경우 해당일을 기준으로 하루를 초과할 때마다 당사자 을에게 _____(세전/세후) 금액 _____위안을 지불해야만 한다.

배우는 작업과정 중 당사자 갑의 지도와 관리를 받아야 하고, 당사자 갑이 제정한 규칙과 제도를 준수해야 한다. 그러나 당사자 갑은 배우의 정당한 권한을 간여하거나 혹은 해당분야 관례를 위반하면 아니 된다. 당사자 갑은 배우의 작업을 언제든지 수시로 검사할 권리가 있다. 그러나 배우의 정상적인 업무에 영향을 주면 아니 되며, 배우는 이에 협력을 해야 한다. 촬영업무가 정식으로 시작한 날로부터 촬영 종료된 날까지 배우는 당사자 갑을 위해 전적으로 작업하며, 해당 영화제작 내용과 유사한 기타 영화작품에 참여하면 아니 된다. 배우가 이 규정을 위반하면 당사자 갑에 _____위안의 위약금을 지불해야만 한다.

초상권과 관련하여 당사자 갑은 방송국 및 영화제작사가 영화, 영화 파생상품, 영화선전물 혹은 예고편에서 배우의 성명과 초상을 사용하는 것을 인가하거나 무상으로 사용할 권리가 있다. 그러나 이것은 단지 영화보급 및 선전목적에 한하며 상업용 목적으로 이용되는 경우 해당배우는 즉시 초상권보호를 위한 조치에 들어가야 한다.

배우의 연기과정에서의 인신, 재산상의 안전확보를 위해서 당사자 갑은 배우를 위해 상업보험가입 처리를 하여야만 한다.

당사자 을과 배우는《중화인민공화국 노동법》규정에 따라 근로관계를 맺고 노동계약을 체결한다. 본 계약에 서명하기 전에는 어떠한 배우의 권리분쟁, 손해배상 혹은 소송도 존재하지 않음을 보증한다. 본 계약이 규정한 배우의 업무기한 내에 당사자 을은 배우로 하여금 해당 영화내용과 유사한 영화작품의 촬영에 응하도록 할 수 없다.

제2절 영상부문 계약

Ⅰ. 중외공동영화제작계약서 (중문)

中外联合摄制电影片合同

甲方(中方) : _____
住所地 : _____
通讯地址 : _____
邮政编码 : _____
电话 : _____ 传真 : _____
电子信箱 : _____
法定代表人 : _____

乙方(外方) : _____
中文名称 : _____
住所地 : _____

通讯地址：＿＿＿＿＿＿＿＿＿＿＿＿＿＿＿＿
邮政编码：＿＿＿＿＿＿＿＿＿＿＿＿＿＿＿＿
电　话：＿＿＿＿＿传真：＿＿＿＿＿＿＿
电子信箱：＿＿＿＿＿＿＿＿＿＿＿＿＿＿＿
法定代表人：＿＿＿＿＿＿＿＿＿＿＿＿＿＿

鉴于：

1. 甲方是在中华人民共和国境内依法注册成立的电影制片者，乙方是依据＿＿＿＿＿＿(国家名称)的法律并在该国注册成立的电影制片者；

2. 甲乙双方共同决定联合摄制电影片《＿＿＿＿＿＿》；

3. 甲乙双方联合摄制电影片的立项申请已经获得中华人民共和国广播电影电视行政主管机关的批准并取得《中外合作拍摄电影片许可证》。

甲乙双方根据平等、自愿、诚实信用的原则，经友好协商，特达成如下条款，以资共同遵守：

第一条　甲乙双方决定联合摄制电影片《＿＿＿＿＿＿》(外文名称《＿＿＿＿＿＿》，下称"电影片")，该电影片基于的原著《＿＿＿＿＿＿》改编。

第二条　电影片总投资预算初步确定为￥＿＿＿万元。其中，甲方出资￥＿＿＿万元，占总投资预算的百分之＿＿，乙方出资￥＿＿＿万元，占总投资预算的百分之＿＿。

第三条　甲乙双方应按时、足额地履行各自的出资义务，否则，视为自动放弃参与联合摄制电影片的任何权利，并承担相应的违约责任。甲乙双方出资的方式、时间、数额等详见本合同附件一。

第四条　甲方委派＿＿＿、乙方委派＿＿＿作为专职负责人参加电影片的拍摄，由其全权负责拍摄电影片的日常管理工作；财务支出的票据和其他财务报销单据，均需取得该被委派的两名专职负责人的共同签字确认。
在本合同生效期间内，任何一方变更专职负责人，应事先书面通知对方。

第五条　双方委派的专职负责人应当于本合同生效之日开始工作，并于本合同生效之日起＿＿日内开立拍摄电影片专用账户，该账户随拍摄工作的完成(包括应要求修改补拍工作的完成)统一结算后即予废止。
甲方委派＿＿＿＿、乙方委派＿＿＿＿作为专职财务人员负责专用账户的财务管理，以监督投资双方资金的投入及支出情况。在本合同生效期间内，任何一方变更专职财务人员，应事先书面通知对方。
专用账户资金的支取程序详见本合同附件二。

第六条 所有与联合摄制电影片有关而订立的合同或协议都必须经双方协商确定并取得各自法定代表人或授权代理人的签名认可。
未经对方书面同意，任何一方均无权代表对方就联合摄制电影片与第三方订立合同或协议；否则，擅自越权订立合同的一方应当承担因其越权订立合同所引起的赔偿、诉讼费用及其他法律责任。

第七条 因联合摄制电影片而形成的全部有形财产、无形财产及其衍生权利，均属甲乙双方共有。所有权利的分配比例及行使的地域范围等详见本合同附件三。
其中，有形财产包括但不限于因拍摄而置备的各类道具、摄像器材、搭建的场景布置等有具体形状的各种财产。
无形财产包括但不限于电影片著作权、商业运作中衍生出来的其他具有财产性质的著作权、商品名称使用权和商标权等知识产权。

第八条 本合同期限从合同生效之日起计算，除非根据合同规定提前终止，其持续时间以下列第___种为准：
1. 联合摄制电影片所产生的相关著作权的法定存续期限；
2. 所有联合摄制电影片所涉及财产权的协议存续期限；
3. _____。

第九条 因联合摄制电影片而获得的利润或形成的亏损净值应当根据具体情况在合资双方之间按约定的出资比例分配。
所谓净值，指联合拍摄电影片的总收入(包括有形财产和无形财产的总和)减去联合拍摄电影片的支出总额(包括但不限于第三方所占利润的分享)。计算净值时，所有列支项目必须是为拍摄直接支付的费用以及其他经甲乙双方一致同意的项目。
所有应缴税款应在甲乙双方当事人双方之间按约定的出资比例分别承担。
电影片利润的分配或损失的承担方式，详见本合同附件四。

第十条 联合摄制电影片应在主要的拍摄地点保存全部运营情况的账簿和会计记录。账簿与会计记录应当符合中华人民共和国的财务会计法律、法规的要求。
甲乙双方法定代表人及其委派的专职负责人有权在定期或在不妨碍电影片拍摄工作进展的合理情况下查对及核实账簿和会计记录。受委派的专职财务人员有义务向甲乙双方的法定代表人及其委派的专职负责人提供定期财务报表(包括月报、季报和年报)和特殊情况下的应要求提供的临时报表。
本条的"合理情形"指＿＿＿＿＿＿＿＿＿＿＿＿＿＿＿＿＿。
"特殊情况"指＿＿＿＿＿＿＿＿＿＿＿＿＿＿＿＿＿＿＿。

第十一条 甲乙双方将按会计年度，做到一年一结账。每个会计年度结束时，应就联合摄制电影片做一份全面准确的会计结算。该年度会计结算应当确定本会计年度内的利润或亏损的净值，并视具体情况将其按规定的比例记录在会计账簿的贷方或借方上。在年度会计结算时，若联合摄制电影片专用账户资金总额超过拍摄工作所需储备资金总额的，应当由甲乙双方按本合同附件三的规定进行分配。任何一方对联合摄制项目负有债务的，应当首先从其应得分配额中针对其债务予以冲抵。

第十二条 对于因联合摄制电影片而涉及到的作品创作、商业融资、宣传以及相关法律适用等方面的权利及其衍生权利，甲乙双方拥有同等的权利进行管理和控制，即此类权利必须由甲乙双方一致同意决定才能实施。同时，对外宣传一律以双方的名义进行。

这里的"权利及其衍生权利"包括但不限于进行总预算，电影主要拍摄地点，电影及其剧本的名称，聘用编剧、导演、演员等主创人员，音乐制作，宣传计划，选择发行人以及对合作对方转让权利或者其他人提供服务予以认可等权利。

第十三条 电影片拍摄完成后，由甲方负责报送相应电影审查机构审查，乙方应予以协助。若电影片能够通过电影审查机构的审查并取得《电影片公映许可证》，甲乙双方、制片人、编剧、导演、演员等演职员以及鸣谢单位等在电影片字幕及相关衍生产品中的署名的格式、具体位置和字体大小详见本合同附件五。
因本合同附件五产生的争议，由甲乙双方另行协商解决；甲乙双方一致同意该争议不影响本合同其他条款的履行。

第十四条 未经对方同意，任何一方不得在电影片公映之前向任何第三方泄漏剧情、主要创作人员、拍摄进度等与电影片相关的一切信息。若本合同未生效，任何一方不得泄露在签约过程中知悉的对方的商业秘密。
任何一方若违反上述保密义务，应赔偿对方因此而遭受的一切损失。

第十五条 甲方向乙方保证，其属于下列第＿＿种情况：
1. 取得《摄制电影许可证》并经依法注册和合法存续的电影制片单位；
2. 已就计划拍摄的电影片取得《摄制电影片许可证(单片)》并经依法注册和合法存续的法人单位。

第十六条 甲乙双方当事人在此向对方保证：

1. 有能力并有权利签订本合同,且其在履行本合同下的所有义务时,皆不存在任何法律上的障碍;
2. 未经对方书面同意,不得抵押或出卖关于联合摄制电影片的任何财产、资产和无形权利;
3. 未经对方书面同意,不得将其在电影片中的权益转让或抵押;
4. 未经对方书面同意,不得将用于联合摄制电影片的资金信贷给任何第三方;
5. 未经对方书面同意,不得产生与电影片有关的任何费用、责任和义务,否则,由其自行承担;
6. ＿＿＿＿＿＿＿＿＿＿＿＿＿＿＿＿＿＿＿＿＿＿＿＿。

因任何一方当事人违反其承诺或保证而引起的赔偿、法律责任及相应的诉讼费用等,由该方当事人自行承担。

第十七条 在保证为联合摄制电影片投入必须的时间、资金及履行其他相关义务的前提下,甲乙双方任何一方当事人都可以参与电影片以外的独立于对方当事人的其他任何类型和性质的电影和电视业界的商业营运,但不得参与与联合摄制的电影片有竞争的电影片或电视节目的投资项目。
一方参与上述商业营运,无义务通知对方当事人,并对其在该商业运营上的所得拥有绝对所有权,同时亦无义务给对方当事人提供相应商业投资的机会。任何一方当事人都不得因此向对方当事人主张权利。

第十八条 若在本合同履行期间发生不可抗力事件,受到不可抗力影响的一方的义务在不可抗力事件持续的期限内自动中止,其履行期限自动延长,延长期间等同于中止期间,该方无需为此承担任何责任。
提出受不可抗力影响的一方应及时以书面形式通知另一方,并在发出通知后的＿＿＿日内向另一方提供不可抗力发生以及持续期间的充分证据。双方应就不可抗力立即进行协商,寻求一项双方认可的解决方案,尽力将不可抗力造成的影响降至最低。
本合同中"不可抗力"是指不能预见、不能避免或不能克服、使得本合同一方部分或完全不能履行本合同的客观情况,包括但不限于地震、台风、洪水、火灾、战争、罢工、暴动、政府行为、法律规定或其适用的变化等。

第十九条 不可抗力事件或其影响持续超过＿＿＿天,且未达成双方认可的解决方案,任何一方皆可通过书面形式通知对方而解除本合同。

第二十条 非因双方当事人的过错,出现本合同第十八条规定的不可抗力事件以外的双方当事人不能控制的情况,包括但不限于天气反常以及电影片编剧、导演或主要演员等主创人员生病、受到意外伤害或死亡等,致使电影片的拍摄迟延,甲乙双方应立即采取补救措施，并协商确定拍摄计划顺延的时间；因此而未能按原拍摄计划完成电影片的拍摄，甲乙双方均无需承担违约责任。
若本条规定的情况致使电影片的拍摄迟延超过＿＿天，任何一方皆可通过书面形式通知对方而解除本合同。

第二十一条 发生下列情形之一，甲方可以通过书面形式通知乙方而解除本合同：
1. 乙方在本合同第十六条第1项所作的保证不真实；
2. 乙方依据其本国法律破产、解散或被吊销法人资格；
3. ＿＿＿＿＿＿＿＿＿＿＿＿＿＿＿＿＿＿。

第二十二条 发生下列情形之一，乙方可以通过书面形式通知甲方而解除本合同：
1. 甲方在本合同第十五条或第十六条第1项中作出的保证不真实；
2. 甲方破产、解散或被依法吊销企业法人营业执照；
3. 甲方被依法吊销《摄制电影许可证》或《摄制电影片许可证(单片)》；
4. ＿＿＿＿＿＿＿＿＿＿＿＿＿＿＿＿＿＿。

第二十三条 甲乙双方约定，发生下列情况之一，本合同终止履行：
1. 本合同第八条规定的合同期限届满；
2. 甲乙双方通过书面协议一致同意解除本合同；
3. 甲方或乙方依据本合同第十九条、第二十条、第二十一条或第二十二条的规定解除本合同；
4. 甲乙双方任何一方严重违反合同，并在对方当事人发出书面通知之日起＿＿日内仍未予以补救，则该对方当事人有权解除本合同；此种情形下的合同终止，并不免除有过错违约方应负的违约责任；
5. 电影片拍摄完毕后报请电影审查机构审批不能通过或经修改仍不能通过的；
6. ＿＿＿＿＿＿＿＿＿＿＿＿＿＿＿＿＿＿＿＿＿＿＿＿。
本条所指的"严重违反合同"包括但不限于任何一方未能依约将资金按时投入专用账户，时间累计或连续超过＿＿天；以及任何一方未能依约将资金按量投入专用账户，数量累计达到总承诺出资额的百分之＿＿＿。

第二十四条 除本合同第二十三条规定的情形之外，甲乙双方皆不得擅自解除本合同。

第二十五条 甲乙双方未履行或未按约定履行本合同规定的义务，应分别承担相应的违约责任，具体如下：
1. 若甲方依据本合同第二十一条的规定解除本合同，不论电影片拍摄进度如何，乙方应向甲方支付本方已投入资金的百分之＿＿＿作为违约金，并赔偿因此给甲方造成的一切经济损失；
2. 若乙方依据本合同第二十二条的规定解除本合同，不论电影片拍摄进度如何，甲方应向乙方支付本方已投入资金的百分之＿＿作为违约金，并赔偿因此给乙方造成的一切经济损失；
3. 若未出现本合同第二十三条规定的情形，甲乙双方任何一方单方面解除本合同，不论电影片拍摄进度如何，终止合同方应向对方支付本方已投入资金的百分之＿＿作为违约金，并赔偿因此给对方造成的一切经济损失；
4. 因甲乙双方任何一方擅自对电影文学剧本进行更改导致电影片最终未通过电影审查机构的审查，擅自修改方应赔偿对方因此而遭受的一切经济损失；
5. ＿＿＿＿＿＿＿＿＿＿＿＿＿＿＿＿＿＿＿＿＿＿＿。

第二十六条 本合同一旦终止，甲乙双方应当结束与本合同相关的商业活动，并对相关财产进行清算。

第二十七条 为拍摄电影片所购买的资产在结束拍摄后，由双方的财务人员共同列出清单按比例折算，归还给甲乙双方或按照双方同意的折价出售。

第二十八条 本合同一旦终止，与电影片相关的资产、收益应当按照下列顺序进行清算：
1. 支付清算费用和创作人员的工资及其相关保险等费用；
2. 支付所欠税款；
3. 清偿对外债务；
4. 按照甲乙双方投入资金的比例分配剩余资金。
对未能处理的财产权利及衍生权利将作为未分配的共同产权，由甲乙双方共同所有。
处置相关资产产生的收益或损失，按照本合同终止前甲乙双方收益损失分配的比率承担。

第二十九条 甲乙双方任何一方对另一方未能履行本合同的违约行为放弃主张权利，不视为其对另一方此前或此后其他违约行为亦放弃主张权利。

第三十条 合同中明确约定的赔偿方式并不排除其他赔偿方式，不视为守约方放弃其他赔偿方式；同时，守约方亦可以要求法定的其他赔偿方式。

第三十一条 甲乙双方于＿＿＿年＿＿＿月＿＿＿日签署的《中外联合摄制电影片合作意向书》为本合同附件六，该意向书的条款如存在与本合同相违背之处，以本合同为准。

第三十二条 甲乙双方因履行本合同而相互发出或者提供的所有通知、文件、资料等，均应按照本合同扉页所列明的通讯地址、传真以邮寄或传真方式送达；一方如果迁址或者变更电话，应当书面通知对方。

通过传真方式的, 在发出传真时视为送达; 以邮寄方式的, 挂号寄出或者投邮当日视为送达。

第三十三条 未经甲乙双方签署书面文件, 不得对本合同进行更改。

第三十四条 本合同文本由___(甲方／乙方)提供, 其已采取合理的方式提请对方注意免除或者限制其责任的条款并予以说明; 甲乙双方对 本合同各条款的内容均充分理解并经协商达成一致同意。

第三十五条 本合同附件为本合同的组成部分; 本合同及其附件内空格部分填写的文字与印刷文字具有同等法律效力。

第三十六条 甲乙双方就本合同的内容, 解释, 生效, 效力和履行而发生争议, 应先友好协商解决, 任何一方不愿协商或者在30天内协商未果的, 任何一方均可向位于韩国首尔市大韩商事仲裁院申请仲裁解决, 照该仲裁机构当时有效的仲裁规则进行仲裁, 仲裁裁决是终局性的, 对争议各方具有最终的法律拘束力。

第三十七条 本合同的订立、效力、解释、履行和争议的解决均适用大韩民国的法律, 大韩民国法律没有规定的, 适用国际惯例。

第三十八条 未尽事宜, 由双方当事人另行协商确定。

第三十九条 本合同及其他所有契约或协议均应以书面形式, 在联合摄制电影片的工作记录簿中归档保留一份, 并由甲乙双方委派的专职负责人予以签名。

第四十条 本合同一式两份, 由双方当事人各执一份, 具有同等法律效力。

第四十一条 本合同自甲乙双方法定代表人或其授权代理人签字并加盖单位公章或合同专用章之日起生效。

第四十二条 本合同以中文和韩文书就。中文文本的合同一式二份, 甲乙双方各执一份, 韩文文本的合同一式二份, 甲乙双方各执一份。各份文本具有同等法律效力。当两种文字版本的合同发生语意冲突时, 以韩文文本为准。

第四十三条 本合同由甲乙双方在中华人民共和国_____签署。

甲方: (盖章)_____　　　　　乙方: (盖章)_____
法定代表人:_____　　　　法定代表人:_____
授权代理人:_____　　　　授权代理人:_____
____年___月___日　　　　　____年___月___日

Ⅱ. 중외공동영화제작계약서 (한글)

중외공동영화제작계약서

제1조 갑을 쌍방이 공동으로 영화《   》를 제작하기로 결정하고(외국어명칭《   》, "영화"라고 칭함), 이 영화는 원작《   》를 각색한 것에 기반을 둔다.

제2조 영화 총투자예산은 일차적으로 ___만 위안으로 확정한다. 그 중 갑은 ___만 위안을 출자하여 총투자예산의 ___%를 점유하고, 을은 ___만 위안을 출자하여 총투자예산의 ___%를 점유한다.
- 영화제작비용 표시방법은 인민폐 ___整(RMB   )으로 한다.

제3조 갑을 쌍방은 제때, 충분한 투자금액으로 각자 출자의무를 이행하여야만 하며, 그렇지 않은 경우 공동영화제작의 어떠한 권리도 자동적으로 방치한 것으로 간주하고, 그에 상응하는 위약책임을 부담한다. 갑을 쌍방이 출자하는 방식, 시간, 금액 등은 본 계약 부속서 1에서 상세히 볼 수 있다.
- 중국에서 정식 계약문서 외에 추가협의사항 및 첨부가 필요한 사항이 있으면 부속서에 해당내용을 기재한다. 따라서 부속서 내용을 반드시 확인하여야 하며, 계약서와 부속서를 동등하게 다루어야 한다.

제4조 갑이 위탁파견하고 을이 위탁파견하여 전문가 자격으로 영화제작에 참가하면, 전권으로 영화제작의 일상관리업무를 책임진다. 재정이 지출된 수표와 기타재무영수증은 위탁파견된 두 명의 전문책임자의 공동서명으로 확인이 요구된다.
본 계약서의 효력발생기간 내에 어떠한 당사자 일방이 전문경영인을 변경하는 경우 사전에 서면으로 상대방에게 먼저 통지하여야만 한다.
- 일상관리업무의 범위가 어디까지인지 보다 분명하게 파악하여 계약서상에 명확하게 기재함으로써 분쟁을 예방해야 한다.

제5조 쌍방이 위탁파견한 전문책임자는 본 계약 효력일부터 업무를 시작하며, 본 계약 효력 발생일 ___일 내에 영화제작 전용계좌를 개설하고, 해당계좌는 제작작업이 완성되고(수정보정작업의 완성을 요구해야만 하는 것을 포함) 결산된 이후 즉각 폐지한다.
갑은 _____를 위탁파견하고, 을은 _____를 위탁파견하여 재무전문가로 두어 전용계좌의 재무관리를 책임지도록 함으로써, 쌍방자금투자의 투입 및 지출현황을 감독하도록 한다. 본 계약 효력발생기간 내에 어떠한 일방이 재무전문가를 변경하는 경우 사전에 서면으로 상대방에게 통지하여야만 한다.

전용계좌자금의 출금절차는 본계약 부속서 2에서 상세히 볼 수 있다.

제6조 모든 공동제작영화와 관련하여 체결한 계약 혹은 협의는 반드시 쌍방의 협상을 거쳐 확정해야 하고, 또 각 법정대표인 혹은 수권대리인의 서명인가를 취득해야만 한다.
상대방의 서면동의 거치지 않고 어떠한 일방당사자라도 상대방을 대표하여 공동영화제작을 제3자와 계약 혹은 협의를 체결할 권리가 없다. 그렇지 않은 경우 독단적으로 월권하여 계약을 체결한 일방당사자는 월권으로 계약체결한 것으로 인해 야기된 손해배상, 소송비용 및 기타 법적 책임을 부담하여야만 한다.

제7조 공동영화제작으로 형성된 유형재산, 무형재산 및 파생권리 전부는 갑을 쌍방 공유에 속한다. 모든권리의 분배비율 및 행사하는 지역범위 등은 본 계약 부속서 3에서 상세히 볼 수 있다.
그 중 유형재산은 제작으로 인하여 설치된 각종도구, 제작기자재, 빌드의 현장배치 등 구체적 형상이 있는 각종재산에 한정되지는 않는다.
무형재산은 영화저작권, 상업적인 운영 가운데 파생된 기타 재산성질의 저작권, 상품명칭사용권 및 상표권 등 지식재산권에 한정되지는 않는다.

제8조 본 계약기한은 계약 효력발생일부터 계산하며, 계약에서 규정한 사전종료를 제외하고 그 지속시간은 아래 열거한 제___유형을 기준으로 한다 :
1. 공동영화제작으로 발생한 관련저작권의 법정존속기한 ;
2. 모든 공동영화제작으로 재산권에 관련된 협의존속기한 ;
3. _____。

제9조 공동영화제작으로 획득한 이윤이나 발생한 순손실액은 구체적 상황에 근거하여 합자 쌍방간에 약정한 출자비율에 따라 분배한다.
소위 순자산액이라 함은 공동영화제작의 총수입(유형재산과 무형재산의 총합을 포함함)에서 공동영화제작의 지출총액(제3자가 점유한 이윤의 배당에만 한정되지 않음)을 제한 것을 말한다. 순자산 계산시 모든 열거된 항목은 반드시 제작에 직접 지불한 비용 및 기타 갑을 쌍방의 동의가 일치한 항목이어야만 한다.
모든 납부해야 하는 세금은 갑을 쌍방당사자 쌍방간에 약정한 출자비율에 따라 선별적으로 부담한다.
영화제작이윤의 분배 혹은 손실의 부담방식은 본 계약서 부속서 4에 상세히 볼 수 있다.

제10조 공동제작한 영화는 주요 제작지역에서 전체 운영상황의 장부와 회계기록을 보존하여야만 한다. 장부와 회계기록은 중화인민공화국 재무회계법률, 법규 요구에 부합하여야만 한다.
갑을 쌍방 법정대표인 및 위탁파견한 책임자는 정해진 기간 혹은 영화제작작업 진행을 방해하지 않는 합리적인 상황 하에서 장부와 회계기록을 대조 및 조사한다. 위탁파견된 재무전문가는 갑을 쌍방 법정대표인 및 위탁파견한 책임자에게 정기재무보고를 할 의무가 있으며, 특수한 상황 하에서 임시보고를 제공할 의무가 있다.
본 조의 "합리적인 상황"이라 함은＿＿＿＿＿＿＿＿＿＿＿＿＿＿이다.
"특수한 상황"이라 함은＿＿＿＿＿＿＿＿＿＿＿＿＿＿＿이다.

제11조 갑을 쌍방은 회계연도에 따라 일년에 한 번 결산을 한다. 매 회계연도 결산 시 공동영화제작에 있어서 전면적으로 정확한 회계결산을 해야 한다. 해당연도 회계결산은 본 회계연도 내 이윤 혹은 손실의 순가치를 확정해야 하며, 구체적인 상황을 고려하여 규정한 비율을 회계장부의 임대방 혹은 임차방에 기록해야만 한다.
연도회계 결산 시 만약 공동영화제작 전용계좌 자금총액이 제작작업에 필요한 적립금 총액을 초과하는 경우 갑을 쌍방은 본 계약 부속서 3 규정에 따라 분배를 해야 한다. 어떠한 일방이 공동제작항목에 대해 채무를 지는 경우 우선 받아야 할 배당금액 중에서 채무를 제한다.

제12조 공동영화제작으로 관련된 작품창작, 상업융자, 선전 및 관련법률적용 등에서의 권리 및 파생권리에 대해, 갑을 쌍방은 동등한 권리를 보유하여 관리 및 통제를 한다. 즉 이러한 권리는 반드시 갑을 쌍방의 동의가 일치하여 결정해야만 실시할 수 있다. 동시에 대외선전은 일률적으로 쌍방 명의로 진행한다.
여기의 "권리 및 파생권리"는 총예산, 영화의 주요 제작지점, 영화 및 극본의 명칭, 시나리오 작가, 감독, 배우 등 주요등장인물, 음악제작, 홍보계획, 발행인선택 및 합작상대방에 대한 권리양도 혹은 기타인에게 서비스를 제공하여 인가하는 등의 권리에만 한정되지 않는다.

제13조 영화제작이 완성된 이후 갑이 배송을 책임지고 관련 영화심사기관이 심사하도록 해야 하며, 을은 협조를 해야만 한다. 만약 영화가 영화심사기관의 심사를 통과하여 《영화방영인가증》을 취득할 수 있다면 갑을 쌍방, 제작자, 시나리오 작가, 감독, 배우 등 연기자 및 사의를 표한 단위 등 영화자막 및 관련 파생상품 가운데 서명의 격식, 구체적 위치 및 글자체 크기는 본 계약서 부속서 5에서 상세히 볼 수 있다.
본 계약서 부속서 5로 인하여 발생한 분쟁은 갑을 쌍방이 별도 협상으로 해결한다. 갑을 쌍방의 해당분쟁에 대한 일치된 동의는 본 계약 기타조항의 이행에 영향을 주지 않는다.

제14조 상대방 동의를 거치지 않고 어떠한 일방도 영화 상영 이전에 어떠한 제3자에게 영화정보, 창작인물, 제작진도 등 영화와 관련한 일체정보를 누설하면 아니 된다. 만약 본 계약효력이 발생하지 않으면 어떠한 일방도 계약체결과정에서 알게된 상대방의 영업비밀을 누설하면 아니 된다.

어떠한 일방이 만약 상술한 비밀유지의무를 위반한다면 상대방이 이로 인하여 부담하여야 할 일체의 손실을 배상해야만 한다.

제15조 갑은 을에게 보증해야 하는데 아래 ___ 가지 상황이 여기에 속한다.
1. 《영화제작인가증》취득 및 법에 따른 등록하고 합법적으로 존속한 영화제작단위 ;
2. 이미 제작을 계획한 영화는 《영화제작인가증(단편)》을 취득하며 법에 따라 등록한, 합법적으로 존속하는 영화제작단위일 것

제16조 갑을 쌍방당사자는 아래의 경우 상대방에게 보증해야 한다 :
1. 본 계약을 체결할 능력이 있고 권리가 있으며, 본 계약의 모든 의무를 이행할 때에 그 어떠한 법률상의 장애도 존재하지 않는다 ;
2. 상대방의 서면동의를 거치지 않고 공동영화제작에 관한 어떠한 재산, 자산 및 무형 권리를 저당잡거나 매매하면 아니된다는 사실 ;
3. 상대방의 서면동의를 거치지 않고 영화 내에서의 권익양도 혹은 저당을 잡으면 아니 된다는 사실;
4. 상대방의 서면동의를 거치지 않고 공동영화제작의 자금을 그 어떠한 제3자에게 차관대여를 하면 아니 된다 ;
5. 상대방의 서면동의를 거치지 않고 영화와 관련한 그 어떠한 비용, 책임과 의무가 발생하면 아니 된다. 그렇지 않을 경우 쌍방 당사자와 자체적으로 부담한다 ;
6. _____。

어떠한 일방당사자가 보증을 위반 혹은 보증으로 야기된 배상, 법적 책임 및 상응하는 소송비용 등은 해당당사자가 자체적으로 부담한다.

제17조 공동영화제작을 위해 필수적인 시간, 자금 및 기타 관련의무 이행을 보증하는 전제 하에서, 갑을 쌍방의 어떠한 일방당사자는 모두 영화 이회의 상대방당사자와 독립된 기타 어떠한 유형 및 성질의 영화, TV업계의 상업적 운영에 참여할 수 있다. 그러나 공동제작한 영화와 경쟁관계가 있는 영화 혹은 텔레비전프로그램의 투자항목에 참여하면 아니 된다.

일방당사자가 상술한 상업적 운영에 참여하면 상대방당사자에게 통지할 의무는 없으며, 이 상업적 운영상의 소득에 대해서는 절대적인 소유권을 보유하며, 동시에 상대방당사자에게 상응하는 상업적 투자기회를 제공할 의무는 없다. 어떠한 일방당사자라도 이 때문에 상대방당사자에게 권리를 주장하면 아니 된다.

제18조 만약 본 계약이행기간에 불가항력의 사건이 발생하고 불가항력의 영향을 받아 일방의 의무가 불가항력사건이 지속된 기한 내에 자동적으로 중지되면, 그 이행기한은 자동적으로 연장되며, 연장기간은 중지기간과 동등하다. 해당당사자는 이것으로 인하

여 어떠한 책임도 부담할 필요가 없다.

불가항력의 영향을 제기한 일방당사자는 적시에 서면형식으로 상대방당사자에게 통지를 해야만 하며, 도한 통지송달 이후 ___일 내에 상대방당사자에게 불가항력 발생 및 지속기간의 의 충분한 증거를 제공해야 한다. 쌍방은 불가항력일 경우 즉각 협상을 진행해야 하고, 쌍방이 인가하는 해결방안을 모색하여 불가항력으로 조성된 영향을 최대한 가장 낮게 낮추어야 한다.

본 계약 중의 불가항력이라 함은 예견할 수 없고 피할 수 없고 극복할 수 없어서 본 계약 일방당사자 일부 혹은 전부로 하여금 본 계약의 객관적인 상황을 이행할 수 없도록 하는 것으로서 지진, 태풍, 홍수, 화재, 전쟁, 파업, 폭력, 정부행위, 법률이 규정한 혹은 법률이 적용된 변화 등에만 한정되지는 않는다.

제19조 불가항력사건 혹은 영향이 ___일을 초과하여 지속되고 쌍방이 인가한 해결방안을 달성하지 못하면 어떠한 일방당사자라도 서면형식으로 상대방에게 통지하며 본 계약을 해제할 수 있다.

제20조 쌍방당사자의 착오 때문이 아니라 본 계약 제18조가 규정한 불가항력사건 이외의 쌍방사자가 통제할 수 없는 상황의 출현에는 기상이변 및 영화제작, 감독 및 주연배우 등 등장인물의 발병, 의외의 상해 혹은 사망을 포함하는 것에 한정되지 않으며, 영화제작의 연장을 초래하는 경우 갑을 쌍방당사자는 즉각 보완조치를 취해야 하며, 제작계획을 연기하는 기간을 협상으로 확정한다. 이 때문에 원래 제작계획으로 영화제작을 완성하지 못하는 경우, 갑을 쌍방당사자가 위약책임을 부담할 필요는 없다.

만약 본 조가 규정한 상황이 영화제작으로 하여금 ___일을 초과하여 연기가 되는 경우, 어떠한 일방당사자라도 서면형식으로 상대방에게 통지하여 본 계약을 해제할 수 있다.

제21조 아래상황 가운데 하나가 발생하면 갑은 서면형식으로 을에게 통지하여 본 계약을 해제할 수 있다.
1. 을당사자가 본 계약 제16조 1항이 규정한 보증이 진실되지 않은 경우 ;
2. 을당사자가 본국 법률의 파산, 해산 혹은 취소에 근거하여 법인자격이 취소되는 경우 ;
3. _____.

제22조 아래상황 가운데 하나가 발생하면 을당사자는 서면형식으로 갑당사자에게 통지하여 본 계약을 해제할 수 있다 :
1. 갑당사자가 본 계약 제15조 혹은 제16조 1항이 규정한 보증이 진실하지 않은 경우 ;
2. 갑이 파산, 해산, 혹은 법에 따라 기업법인 영업허가증을 취소당하는 경우 ;
3. 갑이 법에 따라《영화제작인가증》혹은《영화제작인가증(단편)》을 취소당하는 경우 ;
4. _____。

제23조 갑을 쌍방당사자가 약정하여 아래상황 가운데 하나가 발생하는 경우 본 계약은 이행을 중지한다 :
1. 본 계약 제8조가 규정한 계약기한만료 ;
2. 갑을 쌍방당사자가 서면협의를 통해 본계약을 해제하기로 동의가 일치한 경우 ;
3. 갑 혹은 을이 본 계약 제19조, 제20조, 제21조 혹은 제22조의 규정에 따라 본 계약을 해제한 경우 ;
4. 갑을 쌍방의 어떠한 일방당사자가 계약을 엄중히 위반하고, 또한 상대방당사자에게 서면통지한 날로부터 ___일 내에 여전히 보완을 하지 않는 경우, 상대방당사자에 대해 본 계약을 해제할 권리가 있다. 이러한 상황하의 계약중지는 착오가 있는 위약당사자가 위약책임을 부담해야만 하는 것을 제외하지 않는다 ;
5. 영화제작이 완료된 이후 영화심사기관에 보고하여 영화심사기관이 인가한 것이 통과될 수 없거나 수정을 거쳐서도 통과될 수 없는 경우 ;
6. _____。

본 조가 규정한 "계약을 엄중히 위반함"이라 함은 어떠한 일방당사자가 계약에 따라 자금을 전용계좌에 제때 투입할 수 없어 시간이 누적되거나 혹은 연속으로 ___일을 초과하는 경우, 또한 어떠한 일방당사자가 계약에 따라 자금을 전용계좌에 투입할 수 없는 경우 누적액이 총 보증출자금액의 ___%에 도달하는 경우로 한정되지 않는다.

제24조 본 계약 제23조가 규정한 상황 외에 갑을당사자 쌍방은 임의로 본 계약을 해제하면 아니 된다.

제25조 갑을 쌍방이 본 계약이 규정한 의무를 이행하지 않거나 계약대로 이행하지 않는 경우 선별적으로 상응하는 위약책임을 부담한다. 구체적으로 아래와 같다 :
1. 만약 갑이 본 계약 제21조 규정에 의해 본 계약을 해제하면, 영화제작의 진도가 어떠하건 간에 을은 갑에게 이미 투입한 자금의 ___%를 위약금으로 하여 지불하여야만 하며, 또한 이로 인하여 갑에게 조성한 일체의 경제손실을 배상해야 한다.
2. 만약 을이 본 계약 제22조 규정에 따라 본 계약을 해제하면 영화제작의 진도가 어떠하건 간에 갑은 을에게 이미 투입한 자금의 ___%를 위약금으로 지불하여야만 하며, 또한 이로 인하여 을에게 조성한 일체의 경제손실을 배상해야 한다.
3. 만약 본 계약 제23조가 규정한 상황이 출현하지 않는다면 갑을 쌍방의 어떠한 일방당사자는 단독으로 본 계약을 해제하고 영화제작의 진도가 어떠하건 간에 계약을 중지한 당사자가 상대방에게 본 당사자가 이미 투입한 자금의 ___%를 위약금으로 지불하여야만 하며, 또한 이로 인하여 상대방에게 조성한 일체의 경제손실을 배상해야 한다.
4. 갑을 쌍방의 어떠한 일방당사자가 독단적으로 영화시나리오에 대해 변경을 하여 영화

제작이 최종적으로 영화심사기관의 심사를 통과하지 못한다면 독단적으로 수정한 당사자는 상대방에게 이로 인하여 피해를 입은 일체의 경제손실을 배상하여야만 한다.

5. _____。

제26조 본 계약이 일단 중지되면 갑을 쌍방은 본 계약과 관련한 상업활동을 종료하여야만 하며 또한 관련재산에 대해 청산을 진행하여야 한다.

제27조 영화제작을 위해 구매한 자산은 제작이 종료된 이후, 쌍방 재무담당자가 공동으로 명세서를 나열하여 비율에 따라 환산하며, 갑을 쌍방에 반환하거나 쌍방이 동의한 감가상각가격에 따라 판매한다.

제28조 본 계약이 일단 중지되면 영화와 관련한 자산, 수익은 아래순서에 의해 청산을 진행해야 한다 :
1. 청산비용과 창작인원의 임금 및 관련보험 등의 비용지불 ;
2. 세금납부 ;
3. 대외채무 청산 ;
4. 갑을 쌍방이 투입한 자금의 비율에 따라 잉여자산을 배당한다.
처리할 수 없는 재산권리 및 파생권리는 배당하지 않은 공동재산권으로 하여 갑을 쌍방이 공동소유한다.
관련자산으로 발생한 수익이나 손실의 처리는 본 계약 중지 전에 갑을 쌍방이 수익 손실의 배당비율에 따라 부담한다.

제29조 갑을 쌍방의 어떠한 일방당사자가 상대방이 본계약을 이행하지 않은 위약행위에 대해 권리주장을 방치하는 것이, 상대방의 그 이전 혹은 그 이후 기타 위약행위에 대해서도 마찬가지로 권리주장을 방치한 것으로 간주하지는 않는다.

제30조 계약에서 분명히 약정한 배상방식에서 기타배상방식을 배제하지 않는 것은 계약준수당사자가 기타배상방식을 방치한 것으로 간주하지 않는다. 동시에 계약준수당사자는 또한 법정 기타배상방식을 요구할 수 있다.

제31조 갑을 쌍방이 ___년 ___월 ___일에 서명한 甲乙双方于____年____月____日签署的《중외 공동영화제작 합작의향서》는 본 계약서 부속서 6이며, 이 의향서 조항에 만약 본 계약에 위배되는 곳이 존재한다면 본 계약서를 기준으로 한다.

제32조 갑을 쌍방이 본 계약 이행으로 인하여 상호 발송한 혹은 제공한 모든 통지, 문서, 자료 등은 모두 본 계약 속표지에 명시한 통신연락처, 팩스에 따라 이메일 혹은 팩스방식으로 송달하여야 한다. 당사자 일방이 만약 이전 혹은 전화번호 변경을 하는 경

우 서면으로 상대방에게 통지하여야만 한다.

팩스방식으로 팩스를 발송할 때 송달한 것으로 간주한다. 우편방식으로 등기를 보내거나 혹은 우편물을 부친 당일에 송달한 것으로 간주한다.

제33조 갑을 쌍방이 서면문서에 서명을 거치지 않고 본 계약에 대해 변경을 가하면 아니 된다.

제34조 본 계약문서는 ___(갑/을)이 제공하며, 이미 합리적인 방식을 채택하여 상대방이 책임면제 혹은 책임제한조항을 주의하도록 요청하였으며 설명을 하였다. 갑을 쌍방은 본 계약 각 조항의 내용에 대해 충분히 이해하고 협상으로 일치된 동의를 달성하도록 한다.

제35조 본 계약 부속서는 본 계약의 구성부분이다. 본 계약 및 부속서 내 공란부분, 기재한 문자 및 인쇄문자는 동등한 법적 효력을 구비한다.

제36조 갑·을 쌍방은 본 계약의 내용, 해석, 효력의 발생, 효력 및 이행에 관하여 분쟁 발생시 우선 우호적으로 협상하여 해결하여야 한다. 일방이 협상을 원하지 않거나 또는 30일 내에 협상으로 결과를 보지 못한 경우, 임의의 일방은 한국 서울시에 위치한 대한상사중재원에 중재를 신청하여 당해 중재기관의 중재규칙에 따라 중재한다. 중재판정은 최종적인 것이며, 분쟁의 각 당사자에 대하여 법률적인 구속력을 가진다.

제37조 본 계약의 체결, 효력, 해석, 이행 및 분쟁의 해결은 대한민국의 법률을 적용한다. 대한민국의 법률에 규정이 없는 경우 국제 관습을 적용한다.

제38조 업무가 끝나지 않은 것은 쌍방당사자가 별도 협상으로 확정한다.

제39조 본 계약 및 기타 모든 계약 혹은 협의는 서면형식으로 해야 하며, 공동영화제작의 업무기록부에 1부를 남겨야 하고, 갑을 쌍방당사자가 위탁파견한 전문책임자가 서명을 한다.

제40조 본 계약서는 1식 2벌로 쌍방당사자가 각각 1부를 소지하고 동등한 법적 효력을 구비한다.

제41조 본 계약은 갑을 쌍방 법정대표자 혹은 수권대리인이 서명 및 해당기관의 관인(官印) 혹은 계약전용도장을 찍은 날로부터 효력이 발생한다.

제42조 본 계약서는 한국어와 중국어로 작성한다. 한국어 계약은 1식 2부로 작성하여, 갑·을 쌍방이 각 1부를 보관하고, 중국어 계약은 1식 2부로 작성하여, 갑·을 쌍방이 각 1부를 보관한다. 각 언어의 계약서는 동등한 법적 효력을 가진다. 두가지 언어로 작

성된 계약서의 의미가 상충하는 경우, 한국어 계약서를 기준으로 한다.

제43조 본 계약은 갑을 쌍방이 중화인민공화국_____에서 서명한다.

갑 : (서명)_____ 을 : (서명)_____
법정대표 : _____ 법정대표 : _____
위탁대리인 : _____ 위탁대리인 : _____
____년____월____일 ____년____월____일

Ⅲ. 중외공동영화제작계약분석

- 본 계약서 외에 중국변호사 수정용으로 사용되는 별도의 계약서가 있다. 影视合同范本(影视制作合同)이라는 계약서가 그것으로 영화와 관련해서는 대표적으로 影视合同范本 내에 影视制作合同, 影视剧合作拍摄合同이 있고, 그 외에 TV 드라마와 관련해서는 电视剧品牌植入合作合同范本, 电视剧剧本委托创作合同范本 등이 있다.

- 선수금지급이 필요하며 최초납입금액은 총금액의 ___%, RMB_____위안(즉 인민폐_____위안 整)으로 하며, 갑이 계약효력발생 당일에 을에게 지불하여 을이 조기에 영화제작에 착수하도록 한다.

- 影视剧合作拍摄合同, 영화 합작제작계약서에서는 예산 및 투자 Chapter에서 갑이 인원배치와 촬영설비를 책임지고 총투자예산의 ___%를 점한다는 것을 기재하도록 하였다.

- 중국에서 정식 계약문서 외에 추가협의사항 및 첨부가 필요한 사항이 있으면 부속서에 해당내용을 기재한다. 따라서 부속서 내용을 반드시 확인하여야 하며, 계약서와 부속서를 동등하게 다루어야 한다.

- 만약 갑이 을에 영화제작 관련자료 교부를 기한을 초과하거나, 선수금 지불기한을 초과하는 경우 제작기한은 이에 상응하게 연장할 수 있다. 만약 천재지변이나 날씨 등 불가항력적 요소로 인하여 제작시간이 연장되면 쌍방이 우호적으로 해결해야 한다. 즉 제작비용을 추가할 필요가 있거나 제작기한에 대한 협상이 별도로 필요한 경우 추가협의를 하여 부속서에 기재해야 한다.

- 影視剧合作拍摄合同 제2조 투자방식에서는 화폐에 의한 직접투자 혹은 노무, 현물, 광고시간 등의 할인가격(감가상각)을 투자로 한다. 이상의 투자금액을 쌍방이 지정한 계좌에 지불한다. 개설은행명과 계좌번호, 계약체결 이후 ____작업일 이내에 쌍방이 계약금____위안(대문자:____)을 지불한다. 만약 일방이 제때 계약금을 지불하지 않으면 다른 당사자는 일방적으로 본 계약서를 중지할 권리가 있고 제3자와 유사한 계약서를 체결할 권리가 있다고 규정하였다.

- 影視剧合作拍摄合同 제2조 투자방식에서는 영화제작이 확정된 이후 크랭크 전 일주일 이내에 갑을 쌍방은 투자잔금을 모두 납부해야 한다. 그렇지 않을 경우 위법으로 간주하여 피해입은 당사자측은 위약방에게 손해배상을 요구할 권리가 있다. 갑을 쌍방은 제때 충분히 각자의 출자의무를 이행하여야 한다. 그렇지 않을 경우 자동적으로 이 영화의 공동제작 참여의 어떠한 권리도 방치하는 것으로 간주되며, 또한 상대방이 이로 인하여 입은 일체의 경제적 유무형 손실도 배상해야 한다.

- 影視剧合作拍摄合同 제4조 촬영과 후기제작부분에서는 크랭크인 시간, 크랭크 중지 시간, 작품출품시간을 명기하도록 하였다.

- 갑은 을이 제작한 영화관련문서에 대해 계약 부속서, 을이 제공한 홍보용 계획안의 기준에 따라 대조를 하고 결론을 내도록 한다.

- 해당 영화문서는 중국어 병음표기와 도면, 음악, 영상에 착오가 없어야 한다.

- 중국은 정기보고, 분기별보고 외에 유사시 임시보고를 개최하도록 규정하고 있다.

- 합리적인 상황 및 특수한 상황을 계약 당사자간의 합의로 해두는 것 외에 입법화하여 그 범위를 보다 명확히 할 필요가 있다.

- 영화제작요구, 즉 영화제작시 자료제공 요구와 관련해서는 당사자 갑은 당사자 을에게 갑의 관련제품, 기업의 고유문자, 영화에 필요한 기업문자, 도면, 주소, 전화번호 등의 자료를 제공해야 한다.

- 갑에게 영화제작이 교부되면 해당영화의 판권은 갑 소유로 귀속된다. 갑은 영화반포권을 향유하며, 출판권과 원저작물 소재권을 가질 권리도 소유한다.

- 을이 제공한 기술지수는 갑 영화제작요구가 확정한 기준보다 낮아서는 아니된다.

- 을은 작품 전체의 창의성, 번역, 대만 번체자 및 영문자 표기, 광동어 및 북경어자막 기재를 책임진다.

- 影視劇合作拍攝合同 제5조는 서명권에 대한 내용으로 갑을 쌍방당사자, 제작자, 편집장, 감독, 배우 등 연기자 및 음향단위 등 TV 자막 및 관련 파생상품 가운데의 서명의 격식과 구체적 위치, 글자체 크기 등은 갑을 쌍방이 중국의 관련규정에 따라 협의로 결정한다. 서명으로 발생하는 분쟁은 갑을 쌍방이 별도 협상으로 해결한다. 갑을 쌍방의 분쟁에 대한 일치된 동의는 본 계약 기타조항의 이행에 영향을 끼치지 않는다.

- 影視劇合作拍攝合同 제6조는 프로듀서에 대한 내용으로 갑을 쌍방이 공동으로 지정 파견하고 TV 드라마의 제작 참가를 임면하거나 일방당사자가 지정파견 및 고용을 담당한다. 그러나 지정파견 및 담임을 하는 제작자는 반드시 상대방당사자의 인가를 거쳐야만 한다.

Ⅳ. 중외공동영화제작계약서 조건표

	중국어	한국어	영어	일본어
1	改编	각색	Dramatization	脚色
2	附件	부속서	Annex	附属書
3	委派	위탁파견	To be dispatched consignment	委託派遣
4	拍摄	영화제작	Film-making	映画制作
5	票据	수표	Check	小切手
6	拍摄电影片专用账户	영화제작전용계좌	Filmmaking only account	映画制作専用口座
7	支取程序	출금절차	Withdrawal procedure	出金手続き
8	联合摄制电影片	공동영화제작	Joint and filmmaking	共同映画制作
9	搭建的场景布置	빌드의 현장배치	Build the field configuration	ビルドの現場配置
10	提前终止	사전종료	Prior termination	事前終了
11	协议存续期限	협의의 존속기한	Consultation deadline for the duration	協議の存続期限
12	净值	순자산액	Amount of net assets	純資産額

13	定期财务报表	정기재무보고	Regular financial reporting	定例の財務報告
14	月报	월별보고	The monthly report	月別報告
15	季报	분기별 보고	Quarterly report	四半期別の報告
16	年报	연간보고	Reporting year	年度報告
17	临时报表	임시 재무보고	Interim financial report	臨時財務報告
18	亏损的净值	손실의 순가치	The net value of loss	損失のスンカチ
19	贷方	임대인	Lessor	賃貸人
20	借方	임차인	Lessee	賃借人
21	储备资金	적립금	Accumulated fund	積立金
22	剧本	극본	Script	脚本
23	编剧	시나리오 작가	Screenwriter	シナリオ作家
24	鸣谢单位	사의를 표한 기관	Institutions that wish to thank you	謝意を示した機関
25	摄制电影片许可证	영화제작인가증	The recognition and filmmaking	映画製作認可証
26	抵押	저당	Mortgage	抵当
27	总承诺出资额	총 출자보증금액	The total investment amount guaranteed	総出資保証金額
28	清单	명세서	Specification	明細書
29	中外联合摄制电影片合作意向书	중외공동영화제작 합작의향서	Communal moviemaking all parts of the joint bids	中外共同映画制作の合弁意向書

V. 영화배우 고용계약서(중문)

电影演员聘用合同(经纪公司)

同编号：＿＿＿＿＿＿＿＿＿＿

甲方：＿＿＿＿＿＿＿＿＿＿＿
法定住址：＿＿＿＿＿＿＿＿＿
法定代表人：＿＿＿＿＿＿＿＿
职务：＿＿＿＿＿＿＿＿＿＿＿
委托代理人：＿＿＿＿＿＿＿＿
身份证号码：＿＿＿＿＿＿＿＿
通讯地址：＿＿＿＿＿＿＿＿＿＿＿＿＿
邮政编码：＿＿＿＿＿＿＿＿＿
联系人：＿＿＿＿＿＿＿＿＿＿
电话：＿＿＿＿＿＿＿＿＿＿＿
电挂：＿＿＿＿＿＿＿＿＿＿＿＿＿＿＿
传真：＿＿＿＿＿＿＿＿＿＿＿
帐号：＿＿＿＿＿＿＿＿＿＿＿
电子信箱：＿＿＿＿＿＿＿＿＿

乙方：＿＿＿＿＿＿＿＿＿＿＿
法定住址：＿＿＿＿＿＿＿＿＿
法定代表人：＿＿＿＿＿＿＿＿
职务：＿＿＿＿＿＿＿＿＿＿＿
委托代理人：＿＿＿＿＿＿＿＿
身份证号码：＿＿＿＿＿＿＿＿
通讯地址：＿＿＿＿＿＿＿＿＿＿＿＿＿
邮政编码：＿＿＿＿＿＿＿＿＿
联系人：＿＿＿＿＿＿＿＿＿＿
电话：＿＿＿＿＿＿＿＿＿＿＿
电挂：＿＿＿＿＿＿＿＿＿＿＿＿＿＿＿
传真：＿＿＿＿＿＿＿＿＿＿＿

帐号：_____
电子信箱：_____

鉴于：

1. 甲方是依法注册成立并取得合法从事电影片制作资格的电影制作单位，甲方计划摄制电影片《_____》(下称电影片)；乙方是依法注册成立的经纪公司，_____为乙方签约演员，乙方有权代表该演员签订本聘用合同；

2. 乙方的签约演员是具有完全民事行为能力的自然人并且该演员是具有一定表演经验的影视演员，在多部影视剧中出演过重要角色；因此甲方决定聘用该演员在其计划摄制的电影片中担任_____(角色)，乙方表示同意。鉴于此，双方本着自愿、平等、互惠互利、诚实信用的原则，经充分友好协商，订立如下合同条款，以资共同恪守履行：

第一条 出演角色

在电影片中演员所担任的角色为_____。演员应具有娴熟的演技，在拍摄过程中应利用肌体、语言、情感以及外在的道具等尽力地体验角色的情感，动情投入剧集之中。

第二条 工作期限

乙方应于_____年_____月_____日前指派演员到达甲方指定地点，向甲方报到。演员工作正式开始。

演员工作结束的时间按下列第_____种方式确定：

1. 需演员出演的剧情全部拍摄完毕之日；
2. 电影片停机之日；
3. 电影片后期录音制作完成之日；
4. _____。

第三条 定金

甲方应于本合同签署之日向乙方支付定金_____元，本合同得以实际履行之日即乙方工作开始之日，此定金自动转为甲方向乙方支付的酬金。

若因甲方原因导致本合同未得以实际履行，甲方无权要求乙方返还定金；若因乙方原因导致本合同未得以实际履行，乙方应双倍返还定金。

第四条 报酬及支付

甲方应向乙方支付_____（税前／税后）酬金_____元，自演员工作正式开始之日起_____日内支付全部酬金的百分之_____（_____元，包含已支付的定金），演员工作结束之日起_____日内支付全部酬金的百分之_____（_____元）。

甲方以支票或银行转账之形式向乙方支付报酬。

乙方的银行资料如下：开户行：_____；户名：_____；账号：_____。

甲方应将定金和酬金直接支付至乙方，演员无权就其依据本合同为甲方提供的工作向甲方索取任何性质的酬金，本合同另有规定的除外。

第五条 提供剧本

甲方应于本合同签署之日起_____日内向演员提供电影片的文学剧本及其他与电影片拍摄相关的资料。演员接到剧本后，应认真揣摩剧中的人物角色，为拍摄做好各项准备工作。

第六条 参与筹备工作

在电影片开机之前，甲方有权要求演员参加拍摄筹备会、试装、试拍等拍摄筹备期内需演员参与的工作，无需另行向乙方支付酬金。乙方应协调演员的档期，确保演员能够参加上述筹备期工作。

第七条 参加其他摄制工作

在电影片停机之后，甲方有权要求演员参加配音、补拍、重拍等不超出演员专业职责范围的电影片的其他摄制工作，但累计不得超过_____天，否则，每超过一天应向乙方支付_____（税前／税后）酬金_____元。乙方应协调演员的档期，确保演员能够参加上述摄制工作。

第八条 工作要求

演员在工作过程中应接受甲方的指导和管理，遵守甲方制定的规章、制度。但甲方不得干预演员的正当权限或违反行业惯例。甲方有权随时检查演员的工作，但不得影响演员的正常工作，演员应予以配合。演员工作正式开始之日至演员工作结束之日，演员应专职为甲方工作，不得参演与该电影片内容相类似的其他影视作品。演员如违反此规定，应向甲方支付_____元的违约金。演员应于其工作结束之日起_____日内将甲方向其提供的文学剧本及相关资料全部归还甲方或按照甲方的要求将其销毁。

第九条 著作权及署名权

甲方依法享有电影片的著作权。若电影片得以拍摄并成功发行，演员依法享有在电影片及相关衍生产品中的署名权。演员署名的格式、具体位置及字体大小由甲乙双方根据国家的相关规定协商决定。

第十条 姓名、肖像的使用

甲方有权无偿使用或许可播放者、发行者在电影片、电影片的衍生产品、电影片的宣传片或预告片使用演员的姓名和肖像。但仅限于电影片推广、宣传之目的。

第十一条 参加宣传活动

甲方有权要求演员参加电影片的开机仪式、首映式以及其他宣传活动，无需就此向乙方支付酬金。乙方应当积极参加并配合甲方的有关宣传活动。甲方要求演员参加的宣传活动最多不超过_____次；否则，每超过一次应向乙方支付_____(税前/税后)酬金_____元，乙方亦有权拒绝甲方要求。

第十二条 其他费用承担

从演员工作正式开始之日起至演员工作结束之日止，甲方应负责安排演员工作所需的住宿、饮食和交通，费用由甲方承担。若甲方要求演员到国内其他拍摄场地工作，甲方应承担往返交通费用。若甲方要求演员到国外的拍摄场地工作，甲方应负责办理相关证件和手续并承担一切费用。

甲方要求演员参加本合同规定的工作以及电影片的宣传活动，应承担演员食宿及往返交通费用。

第十三条 提供剧装
演员在电影片中的服装、道具、化装造型等均由甲方负责提供。

第十四条 保险
为确保演员在表演过程中的人身、财产安全，甲方应为演员办理商业保险，

具体包括：_____。

第十五条 双方保证
甲方：
1、保证其为取得《摄制电影许可证》并经依法注册和合法存续的电影制片单位；
2、保证已就计划拍摄的电影片取得《摄制电影片许可证(单片)》并经依法注册和合法存续的法人单位；
3、保证电影片不会包含任何侵害乙方、演员合法权益或者违反国家法律禁止性规定的内容；
4、在签署本合同时，任何法院、仲裁机构、行政机关或监管机构均未作出任何足以对甲方履行本合同产生重大不利影响的判决、裁定、裁决或具体行政行为；
5、甲方为签署本合同所需的内部授权程序均已完成，本合同的签署人是甲方法定代表人或授权代表人。本合同生效后即对合同双方具有法律约束力。

乙方：
1、乙方保证其为依法注册成立并合法存续的具有文化经纪资格的经纪公司；
2、乙方与演员依据《中华人民共和国劳动法》的规定建立了劳动关系并订立了劳动合同，演员在本合同中的工作结束之前，其与演员之间的劳动合同持续有效(或者：乙方与导演依据《中华人民共和国合同法》的规定订立了委托代理合同，导演在本合同中的工作结束之前，其与导演之间的委托代理合同持续有效)；
3、保证在本合同签署之前，不存在任何针对演员的权利纠纷、索赔或者诉讼；
4、在本合同规定的演员的工作期限内，乙方不会使演员受聘于与该电影片内容类似的影视作品的拍摄；
5、保证演员有能力履行本合同下的所有义务；
6、保证演员履行本合同下的所有义务，皆不存在任何法律上的障碍。

第十六条 甲方的除外责任

若乙方与演员之间为劳动关系,乙方作为演员的用人单位,应为演员办理养老、失业、医疗等社会保险,依法履行《中华人民共和国劳动法》及其与演员订立的劳动合同规定的由用人单位承担的其他义务。若乙方未依法履行其作为演员用人单位的相关义务,由此引起的一切后果由乙方自行承担;乙方与演员之间的劳动关系纠纷一概与甲方无关。

若乙方与演员之间为委托代理关系,乙方与演员因委托代理合同所产生的纠纷亦与甲方无关。

第十七条 乙方与演员的连带责任

在本合同生效期间内,不论因乙方或演员任何一方的原因导致乙方与演员订立的劳动合同(或委托代理合同)终止,演员仍应继续履行本合同;若演员因其与乙方订立的劳动合同(或委托代理合同)终止而拒绝继续履行本合同,由此给甲方造成的一切损失,乙方与演员应承担连带赔偿责任。

第十八条 合同的解除

发生下列情形之一,甲乙双方可以通过书面形式解除本合同:
1、演员因自身原因不能履行本合同规定的义务,累计或连续超过_____天;
2、甲乙双方在本合同中所作保证不真实或为实现的;
3、演员部分或完全丧失民事行为能力致使其不能继续履行本合同;
4、甲方拖欠乙方酬金累计达到乙方全部应得酬金的百分之_____,经乙方催告后,仍不履行支付义务的;
5、甲乙双方破产、解散或被依法吊销企业法人营业执照;
6、甲方被依法吊销《摄制电影许可证》或《摄制电影片许可证(单片)》。

第十九条 合同的终止

本合同在下列任一情形下终止:
1、电影片后期制作完毕,甲乙双方另有约定的除外;
2、甲乙双方通过书面协议解除本合同;
3、因不可抗力致使合同目的不能实现的;
4、在委托期限届满之前,当事人一方明确表示或以自己的行为表明不履行合同主要义务的；
5、当事人一方迟延履行合同主要义务，经催告后在合理期限内仍未履行；
6、当事人有其他违约或违法行为致使合同目的不能实现的；

第二十条 保密

未经甲方同意，乙方或演员均不得在电影片公映之前向任何第三方泄漏剧情、演员、拍摄进度等与电影片相关的一切信息。若本合同未生效，乙方或演员均不得泄露在签约过程中知悉的甲方的商业秘密。

乙方或演员保证对在讨论、签订、执行本协议过程中所获悉的属于甲方的且无法自公开渠道获得的文件及资料(包括商业秘密、公司计划、运营活动、财务信息、技术信息、经营信息及其他商业秘密)予以保密。未经甲方同意，乙方或演员不得向任何第三方泄露该商业秘密的全部或部分内容。但法律、法规另有规定或双方另有约定的除外。保密期限为_____年。

乙方或演员若违反上述保密义务，乙方和演员应对甲方因此而遭受的损失承担连带赔偿责任。

第二十一条 通知

1、根据本合同需要一方向另一方发出的全部通知以及双方的文件往来及与本合同有关的通知和要求等，必须用书面形式，可采用_____(书信、传真、电报、当面送交)方式传递。以上方式无法送达的，方可采取公告送达的方式。
2、各方通讯地址如下：_____。
3、一方变更通知或通讯地址，应自变更之日起_____日内，以书面形式通知对方；否则，由未通知方承担由此而引起的相关责任。

第二十二条 合同的变更

本合同履行期间，发生特殊情况时，甲、乙任何一方需变更本合同的，要求变更一方应及时书面通知对方，征得对方同意后，双方在规定的时限内(书面通知发出_____天内)签订书面变更协议，该协议将成为合同不可分割的部分。

未经双方签署书面文件，任何一方无权变更本合同，否则，由此造成对方的经济损失，由责任方承担。

第二十三条 合同的转让
除合同中另有规定外或经双方协商同意外，本合同所规定双方的任何权利和义务，任何一方在未经征得另一方书面同意之前，不得转让给第三者。任何转让，未经另一方书面明确同意，均属无效。

第二十四条 争议的处理
1、本合同的订立、效力、解释、履行和争议的解决均适用大韩民国的法律，大韩民国法律没有规定的，适用国际惯例。
2、甲乙双方就本合同的内容，解释，生效，效力和履行而发生争议，应先友好协商解决，任何一方不愿协商或者在30天内协商未果的，任何一方均可向位于韩国首尔市大韩商事仲裁院申请仲裁解决，照该仲裁机构当时有效的仲裁规则进行仲裁，仲裁裁决是终局性的，对争议各方具有最终的法律拘束力。

第二十五条 不可抗力及意外事件
不可抗力：
1、如果本合同任何一方因受不可抗力事件影响而未能履行其在本合同下的全部或部分义务，该义务的履行在不可抗力事件妨碍其履行期间应予中止。
2、声称受到不可抗力事件影响的一方应尽可能在最短的时间内通过书面形式将不可抗力事件的发生通知另一方，并在该不可抗力事件发生后_____日内向另一方提供关于此种不可抗力事件及其持续时间的适当证据及合同不能履行或者需要延期履行的书面资料。声称不可抗力事件导致其对本合同的履行在客观上成为不可能或不实际的一方，有责任尽一切合理的努力消除或减轻此等不可抗力事件的影响。
3、不可抗力事件发生时，双方应立即通过友好协商决定如何执行本合同。不可抗力事件或其影响终止或消除后，双方须立即恢复履行各自在本合同项下的各项义务。如不可抗力及其影响无法终止或消除而致使合同任何一方丧失继续履行合同的能力，则双方可协商解除合同或暂时延迟合同的履行，且遭遇不可抗力一方无须为此承担责任。当事人迟延履行后发生不可抗力的，不能免除责任。
4、本合同所称不可抗力是指受影响一方不能合理控制的，无法预料或即使可预料到也不可避免且无法克服，并于本合同签订日之后出现的，使该方对本合同全部或部分的履行在客观上成为不可能或不实际的任何事件。此等事件包括但不限于自然灾害如水灾、火灾、旱灾、台风、地震，以及社会事件如战争(不论曾否宣战)、动乱、罢工、政府行为或法律规定等。

意外事件:
1、非因双方当事人过错,出现本条第一款规定的不可抗力事件以外的甲乙双方不能控制的情况,包括但不限于天气反常以及电影片导演或其他主要演员生病、受到意外伤害或死亡等,致使电影片的拍摄迟延,甲方应立即采取补救措施,并将拍摄计划顺延的时间书面通知乙方;因此而未能按原拍摄计划完成电影片的拍摄,乙方无需承担违约责任。
2、若本条规定的情况致使电影片的拍摄迟延超过_____天,任何一方皆可通过书面形式通知对方而解除本合同。

第二十六条 合同的解释

本合同的理解与解释应依据合同目的和文本原义进行,本合同的标题仅是为了阅读方便而设,不应影响本合同的解释。

第二十七条 补充与附件

本合同未尽事宜,依照有关法律、法规执行,法律、法规未作规定的,甲乙双方可以达成书面补充合同。本合同的附件和补充合同均为本合同不可分割的组成部分,与本合同具有同等的法律效力。

第二十八条 合同的效力

本合同自双方或双方法定代表人或其授权代表人签字并加盖单位公章或合同专用章之日起生效。

有效期为_____年,自_____年____月____日至_____年____月____日。

本合同正本一式_____份,双方各执_____份,具有同等法律效力。

甲方(盖章):_____   乙方(盖章):_____
法定代表人(签字):_____   法定代表人(签字):_____
委托代理人(签字):_____   委托代理人(签字):_____
签订地点:_____   签订地点:_____
_____年___月___日   _____年___月___日

附件：

电影演员承诺书

致_____(《电影演员聘用合同(经纪公司)》)之甲方，下称甲方)：

鉴于甲方将要(或已经)与本人用人单位即_____(《电影演员聘用合同(经纪公司)》之乙方，下称乙方)签订《电影演员聘用合同(经纪公司)》，聘用本人出演甲方计划(正在)摄制的电影《_____》(下称电影)中的_____角色，本人特在此作出承诺如下：

一、本人愿意接受乙方的指派，出演电影的相关角色。
二、本人与乙方已根据《中华人民共和国劳动法》的规定建立了劳动关系并订立有劳动合同，且该劳动合同的期限尚未届满；依据此劳动合同，乙方有权与甲方签订《电影演员聘用合同(经纪公司)》(或者：本人与乙方已根据《中华人民共和国合同法》的规定订立了委托代理合同；该委托代理合同在乙方与甲方签订《电影演员聘用合同(经纪公司)》时仍然有效，乙方有权与甲方签订《电影演员聘用合同(经纪公司)》)。
三、本人完全清楚、理解并接受甲方将要(或已经)与乙方签订的《电影演员聘用合同(经纪公司)》的所有条款；若此合同得以签署并生效，本人将依法遵守并履行应由本人履行的条款。
四、本人有能力出演电影的角色，且本人出演电影的角色不存在任何法律上的障碍。本人在签署本合同时，任何法院、仲裁机构、行政机关或监管机构均未作出任何足以对本人履行本合同产生重大不利影响的判决、裁定、裁决或具体行政行为。
五、本人保证在与甲方签订的《电影演员聘用合同(经纪公司)》中约定的工作期限内，不会参演与该电影内容类似的其他影视作品的拍摄。
六、本人保证向剧组提供的本人的相关资料均为真实、合法、有效，不存在任何虚假。
七、不论因本人或乙方任何一方的原因导致本人与乙方订立的劳动合同(或委托代理合同)终止或无效，本人仍将依法遵守并履行甲方与乙方签署并生效的《电影演员聘用合同(经纪公司)》。
八、本人同意甲方将与本人《电影演员聘用合同(经纪公司)》中约定的酬金直接向乙方支付，除非本人与乙方订立的劳动合同(或委托代理合同)终止或无效，本人不会向甲方索取任何性质的酬金。
九、无论因何原因导致本人与乙方订立的劳动合同(或委托代理合同)终止或无效，本人将于该劳动合同(或委托代理合同)终止或无效之日起_____日内向甲方出具该劳动合同(或委托代理合同)终止或无效的书面证明,否则,本人无权要求甲方直接向本人支付截至甲方收到书面证明之日尚未发生的酬金。

十、本人若违反上述任何一项承诺,愿意承担相应的赔偿责任

演员(签字):＿＿＿＿＿

＿＿＿＿＿年＿＿月＿＿日

电影演员聘用合同(经纪公司)之补充协议

合同编号:＿＿＿＿＿

甲方:＿＿＿＿＿　　　　　　　乙方:＿＿＿＿＿
法定住址:＿＿＿＿＿　　　　　法定住址:＿＿＿＿＿
法定代表人:＿＿＿＿＿　　　　法定代表人:＿＿＿＿＿
职务:＿＿＿＿＿　　　　　　　职务:＿＿＿＿＿
委托代理人:＿＿＿＿＿　　　　委托代理人:＿＿＿＿＿
身份证号码:＿＿＿＿＿　　　　身份证号码:＿＿＿＿＿
通讯地址:＿＿＿＿＿　　　　　通讯地址:＿＿＿＿＿
邮政编码:＿＿＿＿＿　　　　　邮政编码:＿＿＿＿＿
联系人:＿＿＿＿＿　　　　　　联系人:＿＿＿＿＿
电话:＿＿＿＿＿　　　　　　　电话:＿＿＿＿＿
电挂:＿＿＿＿＿　　　　　　　电挂:＿＿＿＿＿
传真:＿＿＿＿＿　　　　　　　传真:＿＿＿＿＿
帐号:＿＿＿＿＿　　　　　　　帐号:＿＿＿＿＿
电子信箱:＿＿＿＿＿　　　　　电子信箱:＿＿＿＿＿

鉴于:甲乙双方于＿＿＿＿＿年＿＿＿＿＿月＿＿＿＿＿日签署了《电影演员聘用合同(经纪公司)》,甲方聘用乙方签约的演员在其计划摄制的电影《＿＿＿＿＿》(以下简称电影)中出演＿＿＿＿＿(角色),因电影剧情需要演员裸体或半裸体出演,甲乙双方经充分协商,达成如下条款,作为《电影演员聘用合同(经纪公司)》之补充协议,以资共同遵守。

第一条　根据剧情需要,演员可能被要求在电影中以裸体或半裸体出演或其所表演的电影剧本中有相关性行为的情节描写。演员在电影中裸露的程度及性行为情节所

要求的身体接触方式,由甲乙双方另行商定。

第二条 演员同意按照本协议第一条的要求出演相关角色。

第三条 甲方要求演员按照本补充协议第一条规定所出演的相关角色不得违反国家有关法律、法规、规章及其他规范性文件的规定,也不得违反社会的公序良俗,否则,演员有权拒绝出演,因此造成的损失由甲方自行承担。

第四条 甲方保证其所拍摄的电影中不会包含任何侵害乙方及演员合法权益的内容。

第五条 乙方保证其有权代表演员签订本协议,并保证演员有能力履行本协议下的各项义务,不存在任何法律上的障碍。

第六条 演员可以选择由替身代替其完成第一条描述的相关情节的拍摄,但必须经甲方同意,替身演员的酬金由＿＿＿＿(甲方／乙方)承担。

第七条 本协议未涉及的事项,以《电影演员聘用合同(经纪公司)》的规定为准。

第八条 争议的处理
甲乙双方在履行本协议的过程中所发生的争议,按照《电影演员聘用合同(经纪公司)》中所规定的争议条款的相关内容来解决。

第九条 本协议自双方或双方法定代表人或其授权代表人签字并加盖单位公章或合同专用章之日起生效

有效期为＿＿＿＿年,自＿＿＿＿年＿＿＿月＿＿＿日至＿＿＿＿年＿＿＿月＿＿＿日。

本协议正本一式＿＿＿＿份,双方各执＿＿＿＿份,具有同等法律效力。

甲方(盖章):＿＿＿＿＿＿＿＿   乙方(盖章):＿＿＿＿＿＿＿＿

法定代表人(签字):＿＿＿＿＿＿＿＿   法定代表人(签字):＿＿＿＿＿＿＿＿

委托代理人(签字):＿＿＿＿＿＿＿＿   委托代理人(签字):＿＿＿＿＿＿＿＿

签订地点:＿＿＿＿＿＿＿＿   签订地点:＿＿＿＿＿＿＿＿

＿＿＿＿年＿＿＿月＿＿＿日   ＿＿＿＿年＿＿＿月＿＿＿日

Ⅵ. 영화배우 고용계약서(한글)

영화배우 고용계약(중개회사)

계약번호: _____

당사자 갑: _____
법정주소: _____
법정대표: _____
직무: _____
위탁대리인: _____
신분증번호: _____
주소: _____
우편번호: _____
관련인: _____
전화: _____
수신자주소: _____
팩스: _____
계좌번호: _____
이메일: _____

당사자 을: _____
법정주소: _____
법정대표: _____
직무: _____
위탁대리인: _____
신분증번호: _____
주소: _____
우편번호: _____
관련인: _____
전화: _____
수신자주소: _____

팩스: _____
계좌번호: _____
이메일: _____

감안해야 할 사항:

1. 당사자 갑은 법에 따른 등록으로 합법적으로 영화제작에 종사할 자격을 획득한 영화제작단위로서 당사자 갑은 영화 〈　　　〉(이하 영화라고 호칭한다)을 제작촬영하기로 한다. 당사자 을은 법에 따라 등록설립한 중개회사로서 _____이 당사자 을의 계약체결배우가 되며 당사자 을은 해당 배우를 대표하여 본 임용계약을 체결할 권리가 있다.

2. 당사자 을의 계약체결배우는 완전한 민사행위능력을 구비한 자연인이며 또한 해당배우는 일정한 배우경력을 지닌 영화배우이어야 하고, 여러 영화에서 중요한 배역을 담당한 경력이 있어야 한다. 이 때문에 당사자 갑이 해당배우를 고용하여 촬영을 계획하고 있는 영화에서 _____배역을 맡기기로 결정하면 당사자 을은 동의를 표시하도록 한다. 이를 고려하여 당사자 쌍방은 자원, 평등, 호혜, 신의성실원칙에 입각하여 충분히 상호 우호적인 협상을 거쳐 아래 계약조항을 체결함으로써 공동으로 이행을 철저히 준수한다.

제1조 출연배역

영화에서 배우가 맡은 배역은 _____이다. 배우는 숙련된 연기를 구비해야 하며 촬영과정 중 신체, 언어, 감정 및 외재된 도구 등을 이용하여 최대한 배역의 감정을 구현하고 그 느낌을 극 안으로 투입하여야 한다.

제2조 작업기한

당사자 을은 _____년_____월_____일 전에 배우를 당사자 갑이 지정한 지점까지 파견해야 하며, 당사자 갑에 통보를 한다. 배우작업은 이때 정식으로 시작한다.

배우작업이 끝나는 시간은 아래 _____가지 방식 가운데 확정한다:

1. 배우가 출연한 시나리오 전체 촬영이 끝나는 날
2. 영화촬영 종료일
3. 영화 후기 녹음제작완성일

제3조 선계약금

당사자 갑은 본 계약 체결일에 당사자 을에게 선계약금 _____위안을 지불해야 한다. 본 계약이 실제 이행한 날은 당사자 을이 업무를 시작한 날이어야 하며, 이 선계약금은 자동적으로 당사자 갑이 당사자 을에게 지불한 금액으로 전환된다.

제4조 보수 및 지불

당사자 갑은 당사자 을에게 (세전/세후) 금액 _____위안을 지불하며, 배우 작업을 정식으로 시작한 날부터 _____일 이내로 전체금액의 ____% (_____위안, 이미 지불한 선계약금 포함)를 지불하고, 배우작업이 종료된 날부터 _____일 이내에 전체금액의 _____% (_____위안)를 지불한다.

당사자 갑은 수표 혹은 은행지로형식으로 당사자 을에게 보수를 지불한다.

당사자 을의 은행자료는 아래와 같다: 개설은행명:_____ 성명:_____

계좌번호:_____

제5조 시나리오 제공

당사자 갑은 본 계약 체결일부터 _____일 이내에 배우에게 영화시나리오대본과 기타 영화촬영과 관련된 자료를 제공해야만 한다. 배우는 시나리오를 받은 이후 진지하게 극중인물배역을 연구하여 촬영준비를 잘 하여야 한다.

제6조 참여 및 준비작업

영화촬영 시작 전에 당사자 갑은 배우가 촬영준비회, 분장, 시범촬영 등 촬영준비기간 내에 배우의 참여가 필요한 작업에 참가하도록 요구할 권리가 있고, 별도로 당사자 을에 금액을 지불할 필요가 없다. 당사자 을은 배우로 활동하는 기간에 협조를 해야만 하며 배우가 상술한 준비작업에 참가할 수 있도록 하여야 한다.

제7조 기타촬영작업 참가

영화촬영 종료 이후 당사자 갑은 배우가 더빙, 추가촬영, 재촬영 등 배우의 전공분야를 초과하지 않는 범위 내 영화의 기타촬영제작작업에 참가하도록 요구할 권리가 있다. 다만 누적일이_____일을 초과하면 아니 된다. 그렇지 않은 경우 해당일을 기준으로 하루를 초과할 때마다 당사자 을에게 _____(세전/세후) 금액 _____위안을 지불해야만 한다. 당사자 을은 배우의 촬영기간에 협조하여야 하며, 배우가 상술한 촬영작업에 참가할 수 있도록 하여야 한다.

제8조 작업요구

배우는 작업과정 중 당사자 갑의 지도와 관리를 받아야만 하며 당사자 갑이 제정한 규장과 제도를 준수해야 한다. 그러나 당사자 갑은 배우의 정당한 권한을 간여하거나 혹은 해당분야 관례를 위반하면 아니 된다. 당사자 갑은 배우의 작업을 언제든지 수시로 검사할 권리가 있다. 그러나 배우의 정상적인 업무에 영향을 주면 아니 되며, 배우는 이에 협력을 해야 한다. 배우업무가 정식으로 시작한 날로부터 배우업무가 종료된 날까지 배우는 당사자 갑을 위해 전적으로 작업하며, 해당 영화제작 내용과 유사한 기타 영화작품에 참여하면 아니 된다. 배우가 이 규정을 위반하면 당사자 갑에 _____위안의 위약금을 지불해야만 한다. 배우는 업무종료일부터 _____일 내에 당사자 갑이 제공한 영화 시나리오 및 관련자료 전부를 당사자 갑에게 돌려주거나 혹은 당사자 갑의 요구에 따라 그것을 소각해야 한다.

제9조 저작권 및 서명권

당사자 갑은 법에 따라 영화저작권을 갖는다. 만약 영화가 촬영이 되고 성공적으로 개봉된다면 배우는 법에 따라 영화 및 관련 파생상품 중의 서명권을 갖는다. 배우가 서명한 격식, 구체적 위치 및 글자크기는 갑을 쌍방이 국가의 관련규정에 근거하여 협상으로 결정한다.

제10조 성명, 초상의 사용

당사자 갑은 방송국 및 영화제작사가 영화, 영화 파생상품, 영화선전물 혹은 예고편에서 배우의 성명과 초상을 사용하는 것을 인가하거나 무상으로 사용할 권리가 있다. 그러나 이것은 단지 영화보급 및 선전목적에 한한다.

제11조 선전활동 참가

당사자 갑은 배우가 영화촬영의식, 시사회 및 기타선전활동에 참가하도록 요구할 권리가 있고, 이와 관련하여 당사자 을에게 금액을 지불할 필요는 없다. 당사자 을은 당사자 갑의 선전 관련활동에 적극 참가하고 협력하여야만 한다. 당사자 갑은 배우가 참가하는 선전활동이 최대 _____ 차례를 초과하지 않도록 요구를 한다. 그렇지 않은 경우 한 번 초과할 때마다 당사자 을에게 _____(세전/세후)금액 _____ 위안을 지불하여야만 하며, 당사자 을은 또 당사자 갑의 요구를 거절할 권리가 있다.

제12조 기타비용 부담

배우역할을 정식으로 시작한 날부터 배우역할을 종료한 날까지 당사자 갑은 배우역할에 필요한 숙소, 식사 및 교통배정을 책임져야만 하며 비용은 당사자 갑이 부담한다. 만약 당사자 갑이 배우가 국내 기타 촬영장소에서 작업을 할 것을 요구한다면 당사자 갑은 왕복교통비를 부담하여야만 한다. 만약 당사자 갑이 배우가 해외 기타 촬영장소에서 작업할 것을 요구한다면 당사자 갑은 관련 증빙서류와 수속처리를 책임져야 하며 일체의 비용을 부담한다.

당사자 갑이 배우가 본 계약이 규정한 업무 및 영화 선전활동에 참가하도록 요구한다면 배우의 숙식과 왕복교통비를 부담해야만 한다.

제13조 의상제공

배우의 영화에서의 복장, 도구, 화장 등은 당사자 갑이 제공을 책임진다.

제14조 보험

배우의 연기과정에서의 인신, 재산상의 안전확보를 위해 당사자 갑은 배우를 위해 상업보험 처리를 하여야만 한다.

구체적으로 _____ 사항을 포함한다.

제15조 쌍방보증

당사자 갑:
1. 保证其为取得《영화촬영인가증》취득을 보증하고, 또한 법에 따른 등록과 합법적으로 존속하는 영화제작사를 보증한다.
2. 이미 촬영계획을 한 영화가《영화촬영인가증(단편)》을 취득하는 것을 보증하고, 법에 따른 등록 및 합법적으로 존속하는 법인단위도 보증한다.
3. 영화는 당사자 을, 배우의 합법적인 권익 혹은 국가법률로서 금지하고 있는 규정의 내용에 어떠한 침해를 포함하면 안된다는 것을 보증한다.

4. 본 계약 체결 시, 어떠한 법원, 중재기구, 행정기관 혹은 감독기관이 당사자 갑이 본 계약에 중대하게 불리한 영향을 발생하도록 하는 데에 충분한 판결과 결정 혹은 구체적 행정행위를 하지 않은 경우이다.
5. 당사자 갑이 본 계약이 필요한 내부 권한위임절차를 서명하여 이미 완성했다면, 본 계약의 서명인은 당사자 갑의 법정대표 혹은 위임대표이다. 본 계약의 서명인은 당사자 갑의 법정대표 혹은 권한위임대표이다. 본 계약이 효력을 발생한 이후, 계약 쌍방에 대해 법적 구속력을 갖는다.

당사자 을:
1. 당사자 을은 법에 따라 등록설립하였고 합법적으로 존속하는 중개자격을 갖춘 중개회사임을 보증한다.
2. 당사자 을과 배우는《중화인민공화국 노동법》규정에 따라 근로관계를 맺고 노동계약을 체결하며, 배우는 본 계약 중의 작업이 종료되기 전에는 배우와의 노동계약은 유효함을 지속한다. (혹은 : 당사자 을은 주연배우와《중화인민공화국 계약법》의 규정에 따라 위탁대리계약을 체결하고, 영화감독은 본 계약 중의 업무가 종료되기 전에, 주연배우와의 위탁대리계약은 유효함을 지속한다)
3. 본 계약에 서명하기 전에는 어떠한 배우의 권리분쟁, 손해배상 혹은 소송이 존재하지 않음을 보증한다.
4. 본 계약이 규정한 배우의 업무기한 내에 당사자 을은 배우로 하여금 해당 영화내용과 유사한 영화작품의 촬영에 응하도록 할 수 없다.
5. 배우는 본 계약 내의 모든 의무를 이행할 능력이 있음을 보증한다.
6. 배우가 본 계약 내의 모든 의무를 이행함을 보증하는 데에 있어서 어떠한 법률상의 장애도 존재하지 않는다.

제16조 당사자 갑의 책임제외

만약 당사자 을이 배우와 근로관계를 맺는다면 당사자 을은 배우의 사용자단위로서 배우를 위해 양로, 실업, 의료 등 사회보험을 처리하여야만 하며, 법에 따라《중화인민공화국 노동법》및 배우와 체결한 근로계약이 규정한 사용자단위가 부담하는 기타의무를 이행한다. 만약 당사자 을이 법에 따라 배우 사용다단위로서의 관련의무를 이행하지 않는다면 이로 인해 야기된 일체의 결과는 당사자 을이 자체적으로 부담한다. 당사자 을과 배우와의 근로관계분쟁은 일반적으로 당사자 갑과는 무관하다.

만약 당사자 을이 배우와 위탁대리관계가 된다면 당사자 을과 배우가 위탁대리계약으로 인하여 발생한 분쟁 또한 당사자 갑과는 무관하다.

제17조 당사자 을과 배우의 연대책임

본 계약 효력발생기간 내에 당사자 을이건 혹은 배우이건 그 어떠한 당사자 일방의 원인으로 인하여 당사자 을과 배우가 체결한 노무계약(혹은 위탁대리계약)이 종료되더라도 배우는 여전히 본 계약을 계속 이행하여야만 한다. 만약 배우가 당사자 을과 체결한 노무계약(혹은 위탁대리계약)의 종료로 인하여 본 계약의 계속이행을 거절하고 이것이 당사자 갑에게 끼친 일체의 손해는 당사자 을과 배우가 연대배상책임을 부담하여야만 한다.

제18조 계약의 해제

아래 정형 가운데 하나가 발생하면 당사자 갑을 쌍방은 서면형식으로 본 계약을 해제할 수 있다.
1. 배우가 자신의 원인으로 인해 본 계약이 규정한 의무를 이행할 수 없는 경우, 누적합계 혹은 연속으로 ____일을 초과한 경우
2. 갑을 쌍방당사자가 본 계약 중 진실하지 않거나 실현될 수 없는 것을 보증한 경우
3. 배우가 부분적으로 혹은 완전하게 민사행위능력을 상실하여 본 계약을 계속 이행할 수 없는 경우
4. 당사자 갑이 미납한 당사자 을 금액의 누계가 당사자 을 전체금액의 ____%에 도달하면 당사자 을의 催告를 거치나, 그럼에도 불구하고 지불의무를 이행하지 않는 경우
5. 당사자 갑을 쌍방이 파산, 해산 혹은 법에 따라 기업법인 영업허가증을 말소당한 경우
6. 당사자 갑을 쌍방이 법에 따라《영화제작인가증》혹은《영화제작인가증(单片)》을 말소당한 경우

제19조 계약의 종료

본 계약이 아래 임의의 정형 가운데 하나에 해당하면 종료한다.
1. 영화 후기 제작이 종료되었으며 갑을 쌍방 당사자가 별도로 약정한 것은 제외한다
2. 갑을 쌍방 당사자가 서면협의를 통해 본 계약을 해제한 경우
3. 불가항력으로 인하여 계약의 목적을 실현하지 못함을 초래한 경우
4. 위탁기한의 기간이 만료되기 전에 당사자 일방이 계약의 주요의무를 이행하지 않았음을 분명히 표시하였거나 혹은 자신의 행위로 계약의 주요의무를 이행하지 않았음을 표명한 경우
5. 당사자 일방이 계약의 주요의무 이행을 연기하였고 催告를 거쳐 합리적인 기한 내에도 여전히 이행하지 않은 경우
6. 당사자가 계약위반 혹은 위법행위가 있어 계약 목적을 실현할 수 없는 상황을 초래한 경우

제20조 비밀유지

당사자 갑의 동의를 거치지 않고, 당사자 을 혹은 배우는 영화 상영 이전에 어떠한 제3자에게 영화정보, 배우, 촬영진전 등 영화와 관련한 일체의 정보를 누설하면 아니 된다. 만약 본 계약이 효력이 발생하지 않는다면 당사자 을 혹은 배우는 계약체결과정에서 알게 된 당사자 갑의 영업비밀을 누설하면 아니 된다.

당사자 을 혹은 배우는 본 협의를 토론, 계약체결, 집행과정 중에 획득한 당사자 갑에 속하고 또한 공개경로로 획득한 것이 아닌 문서와 자료(영업비밀, 회사계획, 운영활동, 재무정보, 기술정보, 경영정보 및 기타 영업비밀 포함)에 대하여 비밀을 유지할 것을 보증하여야 한다. 당사자 갑의 동의를 거치지 않고 당사자 을 혹은 배우는 어떠한 임의의 제3자에게 해당 영업비밀의 전부 혹은 일부내용을 누설하면 아니 된다. 그러나 법률, 법규에 별도로 규정하였거나 혹은 쌍방이 별도로 약정한 것은 제외한다. 비밀유지기한은 _____년으로 한다.

당사자 을 혹은 배우가 만약 상술한 비밀유지의무를 위반한다면 당사자 을과 배우는 당사자 갑에 대해 이로 인하여 손해를 입은 손실에 대해 연대배상책임을 부담한다.

제21조 통지

1. 본 계약에서 당사자 일방이 또다른 당사자 일방에게 발송한 전체통지 및 쌍방의 문서 왕래 및 본 계약과 관련한 통지와 요구가 필요한 것에 근거하여, 반드시 서면형식으로 하여야 하며, _____(서신, 팩스, 전보, 직접 대면하여 교부하는 것 포함)방식을 채택하여 전달할 수 있다. 이상의 방식으로 송달할 수 없는 경우 당사자는 공고 송달방식을 채택할 수 있다.
2. 당사자 각방의 통신연락처는 아래와 같다. _____
3. 당사자 일방이 통지 혹은 통신연락처를 변경하면 변경한 날로부터 _____일 내에 서면형식으로 상대방에게 통지하여야만 한다. 그렇지 않은 경우 통지를 하지 않은 당사자가 이로 인하여 야기된 관련책임을 부담한다.

제22조 계약의 변경

본 계약 이행기간에 특수한 상황이 발생할 때, 갑 을 중 어떠한 당사자 일방이 본 계약을 변경할 필요가 있는 경우, 변경 당사자 일방은 반드시 제 때 서면으로 상대방에게 통지를 하여야만 하며, 상대방의 동의를 얻은 이후, 쌍방은 규정한 시한 내에(서면통지를 발송한지 _____일 이내) 서면변경협의를 체결한다. 해당협의는 계약과 불가분한 부분을 구성한다.

당사자 쌍방의 서면문서에 서명한 것을 거치지 않고 어떠한 당사자 일방도 본 계약을 변경할 권리가 없다. 그렇지 않은 경우 이로 인하여 상대방에게 조성한 경제손실은 책임자측이 부담한다.

제23조 계약의 양도

계약 중 별도의 규정이 있거나 혹은 쌍방 협상을 거쳐 동의를 해야 하는 것 외에 본 계약이 규정한 쌍방의 어떠한 권리와 의무는, 어떠한 당사자 일방이 또다른 당사자의 서면동의를 얻기 전에는 제3자에게 양도하면 아니 된다. 그 어떠한 양도라도 또다른 당사자가 서면으로 분명한 동의를 거치지 않았다면 무효에 속한다.

제24조 분쟁의 처리

1. 본 계약의 체결, 효력, 해석, 이행 및 분쟁의 해결은 대한민국의 법률을 적용한다. 대한민국의 법률에 규정이 없는 경우 국제 관습을 적용한다.
2. 갑·을 쌍방은 본 계약의 내용, 해석, 효력의 발생, 효력 및 이행에 관하여 분쟁발생시 우선 우호적으로 협상하여 해결하여야 한다. 일방이 협상을 원하지 않거나 또는 30일 내에 협상으로 결과를 보지 못한 경우, 임의의 일방은 한국 서울시에 위치한 대한상사중재원에 중재를 신청하여 당해 중재기관의 중재규칙에 따라 중재한다. 중재판정은 최종적인 것이며, 분쟁의 각 당사자에 대하여 법률적인 구속력을 가진다.

제25조 불가항력 및 돌발사건

불가항력 :

1. 만약 본 계약의 어떠한 당사자 일방이 불가항력 사건의 영향을 받아 본 계약의 전부 혹은 부분의무를 이행할 수 없는 경우, 해당의무의 이행은 불가항력사건이 그 이행을 방해하는 기간에 중지되어야만 한다.
2. 불가항력 사건의 영향을 받았다고 밝힌 당사자 일방은 최단시간 내에 서면으로 불가항력의 발생을 또다른 당사자 일방에 통지하여야만 하며, 해당 불가항력 사건 발생 이후 ____일 내에 또다른 당사자 일방에게 이 불가항력 사건 및 지속시간과 관련한 적절한 증거 및 계약을 이행할 수 없었거나 혹은 이행연기가 필요한 서면자료를 제공해야 한다. 불가항력 사건으로 인하여 본 계약의 이행에 대해 객관적으로 불가능 혹은 실질적이지 못하게 되었다고 밝힌 당사자 일방은 일체의 합리적인 노력을 다하여 불가항력 사건의 영향을 제거 혹은 경감할 책임이 있다.

3. 불가항력 사건 발생시, 쌍방은 즉각 우호협상을 통해 어떻게 본 계약을 집행할 것인가를 결정해야만 한다. 불가항력 사건이나 그 영향이 종료 혹은 제거된 이후 쌍방은 즉각 각자 본 계약에서의 각종 의무 이행을 회복시켜야만 한다. 만약 불가항력 및 그 영향을 종료하거나 혹은 제거하지 못하여 계약의 어떠한 당사자 일방으로 하여금 지속적으로 계약을 이행할 능력을 상실하게 하였다면, 쌍방은 협상으로 계약을 해제하거나 혹은 일시적으로 계약 이행을 연기할 수 있으며, 불가항력을 당한 당사자 일방은 이로 인해 책임을 부담할 필요가 없다. 당사자가 이행을 연기한 이후 불가항력 사건이 발생한다면 책임을 면제할 수 없다.
4. 본 계약이 말하는 불가항력이라 함은 어떤 영향을 받은 당사자 일방이 합리적으로 통제할 수 없고 예측할 수 없거나 혹은 예측가능하더라도 회피할 수 없으며 극복할 수 없으며, 또한 본 계약 체결일 이후 출현한 것으로서 해당 상대방으로 하여금 본 계약의 전부 혹은 부분적인 이행에 대해 객관적으로 불가능하거나 혹은 실질적이지 않게 되어버린 어떠한 사건을 말한다. 여기에 해당하는 사건은 수재, 화재, 가뭄, 태풍, 지진에 한정되지 않고 전쟁(선전포고를 할 수 있는지의 여부를 막론함)같은 사회사건, 폭동, 파업, 정부행위 혹은 법률규정 등을 포함한다.

돌발사건 :
1. 쌍방 당사자의 과실로 인한 것이 아니라 본 조 제1항이 규정한 불가항력사건 이외의 갑을 쌍방 당사자가 통제할 수 없는 상황이 출현한 것으로서 기상이변에 한정되지 않고 영화감독 혹은 기타 주연배우가 발병하고, 예상치 못한 상해 혹은 사망사고가 발생한 경우 등을 포함하며, 이로 인하여 영화촬영의 연기가 초래되면 당사자 갑은 즉각 추가조치를 취하고, 또한 촬영계획을 연장하는 시간을 서면으로 당사자 을에게 통지하여야 한다. 이 때문에 원래 촬영계획에 따라 영화 촬영을 완성할 수 없는 경우 당사자 을은 위약책임을 부담할 필요가 없다.
2. 만약 본 조가 규정한 상황으로 영화촬영이 연장되어 ＿＿＿일을 초과하면 그 어떠한 당사자 일방이라도 모두 서면형식으로 상대방에게 통지하여 본 계약을 해제할 수 있다.

제26조 계약의 해석

본 계약의 이해와 해석은 계약목적과 본문의 원래 의미에 근거하여 진행하여야 하며, 본 계약의 표제는 단지 읽기 편리함을 위한 것으로서 본 계약의 해석에 반드시 영향을 끼치는 것은 아니다.

제27조 추가 및 부속서

본 계약이 협의를 다하지 않은 부분은 관련법률 법규에 따라 집행하며, 법률 법규에 규정한 것이 없는 경우 갑을 당사자 쌍방은 서면으로 추가계약을 달성할 수 있다. 본 계약의 부속서와 추가계약은 본 계약과 불가분의 구성부분이 되며 본 계약과 동등한 법적 효력을 구비한다.

제28조 계약의 효력

본 계약은 쌍방 혹은 쌍방의 법정대표 혹은 권한을 위임받은 대표가 서명하고, 기관직인을 찍거나 혹은 계약전용도장을 사용한 날로부터 효력이 발생한다.

유효기간은 ___년간이며, ___년___월___일부터 ___년___월___일까지이다.

본 계약서의 정식 원본은 1부이며, 당사자 쌍방은 각자 ___부를 소지하고 동등한 법적 효력을 구비한다.

당사자 갑(직인):_____   당사자 을(직인):_____
법정대표(서명):_____   법정대표(서명):_____
위탁대리인(서명):_____   위탁대리인(서명):_____
체결지점:_____   체결지점:_____
_____년_____월_____일   _____년_____월_____일

부속서:

영화배우승낙서

《영화배우 고용계약(중개회사)》의 당사자 갑은 당사자 갑이라고 한다) :

당사자 갑이 장차(혹은 이미) 본인의 사용자단위인 _____(《영화배우 고용계약(중개회사)》의 당사자 을, 이하 당사자 을이라고 한다)과 《영화배우 고용계약(중개회사)》을 체결하고, 본인을 고용하여 당사자 갑이 촬영을 계획하고 있는 영화 《_____》(이하 영화라고 한다)에서 _____배역을 맡기로 하며, 본인은 특별히 이에 아래와 같은 승낙을 한다:

1. 본인이 당사자 을의 지정파견을 자발적으로 수용하며, 영화의 관련배역에 출연한다.

2. 본인과 당사자 을이 이미 《중화인민공화국 노동법》규정에 의하여 노무관계를 수립하고 노무계약을 체결하였으며, 해당 노무계약의 기한이 아직 만료가 되지 않았다면 이에 근거한 노무계약에서 당사자 을은 당사자 갑과 《영화배우 고용계약(중개회사)》(혹은 : 본인과 당사자 을이 이미 《중화인민공화국 계약법》규정에 따라 위탁대리계약을 체결하였다면, 해당 위탁대리계약은 당사자 을이 당사자 갑과 《영화배우 고용계약(중개회사)》을 체결할 때 여전히 유효하며, 당사자 을은 당사자 갑과 《영화배우 고용계약(중개회사)》을 체결할 권리가 있다.
3. 본인은 당사자 갑이 장차(혹은 이미) 당사자 을과 체결한 《영화배우 고용계약(중개회사)》의 모든 조항을 완전히 분명히 하며, 이해하고 이를 수용한다. 만약 이 계약이 서명이 되고 효력이 발생한다면 본인은 법에 따라 본인이 이행한 조항을 장차 준수하고 이행할 것이다.
4. 본인이 영화배역을 연출할 능력이 있다면 본인이 연출한 영화배역에는 어떠한 법률상의 장애도 존재하지 않는다. 본인이 본 계약에 서명할 때, 그 어떠한 법원, 중재기관, 행정기관 혹은 감독기구도 본인이 이행하는 본 계약에 대해 충분히 중대하게 불리한 영향을 발생시키는 판결, 결정 혹은 구체적 행정 행위를 하지 않는다.
5. 본인은 당사자 갑과 체결한 《영화배우 고용계약(중개회사)》가운데 약정한 작업기한 내에 해당 영화내용과 유사한 기타 영화작품의 촬영에 참여하지 않는다는 것을 보증한다.
6. 본인은 영화제작진에 제공한 본인의 관련자료가 진실하고 합법적이며 유효하고 어떠한 허위도 존재하지 않음을 보증한다.
7. 본인 혹은 당사자 을의 어떠한 일방의 원인으로 인하여 본인과 당사자 을이 체결한 노무계약이(혹은 위탁대리계약) 종료되거나 무효가 되건 간에, 본인은 여전히 법에 따라 당사자 갑과 당사자 을이 체결하고 효력을 발생시킨 《영화배우 고용계약(중개회사)》을 준수하고 이행한다.
8. 본인은 당사자 갑이 장차 본인과 同意甲方将与本人《영화배우 고용계약(중개회사)》에서 약정한 금액을 직접 당사자 을에 지불하는 것에 동의한다. 본인과 당사자 을이 체결한 노무계약(혹은 위탁대리계약)이 종료되거나 무효가 되는 경우를 제외하고 본인은 당사자 갑에 어떠한 성격의 금액도 요구하지 않는다.
9. 그 어떠한 원인으로 인하여 본인과 당사자 을이 체결한 노무계약(혹은 위탁대리계약)이 종료되거나 무효가 되건 간에, 본인은 해당 노무계약(혹은 위탁대리계약)의 종료 혹은 무효일로부터 _____일 이내에 당사자 갑에게 해당 노무계약(혹은 위탁대리계약)의 종료 혹은 무효의 서면증명을 발급하도록 한다.

그렇지 않은 경우 본인은 당사자 갑이 직접 본인에게 지불하고 당사자 갑에게까지 서면증명을 받은 날에 아직 발생하지 않은 금액을 요구할 권리가 없다.
10. 본인이 만약 상술한 어떠한 항목의 승낙을 위반한다면 그에 상응하는 배상 책임을 부담한다.

배우(서명) : _____

_____년____월____일

영화배우 고용계약(중개회사)의 추가협의

계약번호 : _____

당사자 갑 : _____　　　　　　당사자 을 : _____
법정주소 : _____　　　　　　　법정주소 : _____
법정대표 : _____　　　　　　　법정대표 : _____
직무 : _____　　　　　　　　　직무 : _____
위탁대리인 : _____　　　　　　위탁대리인 : _____
신분증번호 : _____　　　　　　신분증번호 : _____
통신연락처 : _____　　　　　　통신연락처 : _____
우편번호 : _____　　　　　　　우편번호 : _____
관련인 : _____　　　　　　　　관련인 : _____
전화 : _____　　　　　　　　　전화 : _____
수신자주소 : _____　　　　　　수신자주소 : _____
팩스 : _____　　　　　　　　　팩스 : _____
계좌번호 : _____　　　　　　　계좌번호 : _____
이메일 : _____　　　　　　　　이메일 : _____

갑을 쌍방은 _____년____월____일에 《영화배우 고용계약(중개회사)》에 서명하였으며, 당사자 갑은 당사자 을이 계약을 체결한 배우를 고용하여 촬영을 계획하고 있는 영화 《_____》(이하 영화라고 약칭함)에서

_____(배역)을 담당하도록 한다. 영화대본상 배우의 나체 혹은 반나체씬이 필요하기 때문에, 갑을 쌍방은 충분한 협상을 거쳐 아래와 같은 조항을 합의하는데 《영화배우 고용계약(중개회사)》의 추가협의로서 공동준수의 계기로 삼는다.

제1조 대본 필요에 의하여 배우는 영화에서 나체 혹은 반나체로 출연하거나 배역을 맡은 영화대본 중에 상징적 행위가 있는 정서적 묘사를 요구받을 수 있다. 배우가 영화에서 노출의 정도 및 성행위줄거리가 요구하는 신체접촉방식은 갑을 쌍방이 별도로 협상하여 정한다.

제2조 배우는 본 협의 제1조 요구에 따라 관련배역 출연에 동의한다.

제3조 당사자 갑은 배우가 본 추가협의 제1조 규정에 따라 맡은 관련배역이 국가 관련법률, 법규, 규장 및 기타 규범성문건의 규정을 위반하면 안된다는 것을 요구하며, 사회 미풍양속을 위반해서도 아니 된다는 것을 요구한다. 그렇지 않을 경우 배우는 출연을 거절할 권리가 있으며, 이로 인하여 조성된 손실은 당사자 갑이 자체적으로 부담한다.

제4조 당사자 갑은 촬영한 영화가 당사자 을 및 배우의 합법적인 권익의 내용에 어떠한 침해도 포함하지 않는다는 것을 보증한다.

제5조 당사자 을은 배우가 체결한 본 협의를 대표할 권리가 있으며, 또한 배우가 본 협의의 각종 의무를 이행할 능력이 있음을 보증하고 어떠한 법률상의 장애도 존재하지 않음을 보증한다.

제6조 배우는 대역이 제1조가 묘사한 관련 줄거리의 촬영을 완성하도록 선택할 수 있다. 그러나 반드시 당사자 갑의 동의를 거쳐야 하며, 대역배우의 금액은 _____(당사자 갑/당사자 을)이 부담한다.

제7조 본 협의가 언급하지 않은 사항은 《영화배우 고용계약(중개회사)》의 규정을 준수하는 것으로 한다.

제8조 분쟁의 처리
갑을 쌍방 당사자가 본 협의 이행과정 중에 발생한 분쟁은 《영화배우 고용계약(중개회사)》가운데 규정한 분쟁조항의 관련내용으로 해결한다.

제9조 본 협의는 쌍방 혹은 쌍방 법정대표 혹은 권한위임을 받은 대표가 서명하고 직인을 날인한 날 혹은 계약 전용도장을 사용한 날로부터 효력이 발생한다.

유효기간은 _____년이며, _____년_____월_____일부터
_____년_____월_____일까지이다.

본 협의는 원본 1부와 복사본_____부로 구성되며, 쌍방은 각자 _____부를 소지하며, 동등한 법률효력을 구비한다.

당사자 갑(서명) : _____   당사자 을(서명) : _____
법정대표(서명) : _____   법정대표(서명) : _____
위탁대리인(서명) : _____   위탁대리인(서명) : _____
체결지점 : _____   체결지점 : _____
_____년____월____일   _____년____월____일

Ⅶ. 영화배우 고용계약서 조견표

	중국어	한국어	영어	일본어
1	角色	배역	Cast	配役
2	拍摄过程	촬영과정	Filming process	撮影過程
3	电影片停机之日	영화촬영종료일	The termination date of filming	映画撮影終了日
4	定金	가계약금(선수금 또는 선계약금)	Provisional contract amount	仮契約金
5	剧本	영화 시나리오 대본	A film script	シナリオ台本
6	拍摄筹备会	촬영준비회의	Filming of preparation	撮影準備会議
7	配音	더빙	Dubbing	ダビング
8	补拍	추가촬영	Additional filming	追加撮影
9	首映式	영화시사회	Movie preview	映画試写会
10	替身	대역	Stand-in	代役

제6장
중국 음향제품 출판계약

제1절　중국 음향제품 출판계약
제2절　작품교부통지서
제3절　합작작품에 관한 권한위임위탁서

제1절 음향제품 출판계약

Ⅰ. 음향제품 출판계약서 (중문)

音像制品出版合同

高音出字（　　）年　第　　号

甲方(著作权人/代理人)：
工作单位：
通信地址：
邮政编码：　　　　　　　　身份证号：
联系电话：　　　　　　　　电子信箱：

乙方(出版者)：高等教育电子音像出版社
通信地址：　　　　　　　　邮政编码：
负责部门：　　　　　　　　联系人：
联系电话：　　　　　　　　电子信箱：

音像制品名称(暂定)：_____
_____
(以下简称"本作品"或"作品)

作者(暂定)：_____
根据《中华人民共和国著作权法》、《中华人民共和国著作权法实施条例》、《中华人民共和国合同法》、《音像制品管理条例》、《音像制品出版管理规定》等法律法规及国家有关规定，甲乙双方就本作品的出版达成如下协议：

第一条　本合同中的"音像制品"是指：录有音像内容的录音带(AT)、录像带(VT)、激光唱盘(CD)、数码激光视盘(VCD)、高密度光盘(DVD)等。

在本合同有效期内，甲方授予乙方在中国大陆地区以CD载体形式复制、发行本作品的专有权利。

乙方行使上述权利的地域范围还包括＿＿＿＿＿＿＿＿＿＿＿＿＿＿＿＿＿＿＿。

第二条　甲方保证：
1. 对本作品享有真实有效、充分完整的著作权，并有权通过本合同授予乙方本作品的专有出版权及其它权利。
2. 本合同不会对任何第三人(包括甲方雇主单位)的合法权益造成损害。

第三条　乙方行使权利不得超越本合同规定的范围，如有违反，甲方可以解除本合同并要求乙方赔偿经济损失。

在本合同有效期内，甲方不得将本作品的全部或部分，以修改、剪辑或重新编排等形式，用原名或更换名称许可第三人以和本合同相同的方式使用。否则，乙方可以解除本合同并要求甲方赔偿经济损失。

甲乙任一方如将本作品的全部或部分，以修改、剪辑或重新编排等形式，用原名或更换名称通过互联网发布需告知对方，如产生经济效益双方另行协商。

第四条　当本作品为合作作品时，全体著作权人应以书面形式授权一位代理人，全权代表全体著作权人与乙方处理本合同协商、签订、履行及变更等事宜。乙方根据本合同约定向甲方代理人履行合同义务后，即视为已向全体著作权人履行了合同义务，免责于本作品著作权人之间的任何争议。全体著作权人向该代理人签发的《关于合作作品的授权委托书》为本合同附件。合作作品有主编的，主编对全部作品内容负责，对全部作品享有作为合作作者的著作权。

第五条对本作品的要求
(一)本作品不得含有下列内容：
1. 违反宪法确定的基本原则的。
2. 危害国家的统一、主权和领土完整的。
3. 泄漏国家秘密、危害国家安全或者损害国家的荣誉和利益的。
4. 煽动民族仇恨、分裂和歧视，侵害少数民族风俗习惯，破坏民族团结的。
5. 宣扬邪教、迷信的，扰乱社会秩序，破坏社会稳定的。
6. 宣扬淫秽、赌博或者渲染暴力、教唆犯罪的，危害社会公德和民族优秀文化传统的。
7. 侮辱或者诽谤他人，侵害他人合法权益的。
8. 有法律、行政法规和国家规定禁止的其他内容的。

(二)学科内容要求：
1. 取材合适，重点突出，具有启发性，内容科学、规范、准确。
2. 文字通顺，图表正确、清晰，图文密切配合。
3. 采用法定计量单位。名词、术语、符号等，应符合国家统一规定，尚无统一规定的，可以采用习惯用法，但整个作品应一致。

(三)著作权方面的特别要求：
1. 内容具有独创性，不抄袭、剽窃他人作品。
2. 所有引用均注明出处，使用他人作品均取得合法授权。
3. 如本作品为职务作品，甲方须在本合同签订时向乙方出具其雇主单位同意甲方签署本合同的书面证明。
4. 如乙方因行使本合同许可之权利而被第三人索赔、控告，由甲方负责与第三人协商解决并承担全部赔偿或补偿责任；如导致对乙方的诉讼，甲方应配合乙方应诉并赔偿乙方的全部实际损失。

(四)对本作品的其他如技术方面的要求可另行约定并作为本合同附件。
(五)如甲方交付的作品经3次退改后仍不符合上述要求，乙方可解除本合同。

第六条 甲方交付乙方的作品最终形式包括：
(1) 光盘：2张, 存储格式为CDA, 总时长为_____,
    内容为：_____。
(2) 录音带：___盒, 存储格式为_____, 总时长为_____,
    内容为：_____。
(3) 录像带：___盒, 存储格式为_____, 总时长为_____,
    内容为：_____。
(4) 脚本(包括纸质和电子文档)：_____字。
(5) 其他：_____。
    甲方交付作品时，应同时向乙方提交由代理人或甲方签字的《作品交付通知单》(样式见本合同附件)。

第七条 甲方承诺于2010年3月15日前将本作品的最终版本交付乙方。
甲方由于人力不可抗拒之原因不能按时交付作品时，应在出现该原因后5日内通知乙方，双方另行约定交付日期和出版日期。另行约定交付日期到期时仍不能交付作品，甲方应向乙方支付违约金元(大写人民币)，乙方可以解除本合同。

第八条　本作品最迟应在2010年6月15日或在甲方交付作品后个工作日内出版。如出现乙方无法控制的情况而需要推迟出版日期时，乙方应与甲方另议。如更改后的出版日期到期时本作品仍未出版，甲方可收回交付的作品并可解除本合同，乙方应向甲方支付违约金_____元(大写人民币)。

第九条　本作品的出版格式(封面、包装、版式等)和定价可以经双方协商后由乙方决定。乙方尊重甲方确定的署名方式和顺序。
甲方授权乙方对本作品内容进行适当的编辑加工和技术处理，但对作品做结构、观点等实质性修改，应征得甲方许可。
如乙方对内容编辑加工和技术处理有困难，甲方需协助乙方进行修改。在本作品复制过程中，如甲方因交付作品的格式、存储介质等原因遇到困难，甲方有义务协助乙方解决。

第十条　报酬
1. 本作品报酬的支付标准及期限按如下第3种方式执行：
(1) 一次性付酬
　　乙方一次性向甲方付酬_____元(大写人民币_____元整)。乙方应在本作品第一次复制后_____个工作日内向甲方付酬。
(2) 基本报酬加复制数报酬
　　基本报酬标准为：每分钟_____元。则本作品基本报酬为_____元(大写人民币)。复制数报酬标准为：每复制一千张(或盒)，按基本报酬的___%支付，不足一千张(或盒)的，按一千张(或盒)计算。本作品首次复制数量为_____。
　　乙方应在每次复制后_____个工作日内向甲方付酬。本作品再复制时只支付复制数报酬，不再支付基本报酬。
(3) 按发行数支付版税
　　双方同意本作品的版税率为：30%。本作品第一次复制完成后6个月内支付首笔版税，支付金额计算公式为：音像制品定价×最低保底发行数×版税率。最低保底发行数为2000张(或盒)。
　　本作品发行后，甲乙双方于每年7月25日结算一次当年的版税，版税计算公式为：音像制品定价×当年发行数×出版社发行折扣率×版税率。第二次支付版税时计算的当年发行数应减去最低保底发行数。发行数不足一千张(或盒)的，按一千张(或盒)计算。
(4) 按复制数支付版税
　　双方同意本作品的版税率为：___%。本作品第一次复制完成后___个月内支付首笔版税，支付金额计算公式为：音像制品定价×第一次复制数×版税率×70%。
如果本作品再复制，则在复制完成后___个月内支付再复制的版税，支付金额计算公式为：音像制品定价×上一次复制数×版税率×30% + 音像制品定价×本次复制数×版税率×70%。

如果本作品最后一次复制后两年内不再复制，则在第二年年底根据实际发行数按照如下公式计算剩余版税：音像制品定价×总发行数×版税率－已经支付给甲方的版税总额。如果计算结果为负数，甲方不用退还。

前述"复制数"和"总发行数"不足一千张(或盒)的, 按一千张(或盒)计算。

(5) 不付酬
(6) 其他方式：_____
_____。

2. 乙方将报酬汇至甲方指定的如下账号：
开户银行：_____
户名：_____
账号：_____

3. 付酬时乙方按国家规定代扣代缴甲方的所得税。

4. 如本作品为合作作品，乙方按上述方式向甲方代理人支付全部报酬即视为乙方向全体著作权人完成支付行为，乙方不再单独向每位著作权人支付报酬。稿酬在各个著作权人之间的分配方式由全体著作权人协商确定，与乙方无关。

5. 如乙方未及时按上述约定向甲方支付报酬，乙方应向甲方作出合理解释并确定新的付酬日期；如乙方逾期原付酬日期三个月，则自第四个月起乙方应每日按未付金额的万分之五向甲方支付违约金。

第十一条 甲方有权核查本作品的复制数和发行数。如甲方指定第三方进行核查，需提供书面授权书。如乙方隐瞒发行数，则乙方应按本合同约定报酬支付标准的两倍向甲方支付报酬并承担核查费用。如核查结果与乙方提供的数据相符，其核查费用由甲方承担。

第十二条 本合同有效期内，甲方将如下权利1, 2, 3, 8, 9, 10（（从下列权利中选择后填写序号）的非专有（选择填写"专有"或者"非专有"）使用权授予乙方在本合同第一条约定的范围内行使：
1. 使用本作品内容制作电子出版物并出版的权利

2. 使用本作品的内容以图书、音像制品和电子出版物的单一或组合载体形式出版的权利
3. 信息网络传播权、通过互联网复制和发行本作品的权利
4. 改编权 5. 翻译权 6. 汇编权 7. 出租权
8. 放映权 9. 广播权 10. 摄制权

第十三条 乙方可以再许可第三人使用本合同项下甲方许可给乙方的权利。乙方再许可第三人行使任一权利时，应及时告知甲方，并向甲方支付所得金额一定比例的报酬，具体比例双方另行商议。

在本合同有效期内，乙方_需_（选择填写"需"或"不需"）甲方书面同意，可以代表甲方作为甲方著作权人的代理人，与第三方商议本作品全部或部分著作权许可或转让事宜，并与第三方签订著作权许可或转让合同。乙方为上述行为时应及时告知甲方并应甲方要求提供著作权许可或转让合同的副本或复印件，同时将由此获得收益的一定比例支付给甲方，具体比例双方另行商议。

甲方通过本合同，授权乙方代表甲方行使制止他人侵犯甲方著作权行为的权利，包括但不限于代表甲方发函、索赔、投诉、和解以及向法院提起诉讼。甲方对乙方的上述行为应给予必要的协助，乙方应及时向甲方通报处理侵权的情况。如乙方通过上述代理行为而获得侵权方的补偿或赔偿，则乙方应在扣除维权行为的费用支出后将剩余部分全部返还甲方。

第十四条 如甲方计划出版本作品的配套、升级、后续、衍生作品，为便于读者识别和使用，方通过本合同授权乙方对上述作品享有专有出版权，届时双方另行签订出版合同。

第十五条 本合同自签订之日起生效，至 2012年 5月 15日终止。任何一方如无续签意向，须于本合同期满前以书面形式通知另一方，到期终止的通知送达对方后，本合同期限届满时即告终止。任何一方在合同期限届满前均未向对方发出书面终止通知，则本合同有效期延长2年。

本合同有效期内乙方已出版的作品或其他相关产品在合同期满后乙方可以继续发行。

第十六条 合同权利义务的承接
(1) 作品交付乙方前，如甲方丧失民事行为能力或出现其他不可抗拒之因素导致甲方无法履行本合同，经乙方书面同意后由甲方的代理人或继承人继续履行甲方的合同义务并享有合同权利；如甲方没有代理人或继承人，或者乙方不认可甲方的代理人或继承人，则本合同终止。

(2) 作品交付乙方后，如甲方丧失民事行为能力或出现其他不可抗拒之因素导致甲方无法履行本合同，则由甲方的代理人或继承人享有甲方基于本合同产生的全部财产权利；如甲方没有代理人或继承人，或者甲方的代理人或继承人在合同期满日一个月前未书面通知乙方按期终止本合同，则按本合同第十五条的约定处理。
(3) 合作作品的全体著作权人委托的代理人无法行使代理权时，著作权人应另行委托代理人并向该代理人签发授权委托书，该授权委托书送达乙方后生效；如著作权人未委托新的代理人，乙方可暂停支付报酬。
(4) 乙方根据国家政策、法规单独或与他方合作实施公司化改制、重组后，以乙方为发起单位或控股单位改制、重组后的出版企业，为乙方本合同权利义务的继承人。
(5) 本合同项下乙方的权利，可由经乙方授权的且具有相应资质的关联机构行使。

第十七条 本合同附件为本合同的组成部分，内容与本合同正文相冲突时，以附件为准。
合同附件有：
1. 作品交付通知单。
2.
3.
4.

第十八条 双方应充分、认真地履行本合同。甲乙双方就本合同的内容，解释，生效，效力和履行而发生争议，应先友好协商解决，任何一方不愿协商或者在30天内协商未果的，任何一方均可向位于韩国首尔市大韩商事仲裁院申请仲裁解决，照该仲裁机构当时有效的仲裁规则进行仲裁，仲裁裁决是终局性的，对争议各方具有最终的法律拘束力。本合同一式两份，具有同等法律效力，双方各执一份据以履行，自双方签字并加盖公章后生效。本合同条款如需补充、更改，由双方另行签订补充协议。

甲方：(签章)　　　　　　　　　　乙方：高等教育电子音像出版社
代表人：(签章)　　　　　　　　　代表人：(签章)
　年　　月　　日　　　　　　　　　年　　月　　日

Ⅱ. 음향제품 출판계약서 (한글)

음향제품 출판계약서

제1조 본 계약에서의 "음반제품"이라 함은 : 음반을 녹음한 녹음테이프(AT), 비디오테이프(VT), CD, 디지털레이저디스크(VCD), DVD 등이다.
본 계약 유효기간 내에 갑은 을에게 중국대륙에서 CD매체형식으로 본 작품의 복제, 발행의 전문권리를 수여한다.
을이 상술한 권리를 행사하는 지역범위는 또 _____를 포함한다.

제2조 갑의 보증 :
1. 본 작품에 대해 진실하고 효과적이며 충분히 완전한 저작권을 향유하며, 본 계약을 통해 을에게 본 작품의 전문출판권 및 기타권리를 수여할 권리가 있다.
2. 본 계약은 어떠한 제3자(갑 고용주단위 포함)의 합법적 권익에 손해가 조성되어서는 아니 된다.

제3조 을당사자의 권리행사는 본 계약이 규정한 범위를 초월하면 아니 되며, 만약 이를 위반한 경우 갑당사자는 본 계약을 해제할 수 있고 또 을이 경제손실을 배상하도록 요구한다.
본 계약 유효기간 내에 본 작품의 전부 혹은 부분을 수정, 편집 혹은 재편 등의 형식으로 원래이름을 사용하거나 명칭을 바꾸어 제3자가 본 계약과 상응한 방식으로 사용하는 것을 인가하면 아니 된다. 그렇지 않은 경우 을은 본 계약을 해제할 수 있고 갑이 경제손실을 배상하도록 요구한다.
갑을 가운데 임의의 당사자가 본 작품의 전부 혹은 부분을 수정, 편집 혹은 재편 등의 형식으로 원래이름을 사용하거나 명칭을 바꾸어 인터넷을 통해 당사자와 상대방에게 반포하여 경제적 효익이 발생한 경우 쌍방은 별도로 협상한다.

제4조 본 작품을 합작작품으로 할 때, 전체 저작권자는 서면형식으로 대리인 1인에게 권한이양을 하고, 전체 저작권자를 대표하여 을과 본 계약의 협상, 체결, 이행 및 변경 등의 사항을 처리하도록 전권을 주도록 한다. 을은 본 계약 약정에 근거하여 갑대리인에게 계약의무를 이행하도록 하면 전체 저작권자에게 계약의무를 이행한 것으로 간주하여 본 작품 저작권자간의 어떠한 분쟁도 면책한다. 전체 저작권자가 이 대리인에게

서명발급한 《합작작품에 관한 수권위탁서》를 본 계약 부속서로 한다. 합작작품에 편집장이 있으면 편집장은 전체 작품내용에 대해 책임지며, 전체작품에 대해 합작작가로서의 저작권을 향유한다.

제5조 본 작품에 대한 요구
(一) 본 작품은 아래내용을 포함하면 아니 된다.
1. 헌법이 정한 기본원칙을 위반하는 내용
2. 국가의 통일, 주권 및 영토보존을 위해하는 내용
3. 국가기밀을 누출하고 국가안전을 위해하며 혹은 국가의 영예와 이익을 손상시키는 내용
4. 민족의 구원, 분열 및 차별을 부추기고 소수민족 풍습 및 습관을 침해하며 민족단결을 파괴하는 내용
5. 사료와 미신을 선전하고 사회질서를 어지럽히며 사회안정을 파괴하는 내용
6. 음란함, 도박, 폭력 혹은 범죄교사를 선전하며, 사회공중도덕과 민족의 우수한 문화전통을 위해하는 내용
7. 타인을 모욕하거나 비방하고 타인의 합법적 권익을 침해하는 경우
8. 법률, 행정법규 및 국가가 금지하고 있는 기타내용이 있는 경우

(二) 학과내용요구 :
1. 교재선택이 적절하고 핵심이 드러나 있으며, 자발적이고 내용이 과학적이며 규범화하여 정확해야 한다.
2. 문장이 조리있고 도표가 정확·분명하며 그림이 밀접히 결합되어 있을 것
3. 법정계량단위를 채택한다. 명사, 술어, 부호 등은 국가 규정에 부합해야만 하며 아직 통일적으로 규정하지 않은 것은 관습법을 채택할 수 있다. 그러나 전체작품은 일치해야 한다.

(三)저작권에서의 특수요구 :
1. 내용에 독창성이 있고 답습하지 않으며 타인작품을 표절하지 않을 것
2. 모든 인용은 출처를 분명히 하며, 타인작품 사용에 있어 합법적인 권한이양을 취득할 것
3. 본 작품이 직무작품이라면 갑은 반드시 본 계약체결 시 을에게 고용단위가 갑이 본 계약 서면증명에 서명하는 것에 동의했다는 것을 발급해야 한다.
4. 만약 을이 본 계약이 인가한 권리행사로 인해 제3자에게 손해배상 및 제소를 당한다면, 갑은 제3자와 협상으로 해결하도록 책임지고 전부배상 혹은 보상책임을 부담한다. 만약 을에 대한 제소가 초래되면 갑은 을과 보조를 맞추어 응소 및 을의 전체실제 손실을 배상해야만 한다.

(四) 본 작품의 기타 기술방면의 요구에 대해서는 별도로 약정하거나 본 계약서 부속서로 할 수 있다.

(五) 만약 갑이 교부한 작품이 세 차례에 걸쳐서도 여전히 상술한 요구에 부합하지 않는다면 을은 본 계약을 해제할 수 있다.

제6조 갑이 을에게 교부한 작품의 최종형식은 아래내용을 포함한다 :
(1) CD : 2장, 저장형태는 CDA, 총시간은 _____,
   내용은 : _____.
(2) 테이프 : ___개, 저장형태는_____, 총시간은_____,
   내용은 : _____.
(3) 테이프 : ___개, 저장형태는_____, 총시간은_____,
   내용은 : _____.
(4) 대본(종이 및 전자문서 포함) : _____자.
(5) 기타 : _____ .
   갑이 작품을 교부할 때, 동시에 을에게 대리인 혹은 갑이 서명한 《작품교부통지단》(양식은 본 계약서 부속서에 있다)를 교부한다.

제7조 갑은 2010년 3월 15일 전에 본 작품의 최종판권을 을에게 교부한다.
갑이 불가항력으로 인하여 작품을 제 때 교부할 수 없으면 해당원인 출현 이후 5일 내에 을에게 통지를 하여야 하며, 쌍방은 별도로 교부날짜와 출판일자를 약정한다. 별도로 교부날짜를 약정하였으나 기한이 되어도 여전히 작품을 교부할 수 없으면 갑은 을에게 위약금____위안(대문자 인민폐)을 지불하여야만 하며 을은 본 계약을 해제할 수 있다.

제8조 본 작품은 아무리 늦어도 2010년 6월 15일 혹은 갑이 작품을 교부한 이후의 작업일 내에 출판해야만 한다. 만약 을이 통제하지 못할 상황이 출현하여 출판일자를 연기할 때, 을은 갑과 별도로 협의를 해야만 한다. 만약 개정 이후의 출판일자날짜가 되어도 본 작품이 여전히 출판되지 않는 경우, 갑은 교부한 작품을 회수할 수 있고 본 계약을 해제할 수 있으며, 을은 갑에게 위약금 _____위안을 지불해야만 한다(대문자 인민폐).

제9조 본 작품의 출판격식(밀봉, 포장, 판식)과 가격산정은 쌍방협상을 거쳐 을이 결정한다. 을은 갑이 확정한 서명방식과 순서를 존중해야만 한다.
갑은 을에게 권한을 이양하여 본 작품내용에 대해 적절한 편집 및 기술을 진행하도록 한다. 그러나 작품구조, 관점 등 실질적 내용을 수정하는 것은 갑의 인가를 얻어야만 한다. 만약 을 당사자가 내용편집 및 기술적 처리에 어려움이 있는 경우 갑이 을에 협조하여 수정을 진행한다. 본 작품의 복제과정 중 만약 갑이 작품을 교부한 격식, 메모리매체 등의 원인으로 어려움에 직면한다면 갑은 을이 해결하도록 협조할 의무가 있다.

제10조 보수
1. 본 작품 보수의 지불기준 및 기한은 아래 세 가지방식에 따라 집행한다 :
(1) 일시불지불
    을은 일시불로 갑에게 보수로 _____위안을 지불한다(대문자 인민폐_____위안정). 을은 본 작품의 최초 복제 이후 ____작업일 이내에 갑에게 보수를 지불해야만 한다.
(2) 기본 보수에 복제회수 보수 추가
    기본보수기준은 : 매 분당_____위안으로 한다. 즉 본 작품의 기본보수는 _____위안(대문자 인민폐)이다. 복제회수에 의한 보수기준은 : 1천장 복제시마다(혹은 개) 기본보수의 ___%를 지불하며, 1천장(혹은 개)에 부족한 경우 1천장(혹은 개)으로 계산한다. 본 작품의 최초복제수량은 _____이다.
    을은 매번 복제한 이후 _____작업일 이내에 갑에 보수를 지불한다. 본 작품을 다시 복제할 때에는 단지 복제수량에 의한 보수를 지불하며, 기본보수는 다시 지불하지 않는다.
(3) 보수발행회수에 따른 인세 지불
    쌍방은 본 작품의 인세율을 30%로 하기로 동의한다. 본 작품의 최초복제가 끝난 이후 6개월 내에 최초 인세를 지불하며, 지불금액을 계산하는 공식은 음반제품정가×최저보장발행수×인세율。최저보장발행수는 2천장(혹은 개)으로 한다.
    본 작품 발행 이후 갑을 쌍방은 매년 7월 25일 당해연도의 인세를 결산한다. 인세계산공식은 음반제품정가×당해년도발행개수×출판사의 할인율×인세율이다. 제2차 인세 지불 시 계산하는 당해연도발행수는 최저보장발행수를 빼야 한다. 발행수가 1천장(혹은 개)에 부족하는 경우 1천장(혹은 개)으로 계산한다.
(4) 복제개수에 따른 인세 지불
    쌍방은 본 작품의 인세율을___%로 하는 것에 동의한다. 본 작품 최초 복제가 끝난 이후 ___개월 이내에 최초 인세를 지불한다. 지불금액의 계산공식은 음반제품정가×최초복제개수×인세율×70 %이다.
    만약 본 작품을 다시 복제하면, 복제가 끝난 이후___개월 내에 재복제의 인세를 지불하며, 지불금액의 계산공식은 음반제품정가×먼저번 복제개수×인세율×30% + 음반제품정가×당회 복제개수×인세율×70%로 한다.
    만약 본 작품의 마지막 복제 이후 2년 내에 재차 복제하지 않는 경우, 복제를 진행한 다음 해 연말에 실제발행수에 근거하여 아래공식에 따라 추가인세를 계산한다 : 음반제품정가×총발행수×인세율-이미 갑에게 지불한 인세 총액. 만약 계산결과 음수가 되면 갑은 환불할 필요가 없다.

전술한 "복제개수"와 "총발행수"가 1천장(혹은 개)에 모자라는 경우, 1천장(혹은 개)으로 계산한다.

(5) 보수를 지불하지 않음

(6) 기타방식 : _____

_____ 。

2. 을은 보수를 갑이 지정한 아래 계좌로 송금한다 :

개설은행 : _____

고객명 : _____

계좌번호 : _____

3. 보수 지불 시 을은 국가 규정에 따라 갑의 소득세를 원천징수한다.
4. 만약 본 작품을 합작작품으로 한다면 을은 상술한 방식으로 갑대리인에게 전액보수를 지불하며, 이것을 을이 전체저작권자에게 지불행위를 완성한 것으로 간주하고, 을이 다시 단독으로 모든 저작권자에게 보수를 지불하지는 않는다. 소득은 각 저작권자간의 분배방식에서 전체 저작권자가 협상으로 확정하며 을과는 무관하다.
5. 만약 을이 제때 상술한 약정에 따라 갑에게 보수를 지불하지 않으면 을은 갑에게 합리적인 해명을 해야 하며 새로운 보수지불일자를 확정하여야만 한다. 만약 을이 원래 보수지불일자에서 3개월을 초과하면, 4개월부터 을이 매일 미지불금액의 1만분의 5를 갑에게 위약금으로 지불하여야만 한다.

제11조 갑은 본 작품의 복제개수와 발행수량을 대조검사할 권리가 있다. 만약 갑이 제3자가 대조검사하도록 지정한다면 서면수권서를 제공할 필요가 있다. 만약 을이 발행수량을 은닉하면 을은 본 계약 약정에 따라 보수지불기준의 두 배를 갑에게 보수로 지불하고 또한 대조비용을 부담해야만 한다. 만약 대조결과 을이 제공한 데이터와 맞으면 대조비용은 갑이 부담한다.

제12조 본 계약 유효기간 내에 갑은 아래 권리1,2,3,8,9,10(아래권리 가운데 선택한 이후 순번을 기재한다)의 비전용("전용" 혹은 "비전용"을 선택기재한다)사용권을 을에게 수여하여 본 계약 제1조가 약정한 범위 내에서 행사하도록 한다.

1. 본 작품내용을 사용하여 전자출판물을 제작 및 출판할 권리
2. 본 작품의 내용을 사용하여 도서, 음반제품 및 전자출판물의 단일 혹은 복합체형식으로 출판할 권리
3. 정보네트워크전송권, 인터넷 복제 및 본 작품 발행 권리

4. 개편권   5.번역권   6.집대성할 권리   7. 임대권
8. 방영권   9.방송권   10.제작권

제13조 을은 본 계약의 갑이 을에게 인가한 권리를 다시 제3자가 사용하도록 인가할 수 있으며, 을이 제3자가 어떠한 권리를 행사하도록 다시 인가할 때, 제때 갑에게 고지하여야 하며, 갑에게 소득금액 일정비율의 보수를 지불하며 구체적인 비율은 쌍방이 별도로 협의한다.
본 계약 유효기간 내에 을은 갑의 서면동의가 필요하면("필요하다" 혹은 "불필요하다"를 선택기재함), 갑을 대표하여 갑 저작권자의 대리인자격으로, 제3자와 본 작품의 전부 혹은 일부 저작권인가 혹은 양도사안을 상의하고, 제3자와 저작권인가 혹은 양도계약을 체결한다. 을이 상술한 행위를 할 때에는 제때 갑에게 고지를 하고 갑에게 저작권인가 혹은 양도계약의 부속서류 혹은 복사본을 제공하도록 요구해야만 한다. 동시에 이로써 획득한 수익의 일정비율을 갑에게 지불하며 구체적인 비율은 쌍방이 별도로 상의한다.
갑은 본 계약을 통해 권한을 위임하여 을이 갑을 대표하여 타인이 갑 저작권을 침범하는 행위를 제지할 권리를 행사하도록 한다. 여기에는 갑을 대표하여 서한을 보내고, 손해배상을 추구하며, 투서를 하고 화해 및 법원에 제소하는 것에만 한정되지 않는다. 갑은 을의 상술한 행위에 대해 필요한 협조를 해야만 하며, 을은 제때 갑에게 권리침해상황을 통보처리해야만 한다. 만약 을이 상술한 대리행위를 통해 권리침해의 보상 혹은 배상을 획득한다면 을은 권익옹호행위의 비용지출을 공제한 이후 나머지부분을 전액 갑에게 반환한다.

제14조 만약 갑이 본 작품의 조립포장, 업그레이드, 후속모델, 파생작품을 출판한다면 독자의 식별과 사용을 편리하게 하기 위하여 갑은 본 계약의 권한위임을 해준 당사자를 통해 상술한 작품에 대해 전용출판권을 가지며, 곧바로 쌍방은 별도로 출판계약을 체결하도록 한다.

제15조 본 계약은 체결한 날로부터 효력이 발생하며 2012년 5월 15일 중지된다. 어떠한 일방이 만약 계속 서명할 의향이 없다면 반드시 본 계약 만료 이전에 서면형식으로 상대방에게 통지하여야 하며, 기한이 되어 중지된다는 통지를 상대방에게 송달한 이후 본 계약 기한 만료 시 즉각 중지를 공고한다. 어떠한 일방이 계약기한 만료 이전에 상대방에게 서면 중지통지를 하지 않는다면 본 계약 유효기간은 2년을 연장한다.
본 계약 유효기간 내 을이 이미 출판한 작품 혹은 기타 관련제품은 계약기한 만료 이후 을이 계속 발행할 수 있다.

제16조 계약 권리의무의 승계
(1) 작품을 을에게 교부하기 전에 만약 갑이 민사행위능력을 상실하거나 혹은 기타 불가항력 요소로 인하여 갑이 본 계약을 이행할 수 없는 경우, 을의 서면동의를 거친 이후 갑 대리인 혹은 상속인이 갑의 계약의무를 계속 이행하고 계약의 권리를 향유한다. 만약 갑이 대리인 혹은 상속인이 없다면, 혹은 을이 갑 대리인 혹은 상속인을 인가하지 않으면 본 계약은 중지한다.
(2) 작품을 을에게 교부한 이후 만약 갑이 민사행위능력을 상실하거나 혹은 기타 불가항력 요소의 출현으로 인하여 갑이 본 계약을 이행할 수 없는 경우, 갑의 대리인 혹은 상속인은 갑의 본 계약에 기반하여 발생한 전재산권리를 향유한다. 만약 갑이 대리인 혹은 상속인이 없거나 혹은 갑 대리인이나 상속인이 계약기한 만료일 1개월 이전에 서면으로 을에게 기한까지 본 계약을 중지할 것을 서면으로 통지하지 않은 경우, 본 계약 제15조 약정에 따라 처리한다.
(3) 합작작품의 전체저작권자가 위탁한 대리인이 대리권을 행사할 수 없을 때, 저작권자는 별도로 대리인을 위탁하고 해당 대리인에게 권한위임위탁서를 발급해야만 하며, 이 권한위임 위탁서가 을에게 송달된 이후 효력을 발생한다. 만약 저작권자가 새 대리인을 위탁하지 않았다면 을은 보수지불을 잠정적으로 정지할 수 있다.
(4) 을이 국가정책, 법규에 의하여 단독 혹은 기타 상대방과 합작으로 회사제 개조 및 구조조정을 실시한 이후, 을은 발기단위 혹은 지배단위가 되어 개조 및 구조조정 이후의 출판기업이 되고, 을은 본 계약 권리의무의 상속인이 된다.
(5) 본 계약에서 을의 권리는 을이 권한을 위임한 상응하는 자격을 갖춘 관련기관이 행사한다.

제17조 본 계약의 부속서는 본 계약의 구성부분으로, 부속서내용과 본 계약 본문이 서로 충돌할 때, 부속서를 기준으로 한다.
계약부속서 내용 :
1. 작품교부통지단
2.
3.
4.

제18조 쌍방은 충실하고 진지하게 본 계약을 이행해야 한다. 갑·을 쌍방은 본 계약의 내용, 해석, 효력의 발생, 효력 및 이행에 관하여 분쟁발생시 우선 우호적으로 협상하여 해결하여야 한다. 일방이 협상을 원하지 않거나 또는 30일 내에 협상으로 결과를 보지 못한 경우, 임의의 일방은 한국 서울시에 위치한 대한상사중재원에 중재를 신청하여 당해 중재기관의 중재규칙에 따라 중재한다. 중재판정은 최종적인 것이며, 분쟁의 각 당

사자에 대하여 법률적인 구속력을 가진다. 본 계약은 1부 2벌로 동등한 법률효력을 지니고 쌍방이 각각 1부씩 지니고 집행하며, 쌍방이 서명하고 관장을 날인한 이후부터 효력이 발생한다. 본 계약조항에 보완이나 개정이 필요하면 쌍방이 별도로 보충협의를 체결한다.

Ⅲ. 중국 음향제품 출판계약 (계약분석)

중국의 음반제품 출판계약에서 당사자 갑은 저작권자이자 대리인신분이 되며 자신의 근무지와 직장주소, 전화번호, 이메일주소 및 신분증번호(사업자등록번호에 해당)를 기재하여야 한다. 당사자 을은 출판자자격을 유지하며 소재지와 연락가능한 전화번호, 공식적인 기관명과 이메일을 기재하여야 한다.

당사자 갑과 당사자 을 쌍방이 본 중국 음향제품에 대한 출판협의를 진행하는 데에는 계약서 작성시 《중화인민공화국 저작권법》, 《중화인민공화국 저작권법 시행령》, 《중화인민공화국 계약법》, 《음반영상제품 관리조례》, 《음반영상제품 출판 관리규정》 등의 법률법규를 참고한다.

본 중국 음반제품 출판계약에서 "음반제품"의 함의와 범위는 음반을 녹음한 녹음테이프(AT), 비디오테이프(VT), CD,디지털레이저디스크(VCD),DVD 등을 말한다.

본 계약서는 유효기간이 존재하며 당사자 갑은 당사자 을에게 중국대륙 내에서 CD매체형식에 따라 해당작품의 복제와 출판, 발행에 대한 권리를 수여하도록 한다. 다만 본 음반음향제품 계약체결이 당사자 갑측 고용주를 포함한 그 어떠한 제3자의 합법적인 권리를 침해하면 아니 된다.

본 음반음향제품 출판계약 유효기간 내에는 당사자 갑이 본 작품의 전부 또는 일부를 수정하거나 편집하여 명칭을 변경하여 제3자가 본 계약에 상응하는 방식으로 사용하는 것은 인정되지 않는다. 그러한 상황이 발생하는 경우 당사자 을은 본 음반음향제품 출판계약을 해제할 수 있고 당사자 갑이 당사자 을이 입은 경제적 손실을 배상하도록 요구할 권리가 존재한다. 그러나 당사자 갑과 당사자 을 가운데 임의의 당사자가 상술한 방식으로 경제적 이익이 발생하였을 때 쌍방이 별도로 협상할 수 있다는 문구가 포함되어 있기 때문에 당사자 갑에게만 부작위행위가 해당되는 것인지 아닌지 불분명한 부분이 있어 향후 입법개정으로 보다 분명히 할 필요가 있다.

본 계약과 관련한 모든 저작권자가 대리인에게 서명발급한 《합작작품에 관한 수권위탁서》를 본 음반음향제품 출판계약의 부속서로 하여 부록형태로 첨부를 하도록 한다.

본 작품에 대한 요구는 아래내용을 포함하면 아니 된다. 즉 헌법이 정한 기본원칙을 위반하는 내용, 국가의 통일, 주권 및 영토보존을 위해하는 내용, 국가기밀을 누출하고 국가안전을 위해하며 혹은 국가의 영예와 이익을 손상시키는 내용, 민족의 구원, 분열 및 차별을 부추기고 소수민족 풍습 및 습관을 침해하며 민족단결을 파괴하는 내용, 사료와 미신을 선전하고 사회질서를 어지럽히며 사회안정을 파괴하는 내용, 음란함, 도박, 폭력 혹은 범죄교사를 선전하며, 사회공중도덕과 민족의 우수한 문화전통을 위해하는 내용, 타인을 모욕하거나 비방하고 타인의 합법적 권익을 침해하는 경우, 법률, 행정법규 및 국가가 금지하고 있는 기타내용이 있는 경우가 그것이다.

또한 본 음반음향제품은 저작권에 대해서도 일정한 요구를 하고 있는데 구체적으로 내용에 독창성이 있고 답습하지 않으며 타인작품을 표절하지 않을 것, 모든 인용은 출처를 분명히 하며, 타인작품 사용에 있어 합법적인 권한이양을 취득할 것, 본 작품이 직무작품이라면 갑은 반드시 본 계약체결 시 을에게 고용단위가 갑이 본 계약 서면증명에 서명하는 것에 동의했다는 것을 발급해야만 할 것, 만약 을이 본 계약이 인가한 권리행사로 인해 제3자에게 손해배상 및 제소를 당한다면, 갑은 제3자와 협상으로 해결하도록 책임지고 전부배상 혹은 보상책임을 부담하며, 만약 을에 대한 제소가 초래되면 갑은 을과 보조를 맞추어 응소 및 을의 전체실제손실을 배상해야만 할 것 등의 내용이 포함된다.

당사자 갑은 당사자 을에게 권한을 이양하여 본 작품내용에 대한 적절한 편집 및 기술조치를 진행한다. 그러나 작품구조, 관점 등 실질적 내용의 수정은 당사자 갑의 인가를 획득해야만 한다.

본 작품의 보수기준에 대해서는 일시불지불, 기본 보수에 복제회수 보수 추가, 보수발행회수에 따른 인세 지불, 복제개수에 따른 인세 지불 등 크게 네 가지 유형으로 분류된다.

만약 본 작품의 마지막 복제 이후 2년 내에 재차 복제하지 않는 경우, 복제를 진행한 다음해 연말에 실제발행수에 근거하여 음반제품정가×총발행수×인세율－이미 갑에게 지불한 인세 총액이라는 공식에 따라 추가인세를 계산한다. 만약 계산결과 음수가 되면 당사자 갑은 환불할 필요가 없다.

만약 본 작품을 합작작품으로 한다면 당사자 을은 상술한 방식으로 당사자 갑측 대리인에게 전액보수를 지불하며, 이것을 당사자 을이 전체저작권자에게 지불행위를 완성한 것으로 간주하여, 당사자 을이 다시 단독으로 모든 저작권자에게 보수를 지불하지는 않는다. 소득은 각 저작권자간의 분배방식에서 전체 저작권자가 협상으로 확정하고 당사자 을과는 관련이 없다.

만약 당사자 을이 발행수량을 은닉하면 당사자 을은 본 계약 약정에 따라 보수지불기준의 두 배를 당사자 갑에게 보수로 지불해야 하고 대조비용 또한 부담해야만 한다.

본 계약 유효기간 내에 당사자 갑은 당사자 을에게 본 작품내용을 사용하여 전자출판물을 제작 및 출판할 권리, 본 작품의 내용을 사용하여 도서, 음반제품 및 전자출판물의 단일 혹은 복합체형식으로 출판할 권리, 정보네트워크전송권, 인터넷 복제 및 본 작품 발행 권리, 개편권, 번역권, 집대성할 권리, 임대권, 방영권, 방송권, 제작권에 대한 전용사용권 또는 비전용사용권을 선택기재하도록 하여 본 계약 제1조가 약정한 범위 내에서 행사하도록 해야 한다.

당사자 을은 본 계약의 당사자 갑이 당사자 을에게 인가한 권리를 다시 제3자가 사용하도록 인가할 수 있고 당사자 을이 제3자가 어떠한 권리를 행사하도록 다시 인가할 때에는 바로 당사자 갑에게 즉각 고지하여야 하며, 당사자 갑에게 소득금액 일정비율의 보수를 지불하며 구체적인 비율은 쌍방이 별도로 협의하도록 한다. 본 계약 유효기간 내에 당사자 을은 당사자 갑의 서면동의가 필요하면 "필요하다" 혹은 "불필요하다"를 선택기재하고, 당사자 갑을 대표하여 당사자 갑측 저작권자의 대리인자격으로, 제3자와 본 작품의 전부 혹은 일부 저작권인가 혹은 양도사안을 상의하고, 제3자와 저작권인가 혹은 양도계약을 체결한다.

당사자 을이 상술한 행위를 할 때에는 제때 당사자 갑에게 고지를 하고 당사자 갑에게 저작권인가 혹은 양도계약의 부속서류 혹은 복사본을 제공하도록 요구해야만 한다. 동시에 이로써 획득한 수익의 일정비율을 당사자 갑에게 지불하며 구체적인 비율은 쌍방이 별도로 상의한다. 당사자 갑은 본 계약을 통해 권한을 위임하여 당사자 을이 당사자 갑을 대표하여 타인이 당사자 갑측 저작권을 침범하는 행위를 제지할 권리를 행사하도록 한다. 여기에는 당사자 갑을 대표하여 서한을 보내고, 손해배상을 추구하며, 투서를 하고 화해 및 법원에 제소하는 것에만 한정되지 않는다. 당사자 갑은 당사자 을의 상술한 행위에 대해 필요한 협조를 해야만 하며, 당사자 을은 제때 당사자 갑에게 권리침해상황을 통보처리해야만 한다. 만약 당사자 을이 상술한 대리행위를 통해 권리침해방의 보상 혹은 배상을 획득한다면 당사자 을은 권익옹호행위의 비용지출을 공제한 이후 나머지부분을 전액 당사자 갑에게 반환하도록 해야 한다.

제2절 작품교부통지서

Ⅰ. 작품교부통지서 (중문)

作品交付通知单

高等教育电子音像出版社：

根据高音出字()年第___号合同之约定，我们已经完成了合同约定的_____(作品名称)的创作。根据合同约定，现将有关情况向贵社通报如下。

一、该作品的名称为：

二、该作品的著作权人为：

三、该作品的作者为：

四、该作品作者的署名方式和署名顺序为：

五、该作品经他人许可或授权的有关文件或说明：
    1.
    2.
    3.

六、合作作者创作本作品的分工表附后(如有)。
    著作权人签字：

    作者签字：

                   日期：

Ⅱ. 작품교부통지서 (한글)

작품교부통지서

고등교육전자음반출판사 :
고등교육전자음반출판사( )년 제___호 계약의 약정에 근거하여, 우리는 이미 계약이 약정한 _____(작품명칭)의 창작을 완성하였다. 계약약정에 근거하여 지금 관련 상황을 귀사에 아래와 같이 통보합니다.

一、해당 작품의 명칭은 :

二、해당 작품의 저작권자는 :

三、해당작품의 저자는 :

四、해당 작품 저자의 서명방식과 서명순서는 :

五、해당 작품이 타인의 인가 혹은 타인의 권한위임을 거친 관련문서 혹은 이를 설명 :
   1.
   2.
   3.
六、합작 작가의 본작품 창작의 업무분담표 첨부(만약 존재한다면)
   저작권자 서명 :

   작가 서명 :

일기

제3절 합작작품에 관한 권한위임위탁서

Ⅰ. 합작작품에 관한 권한위임위탁서 (중문)

关于合作作品的授权委托书

著作权人
姓名：_____
身份证号：_____
工作单位：_____
通信地址：_____ 邮政编码：_____
电话：_____ Email：_____

代理人
姓名：_____
身份证号：_____
工作单位：_____
通信地址：_____ 邮政编码：_____
电话：_____ Email：_____
作品名称：_____(以下简称"本作品")

本人委托_____全权代理本作品的出版及相关事宜，具体授权内容如下：
1. 代理人有权与高等教育电子音像出版社(以下简称出版社)协商、签订出版合同及该合同的补充、变更条款。
2. 代理人有权在本作品需要再复制、再版、修订时，与出版社商定修订事宜。
3. 代理人有权确定本作品的主编及作(译)者的署名方式和署名顺序。
4. 代理人有权从出版社领取本作品全部报酬，并进行分配。
5. 代理人有权作为本人的全权代表解决与出版社发生的争议。
6. 当需要变更代理人或终止代理人权限时，本人另行书面通知出版社并重新签署授权委托书。

授权人：(签字)   日期：

II. 합작작품에 관한 권한위임위탁서 (한글)

합작작품에 관한 권한위임위탁서

저작권자
성명 : _____
신분증번호 : _____
업무단위 : _____
주소 : _____ 우편번호 : _____
전화 : _____ Email: _____

대리인
성명 : _____
신분증번호 : _____
업무단위 : _____
주소 : _____ 우편번호 : _____
전화 : _____ Email: _____
작품명칭: _____(이하 "본 작품"이라 약칭한다)

본인은 _____에게 본 작품의 출판 및 관련사안 전권을 위탁하며, 구체적인 권한위임내용은 아래와 같다:
1. 대리인은 고등교육 전자음반출판사(이하 출판사로 약칭함)와 협상, 출판계약 체결 및 동 계약의 보충, 조문변경을 할 권리가 있다.
2. 대리인은 본 작품에 재복제, 재판, 수정이 필요할 때, 출판사와 수정사안을 상정할 권리가 있다.
3. 대리인은 본 작품의 편집장 및 작가의 서명방식과 서명순서를 확정할 권리가 있다.
4. 대리인은 출판사로부터 본 작품의 전체보수를 받고 배당을 진행할 권리가 있다.
5. 대리인은 본인으로서의 전권을 대표하여 출판사와 발생한 분쟁을 해결할 권리가 있다.
6. 대리인을 변경할 필요 혹은 대리인 권한중지가 필요할 때, 본인은 별도로 출판사에 서면통지를 하고 다시 새로이 권한위임위탁서에 서명한다.

권한위임인:(서명)   날짜 :

Ⅲ. 중국 음향제품 출판계약서 조견표

	중국어	한국어	일본어	영어
1	专有出版权	전문출판권	専門の出版権	Publishing rights to professional
2	关于合作作品的授权委托书	합작작품에 관한 권한 이양위탁서	合作作品に関する権限移譲ウィタクソ	About a joint work permission
3	主编	편집장	編集長	A managing editor
4	脚本	대본	大本	Script
5	作品交付通知单	작품교부통지단	作品の交付通知団	The work of delivery notice
6	版税	인세	印税	Royalty
7	书面授权书	서면수권서-서면 권한위임서	書面ウィイムソ	Written commission contract
8	汇编权	집대성할 권리	編集権	Editorial right
9	配套	조립포장	組み立て褒章	Assembly Packaging
10	授权委托书	권한위임위탁서	権限委任ウィタクソ	Autority commission contract
11	作品交付通知单	작품교부통지단	作品の交付通知団	The work of delivery notice
12	分工表	업무분담표	業務分担表	A work responsibility schedule

제7장
중국 OEM협력계약

제1절   중국 OEM협력계약서 개요
제2절   OEM 협력계약

제1절 중국 OEM협력계약서 개요

Ⅰ. 전반적인 설명

OEM이란 Original Equipment Manufacturing의 약자로서 주문자위탁생산 혹은 주문자 상표부착생산이라고 한다. 전에는 주로 국제브랜드를 가진 해외 글로벌대기업이 개발도상국에서 생산을 위탁하였으나 지금은 생산원가를 절감하기 위해 해외에서 생산 및 판매까지 하고 있다.

중국에서 위탁생산판매(OEM 방식)은 아주 폭넓게 진행되고 있다. 그러나, 제조공장의 품질, 지식재산권 보호 등이 우려가 되므로 이에 걸맞는 계약서를 작성하고 체결하는 것이 필요하다.

본 계약의 목적은 제품의 제조를 의뢰하고 상표사용을 허가하는 중국계약법상 "도급계약"과 상표법의 "상표허가계약" 및 특허법의 "특허사용허가계약" 등을 통합한 것으로 볼 수 있다. 중국의 상표나 특허의 보호를 받으려면, 중국에서 상표 및 특허를 출원하여 관련 상표권이나 특허권을 취득하거나 국제적 상표권이나 특허권을 취득하여야 한다.

본 계약은 기본적인 내용을 약정한 것으로서 구체적인 제품 납품에 대해서는 별도의 발주서를 발행하며, 별도의 별첨서류에 품질기준 등을 기재하여 이를 기준으로 하도록 한다. 따라서 본 계약 외에 더욱 상세한 발주서 및 품질기준서 등의 서류를 작성, 체결하여야 할 것이다.

Ⅱ. 관련 법률, 법규

중화인민공화국 계약법, 중화인민공화국 상표법, 최고인민법원에서 반포한 "중화인민공화국 계약법" 문제에 대한 해석(2), 중화인민공화국 소비자권익보호법, 중화인민공화국 물권법 등이다.

제2절 OEM 협력계약

Ⅰ. OEM 협력계약서 (중문)

OEM合作合同书

甲方：
乙方：

甲、乙双方经协商一致，就OEM项目的合作事宜达成以下OEM合作合同(以下称"本合同")，以资双方共同遵守。

鉴于：甲方是以_____产品为主导的公司，乙方是以生产_____为主导的公司，合同双方就甲方指定产品以OEM方式生产、销售展开合作。

第一条 目的
甲方委托乙方生产本合同第二条规定之产品(以下称"产品")及相关业务，并授权贴牌(甲方的商标)，乙方接受该授权代为生产产品并交货。

第二条 产品范围
1. 乙方制造、交货的产品具体见附件1[产品说明书]。
2. 合同双方经书面协商后决定产品的追加或减少。
3. 产品的成份分配比例、原材料或材质、包装方法及单位等见附件1[产品说明书]。但，必要时可根据甲方要求进行更改。

第三条 合同期限及续延
1. 本合同期为_____年，自20 年 月 日起至20 年 月 日止。
2. 本合同期限届满前1个月，任何一方书面通知不予续延外，本合同以相同条件自动续延至_____年。

第四条 订货和交货
1. 甲方向乙方签发[订货单]，具体的品名、规格、数量、交货期限、交货方式以及交货地点以订货单为准。

2. 乙方未能在指定交货期内交货时，应立即通知甲方并且听从甲方的指示。
3. 根据甲方的验收标准经验收合格的产品统计为交货数量。
4. 乙方作为甲方的主要OEM供应商，未经甲方书面同意，不得向第三方销售相同或相似产品。
5. 乙方交货的产品不符合订货单要求的，乙方应根据本合同第十六条之规定向甲方承担赔偿责任。
6. 关于订货、交货、原辅材料、半成品及包装物管理以及产品质量管理，乙方应遵守甲方提供的附件2[质量管理标准]。

第五条 价格确定方式

1. 本产品价格见附件2[价格表]。
2. 本产品价格包括运输费、包装费及其他所有费用。
3. 原材料价格、市场价格的变动及其他原因无法执行前项价格或前项价格不合理需调整产品价格时，出示合理依据并经双方协商调整。

第六条 贴牌商标

1. 本产品所使用的贴牌商标应使用甲方指定的商标，该商标的所有权及使用权归甲方所有。
2. 乙方应在本产品及包装上使用前项甲方指定商标，并且按照甲方指定方式贴牌。
3. 乙方不得向第三人销售贴有甲方商标的产品或者该商标用于本合同目的之外其他用途。

第七条 生产管理

1. 乙方必须严格按照甲方提供的工艺文件、技术标准等技术文件生产并进行质量管理控制。
2. 乙方应根据甲方提供或双方确定的产品管理标准，进行每日质量管理、调查，记录并保管。乙方应根据甲方要求随时向甲方提供全套的生产记录、质量控制记录、产品合格分析报告以及其他相关单证。
3. 乙方应对产品的制作过程及进行产品质量管理，必要时甲方可派员入驻乙方处进行工艺及质量管理、调查。

第八条 产品验收

1. 甲方根据验收标准对产品进行验收，具体见附件4[验收标准]，并且在收到产品个工作日内提出异议，否则视为认可此批产品合格。

2. 前项验收不合格, 甲方有权拒绝接收该批产品, 乙方必须立即提供合格产品, 由乙方自行承担不合格产品回收及处理费用等相关费用。
3. 乙方同时应提供政府相关部门的产品检验及检疫报告。

第九条 所有权及风险转移

1. 本产品的所有权按照上一条之规定, 自产品验收合格后向甲方转移。
2. 产品经验收合格前产品的全部或部分非甲方原因造成损失、破损或者变质的责任由乙方承担。
3. 甲方存放于乙方的原辅材料、半成品和包装物, 其所有权属于甲方。乙方应妥善保管甲方提供的上述材料, 并承担损失或损害的保管风险。

第十条 支付货款

1. 乙方对其交付的合格产品, 每月_____日前, 向甲方发行费用明细表, 甲方经核对无异议时, 于_____日前向乙方支付货款。支付货款前乙方需向甲方开具相应发票。
2. 若对费用计算有异议, 经双方协商后处理。

第十一条 售后服务

1. 产品质量保证期限为_____年。乙方生产的产品在该质量保证期内出现重大或批量质量问题, 由乙方免费维修或换货或提供相应的赔偿, 并承担相关的一切费用, 包括但不限于维修、置换、运输、对客户的赔偿所需的所有费用。
2. 超过质量保证期的产品的维修等, 可委托乙方进行维修并支付费用, 具体费用由双方协商后确定。
3. 乙方应在采购后的_____年内仍须保有产品配件, 并在甲方提出要求的情况下, 以成本价提供产品的配件。
4. 乙方为满足前项之售后服务之需要, 应向甲方提供技术资料, 如服务手册、配件目录等, 并提供相关技术培训及技术指导。

第十二条 产品安全责任

乙方生产的产品存在产品安全问题导致或者可能导致第三人生命、身体或者财产损害的, 乙方应立即通知甲方并按照甲方的指示处理并解决问题, 所需费用原则上由乙方承担。如甲方因此先行对外承担责任的, 甲方有权向乙方追偿。但, 责任在于甲方时, 由甲方承担相关费用。

第十三条 知识产权保护

1. 经由甲方授权使用的甲方的知识产权, 包括但不限于专利权、商标权、著作权及专有技术，不得用于除本合同目的外的其他用途，未经甲方书面同意，不得允许第三人使用。乙方在本合同有效期内按照双方协议，有偿或无偿使用。双方终止合作后，乙方继续使用这些权利需得到甲方的书面许可。
2. 乙方根据甲方授权使用的上述知识产权针对产品、包装或制作方法进行开发设计、技术更新或其他任何形式申请知识产权的，专利权申请权、专利权均归双方共同所有。
3. 针对本产品与第三人发生知识产权纠纷，由乙方解决并承担相关责任，由此甲方遭受损失的，由乙方承担赔偿责任。但，甲方提供的技术及制作方法而发生的纠纷除外。
4. 本条之规定，本合同解除或终止后仍有效。

第十四条 保密条款

1. 合同一方在执行本合同期间从相对方处所获得的或学到以及知悉的技术以及商业秘密，仅限用于履行本合同义务，合同解除或终止后，相关材料应返还给对方。
2. 本合同履行期间及合同终止后，未经合同一方的书面同意，任何一方不得使用、披露或允许第三人使用。
3. 任何一方承诺监督其员工及关联第三人履行前项保密义务。

第十五条 合同解除

1. 合同任何一方有下列情形的，相对方有权不经催告，以书面通知形式单方解除本合同。
   (1) 面临或正在进行民事、行政或刑事诉讼或隐瞒上述事实的；
   (2) 面临清算、解散、破产、重整、资产转让、合并、分立或者吊销营业执照或注销的；
   (3) 公司经营困难，无法支付生产或支付货款的；
   (4) 公司财产被扣押、查封、冻结或者因财产保全、强制执行、担保权执行等原因竞拍公司财产的；
   (5) 乙方逾期_____个工作日未能交付甲方交付产品的；
   (6) 甲方逾期_____个工作日未能交付支付货款的；
   (7) 不可抗力持续_____日而未能消除的；
   (8) 违反有关法律、法规，并受到广泛社会指责或行政处分的；

2. 合同一方违反本合同及其他协议等内容，或者任何一方有下列情形的，经对方发出催告要求更正后，_____日内仍不予更正的，经对方书面通知后自动解除本合同，书面解除通知自发出后3日后视为到达。
   (1) 乙方生产的产品严重不符合验收标准或者订货单的要求的；
   (2) 乙方要妥善保管甲方提供的原辅料、包装材料，由于乙方保管不善造成甲方提供的物资损毁、灭失的；
   (3) 乙方未按照本合同规定及时提供售后服务的；

第十六条 违约责任

1. 合同解除时守约方根据上一条之规定解除合同后,可要求违约方承担违约责任,违约方应向守约方支付相当于产品的金额的30%作为违约金。同时赔偿因此而造成的所有损失,包括但不限于直接经济损失,以及由此产生的物流、品牌损失、向第三方支出的赔偿金以及追索损失而付出的律师费、调查费等费用。
2. 合同一方未按照合同约定自发生合同解除情形时起5个月内行使解除权的,合同解除权自动消灭,但并不影响违约责任的追究。违约金及损害赔偿金适用上一条规定。
3. 乙方逾期交付定做产品,应由甲方偿付违约金,每逾期一天,按照逾期交付产品价款总额的_____分之_____(_____%)偿付违约金。

第十七条 不可抗力

1. 不可抗力是指当事人不能预见、不能避免且不能克服的客观情况,如自然灾害、战争、内乱、暴动、政府规制等。
2. 由于前项之原因不能履行或不能完全履行本合同义务的,应在24小时之内书面向对方通报理由,并且提供有关主管部门的证明材料后,可以允许延期履行、部分履行或不履行,并可根据情况部分或全部免除责任。

第十八条 法律适用及争议管辖

1. 本合同的争议适用大韩民国法律,大韩民国法律没有规定,适用国际惯例。
2. 争议发生时由甲、乙双方协商解决;协商不成或者一方不愿协商时,任何一方均可向位于韩国首尔市大韩商事仲裁院申请仲裁解决,按照该仲裁机构当时有效的仲裁规则进行仲裁,仲裁裁决是终局性的,对争议各方具有最终的法律拘束力。

第十九条 其他

1. 本合同履行期间,双方除合同另有约定外不得随意变更和解除合同。如有未尽事宜,双方应共同协商后作出补充协议,补充协议与本合同具有同等效力,补充协议与本合同内容相冲突,补充协议优先于本合同。
2. 本合同的附件是本合同的有效组成部分,与本合同具有同等法律效力。若本合同与附件内容上发生冲突,附件优先于本合同。
3. 本合同一式二份,由甲、乙双方各执一份,具有同等效力。
4. 本合同由中文、韩文书就,如合同内容发生冲突,以**韩**文版本为准优先适用。

第二十条 附件

1. 产品说明书

2. 质量管理标准
3. 价格表
4. 验收标准

甲方：
法定代表人：
地址：
签订日期：年月日

乙方：
法定代表人：
地址：
签订日期：年月日

Ⅱ. OEM 협력계약서 (한글)

OEM 협력계약서

"갑" :
"을" :
"갑", "을" 양 당사자는 협상 후 OME거래와 관련하여 아래와 같은 OEM협력계약서(이하"본 계약서"라 함)를 체결하며 양 당사자는 이에 준수한다.
"갑"은, _____제품을 생산, 판매하는 회사이고, "을"은 _____을 생산하는 회사이다. 양 당사자는 "갑"이 지정한 제품에 대해 OEM방식으로 생산, 납품함에 대해 아래와 같이 협력하기로 한다.

제1조 목적

본 계약은 "갑"이 제2조에서 정한 제품(이하 "제품"이라 함)의 제조 및 관련업무를 "을"에게 위탁하고, "갑"의 상표를 부착할 것을 동의하며, "을"은 이를 인수하여 제품을 제조, 납품함을 그 목적으로 한다.

제2조 제품의 범위

1. "을"이 "갑"에게 제조, 납품할 제품은 별첨 1 **[제품사양서]**에 따른다.
2. 제품의 추가 또는 삭제는 양 당사자간의 서면합의에 의한다.
3. 제품의 성분배합비율, 재료 또는 재질, 포장방법 및 단위 등은 별첨 1 **[제품사양서]**에 의한다. 단 필요한 경우, "갑"의 요청으로 변경할 수 있다.

제3조 계약기간 및 갱신

1. 본 계약의 기간은 _____ 년이며, 20 년 월   일부터 20 년   월   일까지로 한다.
2. 전항의 계약기간 만료 1개월전까지 일방이 상대방에 대한 갱신거절의 서면통보를 하지 않는 경우 본 계약과 동일조건으로 _____년 자동연장된다.

제4조 제품의 주문 및 납품

1. "갑"은 "을"에게 **[발주서]**를 발행하는 방식으로 제품을 주문하고 "을"은 발주서상의 품명, 규격, 수량, 납기, 납품방식, 납품장소에 따라 납품한다.
2. "을"은 본 제품을 납기 안에 납품할 수 없는 경우가 발생하면 지체 없이 그 사실을 "갑"에게 통보하고 "갑"의 지시를 따른다.
3. "갑"이 정한 별도 제품검사기준에 합격한 제품에 대해서만 납품수량으로 인정한다.
4. "을"은 "갑"의 주요한 OEM납품자로서, "을"은 "갑"의 사전 서면동의 없이 "갑" 이외의 제3자에게 동일 또는 유사한 품질의 제품을 판매하지 아니한다.
5. 제1항의 발주서상 내용을 준수하지 못하여 "갑"이 손해를 입은 때는 이를 배상하여야 한다. 배상액은 본 계약 제16조의 규정에 의한다.
6. "갑"과 "을"은 상품의 주문 및 납품, 원자재, 포장재의 재고관리, 제품의 품질관리를 위해 "갑"이 정한 별첨2 **[품질관리기준]**를 준수하여야 한다.

제5조 가격

1. 본 제품의 가격은 별첨 3 **[가격표]**에 의한다.
2. 본 제품의 가격은 운송비, 포장비 등 모든 비용을 포함한 가격이다.
3. 재료비, 경쟁제품의 판가변동 및 기타 원인으로 전항의 가격표에 따른 거래가 어렵거나 불합리한 경우 그 근거를 제시하고 양 당사자가 협의하여 조정할 수 있다.

제6조 상표

1. 제품에 사용될 제품명은 "갑"이 독자적으로 선정한 상표를 사용하며 이에 대한 소유 및 사용권한은 "갑"에게 있다.
2. "을"은 본 제품 및 포장 등에 전항의 "갑"의 상표를 표시한다. 상표 표시방법은 "갑"이 정한 바에 의한다.
3. "을"은 "갑"의 상표를 부착한 본 제품을 "갑" 이외의 제3자에게 판매하거나 "갑"의 상표를 본 계약의 목적 이외의 용도로 사용해서는 안 된다.

제7조 제조관리 및 조사

1. "을"은 "갑"이 제공한 공정문서, 기술기준 및 제품검사기준에 따라 제조 및 품질을 관리해야 한다.
2. "을"은 "갑"이 제공하였거나 양 당사자가 합의하여 정한 품질관리기준/조사기준에 의거하여 일일 품질관리/조사를 행하여 별도의 문서로 기록, 보관하여야 하며 "갑"의 요청시 제조기록, 품질관리기록, 제품합격분석보고서 및 기타 기록 등 모든 기록을 제출하여야 한다.
3. "을"은 제품의 제조과정에 대해 철저한 품질관리를 시행하여야 하며, 필요한 경우 "갑"은 제품의 제조시 "갑"이 지정한 요원을 입회시켜 공정 및 품질관리/조사를 실시할 수 있다.

제8조 제품검사

1. "갑"은 제품검사기준에 의거하여 납품검사를 실시하고 그 결과를 납품 후 영업일일 내 신속하게 "을"에게 통보한다. 검사기준은 별첨서류4**[제품검사기준]**에 의한다. 그러지 아니할 경우, 제품품질이 합격으로 간주한다.
2. 전항의 검사에 합격하지 못한 경우, "갑"은 납품을 거절하고 "을"은 지체없이 대품을 납품하고 그의 비용으로 불합격한 제품을 회수, 처리하여야 한다.
3. "을은 동시에 정부 관련부서의 제품검사결과 및 검역보고서를 제출해야 한다.

제9조 소유권이전 및 위험부담

1. 본 제품의 소유권은 전조에서 정한대로 제품검사 합격과 함께 "갑"에게로 이전된다.
2. 제품이 제품검사에 합격하여 납품이 완료될 때까지 본 제품의 전부 또는 일부가 "갑"의 책임없는 사유에 의해 손실, 파손 또는 변질되었을 경우에는 "을"이 그 책임을 부담한다.

3. "갑"이 "을"에 제공한 원자재, 반제품 및 포장재료에 대해 소유권이 있다. "을"은 반드시 위와 같은 자료들을 적절히 보관해야 하며, 손실되거나 파손될 보관위험을 부담한다.

제10조 대금지급

1. "을"은 납품하여 제품검사에 합격한 제품에 대해 매월 _____일 기준으로 "을"은 "갑"에게 세금계산서를 발행하여 대금지급을 청구하고, "갑"은 위 세금계산서에 이의가 없을 경우 발행일자로부터 _____일까지 대금을 지급한다. "을"은 대금지급 전 상응한 영수증은 "갑"에게 발급한다.
2. 세금계산서의 금액에 대해 이의가 있을 경우, 양 당사자는 협상하여 처리한다.

제11조 애프터서비스

1. 제품의 품질보증기간은 _____년이다. "갑"은 본 제품의 납품 후 품질담보기간 이내에 다른 중대한 혹은 다량의 품질 하자가 발견되었을 때는 "을"은 무상으로 보수, 교환 혹은 배상 등 책임을 짐과 동시에 이에 관련된 모든 비용을 부담한다. 비용은 보수, 대품납품, 운송, 고객에 대한 배상 등에 필요한 모든 비용을 포함한다.
2. "을"이 납품한 제품은 품질보증기간이 지난 후, "갑"은 "을"에게 유상의 수리를 의뢰할 수 있으며 상세한 것은 "갑"과 "을"의 협의하에서 정한다.
3. "을"은 본 제품의 보수용 부품을 "갑"에게 최종 납품 후 _____년간 보유하고 있어야 하며, "갑"이 보수를 위해서 필요로 할 때 원가의 가격으로 부품을 제공해야 한다.
4. "을"은 전항의 애프터서비스에 필요한 기술자료(서비스 메뉴얼, 부품 목록 등)를 "갑"에게 제공함과 동시에 서비스와 관련된 기술교육 및 기술지도를 하여야 한다.

제12조 제품안전책임

"을"이 생산한 제품이 안전상 결함으로 인하여 제3자의 생명, 신체 또는 재산에 손해를 입히거나 손해가 예상되는 경우, "을"은 즉시 "갑"에게 통보하여 "갑"과 협의하여야 하며, "갑"의 요청에 따라 처리, 해결한다. 본 사안의 처리, 해결에 드는 비용은 "을"의 부담으로 하되, "갑"이 대외로 책임을 대신 부담하였을 경우, "갑"은 "을"에게 책임을 추궁할 수 있다. 단, 귀책사유가 "갑"에게만 있는 경우에는 해당 비용을 "갑"이 부담한다.

제13조 지식재산권

1. "을"은 제품과 관련하여 "갑"으로부터 사용을 허락 받은 지식재산권(특허, 상표권, 저작권

및 know-how) 을 제품의 제조 이외에 다른 목적으로 사용하지 못하며 "갑"의 서면에 의한 동의가 없는 한 제3자에게 이를 사용하게 할 수 없다. "을"은 본 계약서 유효기간 내 양 당사자의 협의로 유상 혹은 무상으로 사용할 수 있다. 협력관계가 종료된 시점부터 "을"이 계속하여 "갑"의 해당 지식재산권을 사용하고자 할 경우, 반드시 "갑"의 서면 동의를 얻어야 한다.
2. "을"이 "갑"이 제공한 기술정보에 기초해서 제품 및 제조방법에 관하여 개발설계, 기술갱신 혹은 기타 형식으로 지식재산권을 출원하고자 할 경우, 공동출원으로 하며 해당 지식재산권은 공동권리인으로 한다.
3. 제품과 관련, 제3자와의 사이에서 지식재산권상의 분쟁이 발생하였을 경우, "을"은 그 책임을 지고 이를 해결하여야 하며 이로 인해 "갑"이 손실이 발생하였을 경우에는 "을"이 그 손실을 배상한다. 단, "갑"이 제공한 기술정보, 제조방법이나 상표 등으로 인한 지식재산권 분쟁은 "갑"이 책임진다.
4. 본 조항의 규정은 본 계약 종료 후에도 유효하다.

제14조 비밀유지

1. 당사자 일방은 본 계약 및 보충계약의 체결 및 이행 과정상 알게 된 타방 당사자의 기술이나 업무상의 비밀을 본 계약의 이행을 위해서만 사용하여야 하고, 계약기간 만료와 동시에 이와 관련된 자료를 해당 상대방에게 반환하여야 한다.
2. 당사자 일방은 본 계약 기간은 물론 종료 후에도 그 타방 당사자의 기술 및 업무상의 비밀 등을 그의 사전 서면 승낙없이 사용, 누설하거나 제3자에게 사용하도록 허락하여서는 아니 된다.
3. 각 당사자는 그 임직원 및 관련자로 하여금 위 각 항과 동일한 비밀유지의무를 부담하도록 감독하여야 한다.

제15조 계약의 해지

1. 당사자의 일방이 다음 각 호에 해당할 경우, 상대방은 별도의 최고없이 서면통지로써 본 계약을 해지할 수 있다.
   1) 현재 민사, 행정 혹은 형사소송이 진행되거나 개시하려고 하거나 있음을 은닉할 때;
   2) 회사청산, 해산, 파산, 구조조정, 자산양도, 합병 또는 분할 또는 영업집조 말소, 폐지 등 사유가 있을 때;
   3) 지급정지거나 지급불능 등 사유가 발생하였을 때;
   4) 회사재산이 압류, 동결 혹은 재산보전, 강제집행, 담보권 실행 등으로 경매에 넘어가려고 하거나 넘어갔을 때;

5) "을"은 영업일일 초과하여 납품하지 못한 때;
6) "갑"은 영업일일 초과하여 대금을 지급하지 못한 때;
7) 불가항력 사유로 계약위반의 상태가 _____일 이상 지속되는 때;
8) 법률, 법규 등 관련법규를 위반하여 사회적으로 물의를 일으키거나 회사이미지가 나빠지거나 행정처분을 받는 때;

2. 당사자의 일방이 본 계약 기타 본 계약에 준하는 특약, 합의서 등 보충계약을 위반하거나 일방이 다음 각 호에 해당할 경우, 상대방으로부터 그 시정을 최고받은 날로부터 _____일 이내 혹은 지정한 기한내에 시정하지 아니하는 경우, 그 상대방은 서면 통지로써 본 계약을 해지할 수 있다.
  1) "을"이 생산한 제품이 제품검사기준이나 발주서의 요구에 부합되지 않아 결과가 엄중할 때;
  2) "을"의 과실로 "을"이 보관하고 있는 "갑"의 원자재, 반제품, 포장재료 등 물품이 파손되거나 손실되었을 경우;
  3) "을"이 본 계약의 규정에 따라 애프터서비스를 제공하지 않을 경우.

제16조 계약위반 책임

1. 귀책사유 없는 당사자는 전조에 의해 계약해지를 하며, 본 계약의 위반으로 인해 입은 상대방의 손해를 배상하여야 한다. 위약금은 제품 대금총액의 30%로 한다.. 동시에 계약위반으로 인하여 발생한 상대방의 모든 직접손실과 간접손실을 배상한다. 예컨대, 운송비, 상표손실, 제3자에 대한 손해배상 및 손해 추궁을 위한 변호사비용, 조사비 등 비용 등이다. 단, 제15조 제1항 제7호의 규정은 제외한다.
2. 귀책없는 당사자가 전조에 의해 계약해제 경우가 발생한 날로부터 **5개월** 이내 계약해지권을 행사하지 않을 경우, 계약해제권을 상실한 것으로 본다. 단 이는 상대방의 여전히 위약책임을 추궁할 수 있다. 위약금과 손해배상은 전항의 규정을 따른다.
   "을"이 납기일 내 납품하지 않을 경우, 납기일이 초과한 후부터 매일 제품 총대금의 분의 (%)을 위약금으로 지불해야 한다.
3. "을"이 납기일 내 납품하지 않을 경우, 납기일이 초과한 후부터 매일 제품 총대금의 _____분의 _____(_____%)을 위약금으로 지불해야 한다.

제17조 불가항력

1. 불가항력이란 계약 당사자가 예견할 수 없고, 피할 수 없으며 극복할 수 없는 객관상황을 말한다. 예컨대, 천재지변, 전쟁, 내란, 폭동, 정부규제 등이다.
2. 전 항의 이유로 인하여 그 일방이 본 계약상의 의무를 전부 혹은 일부를 이행하지 못하

는 경우에는 반드시 24 시간 이내 서면으로 통지해야 하며, 관련 정부부서의 증명을 제출한다. 그러할 경우, 이행연기, 부분이행 혹은 이행책임을 면한다. 다만, 어느 일방이든 계약위반 후 발생된 불가항력에 대하여 그에 따르는 배상책임을 면제하지 못한다.

제18조 준거법 및 관할지

1. 본 계약과 관련하여 분쟁이 발생할 경우, 대한민국 법률에 근거하여 분쟁을 해결한다.
2. 본 계약과 관련하여 분쟁이 발생하면, 양 당사자는 협상하여 해결한다. 협상으로 해결되지 않거나, 일방이 협상을 거부할 경우, 임의의 일방은 한국 서울시에 위치한 대한상사중재원에 중재를 신청하여 당해 중재기관의 중재규칙에 따라 중재한다. 중재 판정은 최종적인 것이며, 분재의 각 당사자에 대하여 법률적인 구속력을 가진다.

제19조 기타 사항

1. 본 계약의 이행 중 누구든지 별도의 약정 외에 임의로 계약을 변경하거나 해제할 수 없다. 본 계약 외 추가, 변경 사항이 있을 경우 양 당사자가 합의 후 보충계약을 통해 정한다. 보충계약은 본 계약과 동일한 법률효력을 발생하며 보충계약과 본 계약이 내용상 상호 상충되는 경우 보충계약이 우선한다.
2. 본 계약의 별첨서류는 본 계약의 구성부분이며 본 계약과 동일한 법률적효력을 발생한다. 본 계약과 별첨서류가 내용상 상충될 경우, 별첨서류의 내용을 우선으로 하여 적용한다.
3. 본 계약서는 2부로 작성되며 양 당사자는 각기 1부씩 소지한다.
4. 본 계약서는 중문과 한글과 작성되며, 두 가지 버전내용이 상충되는 경우에는 한글을 우선하여 적용한다.

제20조 별첨서류

1. 제품사양서
2. 품질관리기준
3. 가격표
4. 제품검사기준

"갑":
대 표 자:
주 소:
계약일자 : 20   년   월   일

"을":
대 표 자:
주 소:
계약일자 : 20   년   월   일

Ⅲ. OEM 협력계약서 분석

〈OEM협력계약 체결에 대한 전반적인 설명〉

1. 의의

한국업체일 경우, 중국현지화를 위해 제품을 직접 수출하기보다는 중국 내 공장을 물색한 후, 현재 공장에 위탁생산을 진행하여 중국 내수시장에 직접 판매하거나 외국에 수출한다. 따라서 이에 필요한 위탁생산판매(OEM 방식)가 수요로 하고 있다.
그러나, 제조공장의 품질, 지식재산권 보호 등이 우려가 되므로 이에 걸맞는 계약서를 작성하고 체결하는 것이 필요하다.
본 계약의 목적은 제품의 제조를 의뢰하고 상표사용을 허가하는 중국계약법상 "도급계약"과 상표법의 "상표허가계약" 및 특허법의 "특허사용허가계약" 등을 통합한 것으로 볼 수 있다.

2. 적용범위

본 계약은 기본적인 내용을 약정한 계약으로서 구체적인 제품 납품에 대해서는 별도의 발주서를 발행하며, 별도의 별첨서류에 품질기준 등을 기재하여 이를 기준으로 한다.

3. 관련 법률, 법규

중화인민공화국 계약법, 중화인민공화국 상표법, 최고인민법원에서 반포한 "중화인민공화국 계약법" 문제에 대한 해석(2), 중화인민공화국 소비자권익보호법, 중화인민공화국 물권법

〈계약조항 구체분석〉

0. 계약체결 등

> 甲、乙双方经协商一致, 就OEM项目的合作事宜达成以下OEM合作合同(以下称"本合同"), 以资双方共同遵守。
> 鉴于 : 甲方是以_____产品为主导的公司, 乙方是以生产_____为主导的公司, 合同双方就甲方指定产品以OEM方式生产、销售展开合作。
>
> "갑", "을" 양 당사자는 협상 후 OME거래와 관련하여 아래와 같은 OEM협력계약서(이하"본 계약서"라 함)를 체결하며 양 당사자는 이에 준수한다.
> "갑"은, _____제품을 생산, 판매하는 회사이고, "을"은 _____을 생산하는 회사이다. 양 당사자는 "갑"이 지정한 제품에 대해 OEM방식으로 생산, 납품함에 대해 아래와 같이 협력하기로 한다.

― 의의

본 내용은 본 계약의 목적을 서술한 것으로서 계약 조항이라 할 수 없지만, 관례대로 계약은 평등한 주체가 합의하여 작성한 것임을 밝힌다.

1. 목적

> 第一条 目的
> 甲方委托乙方生产本合同第二条规定之产品(以下称"产品")及相关业务,并授权贴牌(甲方的商标), 乙方接受该授权代为生产产品并交货。
>
> 제1조 【목적】
> 본 계약은 "갑"이 제2조에서 정한 제품(이하 "제품"이라 함)의 제조 및 관련업무를 "을"에게 위탁하고, "갑"의 상표를 부착할 것을 동의하며, "을"은 이를 인수하여 제품을 제조, 납품함을 그 목적으로 한다.

- 계약의 의의

본 계약의 목적은 갑이 을에게 제품의 제조를 의뢰하고 상표사용을 허가하며 그에 대금을 지급하고, 을은 계약의 약정대로 제품의 제조를 의뢰받고 제품을 제조하며 납기에 납품하며 제품의 품질을 보장하며 갑의 상표나 기타 지식재산권을 사용하며 이에 따른 책임을 지는 계약이다.

2. 제품의 범위

第二条 产品范围
1. 乙方制造、交货的产品具体见附件1[产品说明书]。
2. 合同双方经书面协商后决定产品的追加或减少。
3. 产品的成份分配比例、原材料或材质、包装方法及单位等见附件1[产品说明书]。
   但，必要时可根据甲方要求进行更改。

제2조 제품의 범위
1. "을"이 "갑"에게 제조, 납품할 제품은 별첨 1 **[제품사양서]**에 따른다.
2. 제품의 추가 또는 삭제는 양 당사자간의 서면합의에 의한다.
3. 제품의 성분배합비율, 재료 또는 재질, 포장방법 및 단위 등은 별첨 1 **[제품사양서]**에 의한다. 단 필요한 경우, "갑"의 요청으로 변경할 수 있다.

- 설명

본 계약서는 표준계약서인만큼 회사마다 취급하는 제품이 상이할 수 있기에 본 계약에서 모두 나열할 수 없으므로 **[제품사양서]**에 별도로 제품의 사양에 대해 상세하게 기재할 필요가 있다.

3. 계약기간 및 갱신

第三条 合同期限及续订
1. 本合同期为_____年, 自20 年 月 日起至20 年 月 日止。
2. 本合同期限届满前1个月, 任何一方书面通知不予续订外, 本合同以相同条件自动续订至_____年。

제3조 계약기간 및 갱신

1. 본 계약의 기간은 _____ 년이며, 20   년   월   일부터 20   년   월   일까지로 한다.
2. 전항의 계약기간 만료 1개월전까지 일방이 상대방에 대한 갱신거절의 서면통보를 하지 않는 경우 본 계약과 동일조건으로 _____ 년 자동연장된다.

— 설명

본 계약의 기간 및 갱신에 대한 약정은 양 당사자가 합의후 정할 수 있다. 을과의 거래 관계가 돈독하고 믿을만한 업체일 경우, 계약기간을 2~10년 가량 길게 정할 수 있지만, 처음 거래하는 업체이거나 제품제조능력이나 각 방면에서 정확하게 파악이 되지 않아 일단 첫 거래 후 향후 거래여부를 결정할 경우, 1년 가량 짧게 정하기를 권장한다. 또한, 갱신 후 계약기간을 얼마로 정할지도 위와 같은 원칙하에서 정할 수 있다.

4. 제품의 주문 및 납품

第四条 订货和交货

1. 甲方向乙方签发[订货单], 具体的品名、规格、数量、交货期限、交货方式以及交货地点以订货单为准。
2. 乙方未能在指定交货期内交货时, 应立即通知甲方并且听从甲方的指示。
3. 根据甲方的验收标准经验收合格的产品统计为交货数量。
4. 乙方作为甲方的主要OEM供应商, 未经甲方书面同意, 不得向第三方销售相同或相似产品。
5. 乙方交货的产品不符合订货单要求的, 乙方应根据本合同第十六条之规定向甲方承担赔偿责任。
6. 关于订货、交货、原辅材料、半成品及包装物管理以及产品质量管理, 乙方应遵守甲方提供的附件2[质量管理标准]。

제4조 제품의 주문 및 납품

1. "갑"은 "을"에게 발주서를 발행하는 방식으로 제품을 주문하고 "을"은 발주서 상의 품명, 규격, 수량, 납기, 납품방식, 납품장소에 따라 납품한다.
2. 을"은 본 제품을 납기 안에 납품할 수 없는 경우가 발생하면 지체 없이 그 사실을 "갑"에게 통보하고 "갑"의 지시를 따른다.

> 3. "갑"이 정한 별도 제품검사기준에 합격한 제품에 대해서만 납품수량으로 인정한다.
> 4. "을"은 "갑"의 주요한 OEM납품자로서, "을"은 "갑"의 사전 서면동의 없이 "갑" 이외의 제3자에게 동일 또는 유사한 품질의 제품을 판매하지 아니한다.
> 5. 제1항의 발주서상 내용을 준수하지 못하여 "갑"이 손해를 입은 때는 이를 배상하여야 한다. 배상액은 본 계약 제16조의 규정에 의한다.
> 6. "갑"과 "을"은 상품의 주문 및 납품, 원자재, 포장재의 재고관리, 제품의 품질관리를 위해 "갑"이 정한 별첨2 **[품질관리기준]**를 준수하여야 한다.

- 설명

본 계약과 별도로 발주서를 작성하고 주문량, 품종, 납품기한 등 디테일한 내용을 표기한다. 을은 발주서의 내용에 따라 납품하며 발주서가 납품기준의 하나가 된다.

납기를 준수하기 못할 경우, 을은 지체없이 갑에게 통지하며, 갑은 이에 대한 대응조치를 취하여 을에게 지시한다. 만약 납기를 지키지 못하면 그에 따른 위약책임을 부담하여야 할 뿐만 아니라 납기를 초과한 일정한 기간을 경과한 후 계약해제 등 권리를 행사할 수 있다. 또한, 납품기준은 별도의 품질관리기준을 따라야 한다.

5. 가격

> 第五条 价格确定方式
> 1. 本产品价格见附件2[价格表]。
> 2. 本产品价格包括运输费、包装费及其他所有费用。
> 3. 因原材料价格、市场价格的变动及其他原因无法执行前项价格或前项价格不合理需调整产品价格时，出示合理依据并经双方协商调整。
>
> 제5조 가격
> 1. 본 제품의 가격은 별첨 2 **[가격표]**에 의한다.
> 2. 본 제품의 가격은 운송비, 포장비 등 모든 비용을 포함한 가격이다.
> 3. 재료비, 경쟁제품의 판가변동 및 기타 원인으로 전항의 가격표에 따른 거래가 어렵거나 불합리한 경우 그 근거를 제시하고 양 당사자가 협의하여 조정할 수 있다.

— 설명

가격확정에 대해 본 계약에서 약정하지 않고 별도의 가격표에 의하여 결정할 것을 권장한다. 물론, 제품이 정해진 종류이고 원가변동이 크지 않을 경우, 일정기간 내(계약기간) 가격변동이 없거나 적을 경우, 본 계약에서 가격을 약정할 수 있지만 그러지 아니할 경우 별도의 가격표 등에 의하여 정하는 것이 갑의 입장에서 유리할 것이다.

6. 상표

第六条 贴牌商标
1. 本产品所使用的贴牌商标应使用甲方指定的商标，该商标的所有权及使用权归甲方所有。
2. 乙方应在本产品及包装上使用前项甲方指定商标，并且按照甲方指定方式贴牌。
3. 乙方不得向第三人销售贴有甲方商标的产品或者该商标用于本合同目的之外其他用途。

제6조 상표
1. 제품에 사용될 제품명은 "갑"이 독자적으로 선정한 상표를 사용하며 이에 대한 소유 및 사용권한은 "갑"에게 있다.
2. "을"은 본 제품 및 포장 등에 전항의 "갑"의 상표를 표시한다. 상표 표시방법은 "갑"이 정한 바에 의한다.
3. "을"은 "갑"의 상표를 부착한 본 제품을 "갑" 이외의 제3자에게 판매하거나 "갑"의 상표를 본 계약의 목적 이외의 용도로 사용해서는 안 된다.

— 의의

본 계약에서 본 조항이 제일 중요한 조항 중의 하나라도 해도 과언이 아니다. OEM계약은 주로 상표사용허가에 대한 특수한 계약인 만큼 상표의 소유권 및 사용권에 대해 명확히 하여야 하며 사용방법, 표시방법에 대해 명확히 약정할 필요가 있다.

7. 제조관리 및 조사

> 第七条 生产管理
> 1. 乙方必须严格按照甲方提供的工艺文件、技术标准等技术文件生产并进行质量管理控制。
> 2. 乙方应根据甲方提供或双方确定的产品管理标准,进行每日质量管理、调查,记录并保管。乙方应根据甲方要求随时向甲方提供全套的生产记录、质量控制记录、产品合格分析报告以及其他相关单证。
> 3. 乙方应对产品的制作过程进行产品质量管理,必要时甲方可派员入驻乙方处进行工艺及质量管理、调查。
>
> 제7조 제조관리 및 조사
> 1. "을"은 "갑"이 제공한 공정문서, 기술기준 및 제품검사기준에 따라 제조 및 품질을 관리해야 한다.
> 2. "을"은 "갑"이 제공하였거나 양 당사자가 합의하여 정한 품질관리기준/조사기준에 의거하여 일일 품질관리/조사를 행하여 별도의 문서로 기록, 보관하여야 하며 "갑"의 요청시 제조기록, 품질관리기록, 제품합격분석보고서 및 기타 기록 등 모든 기록을 제출하여야 한다.
> 3. "을"은 제품의 제조과정에 대해 철저한 품질관리를 시행하여야 하며, 필요한 경우 "갑"은 제품의 제조시 "갑"이 지정한 요원을 입회시켜 공정 및 품질관리/조사를 실시할 수 있다.

(1) 법률근거

"중화인민공화국계약법"(1999년) 제260조의 규정에 의하면, "의뢰인은 필요할 경우 감독검수를 진행할 수 있지만 수임인의 정상적인 작업에 영향주어서는 아니된다." 때문에 갑은 을의 생산제조에 영향주지 않는 전제하에서 품질관리, 조사 등을 진행할 수 있으며 관련 서류를 요청할 수 있다.

(2) 의의

갑은 을이 제조과정에서 갑의 요구에 맞추지 않고 생산하거나 관련 제조일지 등을 작성하지 않을 우려가 있기 때문에 그런 기술서류나 공정서류 등을 구비하고 기준에 따라 제품을 제조하고 품질을 관리할 것을 요구한다.

또한 제조과정이나 품질관리 등에 대해 일지를 작성하고 문서를 보관하여 필요시 갑의 요구에 따라 관련 기록이나 서류를 제출해야 한다.

나아가 필요시, 갑은 직원을 을의 공장에 파견하여 품질이나 제조과정 등을 조사할 수 있다. 이는 제품의 제조부터 납품까지 전반 과정을 관리하여 문제점을 발견 즉시 시정하기 위한 것이다.

8. 제품검사

第八条 产品验收
1. 甲方根据验收标准对产品进行验收, 具体见附件4[验收标准], 并且在收到产品个工作日内通知产品验收结果, 否则视为此批产品合格。
2. 前项验收不合格, 甲方有权拒绝接收该批产品, 乙方必须立即提供合格产品, 由乙方自行承担不合格产品回收及处理费用等相关费用。
3. 乙方同时应提供政府相关部门的产品检验及检疫报告。

제8조 제품검사
1. "갑"은 제품검사기준에 의거하여 납품검사를 실시하고 그 결과를 납품 후 근무일 내 신속하게 "을"에게 통보한다. 검사기준은 별첨서류4 **[제품검사기준]**에 의한다. 그러지 아니할 경우, 제품품질이 합격으로 간주한다.
2. 전항의 검사에 합격하지 못한 경우, "갑"은 납품을 거절하고 "을"은 지체없이 대품을 납품하고 그의 비용으로 불합격한 제품을 회수, 처리하여야 한다.
3. "을은 동시에 정부 관련부서의 제품검사결과 및 검역보고서를 제출해야 한다.

- 설명

검수기준은 양 당사자가 합의하여 정하거나 갑이 일방적으로 정할 수 있다. 단, 납품 후 일정기한내 검수를 진행하여야 하고, 검수결과를 통지해야 한다. 그러지 아니할 경우, 합격임을 간주한다. 이는 갑의 일정기한내 검수를 진행할 것을 요구하기 위함이다. 때문에 반드시 약정한 기한내 합격여부를 고지하여야만 본 계약의 기타 조항의 근거하여 권리를 주장할 수 있다. 예컨대, 불합격일 경우, 합격대체제품을 납품하거나, 대금을 반환하거나 나아가 계약해제 및 손해배상을 청구할 수 있다.

9. 소유권이전 및 위험부담

> 第九条 所有权及风险转移
> 1. 本产品的所有权按照上一条之规定, 自产品验收合格后向甲方转移。
> 2. 产品经验收合格前产品的全部或部分非甲方原因造成损失、破损或者变质的责任由乙方承担。
> 3. 甲方存放于乙方的原辅材料、半成品和包装物, 其所有权属于甲方。乙方应妥善保管甲方提供的上述材料, 并承担损失或损害的保管风险。
>
> 제9조 소유권이전 및 위험부담
> 1. 본 제품의 소유권은 전조에서 정한대로 제품검사 합격과 함께 "갑"에게로 이전된다.
> 2. 제품이 제품검사에 합격하여 납품이 완료될 때까지 본 제품의 전부 또는 일부가 "갑"의 책임없는 사유에 의해 손실, 파손 또는 변질되었을 경우에는 "을"이 그 책임을 부담한다.
> 3. "갑"이 "을"에 제공한 원자재, 반제품 및 포장재료에 대해 소유권이 있다. "을"은 반드시 위와 같은 자료들을 적절히 보관해야 하며, 손실되거나 파손될 보관위험을 부담한다.

(1) 법률근거

"중화인민공화국물권법"(2007년) 제23조의 규정에 의하면, 동산물권의 성립과 양도는 교부시 효력을 발생한다.

계약법 제374조의 규정에 의하면 보관자는 보관의 의무를 져야 하며, 보관물의 파멸, 파손 등에 대한 배상책임을 져야 한다. 물론, 별도의 보관비용을 지급하지 않았고 보관인이 중대한 과실이 없음을 증명할 경우 배상책임을 지지 않는다.

(2) 소유권이전

동산의 소유권은 교부라고 해서 무조건 소유권이 이전되는 것이 아니라 검수 후 합격한 제품의 소유권만 이전된다는 조항을 추가함으로써 소유권의 이전 시기를 명확히 하고, 이로써 소유권의 이전 전에 발생한 모든 책임은 을이 책임지게 된다. 따라서 을이 제품을 납품하였다고 해도, 갑의 검수 합격통지가 없는 한 소유권이 이전되지 않았기 때문에, 을이 여전히 제품에 대해 소유권을 갖고 있으므로 계약상 납품 의무를 이행하지 못한 것으로 보아야 한다.

(3) 보관자의 의무

반제품, 포장재료 등 갑이 제공한 물품에 대한 소유권은 당연히 갑에게 있으며 을이 제조과정에서의 보관의무를 진다. 따라서 을이 해당 제품의 파손이나 손실 위험을 부담한다. 보관 중 중대한 과실이 없음을 증명하기가 용이하지 않기 때문에 본 조항은 의의가 있다.

10. 대금지급

> 第十条 支付货款
> 1. 乙方对其交付的合格产品, 每月_____日前, 向甲方发行费用明细表, 甲方经核对无异议后, 于_____日前向乙方支付货款。支付货款前乙方需向甲方开具相应发票。
> 2. 若对费用计算有异议, 经双方协商后处理。
>
> 제10조 대금지급
> 1. "을"은 납품하여 제품검사에 합격한 제품에 대해 매월 _____일 기준으로 "을"은 "갑"에게 세금계산서를 발행하여 대금지급을 청구하고, "갑"은 위 세금계산서에 이의가 없을 경우 발행일자로부터 _____일까지 대금을 지급한다. "을"은 대금지급 전 상응한 영수증은 "갑"에게 발급한다.
> 2. 세금계산서의 금액에 대해 이의가 있을 경우, 양 당사자는 협상하여 처리한다.

- 설명

대금지급방식은 여러가지가 있을 수 있다. 기간별(주별, 월별, 연별)로 지급할 수 있고, 정액별로 지급할 수 있으며, 매건 발주서에 따라 지급할 수도 있다. 본 계약은 발주량이 정기적이고 대량이라는 가정하에 월별 기준으로 지급할 것을 권장한다. 먼저 제품제조자가 매월 지정기한 내, 전월 납품의 수량에 근거하여 세금계산서를 작성하여 발송하면, 제품발주자는 세금계산서를 확인한 후 영수증을 받은 후 일정기한 내 대금을 지급하도록 한다. 세금계산서의 금액에 이의가 있을 경우, 위와 같은 규정을 따르지 아니하고, 양 당사자가 금액을 재정산한 후 지급하도록 한다. 이는 세금계산서의 금액에 이의가 있어 대금지급을 지체할 경우 이를 위약행위로 간주하지 않기 위함이다.

11. 애프터서비스

> 第十一条 售后服务
> 1. 产品质量保证期限为_____年。乙方生产的产品在该质量保证期内出现重大或批量质量问题，由乙方免费维修或换货或退货或提供相应的赔偿，并承担相关的一切费用，包括但不限于维修、置换、运输、对客户的赔偿。
> 2. 超过质量保证期的产品的维修等，可委托乙方进行维修并支付费用，具体费用由双方协商后确定。
> 3. 乙方应在交货后的_____年内仍须保有产品配件，并在甲方提出要求的情况下，以成本价提供产品的配件。
> 4. 乙方为满足前项之售后服务之需要，应向甲方提供技术资料，如服务手册、配件目录等，并提供相关技术培训及技术指导。
>
> 제11조 애프터서비스
> 1. 제품의 품질보증기간은 _____년이다. "갑"은 본 제품의 납품 후 품질담보기간 이내에 다른 중대한 혹은 다량의 품질 하자가 발견되었을 때는 "을"은 무상으로 보수, 교환 혹은 배상 등 책임을 짐과 동시에 이에 관련된 모든 비용을 부담한다. 비용은 보수, 대품납품, 운송, 고객에 대한 배상 등에 필요한 모든 비용을 포함한다.
> 2. "을"이 납품한 제품은 품질보증기간이 지난 후, "갑"은 "을"에게 유상의 수리를 의뢰할 수 있으며 상세한 것은 "갑"과 "을"의 협의하에서 정한다.
> 3. "을"은 본 제품의 보수용 부품을 "갑"에게 최종 납품 후 _____년간 보유하고 있어야 하며, "갑"이 보수를 위해서 필요로 할 때 원가의 가격으로 부품을 제공해야 한다.
> 4. "을"은 전항의 애프터서비스에 필요한 기술자료(서비스 매뉴얼, 부품 목록 등)를 "갑"에게 제공함과 동시에 서비스와 관련된 기술교육 및 기술지도를 하여야 한다.

(1) 법률근거

품질기한 내 납품한 제품에 문제가 발생할 경우, 을은 "중화인민공화국 소비자권익보호법"(이하 "소비자권익보호법"이라 함)(2013년) 제24조 제2항의 규정에 따라 무료로 보수,

교환, 반품 및 기타 책임을 지며 이에 의해 발생된 비용은 경영자가 부담한다. "경영자"란 제품을 제조, 판매하거나 서비스를 제공하는 업체를 말한다(동법 제3조). 따라서 대외적으로는 갑, 을이 연대책임을 지지만, 대내적으로는 책임분담을 위하여 각자 책임을 명확히 하는 것이 좋고, 품질하자로 인한 책임을 을에게 귀속시킴으로써 갑의 책임을 경감할 수 있다.

(2) 설명

품질보증기간은 제품 특성 등에 비추어 양 당사자가 합의하여 정할 수 있다. 동 기간내 을은 제품의 보수, 교환, 고객에 대한 배상 등 책임을 진다.

그러나 품질보증기한이 지난 제품의 보수, 부품 및 기술지도 등도 을이 책임지고 필요한 경우 제공하여야 한다. 본 조항은 특수제품의 경우, 제품의 부품이나 보수 및 제품사용 등을 특정업체가 아닌 제3자가 할 수 없거나 많은 비용이 드는 경우가 있음을 고려하여 작성된 것이다.

12. 제품안전책임

> 第十二条 产品安全责任
> 乙方生产的产品存在产品安全问题导致或者可能导致第三人生命、身体或者财产损害的, 乙方应立即通知甲方并按照甲方的指示处理并解决问题, 所需费用原则上由乙方承担。如甲方因此先行对外承担责任的, 甲方有权向乙方追偿。但, 责任在于甲方时, 由甲方承担相关费用。
>
> 제12조 제품안전책임
> "을"이 생산한 제품이 안전상 결함으로 인하여 제3자의 생명, 신체 또는 재산에 손해를 입히거나 손해가 예상되는 경우, "을"은 즉시 "갑"에게 통보하여 "갑"과 협의하여야 하며, "갑"의 요청에 따라 처리, 해결한다. 본 사안의 처리, 해결에 드는 비용은 "을"의 부담으로 하되, "갑"이 대외로 책임을 대신 부담하였을 경우, "갑"은 "을"에게 책임을 추궁할 수 있다. 단, 귀책사유가 "갑"에게만 있는 경우에는 해당 비용을 "갑"이 부담한다.

- 법률근거

"소비자권익보호법" 제49조와 제52조의 규정에 따르면, 제품안전은 경영자가 소비자의 신체나 재산에 손해를 입힐 경우, 그에 따른 모든 비용을 배상해야 한다. 이러한 제3자에게 지는 배상책임은 제3자가 갑과 을 중 선택하여 요구하거나 혹은 갑과 을이 연대하여 책임지도록 요구할 수 있지만, 양 당사자의 약정에 의하여 갑은 해당 책임을 을에게 전가할 수 있고 이로써 자신의 책임을 경감할 수 있다.

13. 지식재산권

第十三条 知识产权保护

1. 经由甲方授权使用的甲方的知识产权, 包括但不限于专利权、商标权、著作权及专有技术, 不得用于除本合同目的外的其他用途, 未经甲方书面同意, 不得允许第三人使用。乙方在本合同有效期内按照双方协议, 有偿或无偿使用。双方终止合作后, 乙方继续使用这些权利需得到甲方的书面许可。
2. 乙方根据甲方授权使用的上述知识产权针对产品、包装或制作方法进行开发设计、技术更新或其他任何形式申请知识产权的, 专利权申请权、专利权均归双方共同所有。
3. 针对本产品与第三人发生知识产权纠纷, 由乙方解决并承担相关责任, 由此甲方遭受损失的, 由乙方承担赔偿责任。但, 甲方提供的技术及制作方法而发生的纠纷除外。
4. 本条之规定, 本合同解除或终止后仍有效。

제13조 지식재산권

1. "을"은 제품과 관련하여 "갑"으로부터 사용을 허락 받은 지식재산권(발명, 실용신안권, 외관설계, 상표권, 저작권 및 know-how)을 제품의 제조 이외에 다른 목적으로 사용하지 못하며 "갑"의 서면에 의한 동의가 없는 한 제3자에게 이를 사용하게 할 수 없다. "을"은 본 계약서 유효기간 내 양 당사자의 협의로 유상 혹은 무상으로 사용할 수 있다. 협력관계가 종료된 시점부터 "을"이 계속하여 "갑"의 해당 지식재산권을 사용하고자 할 경우, 반드시 "갑"의 서면 동의를 얻어야 한다.
2. "을"이 "갑"이 제공한 기술정보에 기초해서 제품 및 제조방법에 관하여 개발설계, 기술갱신 혹은 기타 형식으로 지식재산권을 출원하고자 할 경우, 공동출원으로 하며 해당 지식재산권은 공동권리인으로 한다.

3. 제품과 관련, 제3자와의 사이에서 지식재산권상의 분쟁이 발생하였을 경우, "을"은 그 책임을 지고 이를 해결하여야 하며 이로 인해 "갑"이 손실이 발생하였을 경우에는 "을"이 그 손실을 배상한다. 단, "갑"이 제공한 기술정보, 제조방법이나 상표 등으로 인한 지식재산권 분쟁은 "갑"이 책임진다.
4. 본 조항의 규정은 본 계약 종료 후에도 유효하다.

(1) 법률근거

중국의 지식재산권에는 특허권, 상표권, 저작권 등이 있으며 특허권에는 발명권, 실용신안권, 외관설계[183]등 세가지가 있다.

(2) 의의

본 계약에서 지식재산권이 문제된다. 지식재산권의 소유권 및 사용권에 대해 명확히 약정하여야 한다. 즉 을은 갑으로부터 허가받은 지식재산권의 사용권에 대해 갑의 동의가 없는 한 타인에게 사용하도록 허락하여서는 아니된다. 또한 제품에 대한 지식재산권상 분쟁이 발생하였을 경우 을이 대응하여 처리하고 상표상의 분쟁일 경우 갑이 처리한다는 원칙을 규정함으로써 지식재산권 분쟁에서의 양 당사자의 책임분담을 명확히 해야 한다.

을이 갑의 기술정보에 기초하여 개발하였거나 발명한 지식재산권의 출원은 공동출원으로 보아야 하고 해당 지식재산권은 공동소유로 하여야 한다. 이에 대한 강행규정은 없으므로 양 당사자가 약정으로 정할 수 있다. 갑의 입장에서는 공동권리인으로 하는 것이 유리하다. 물론, 갑이 유일한 권리인인 것으로 약정할 수 있다.

14. 비밀유지

第十四条 保密条款
1. 合同一方在执行本合同期间从相对方处所获得的或学到以及知悉的技术以及商业秘密,仅限用于履行本合同义务,合同解除或终止后,相关材料应返还给对方。
2. 本合同履行期间及合同终止后,未经合同一方的书面同意,任何一方不得使用、

---

[183] 한국의 의장권과 유사함

披露或允许第三人使用。
3. 任何一方承诺监督其员工及关联第三人履行前项保密义务。

제14조 비밀유지

1. 당사자 일방은 본 계약 및 보충계약의 체결 및 이행 과정상 알게 된 타방 당사자의 기술이나 업무상의 비밀을 본 계약의 이행을 위해서만 사용하여야 하고, 계약기간 만료와 동시에 이와 관련된 자료를 해당 상대방에게 반환하여야 한다.
2. 당사자 일방은 본 계약 기간은 물론 종료 후에도 그 타방 당사자의 기술 및 업무상의 비밀 등을 그의 사전 서면 승낙없이 사용, 누설하거나 제3자에게 사용하도록 허락하여서는 아니 된다.
3. 각 당사자는 그 임직원 및 관련자로 하여금 위 각 항과 동일한 비밀유지의무를 부담하도록 감독하여야 한다.

- 의의

"비밀유지계약서" 등을 별도로 체결하더라도 본 계약에서 위와 같은 조항을 두는 것이 바람직하다. 즉, 비밀유지에 관한 기본적인 원칙을 본 계약에서 약정함으로써 비밀유지에 대한 을의 의무를 부과하여 갑의 합법적권익을 보호할 수 있다. 물론, 더 자세한 내용을 약정하고자 한다면 별도로 "상업비밀유지계약서"를 체결하는 것이 바람직하다.

15. 계약의 해지

第十五条 合同解除

1. 合同任何一方有下列情形的, 相对方有权不经催告, 径直书面通知形式单方解除本合同。
   1) 面临或正在进行民事、行政或刑事诉讼或隐瞒该事实的；
   2) 面临或正在清算、解散、破产、重整、资产转让、合并、分立或者吊销营业执照或注销的；
   3) 公司经营困难, 无法正常生产或支付货款的；
   4) 公司财产被扣押、查封、冻结或者因财产保全、强制执行、担保权执行等原因竞拍或者可能竞拍公司财产的；
   5) 乙方逾期_____个工作日未能交付甲方交付产品的；

6) 甲方逾期_____个工作日未能支付货款的；

7) 不可抗力持续_____日而未能消除的；

8) 违反有关法律、法规，并受到社会广泛指责或公司形象受损或被行政处分的。

2. 合同一方违反本合同及其他协议等内容，或者任何一方有下列情形的，经对方发出催告要求更正后，_____日内或者指定期限内仍不予更正或者无法达到要求的，经对方书面通知后自动解除本合同，书面解除通知自发出后3日后视为到达。

1) 乙方生产的产品严重不符合验收标准或者订货单的要求的；

2) 由于乙方保管不善造成甲方提供的原辅料、半成品、包装材料等物资损毁、灭失的；

3) 乙方未按照本合同规定及时提供售后服务的；

제15조 계약의 해지

1. 당사자의 일방이 다음 각 호에 해당할 경우, 상대방은 별도의 최고없이 서면통지로써 본 계약을 해지할 수 있다.

   1) 현재 민사, 행정 혹은 형사소송이 진행되거나 개시하려고 하거나 있음을 은닉할 때;

   2) 회사청산, 해산, 파산, 구조조정, 자산양도, 합병 또는 분할 또는 영업집조 말소, 폐지 등 사유가 있을 때;

   3) 지급정지거나 지급불능 등 사유가 발생하였을 때;

   4) 회사재산이 압류, 동결 혹은 재산보전, 강제집행, 담보권 실행 등으로 경매에 넘어가려고 하거나 넘어갔을 때;

   5) "을"은 근무일 초과하여 납품하지 못한 때;

   6) "갑"은 근무일 내 대금을 지급하지 못한 때;

   7) 불가항력 사유로 계약위반의 상태가 _____일 이상 지속되는 때;

   8) 법률, 법규 등 관련법규를 위반하여 사회적으로 물의를 일으키거나 회사이미지가 나빠지거나 행정처분을 받는 때;

2. 당사자의 일방이 본 계약 기타 본 계약에 준하는 특약, 합의서 등 보충계약을 위반하거나 일방이 다음 각 호에 해당할 경우, 상대방으로부터 그 시정을 최고받은 날로부터 _____일 이내 혹은 지정한 기한내에 시정하지 아니하는 경우, 그 상대방은 서면 통지로써 본 계약을 해지할 수 있다.

   1) "을"이 생산한 제품이 제품검사기준이나 발주서의 요구에 부합되지 않아 결과가 엄중할 때;

2) "을"의 과실로 "을"이 보관하고 있는 "갑"의 원자재, 반제품, 포장재료 등 물품이 파손되거나 손실되었을 경우;
3) "을"이 본 계약의 규정에 따라 애프터서비스를 제공하지 않을 경우.

(1) 법률근거

계약법 제93조, 제94조는 약정해제와 법정해제에 대해 규정하였다.
제93조에 따르면 당사자가 협상일치 후 계약을 해제할 수 있다. 당사자는 일방이 계약의 해제하는 조건을 약정할 수 있고, 해제조건이 성립되면 해제권자는 계약을 해제할 수 있다.
제94조는 법정해제의 경우를 나열하였는데,
1) 불가항력의 원인으로 계약의 목적을 달성하지 못할 경우;
2) 이행기간이 만료이전 당사자 일방적으로 명확하게 표시하거나 자기의 행동으로 주요 채무를 이행하지 않는다는 표시를 하였을 경우;
3) 당사자 일방이 주요채무를 이행을 연기하고, 최고 후에도 합리한 기간내 이행하지 않을 경우;
4) 당사자 일방이 채무를 이행을 연기하거나 기타 위약행위로 인하여 계약의 목적을 달성하지 못할 경우;
5) 법률에서 규정한 기타 경우.

동법 96조 해제권 행사
당사자가 일방이 본법 제93조 제2항, 제94조의 규정에 의하여 계약해제를 주장하는 경우 반드시 상대방에게 통지하여야 한다. 계약은 통지가 상대방에게 도달하였을 시 해제된다.

동법 제95조 해제권 소멸
법률이 규정하거나 또는 당사자가 해제권 행사기한을 약정한 경우, 기한이 만료되어도 당사자가 행사하지 아니하는 경우 당해 권리는 소멸된다.

(2) 해제권 분류

본 조항은 계약해제에 대한 구체적인 내용이다. 위와 같이 계약은 크게 두가지 형식으로 해제할 수 있다.하나는 양 당사자의 합의로 해제하는 방식과, 법률에서 규정한 바에 따라 해제하는 방식 등이다.
중화인민공화국 계약법에 의하면 해제권은주로약정해제와 법정해제로 나눈다.
1) 약정 계약해제

양 당사자는 계약해제에 대해 협상하여 계약을 해제할 수 있다.
2) 법에 의한 계약해제
   법정계약해제에는 아래와 같은 다섯 가지 경우가 있다.
   ① 불가항력원인으로 계약목적을 실현할 수 없을 경우;
   ② 이행기간이 만료 전 당사자 일방이 명확히 표시하거나 자기의 행위로 주요채무를 이행하지 않음을 표명할 경우
   ③ 당사자 일방이 주요채무를 이행지체하여 최고를 한 합리한 기한내에 이행하지 않을 경우
   ④ 당사자 일방이 주요채무를 이행지체하거나 기타 계약위반행위로 인하여 계약목적을 실현할 수 없을 경우;
   ⑤ 기타 법률이 규정한 경우.

(3) 해제권 행사

해제권이 있는 당사자는 상대방에게 해제에 대한 통지를 발송하고, 상대방이 통지를 받은 날부터 계약이 일방적으로 해제된다. 해제권 행사 전에 최고할지 여부는 약정할 수 있다. 때문에 최고없이 계약해제 통지를 할 수 있고, 최고 후 일정한 기한이 지난 후 해제통지를 제출할 수 있다.

(4) 해제권 행사기한

해제권은 형성권인 만큼 행사기한이 있다. 계약해제권에 대해 약정기한을 정하였다면 약정기한 내 행사, 약정하지 않으면 상대방의 최고 후 합리적 기한 내 행사, 약정도 최고도 없을 경우 합리적 기한내 해제권을 행사해야 하며, 이와 같은 기한 내 행사하지 않으면 해제권은 자동소멸된다. 이에 합리적 기한이란 "부동산매매분쟁에 대한 최고인민법원의 해석"에 따르면 최고 후 3개월, 약정도 최고도 없을 경우 1년을 합리한 기한이라고 해석하고 있다. 해제권에 대해 본 해석을 유추적용할 수 있을 것으로 사료되므로, 해제권 기한은 상대방이 최고가 있은 후 3개월 내, 약정도 최고도 없을 때 1년 내 행사해야 할 것이다.

16. 계약위반 책임

> 第十六条 违约责任
> 1. 守约方根据上一条之规定解除本合同后，可要求违约方承担违约责任。违约方应向守约方支付相当于产品总金额的30%的违约金。同时赔偿因此而造成的所有损失，包括但不限于直接经济损失以及间接损失，如由此产生的物流、品牌损失、向第三方支出的赔偿金以及追索损失而付出的律师费、调查费等费用。但合同第十五条第一款第七项规定除外。
> 2. 合同一方未按照合同约定自发生合同解除情形时起5个月内行使解除权的，合同解除权自动消灭，但并不影响违约责任的追究。违约金及损害赔偿金适用上一款规定。
> 3. 乙方逾期交付产品，每逾期一天按照逾期交付产品价款总额的分_____之(%)偿付违约金。
>
> 제16조 계약위반 책임
> 1. 귀책사유 없는 당사자는 전조에 의해 계약해지를 하며, 본 계약의 위반으로 인해 입은 상대방의 손해를 배상하여야 한다. 위약금은 제품 대금총액의 30%로 한다. 동시에 계약위반으로 인하여 발생한 상대방의 모든 직접손실과 간접손실을 배상한다. 예컨대, 운송비, 상표손실, 제3자에 대한 손해배상 및 손해 추궁을 위한 변호사비용, 조사비 등 비용 등이다. 단, 제15조 제1항 제7호의 규정은 제외한다
> 2. 귀책없는 당사자가 전조에 의해 계약해제 경우가 발생한 날로부터 5개월 이내 계약해지권을 행사하지 않을 경우, 계약해제권을 상실한 것으로 본다. 단 이는 상대방의 여전히 위약책임을 추궁할 수 있다. 위약금과 손해배상은 전항의 규정을 따른다.
> 3. "을"이 납기일 내 납품하지 않을 경우, 납기일이 초과한 후부터 매일 제품 총대금의 _____분의 _____(_____%)을 위약금으로 지불해야 한다.

(1) 법률근거

계약법 제107조, 제111조, 113조, 114조의 규정에 따르면, 당사자 일방이 계약의무를 이행하지 아니하거나 계약 의무의 이행이 약정에 부합하지 아니하는 경우, 계약위반 책임을 져야 하고, 여기에는 계속 이행, 보조조치, 손해 배상 등이 포함된다. 또한 상대방에게 손해를 유발한 경우 손해배상액은 마땅히 채무불이행으로 인한 손해에 상당하여야

한다. 즉, 이행이익을 포함하여야 하며 이는 계약체결시 예견가능한 손해이어야 한다. 위약금을 약정하거나 계약위반으로 인하여 발생한 손해배상액의 계산방법을 약정할 수도 있다.

최고인민법원에서 반포한 "중화인민공화국계약법" 문제에 대한 해석 (2009년) 제29조 제2항의 규정에 따르면, 위약금이 손해의 30%를 초과하면 "과도한 손해"로 간주한다.

(2) 의의

위약금은 대금총액의 30%로 하는 것은 법률규정에 부합되며, 해당 위약금이 손해액보다 적을 경우, 별도로 손해를 배상해야 할 것이다. 구체적인 손실범위는 약정할 수 있다. 이로써 최대한 갑의 권익을 보호하려는데 그 목적을 두었다.

해지권 행사에 대해, 양 당사자는 계약해제의 경우가 발생하였을 경우, 일정한 기한 내 행사하여야 한다. 만약 계약에서 명시하지 않으면 관련 규정 및 관례에 따라 3개월이 행사기간으로 간주한다. 때문에 본 계약에서 해제권 행사기간을 명시할 필요가 있다. 본 계약에서는 5개월로 하였지만, 연장이나 단축할 필요가 있다고 판단이 되면 양 당사자의 합의로 기간을 수정할 수 있다.

납기연기에 대해서도 위약금을 약정할 필요가 있다. 매일 납기연기한 제품금액의 몇퍼센트로 계산하는데 그 퍼센트 수를 빈 칸에 채우길 바란다.

17. 불가항력

第十七条 不可抗力

1. 不可抗力是指当事人不能预见、不能避免且不能克服的客观情况, 如自然灾害、战争、内乱、暴动、政府规制等。
2. 由于前项之原因不能完全或部分履行本合同义务的, 应在24小时之内书面向对方通报理由, 并且提供有关主管部门的证明材料后, 可以允许延期履行、部分履行或不履行, 并可根据情况部分或全部免除责任。但, 因一方违约后发生的不可抗力, 不得免除违约责任。

제17조 불가항력

1. 불가항력이란 계약 당사자가 예견할 수 없고, 피할 수 없으며 극복할 수 없는 객

관상황을 말한다. 예컨대, 천재지변, 전쟁, 내란, 폭동, 정부규제 등이다.
2. 전 항의 이유로 인하여 그 일방이 본 계약상의 의무를 전부 혹은 일부를 이행하지 못하는 경우에는 반드시 24시간 이내 서면으로 통지해야 하며, 관련 정부부서의 증명을 제출한다. 그러할 경우, 이행연기, 부분이행 혹은 이행책임을 면한다. 다만, 어느 일방이든 계약위반 후 발생된 불가항력에 대하여 그에 따르는 배상책임을 면제하지 못한다.

- 법률근거

계약법 제117, 118조의 규정에 따르면, 불가항력은 면책요건이므로 불가항력에 해당하는 사유가 발생하면 즉시 통지하고 증명서류를 제출하여야만 면책된다. 구체적인 통지 시기 및 제출해야 하는 증명서류 등에 대해 명확히 할 필요가 있다.

18. 법률적용 및 관할

第十八条 法律适用及争议管辖
1. 本合同的任何争议适用大韩民国法律。
2. 争议发生时由甲、乙双方协商解决；协商不成或者一方不愿协商时，任何一方均可向位于韩国首尔市大韩商事仲裁院申请仲裁解决，按照该仲裁机构当时有效的仲裁规则进行仲裁，仲裁裁决是终局性的，对争议各方具有最终的法律拘束力。

제18조 적용법률 및 관할
1. 본 계약과 관련하여 분쟁이 발생할 경우, 대한민국 법률에 근거하여 분쟁을 해결한다.
2. 본 계약과 관련하여 분쟁이 발생하면, 양 당사자는 협상하여 해결한다. 협상으로 해결되지 않거나, 일방이 협상을 거부할 경우, 임의의 일방은 한국 서울시에 위치한 대한상사중재원에 중재를 신청하여 당해 중재기관의 중재규칙에 따라 중재한다. 중재판정은 최종적인 것이며, 분재의 각 당사자에 대하여 법률적인 구속력을 가진다.

– 의의

중국에서 발생된 분쟁은 한국의 법률을 적용하며, 한국에서 중재의 방식으로 분쟁을 해결하는 방식을 취하는 것이 한국기업 입장에서는 더욱 유리할 것이다. 왜냐하면, 중국과 한국 양 국간의 법원의 재판 판결문 효력은 서로 승인하지 않는다. 단 중재는 그러하지 아니하다. 때문에 양국 회사간 경제적분쟁이나 계약분쟁은 중재를 통하여 해결하는 것이 현명하다. 또한, 한국회사가 중국회사를 상대로 중재를 할 경우, 한국의 중재기관을 통하는 것이 중재비용면 등을 절감할 수 있을 것이다. 단, 해당 한국중재의 판정서를 중국에서 집행을 해야 하는 문제점이 있기 때문에 상대방 중국회사 소재지의 중국 중급법원에 중재판정서를 제출하고 강제집행을 신청해야 하는 번거로움은 피할 수 없을 것이다.

19. 기타

第十九条 其他

1. 本合同履行期间, 双方除合同另有约定外不得随意变更和解除合同。如有未尽事宜, 双方应共同协商后作出补充协议, 补充协议与本合同具有同等效力, 补充协议与本合同内容相冲突, 补充协议优先于本合同。
2. 本合同一式二份, 由甲、乙双方各执一份, 具有同等效力。
3. 本合同由中文, 韩文书就, 如合同内容发生冲突, 以韩文版本为准优先适用。

제19조 기타 사항

1. 본 계약의 이행 중 누구든지 별도의 약정 외에 임의로 계약을 변경하거나 해제할 수 없다. 본 계약 외 추가, 변경 사항이 있을 경우 양 당사자가 합의 후 보충계약을 통해 정한다. 보충계약은 본 계약과 동일한 법률효력을 발생하며 보충계약과 본 계약이 내용상 상호 상충되는 경우 보충계약이 우선한다.
2. 본 계약의 별첨서류는 본 계약의 구성부분이며 본 계약과 동일한 법률적효력을 발생한다. 본 계약과 별첨서류가 내용상 상충될 경우, 별첨서류의 내용을 우선으로 하여 적용한다.
3. 본 계약서는 2부로 작성되며 양 당사자는 각기 1부씩 소지한다.
4. 본 계약서는 중문과 한글과 작성되며, 두 가지 버전내용이 상충되는 경우에는 한글을 우선하여 적용한다.

- 의의

본 조항에서 보충계약(필요시 별도로 체결) 및 별첨서류와 본 계약간의 관계 및 우선적용에 대해 규정하였다. 계약의 구성부분이며 본 계약과 동일한 법률적 효력을 발생한다. 단, 보충계약과 별첨서류가 본 계약과 내용상 상충될 경우, 보충계약 및 별첨서류의 내용을 우선하여 적용한다. 그것은 본 계약이 성격상 기본계약인만큼 원칙적인 내용에 대한 약정이고, 구체적인 계약이행에 대한 것은 본 별첨서류를 통하여 실행되며 기타 변경이나 추가사항이 있을 경우, 새롭게 계약을 재체결하는 것이 아니고 보충계약을 통해 실현하는 것이 더욱 편리하기 때문이다. 그러므로 후에 체결된 보충계약이나 별첨서류는 전에 체결한 본 계약보다 내용면에서 더욱 새롭고, 진보적이고 디테일하기 때문에 후에 체결한 보충계약이나 별첨서류를 기준으로 약정한 것이다.

20. 별첨서류

第二十条 附件
1. 产品说明书
2. 质量管理标准
3. 价格表
4. 验收标准

제20조 별첨서류
1. 제품사양서
2. 품질관리기준
3. 가격표
4. 제품검사기준

- 의의

본 조항은 계약과는 별개인 별첨서류를 기재한다. 필요시 추가하여 기재할 수 있다.

21. 양 당사자 서명 및 날인

```
甲方：
法定代表人：
地址：
签约日期：    年    月    日
乙方：
法定代表人：
地址：
签约日期：    年    月    日

갑 :
대표자:
주 소:
체결일:    년    월    일

을 :
대표자:
주 소:
체결일:    년    월    일
```

- 의의

계약서 체결시, 갑의 영업집조 및 대표자 등을 확인해야 하고, 가능하면 상대방의 영업집조와 조직기구코드 사본의 복사본을 보관하는 것이 좋다. 추후 중국에서 소송진행 시 법원에 제출해야 할 필요한 서류이기 때문이다. 또한 대표자가 아닌 다른 사람이 사인을 할 경우, 반드시 회사가 날인한 위임장을 별도로 제출받아야 한다.

그리고 계약 체결일을 통일하는 것이 바람직하다. 체결일이 다를 경우, 후에 기재한 기일이 최종 체결일로 될 것이다.

Ⅳ. 중국 OEM계약서 조견표

중문	한글	영어
产品说明书	제품사양서	Product Manual
订货单	발주서	Order Form
质量管理标准	품질관리기준	Quality Management Standard
价格表	가격표	Price List
验收标准	검수기준	Acceptance Standard
风险转移	위험부담	Risk Transfer
产品安全责任	제품안전책임	Product Safety Responsibility
专利权	특허권	Patent Right
商标权	상표권	Trademark Right
著作权	저작권	Copyright
专有技术	전문기술	Know-how
知识产权	지식재산권	Intellectual Right
催告	최고	Exhortation
解除权	해제권	Right to Terminate
违约金	위약금	Penalty
解除合同	계약 해지	Terminate a Contract
争议管辖	관할지	Jurisdiction
大韩商事仲裁院	대한상사중재원	Korean Commercial Arbitration Board
保密	비밀유지	Confidentiality
补充协议	보충협의서	Supplemental Agreement
不可抗力	불가항력	Force Majeure
法律适用	준거법	Applicable Law
法律效力	법률효력	Legal Force

제8장
중국 상업비밀유지계약

제1절 중국 상업비밀유지계약 개요
제2절 상업비밀유지계약

제1절 중국 상업비밀유지계약 개요

I. 개요

중국은 한국의 최대 수출국가로서 한국과 중국 간의 수출입거래가 활발하게 진행되고 있는 지금, 상품 및 서비스에 관한 양국간의 거래가 빈번해지면서 이에 따른 상업비밀의 유실에 대한 우려도 높아지고 있다. 우호적인 협력관계를 지속해나가면서 이러한 법률적 이슈를 풀어나가는 것이 시급하다. 한국기업의 합법적인 권익을 보호하고 거래업체의 비밀유출 등을 규제하는 것이 중요한 문제로 대두되고 있다.

비밀유지계약은 계약 양 당사자간의 상호간의 기술제휴, 이전 및 동업 등의 합의된 목적을 달성하기 위해 비밀을 유지한다는 내용으로서 엄격한 비밀유지의무를 요구한다. 비밀유지계약서상의 정보제공자는 비밀유지에 필요한 문서나 정보공개 시 반드시 "비밀" 이라는 문구 등을 부착함으로써 제3자 등이 사용하지 못하도록 해야한다. 또한 이러한 약정을 위반했을 경우 일정한 배상책임을 묻도록 약정한다.

상업비밀유지의무는 상업비밀을 제공받은 자 및 그 회사에 소속된 상업비밀을 알거나 알게 된 임직원 등이 부담한다. 을의 경우, 본 계약에 의하여 갑의 상업비밀을 알거나 알게 될 임직원과 상업비밀유지계약서를 체결하여 관련 임직원에게 비밀유지의무를 부과하여야 한다. 또한, 을이 고의나 중대한 과실로 갑의 상업비밀을 침해하는 등의 행위를 한 경우, 을의 임직원은 을과 연대책임을 진다.

상업비밀제공자는 자신이 소유하는 상업비밀에 대해 적절한 방법으로 비밀유지를 해야 할 것이다.

상업비밀은 크게 기술비밀과 경영비밀 두 가지로 나누며 구체적인 범위에 대해서는 양 당사자의 합의가 이루어져야 한다. 상업비밀에 대한 명확한 정의와 범위의 약정이 본 계약의 중점으로서 의무에 대한 약정 및 계약위반에 대한 책임 등이 중요한 조항이다.

Ⅱ. 관련 법률, 법규

중화인민공화국 계약법, 중화인민공화국 반부정당경쟁법, 최고인민법원이 반포한 "부정당경쟁 민사안건을 심리함에 있어 법률문제를 적용함에 있어서 해석", 국가공상행정관리국의 "상업비밀을 침해하는 행위를 금지함에 대한 일정한 규정", 건설부, 국가지식재산권국에서 반포한 "공정감찰설계자문업 지식재산권 보호와 관리 지도규칙에 대한 통지" 등이다.

제2절 상업비밀유지계약

Ⅰ. 상업비밀유지계약서(중문)

保守商业秘密合同

甲方：
乙方：

为了明确乙方的保密义务，有效保护甲方的商业秘密，防止该商业秘密被公开披露或以任何形式泄漏，根据中华人民共和国的相关法律，甲、乙双方本着平等、自愿、公平和诚实信用的原则签订本保守商业秘密合同(以下称"本合同")，以资共同遵守。

第一条 商业秘密

1. 本合同所称商业秘密包括：技术信息、专有技术、经营信息和甲方文件、资料中列为绝密、机密级的一切与甲方事务有关的口头、书面的商业信息。
2. 技术信息指甲方拥有或获得的有关生产和管理的技术方案、制造方法、工艺流程、计算机软件、数据库、实验结果、技术数据、图纸、样品、样机、模型、模具、说明书、操作手册、技术文档、涉及商业秘密的业务函电等一切有关的信息。

3. 专有技术指甲方拥有的有关生产和产品销售的技术知识、信息、技术资料、制作工艺、制作方法、经验、方法或其组合, 并且未在任何地方公开过其完整形式的、未作为工业产权来保护的其他技术。
4. 经营信息指有关商业活动的市场行销策略、货源情报、定价政策、不公开的财务资料、合同、交易相对人资料、客户名单等销售和经营信息。
5. 依照法律规定或与甲方签订的有关协议的约定中对外承担保密义务的事项, 也属本合同所称的商业秘密。
6. 全部或部分根据甲方的商业秘密而构思形成的信息。
7. 甲方向乙方提交、提供的标有商业秘密标志的所有文件、资料以及口头、书面的经甲方采取合理保护措施的所有商业信息。本合同之签订可认为甲方已对其商业秘密采取了合理的保密措施。

第二条 保密义务人

保密义务人是指甲方提供相关产品、服务或因双方的协议或其他关系而获得、知悉甲方商业秘密的乙方及乙方的员工或者在乙方处领取报酬或工资的非正式员工(以下称"乙方员工")。

第三条 保密义务

1. 不论在本合同存续期间或本合同解除及届满后, 除用于履行与合同义务之外, 未经甲方的书面同意, 不得以任何目的、任何时候均披露、使用或允许(出借、赠与、出租、转让等处分甲方商业秘密的行为皆属于"允许")他人使用甲方商业秘密。
2. 乙方因履行合同义务向第三人或乙方员工提供相关商业秘密或者与知道或可能知道或可能接近甲方商业秘密的第三人及乙方员工签订商业秘密保护协议或者商业秘密保护的承诺书, 监督第三人及乙方员工在与甲方的关系上承担商业秘密保护义务。
3. 保密义务人对甲方的商业秘密应采取措施进行保护。如果发现商业秘密被泄露或者被盗取, 应当采取有效措施防止泄密进一步扩大, 并及时向甲方报告。

第四条 保密义务的终止

1. 甲方书面授权同意乙方披露、使用或者允许他人使用商业秘密。
2. 本合同规定的商业秘密已进入公共领域。

第五条 返还信息

任何时候，只要收到甲方的书面要求，乙方应立即归还全部商业秘密资料和文件。如果该资料属于不能归还的形式、或已经复制或转录到其他资料或载体中，则应删除或废弃。

第六条 违约责任

1. 保密义务人违反本合同中的任何保密义务以及本合同的任何条款，乙方应承担违约责任，乙方一次性向甲方支付违约金元，如乙方员工违反上述条款，乙方与乙方员工承担连带赔偿责任。
2. 因乙方的违约行为致使甲方遭受损失的，乙方除承担上一款的违约金外，应对甲方进行赔偿，其赔偿数额不少于由于其违反义务所给甲方带来的损失。损失赔偿按照如下方式计算：
   ① 损失赔偿为甲方因乙方的违约或侵权行为所受到的实际经济损失，计算方法是：因乙方的违约及侵权行为导致甲方的产品销售数量下降，其销售数量减少的总数乘以每件产品利润所得之积；
   ② 如果甲方的损失按照方法①所述的计算方法难以计算的，损失赔偿额为乙方因违约或侵权行为所获得的全部利润。计算方法是乙方从每件与违约或侵权行为直接相关的产品获得的利润乘以在市场上销售的总数所得之积；或者以不低于甲方商业秘密许可使用费的合理数额作为损失赔偿额。
   ③ 甲方因调查乙方的违约或侵权行为而支付的合理费用，如律师费、公证费、取证费等，应当包含在损失赔偿额之内。
3. 因乙方的违约或侵权行为侵犯了甲方的商业秘密的，甲方可以选择根据本合同要求乙方承担违约责任，或者根据国家有关法律、法规要求乙方承担侵权责任。
4. 因乙方及/或乙方员工恶意泄露、使用或者允许第三人使用商业秘密造成甲方严重后果的，甲方将通过法律手段追究其侵权责任，直至追究其刑事责任。

第七条 争议解决方式

因本合同签署、执行、解除等过程中发生的纠纷，适用大韩民国法律，并由双方协商解决。协商不成或者一方不愿意协商的，任何一方均可向位于韩国首尔市大韩商事仲裁院申请仲裁解决，按照该仲裁机构当时有效的仲裁规则进行仲裁，仲裁裁决是终局性的，对争议各方具有最终的法律拘束力。

第八条 其他

1. 本合同自甲、乙双方签字或盖章后生效。
2. 本合同一式二份，甲、乙双方各执一份，具有同等法律效力。
3. 本合同由韩文、中文书就，两种合同版本内容上发生冲突，以韩文为准。

甲方 :
法定代表人 :
地址 :
签约日期 :　　年　　月　　日

乙方 :
法定代表人 :
地址 :
签约日期 :　　年　　月　　日

Ⅱ. 상업비밀유지계약서 (한글)

상업비밀유지계약서

갑:
을:

을의 상업비밀유지의무를 명확히 하고, 상업비밀이 공개, 유설 등을 방지하기 위하여 중화인민공화국 관련법률에 근거하여 갑과 을 양 당사자는 평등, 자원, 공평과 신의성실의 원칙하에 본 상업비밀유지계약서(이하 "본 계약")을 체결하여 공동으로 준수하고자 한다.

제1조 상업비밀정보

1. 본 계약에서 상업비밀이란, 기술정보, 전문기술(know-how), 경영정보와 갑의 문서,

자료에 비밀이라고 한 모든 갑의 사업과 관련된 제반 구두, 서면의 상업정보를 포함한다.
2. 기술정보란, 갑이 소유하거나 취득한 제품의 생산과 관리에 관련된 기술방안, 제조방법, 공정절차, 소프트웨어, 데이터베이스, 실험결과, 기술데이터, 도면, 샘플, 시제품, 모형, 금형, 설명서, 조작메뉴얼, 기술문서 및 상업비밀과 관련된 업무용 편지와 전보 등.
3. 전문기술이란, 갑이 소유하고 있는 생산과 판매에 관한 생산지식, 정보, 기술자료, 제조공정, 경험, 방법 혹은 그런 조합으로서 그 어떤 장소에서든 공개한 적이 없는 완전한 형식의, 공업특허로서 보호를 받지 않는 기타 기술 등.
4. 경영정보란, 상업활동과 관련된 마케팅책략, 공급정보, 가격정책, 공개하지 않는 재무자료, 계약서, 거래상대방자료, 고객명단 등 영업과 경영관련 정보 등.
5. 법률규정이나 갑과의 기타 계약의 체결한 약정 중 을이 부담해야 할 비밀유지의무 등.
6. 전부 혹은 일부가 갑의 상업비밀에 의하여 형성된 정보 등.
7. 갑이 을에게 제공한 상업비밀표시가 적힌 모든 문서, 자료 및 구두, 서면으로 된 갑이 이미 적절한 보호조치를 한 모든 상업정보를 포함한다. 본 계약서의 체결은 갑이 이미 상업비밀에 대해 적절한 비밀유지조치를 하였다고 간주한다.

제2조 비밀유지 의무자

비밀유지 의무자란, 갑에게 제품, 서비스 혹은 쌍방의 계약이나 기타 관계에 의해 갑의 상업비밀을 얻거나 알게 된 을 및 을의 임직원이나 을로부터 보수나 월급을 받는 비정규직 종업원(이하 "을의 임직원"이라 함)을 말한다.

제3조 비밀유지 의무

1. 본 계약의 존속기간 내 혹은 계약해제 및 계약만기 후, 본 계약의무의 이행을 위하여 사용하는 외에는 갑의 사전 서면 동의가 없이는 그 어떤 목적, 어떤 경우든 공개하거나 사용하거나 제3자에게 사용하게 하여서는 아니된다. 예컨대 빌려주거나 증여, 임대, 양도 등.
2. 을은 갑과의 계약 이행 중 갑의 상업비밀을 제3자 혹은 을의 임직원에게 공개하거나 갑의 상업비밀을 알거나 알 수 있거나 접근하는 제3자나 을의 임직원과 상업비밀유지계약 혹은 상업비밀보호보증서를 체결하여 제3자 혹은 을의 임직원이 상업비밀보호를 준수하도록 감독하여야 한다.
3. 비밀유지 의무자는 갑의 상업비밀에 대해 합당한 보호조치를 취하여야 한다. 상업비

밀이 누설되거나 절도당하면 반드시 적절한 조치를 취하여 진일보 누설확대를 방지해야 하고 즉시 갑에게 보고하여야 한다.

제4조 비밀유지의무의 종료

1. 갑의 서면 동의를 통해 을은 상업비밀을 공개, 사용 혹은 제3자에게 사용하게 허락할 수 있을 경우.
2. 상업비밀이 이미 일반인에게 공개의 사실이 되었을 경우.

제5조 정보의 반환

을은 어떤 경우든 갑의 서면 요구를 받은 날로부터 지체 없이 전부의 상업비밀서류와 문서를 반환해야 한다. 만약 해당 자료는 반환할 수 없을 경우, 반드시 삭제하거나 폐기해야 한다.

제6조 계약 위반책임

1. 비밀유지 의무자는 본 계약의 비밀유지의무 및 그 어떤 조항을 위반할 경우 을은 반드시 계약위반 책임을 진다. 을은 갑에게 위약금 _____ 인민폐원을 지불해야 하고, 을의 임직원이 관련 조항을 위반할 경우, 을과 연대책임을 진다.
2. 을의 계약위반으로 인하여 갑이 경제손실을 입었을 경우, 을은 전항의 위약금을 부담하는 동시에 갑의 경제손실을 배상해야 한다. 배상금액은 아래와 같이 계산한다:
   ① 배상금액은 갑의 실손실금액이다. 계산방법은 을의 계약위반 혹은 권리침해로 인하여 갑의 상품판매수량 저하된 총 수량에 매 제품당 이윤을 합산한 금액;
   ② 만약 갑의 손실액을 ①항의 방법으로 계산할 수 없을 경우, 손해액을 을의 계약위반 혹은 권리침해로 인하여 을이 얻은 모든 이윤으로 간주한다. 즉 을이 얻은 매 상품의 이윤과 판매된 수량을 합산한 금액, 혹은 갑의 상표사용료의 금액을 손해액으로 한다.
   ③ 갑이 을의 계약위반 혹은 권리침해 행위를 조사하는데 소요된 비용, 예컨대 변호사비용, 공증비, 조사비용 등이 손해액에 포함된다.
3. 을의 계약위반 혹은 권리침해에 대해, 갑은 본 계약의 규정에 근거하여 계약위반책임을 추궁하거나, 관련 국가법률에 근거하여 권리침해책임을 추궁할 수 있다.
4. 을 혹은 을의 임직원이 악의로 갑의 상업비밀을 누설하거나 사용하거나, 제3자에게 사용하도록 허락하여 갑이 엄중한 손실을 입었을 경우, 갑은 법률적 제재수단을 이용하여 권리침해 책임을 추궁할 수 있으며 나아가 형사책임을 추궁할 수 있다.

제7조 분쟁해결방식

본 계약의 체결, 이행, 해제 등 과정에서 발생된 모든 분쟁은 대한민국 법률을 적용하며, 또한 모든 분쟁은 양 당사자가 협상하여 해결한다. 협상되지 않거나, 협상을 거부할 경우, 임의의 일방은 한국 서울시에 위치한 대한상사중재원에 중재를 신청하여 당해 중재기관의 중재규칙에 따라 중재한다. 중재판정은 최종적인 것이며, 분재의 각 당사자에 대하여 법률적인 구속력을 가진다.

제8조 기타

1. 본 계약은 갑, 을 양 당사자가 사인 혹은 날인 후 효력을 발생한다.
2. 본 계약은 2부로 작성되며 양 당사자가 각기 1부씩 소지하여 동일한 법적효력을 가진다.
3. 본 계약은 한글과 중문으로 작성되며, 내용상 상충될 경우, 한글을 기준으로 한다.

갑 :
대표자:
주 소:
체결일:　　년　　월　　일
을 :
대표자:
주 소:
체결일:　　년　　월　　일

Ⅲ. 상업비밀유지계약서 분석

〈계약조항 구체분석〉

1. 계약조항 구조

본 계약은 총 8개 조항으로 구성되었다.
제1조에서는 상업비밀의 범위, 제2조는 비밀유지 실행 의무자, 제3조는 비밀유지 의무

의 내용, 제4조는 비밀유지 의무가 종료되는 사유, 제5조는 정보의 반환, 제6조는 계약의 위반책임, 제7조는 분쟁해결방식, 제8조는 기타 사항 등을 포함한다.

2 구체분석

0) 계약의 목적

> 为了明确乙方的保密义务, 有效保护甲方的商业秘密, 防止该商业秘密被公开披露或以任何形式泄漏, 根据中华人民共和国的相关法律, 甲、乙双方本着平等、自愿、公平和诚实信用的原则签订本保守商业秘密合同(以下称"本合同"), 以资共同遵守。
>
> 을의 상업비밀유지의무를 명확히 하고, 상업비밀의 공개, 유설 등을 방지하기 위하여 중화인민공화국 관련법률에 근거하여 갑과 을 양 당사자는 평등, 자주, 공평과 신의성실의 원칙하에 본 상업비밀유지계약서(이하 "본 계약")을 체결하여 공동으로 준수하고자 한다.

- 계약체결 근거

본 내용은 본 계약의 목적을 서술한 것으로서 계약 조항이라 할 수 없지만, 관례대로 계약은 대등한 주체 간 합의하여 작성한 것임을 밝힌다.

1) 상업비밀 정보의 범위

> 第一条 商业秘密
> 1. 本合同所称商业秘密包括：技术信息、专有技术、经营信息和甲方文件、资料中列为绝密、机密级的一切与甲方事务有关的口头、书面的商业信息。
> 2. 技术信息指甲方拥有或获得的有关生产和管理的技术方案、制造方法、工艺流程、计算机软件、数据库、实验结果、技术数据、图纸、样品、样机、模型、模具、说明书、操作手册、技术文档、涉及商业秘密的业务函电等一切有关的信息。
> 3. 专有技术指甲方拥有的有关生产和产品销售的技术知识、信息、技术资料、制作工艺、制作方法、经验、方法或其组合, 并且未在任何地方公开过其完整形式的、未作为工业产权来保护的其他技术。
> 4. 经营信息指有关商业活动的市场行销策略、货源情报、定价政策、不公开的财

务资料、合同、交易相对人资料、客户名单等销售和经营信息。
5. 依照法律规定或与甲方签订的有关协议的约定中对外承担保密义务的事项，也属本合同所称的商业秘密。
6. 全部或部分根据甲方的商业秘密而构思形成的信息。
7. 甲方向乙方提交、提供的标有商业秘密标志的所有文件、资料以及口头、书面的经甲方采取合理保护措施的所有商业信息。本合同之签订可认为甲方已对其商业秘密采取了合理的保密措施。

제1조 상업비밀정보

1. 본 계약에서 상업비밀이란, 기술정보, 전문기술(know-how), 경영정보와 갑의 문서, 자료에 비밀이라고 한 모든 갑의 사업과 관련된 제반 구두, 서면의 상업정보를 포함한다.
2. 기술정보란, 갑이 소유하거나 취득한 제품의 생산과 판매에 관련된 기술방안, 제조방법, 공정절차, 소프트웨어, 데이터베이스, 실험결과, 기술데이터, 도면, 샘플, 시제품, 모형, 금형, 설명서, 조작메뉴얼, 기술문서 및 상업비밀과 관련된 업무용 편지와 전보 등.
3. 전문기술이란, 갑이 소유하고 있는 생산과 판매에 관한 생산지식, 정보, 기술자료, 제조공정, 경험, 방법 혹은 그런 조합으로서 그 어떤 장소에서든 공개한 적이 없는 완전한 형식의, 공업특허로서 보호를 받지 않는 기타 기술 등.
4. 경영정보란, 상업활동과 관련된 마케팅책략, 공급정보, 가격정책, 공개하지 않는 재무자료, 계약서, 거래상대방자료, 고객명단 등 영업과 경영관련 정보 등.
5. 법률규정이나 갑과의 기타 계약의 체결한 약정 중 을이 부담해야 할 비밀유지의무 등.
6. 전부 혹은 일부가 갑의 상업비밀에 의하여 형성된 정보 등.
7. 갑이 을에게 제공한 상업비밀표시가 적힌 모든 문서, 자료 및 구두, 서면으로 된 갑이 이미 적절한 보호조치를 한 모든 상업정보를 포함한다. 본 계약서의 체결은 갑이 이미 상업비밀에 대해 적절한 비밀유지조치를 하였다고 간주한다.

(1) 상업비밀

"중화인민공화국 반부정당경쟁법"(이하 "반부정당경쟁법"이라 함)(1993년) 제10조 제3항에서 상업비밀을 다음과 같이 정의한다. "본조에서 말하는 상업비밀이란, 대중에게 공개되지 않은, 권리인에게 경제이익을 가져다주며 실용성이 있으며 또한 권리인으로부터 비밀조치를 취한 기술정보와 경영정보를 말한다." 즉 상업비밀은 기술비밀(전문기술)과 경영비밀 두가지를 포함한 정보이다.

(2) 기술정보와 경영정보

"상업비밀을 침해하는 행위를 금지함에 대한 일정한 규정"(이하 "규정"이라 함) (1998년) 제2조에서 "기술정보와 경영정보"란, 설계, 절차, 제품조제방법, 제조공정, 제조방법, 관리스킬, 고객리스트, 제품공급원정보, 제품판매책략, 입찰응찰 중의 최저입찰가 및 입찰서 등 정보를 포함한다.

(3) 전문지식

전문지건설부, 국가지식재산권국에서 "공정감찰설계자문업 지식재산권 보호와 관리 지도규칙"에 관한 통지(이하 "통지"라 함)(2003) 부록에서 전문기술(know-how)이란, 대중에게 알려지지 않고, 실용성이 있으며 권리인에게 경제적이익을 주는 권리인에 의해 보호조치를 취한 비특허기술이라 정의한다. 즉 특허법에 의해 보호를 받지 않는 전문기술도 상업비밀 보호의 범주에 속한다.

(4) 고객정보

최고인민법원의 "부정당경쟁 민사안건을 심리함에 있어 법률문제를 적용함에 있어서 해석"(이하 "해석"이라 함)(2007년) 제13조의 규정에 의하면, 상업비밀중 "고객리스트"란, 고객의 명칭, 주소, 연락방식 및 거래습관, 의향, 내용 등으로 구성된 대중에게 알려진 정보와 구별되는 특수한 고객의 정보를 말한다.

(5) 갑의 상업비밀에 의해 형성된 새로운 정보

"해석" 제12조의 규정에 의하면, 자체로 개발연구하였거나 반향공정 등 방식으로 얻은 상업비밀은 상업비밀침해가 아니라고 한다. 하지만, 상기 조항은 이에 해당하지 않기 때문에 갑의 상업비밀에 의하여 형성된 정보도 유지할 의무가 있다고 규정할 수 있다고 사료된다.

(6) 비밀유지조치

"반부정당경쟁법" 제10조 제3항에서 상업비밀에 대해 정의한 것에 의하여 "상업비밀"을 구성하는 3가지 요소는 동시에 충족해야 한다. 즉 "공개되지 않고", "경제이익을 가져오며", "권리인에 의해 비밀조치를 취해야 할 것" 등이다. 이런 "권리인에 의한 비밀조치"는 여러가지가 있을 수 있는데 "해석" 제11조 제3항 제3호, 제5호에서 권리인이 취한 비밀조치에는 "상업비밀서류에 비밀이라는 표시를 하거나", "비밀유지계약서를 체결"을 통해 비밀조치를 취하였다고 간주하므로, 위 조항은 꼭 필요한 조항이라 할 수 있다.

- 의의

본 계약의 제1조는 상업비밀이 포함된 내용에 대해 전반적인 설명을 다루고 있다.

본 조의 상업비밀에는 크게 두 가지 내용이 포함된다. 하나는 "**기술정보**", 다른 하나는 "**경영정보**"이다. 제품생산이나 관리, 판매 등에 필요한 제조방법, 사용방법 등 모든 기술내용을 포함할 수 있다. 이에 대한 더욱 디테일한 내용은 업체마다 상이할 수 있으니 필요하다고 판단하는 정보를 상업정보로 포함시켜 추가, 수정하길 바란다.

2) 비밀유지 의무자

> 第二条 保密义务人
>
> 保密义务人是指为甲方提供相关产品、服务或因双方的协议或其他关系而获得、知悉甲方商业秘密的乙方及乙方的员工或者在乙方处领取报酬或工资的非正式员工(以下称"乙方员工")。
>
> 제2조 비밀유지 의무자
>
> 비밀유지 의무자란, 갑에게 제품, 서비스 혹은 쌍방의 계약이나 기타 관계에 의해 갑의 상업비밀을 얻거나 알게 된 을 및 을의 임직원이나 을로부터 보수나 월급을 받는 비정규직 종업원(이하 "을의 임직원"이라 함)을 말한다.

- 법률근거

"중화인민공화국 노동계약법"(이하 "노동계약법"이라 함)(2012) 제23조와 "중화인민공화국 노동법"(이하 "노동법"이라 함)(1994년) 제22조의 규정에 의하면, 고용주는 근로자와 상업비밀유지계약서를 체결할 수 있고 이로써 임직원은 상업비밀유지의 의무자가 될 수 있다.

- 의의

일반적으로 회사는 아래와 같은 방식으로 임직원의 상업비밀유지의 의무를 규정한다. 첫 번째 방식은, 회사내부규정을 통하여 상업비밀의 범위, 종류, 유지기간, 방법 및 배상책임 등을 규정한다. 두 번째 방식은 근로계약을 통해 의무를 규정한다. 세 번째 방식은 비밀유지계약을 별도로 체결하는 방식으로 의무를 부과한다. 그 중 경업금지가 대표적인 내용인데, 주로 이직 후 일정기간 내(최장 3년)내 유사한 업종에 종사하거나 라이벌회사에 취직하여서는 안된다는 내용의 약정을 한다. 해당 기간동안 회사는 임직원에게 상당한 보상금을 지급하여야 할 것이다.

3) 비밀유지 의무 내용

> 第三条 保密义务
> 1. 不论在本合同存续期间或本合同解除及届满后, 除用于履行与合同义务之外, 未经甲方的书面同意, 不得以任何目的、任何时候均披露、使用或允许(出借、赠与、出租、转让等处分甲方商业秘密的行为皆属于"允许")他人使用甲方商业秘密。
> 2. 乙方因履行合同义务向第三人或乙方员工提供相关商业秘密或者与知道或可能知道或可能接近甲方商业秘密的第三人及乙方员工签订商业秘密保护协议或者商业秘密保护的承诺书, 监督第三人及乙方员工在与甲方的关系上承担商业秘密保护义务。
> 3. 保密义务人对甲方的商业秘密应采取措施进行保护。如果发现商业秘密被泄露或者被盗取, 应当采取有效措施防止泄密进一步扩大, 并及时向甲方报告。
>
> 제3조 비밀유지 의무
> 1. 본 계약의 존속기간 내 혹은 계약해제 및 계약만기 후, 본 계약의무의 이행을 위하여 사용하는 외에는 갑의 사전 서면 동의가 없이는 그 어떤 목적, 어떤 경우든 공개하거나 사용하거나 제3자에게 사용하게 하여서는 아니된다. 예컨대 빌려주거나 증여, 임대, 양도 등.
> 2. 을은 갑과의 계약 이행 중 갑의 상업비밀을 제3자 혹은 을의 임직원에게 공개하거나 갑의 상업비밀을 알거나 알 수 있거나 접근하는 제3자나 을의 임직원과 상업비밀유지계약 혹은 상업비밀보호보증서를 체결하여 제3자 혹은 을의 임직원이 상업비밀보호를 준수하도록 감독하여야 한다.
> 3. 비밀유지 의무자는 갑의 상업비밀에 대해 합당한 보호조치를 취하여야 한다. 상업비밀이 누설되거나 절도당하면 반드시 적절한 조치를 취하여 진일보 누설확대를 방지해야 하고 즉시 갑에게 보고하여야 한다.

(1) 상업비밀 침해행위

"부정당경쟁법" 제10조에서 규정한 상업비밀를 침해하는 행위는 아래와 같은 행위를 포함한다. 1)부당한 방식으로 권리인의 상업비밀을 취득하는 것; 2)부당한 방식으로 얻은 상업비밀을 공개, 사용 혹은 타인에게 사용하게 허락하는 등; 3) 상업비밀유지의 약정이나 요구를 위반하고 공개, 사용하거나 타인에게 사용하도록 허가하는 행위 등이다.

(2) 비밀유지 의무자

"노동계약법" 및 "노동법"에 의하여 을은 상업비밀을 알거나 알게 될 임직원과 상업비밀유지계약을 체결하여야 하며, 상업보호유지의무를 준수하도록 하여야 한다.

국가공상행정관리국의 "상업비밀의 구성요건 문제에 관한 답변"(1998년)에 의하면, 상업비밀 권리자는 그 임직원 혹은 거래상대방에게 비밀유지요구를 제기하여 적절한 조치를 취하게 할 수 있다.

제3자와의 비밀유지계약은 본 계약과 직접적인 연관이 없지만, 갑과의 거래관계에서 갑의 상업비밀을 알거나 알게 된 제3자가 고의나 중대한 과실로 상업비밀의 누설 등 침해행위를 하였을 경우, 갑은 제3자를 대상으로 권리침해소송을 진행하거나 을을 상대로 계약위반의 소를 제기할 수 있는 등 선택의 여지가 넓어지기 때문에 본 조항의 내용을 추가하였다.

(3) 비밀유지 의무자의 의무

계약법 제119조의 손실감소원칙에 의하여 당사자 일방이 계약을 위반하였을 경우, 손실 확대를 방지하기 위한 합리적인 비용은 계약 위반 당사자가 부담한다.

이러한 계약위반사실을 알고 있는 당사자는 반드시 상대방에게 지체없이 통지하여 손해의 확대 방지를 위한 적절한 조치를 취할 수 있도록 한다.

4) 비밀유지 의무의 종료

第四条 保密义务的终止
1. 甲方书面授权同意乙方披露、使用或者允许他人使用商业秘密。
2. 本合同规定的商业秘密已进入公共领域。

제4조 비밀유지의무의 종료
1. 갑의 서면 동의를 통해 을은 상업비밀을 공개, 사용 혹은 제3자에게 사용하게 허락할 수 있을 경우.
2. 상업비밀이 이미 일반인에게 공개된 사실이 되었을 경우.

- 법률근거

"해석" 제9조의 규정에 의하면, "대중에게 알려지지 않은" 것이 아닌 경우는 여러가지가 있는데 그중 해당 정보가 이미 공개되었을 경우 등이다. 때문에 해당 상업비밀이 임의로 일반인에게 알려지거나 공개된 경우 더 이상 상업비밀이 아니므로 보호할 이유가 없다. 더불어 비밀유지의무도 더 이상 준수할 필요가 없으므로 해당 의무는 종료된 것으로 볼 수 있다.

5) 정보의 반환

> 第五条 返还信息
>
> 任何时候, 只要收到甲方的书面要求, 乙方应立即归还全部商业秘密资料和文件。如果该资料属于不能归还的形式、或已经复制或转录到其他资料或载体中, 则应删除或废弃。
>
> 제5조 정보의 반환
>
> 을은 어떤 경우든 갑의 서면 요구를 받은 날로부터 지체 없이 전부의 상업비밀서류와 문서를 반환해야 한다. 만약 해당 자료는 반환할 수 없을 경우, 반드시 삭제하거나 폐기해야 한다.

- 의의

갑의 정보의 안정성을 보장하기 위하여, 갑은 어떤 경우든지 을에게 해당 정보서류를 반환하거나 삭제, 폐기처분을 요구할 수 있다. 물론 그것이 계약이행기간이라도 마찬가지이다. 그러나 이러한 요구가 계약을 이행함에 있어서 제약작용을 할 경우 양 당사자는 별도의 약정을 통해 해결해야 한다.

6) 계약위반 책임

> 第六条 违约责任
>
> 1. 保密义务人违反本合同中的任何保密义务以及本合同的任何条款, 乙方应承担违约责任, 乙方一次性向甲方支付违约金_____元, 如乙方员工违反上述条款, 乙方与乙方员工承担连带赔偿责任。
> 2. 因乙方的违约行为致使甲方遭受损失的, 乙方除承担上一款的违约金外, 应对甲

方进行赔偿, 其赔偿数额不少于由于其违反义务所给甲方带来的损失。损失赔偿按照如下方式计算：
① 损失赔偿为甲方因乙方的违约或侵权行为所受到的实际经济损失，计算方法是：因乙方的违约及侵权行为导致甲方的产品销售数量下降, 其销售数量减少的总数乘以每件产品利润所得之积；
② 如果甲方的损失按照方法①所述的计算方法难以计算的, 损失赔偿额为乙方因违约或侵权行为所获得的全部利润。计算方法是乙方从每件与违约或侵权行为直接相关的产品获得的利润乘以在市场上销售的总数所得之积；或者以不低于甲方商业秘密许可使用费的合理数额作为损失赔偿额。
③ 甲方因调查乙方的违约或侵权行为而支付的合理费用, 如律师费、公证费、取证费等, 应当包含在损失赔偿额之内。
3. 因乙方的违约或侵权行为侵犯了甲方的商业秘密的, 甲方可以选择根据本合同要求乙方承担违约责任, 或者根据国家有关法律、法规要求乙方承担侵权责任。
4. 因乙方及/或乙方员工恶意泄露、使用或者允许第三人使用商业秘密造成甲方严重后果的, 甲方将通过法律手段追究其侵权责任, 直至追究其刑事责任。

제6조 계약 위반책임

1. 비밀유지 의무자는 본 계약의 비밀유지의무 및 그 어떤 조항을 위반할 경우 을은 반드시 계약위반 책임을 진다. 을은 갑에게 위약금 인민폐_____위안을 지불해야 하고, 을의 임직원이 관련 조항을 위반할 경우, 을과 연대책임을 진다.
2. 을의 계약위반으로 인하여 갑이 경제손실을 입었을 경우, 을은 전항의 위약금을 부담하는 동시에 갑의 경제손실을 배상해야 한다. 배상금액은 아래와 같이 계산한다:
   ① 배상금액은 갑의 실손실금액이다. 계산방법은 을의 계약위반 혹은 권리침해로 인하여 갑의 상품판매수량 저하된 총 수량에 매 제품당 이윤을 합산한 금액;
   ② 만약 갑의 손실액을 ①항의 방법으로 계산할 수 없을 경우, 손해액을 을의 계약위반 혹은 권리침해로 인하여 을이 얻은 모든 이윤으로 간주한다. 즉 을이 얻은 매 상품의 이윤과 판매된 수량을 합산한 금액, 혹은 갑의 상표사용료의 금액을 손해액으로 한다.
   ③ 갑이 을의 계약위반 혹은 권리침해 행위를 조사하는데 소요된 비용, 예컨대 변호사비용, 공증비, 조사비용 등이 손해액에 포함된다.
3. 을의 계약위반 혹은 권리침해에 대해, 갑은 본 계약의 규정에 근거하여 계약위반책임을 추궁하거나, 관련 국가법률에 근거하여 권리침해책임을 추궁할 수 있다.
4. 을 혹은 을의 임직원이 악의로 갑의 상업비밀을 누설하거나 사용하거나, 제3자에게 사용하도록 허락하여 갑이 엄중한 손실을 입었을 경우, 갑은 법률적 제재

> 수단을 이용하여 권리침해 책임을 추궁할 수 있으며 나아가 형사책임을 추궁할 수 있다.

(1) 위약금

계약법 제113조 및 제114조의 규정에 의하면, 계약 일방이 계약의무를 이행하지 않거나 계약의무에 부합하지 않아 상대방에게 손해가 발생할 경우, 손해배상액은 위약으로 인하여 발생한 손해에 해당하여야 한다. 여기에는 이행이익이 포함된다. 단 계약을 체결할 당시 예견할 수 있었거나 예견한 이익을 초과하지 못한다.

그러므로 위약금을 임의로 정하는 것이 좋다. 그러나 발생한 손해가 위약금을 초과할 경우 이에 대한 손해배상을 아래와 같은 방법으로 청구할 수 있다.

(2) 손해배상책임

"반부정당경쟁법" 제17조의 규정에 의하면 상업비밀를 침해한 행위에 대한 배상은 특허권의 배상 방법에 의한다.

"중화인민공화국 특허법"(이하 "특허법"이라 함)(2008년) 제65조의 규정에 의하면, "특허권 침해의 배상금액은 권리인이 침해로 인하여 생긴 실제 손실을 근거로 확정한다; 실제 손해에 대한 정확한 확정이 어려울 경우, 침해자가 침해로 인하여 얻은 이익에 근거하여 확정할 수 있다. 배상금액은 반드시 권리인이 침해행위를 제지하기 위하여 지급한 합리한 지출을 포함해야 한다.

따라서 손해배상은 권리인의 실손해액을 원칙으로 함과 동시에 침해자의 경제이득을 근거로 계산할 수 있다. 또한, 손해배상은 이런 침해행위에 의하여 발생한 변호사선임비용, 조사비용, 공증비용 등 비용을 포함할 수 있다.

(3) 계약위반과 권리침해 경합

"중화인민공화국 계약법"(1999년) 제122조의 규정에 의하면, 계약 당사자 일방의 위약 행위로 인하여 상대방의 신체, 재산 등 권익을 침해할 경우, 피해자는 상대방에게 위약책임을 묻거나 침해책임을 추궁할 수 있다. 즉 피해자는 위약책임과 침해책임 중 하나를 선택하여 권리를 행사하여야 하므로 위와 같은 조항을 만들었다.

(4) 형사책임

"중화인민공화국 형법"(1997년) 제 219조의 "상업비밀침해죄"에 따라 형사처벌을 할 수 있다.

7) 분쟁해결방식

> 第七条 争议解决方式
> 因本合同签署、执行、解除等过程中发生的纠纷，适用大韩民国法律，并由双方协商解决。协商不成或者一方不愿意协商的，任何一方均可向位于韩国首尔市大韩商事仲裁院申请仲裁解决，按照该仲裁机构当时有效的仲裁规则进行仲裁，仲裁裁决是终局性的，对争议各方具有最终的法律拘束力
>
> 제7조 분쟁해결방식
> 본 계약의 체결, 이행, 해제 등 과정에서 발생된 모든 분쟁에 대한민국 법률을 적용하며, 모든 분쟁은 양 당사자가 협상하여 해결한다. 협상되지 않거나, 협상을 거부할 경우, 임의의 일방은 한국 서울시에 위치한 대한상사중재원에 중재를 신청하여 당해 중재기관의 중재규칙에 따라 중재한다. 중재판정은 최종적인 것이며, 분재의 각 당사자에 대하여 법률적인 구속력을 가진다.

- 의의

중국과 한국 법원은 상호 재판 판결문의 효력을 서로 승인하지 않는다(단 중재는 그러하지 아니하다). 따라서 양국 회사간 경제적 분쟁이나 계약분쟁은 중재를 통하여 해결하는 것이 현명하다. 또한, 한국회사가 중국회사를 상대로 중재를 할 경우, 한국의 중재기관을 통하는 것이 한국기업 입장에서는 유리할 것이다.

8) 기타

> 第八条 其他
> 1. 本合同自甲、乙双方签字或盖章后生效。
> 2. 本合同一式二份，甲、乙双方各执一份，具有同等法律效力。
> 3. 本合同由韩文、中文书就，两种合同版本内容上发生冲突，以韩文为准。
>
> 제8조 기타 조항
> 1. 본 계약은 갑, 을 양 당사자의 서명 혹은 날인 후 효력을 발생한다.
> 2. 본 계약은 2부로 작성되며 양 당사자가 각기 1부씩 소지하여 동일한 법적효력을 가진다.

3. 본 계약은 한글과 중문으로 작성되며, 내용상 상충될 경우, 한글을 기준으로 한다.

(1) 효력발생

본 계약서는 2부로 작성되며 양 당사자의 서명 및 날인 후로부터 법적효력을 발생한다. 이는 법적효력 발생시점을 명시하였으며 이 시점으로부터 본 계약은 유효하다.

(2) 언어

본 계약은 중문과 한글로 작성되지만, 한국에서 중재 등이 진행될 경우, 한글버전을 기준으로 정하여야만 추후 별도의 이의가 없을 것이다. 또한 한글버전을 기준으로 할 것을 권장하는 것은 그러지 아니할 경우, 번역 등 절차를 거쳐야 하므로 비용과 시간 등이 소요될 것이므로 이러한 불필요한 절차를 피하기 위함이다.

9) 계약 양 당사자 및 체결일

```
甲方：
法定代表人：
地址：
签约日期：    年    月    日
乙方：
法定代表人：
地址：
签约日期：    年    月    日

갑：
대표자:
주 소:
체결일:    년    월    일
을：
대표자:
주 소:
체결일:    년    월    일
```

- 의의

계약서 체결시, 갑의 영업집조 및 대표자 등을 확인하여야 하고, 가능하면 상대방의 영업집조와 조직기구코드 사본의 복사본을 보관하는 것이 좋다. 추후 중국에서 소송이 진행될 경우 법원에 제출해야 할 필요한 서류이기 때문이다. 또한 대표자가 아닌 다른 사람이 사인을 할 경우, 반드시 회사가 날인한 위임장을 별도로 제출받아야 할 것이다.

그리고 계약 체결일을 통일하는 것이 바람직하다. 체결일이 다를 경우, 후에 기재한 날짜가 최종 체결일이 된다.

Ⅳ. 중국 상업비밀유지계약서 조견표

중문	한글	영어
商业秘密	상업비밀	Business Secret
技术信息	기술정보	Technical Information
专有技术	전문기술	Know-how
经营信息	경영정보	Business Information
技术方案	기술방안	Technical Proposal
制造方法	제조방법	Manufacturing Methods
工艺流程	공정절차	Process Flow
制作工艺	제작공정	Manufacturing Process
操作手册	제작메뉴얼	Operation Manual
公共领域	공개영역	Public Sphere
实际经济损失	실제경제손실	Real Economic Loss
返还信息	정보반환	Return of Information
连带赔偿责任	연대배상책임	Joint Liability for Compensation
刑事责任	형사책임	Criminal Responsibility

违约金	위약금	Penalty
争议解决方式	분쟁해결방식	Dispute Settlement
一裁终局	종국판정	A Single and Final Award
解除合同	계약 해제	Terminate a Contract
大韩商事仲裁院	대한상사중재원	Korean Commercial Arbitration Board
保密义务	비밀유지의무	Obligation of Confidentiality I
侵权责任	침해책임	Tort Liability
不可抗力	불가항력	Force majeure
约束力	구속력	Binding Effect

제9장
중국 프랜차이즈 계약

제1절 중국 프랜차이즈계약 개요
제2절 프랜차이즈 계약

제1절 중국 프랜차이즈 계약 개요

Ⅰ. 시작하며

중국은 지리적 여건과 기후적 여건 및 민족적 특수성으로 인하여 한국 기업의 프랜차이즈 산업진출이 많은 나라 중 하나이다. 최근 중국은 프랜차이즈 산업을 육성하기 위하여 관련 법제를 정비하여 많은 성과를 이루었다.[184]

중국에 진출한 외국의 프랜차이즈 기업의 대부분은 식품과 관련된 외식업이며, 최근에 와서는 인터넷과 휴대전화기 서비스와 같은 서비스업으로 확대되는 추세이다. 한국은 한류라는 새로운 열풍과 특허권 다수 보유국으로서 중국 프랜차이즈 산업에 대한 진출이 긍정적이라 할 수 있다.

이러한 관점에서 중국의 프랜차이즈 계약과 관련된 개념 및 현황을 살펴보고, 프랜차이즈에 직접 또는 간접적으로 적용되는 법제의 주요내용을 알아본다. 또한 이러한 법제들의 법률해석을 기초로 프랜차이즈 계약서의 실질적 내용과 작성 시 주의해야 할 사항들을 검토하도록 한다.

Ⅱ. 중국 프랜차이즈 계약의 개념과 발전현황

1. 프랜차이즈 계약의 개념

이른바 프랜차이즈 계약은 가맹본부(franchiser)와 가맹점(franchise) 간에 자기의 상표나 상호 등을 사용케 하여 동일성의 이미지를 통하여 영업행위를 할 권리를 부여함과 동시에 영업행위에 따른 제반사항에 대한 경영지도에 따라 계속적으로 가맹점에게 상품, 서비스, 원재료를 공급함으로써 그 대가로써 가맹점으로부터 가입금, 보증금, 특허

---

[184] 구체적 성과로는 2004년의 《프랜차이즈 관리방법(商業特許經營管理辦法)》을 2007년에 와서 《프랜차이즈 관리조례(商業特許經營管理條例)》로 재정비하였다는 점이다.

사용비용(로열티) 등을 징수하는 것을 말한다.[185]

프랜차이저(franchiser)라 함은 자신의 영업에 대한 상호, 상표, 노하우 등을 가진 자로 가맹본부 또는 본사라고 한다. 한편 프랜차이저로부터 영업에 대한 상호의 사용권, 제품의 판매권, 기술, 상권분석, 영업장 디자인 및 물품배치, 관계자에 대한 교육 등을 제공받는 자를 프랜차이즈(franchise), 즉 가맹점이라 한다.[186]

상기와 같이 본부, 가맹점, 그리고 소매자에게 이르기까지 각기 사업적 매력을 느낄만한 프랜차이즈 시스템은 수직적인 특수형태의 계약 시스템, 즉 상호 독립적인 구성원들의 공식적인 계약을 근거로 협동하여 규모의 경제와 노력의 조정을 달성하려는 경영방식으로서 최근 전 업종에 걸쳐 널리 채택되고 있다.

중국은 2007년 상무부(商務部)의《프랜차이즈관리조례(商业特许经营管理条例)》[187] 제3조는 "본 조례에서 말하는 프랜차이즈 경영이라 함은 상표, 기업표지, 특허, 전문기술의 소유 등의 경영자원을 보유한 기업(이하 '가맹본부'라 함)이 계약형식을 통하여 그가 보유한 경영자원을 기타 경영자(이하 '가맹점'이라 함)에게 사용을 허락하고, 가맹점은 계약의 약정에 따라 통일적인 경영형식으로 경영하며 가맹본부에 프랜차이즈 경영비용을 지불하고 경영활동을 하는 것을 말한다."[188]고 명시하고 있다.

---

[185] 프랜차이즈의 정의에 대하여는, 김익수, "중국 프랜차이즈 산업의 환경과 한국기업의 진입전략", 『現代中國研究』제11집 제1호, 2009, 199–200면; 양야, "중국 외식 프랜차이즈 시장에 대한 경영전략 연구", 석사학위청구논문, 부산외국어대학교 중국지역통상경영전공, 2014, 15면 참고.

[186] 프랜차이즈(franchise)는 많은 의미를 함축하고 있는 용어이다. 과거에는 자유, 특권부여 등의 의미로 사용되었는데, 이는 봉건시대 왕이 특정인에게 특권을 부여한 데서 유래한다. 오늘날에는 주로 가맹본부와 가맹사업자 간의 계약을 통해 가맹사업자가 가맹본부와 상호와 상표, 물품과 경영시스템을 사용할 수 있는 권리를 부여받는다는 의미로 일반화되었다.
한편, 국제 프랜차이즈 협회(IFA:International Franchise Association)에서는 프랜차이즈에 대해서 다음과 같이 정의하고 있다. "프랜차이즈는 가맹본부와 가맹사업자를 축으로 하는 양자 간 협의관계를 통한 경영시스템이다. 가맹본부는 가맹사업자가 운영하는 영업장에 대한 영업에 필요한 사항들, 즉 영업노하우 및 교육과 훈련을 지속적으로 제공해야 한다. 그리고 가맹사업자는 가맹본부가 보유한 사업명 및 기업설계와 관리절차에 의거한 사업 운영을 준수해야 하며, 가맹사업자는 자본금을 실질적으로 사업에 투입해야 한다."고 한다.

[187] 동《条例》(务院令第485号)는 2007년 1월 31일 국무원 제167차 상무위원회 회의를 통과하여 2007년 5월 1일부터 시행되고 있다. 동《条例》이전에는 2004년 12월 8일 상무부 제17차 부무회의 심의를 통과하여 2005년 2월 1일부터 시행된 상업 프랜차이즈 관리방법(商业特许经营管理办法)[상무부령 2004년 제25호]의 규정이 적용되었다.

[188] [第三条] 本条例所称商业特许经营(以下简称特许经营), 是指拥有注册商标、企业标志、专利、专有技术等经营资源的企业(以下称特许人), 以合同形式将其拥有的经营资源许可其他经营者(以下称被特许人)使用, 被特许人按照合同约定在统一的经营模式下开展经营, 并向特许人支付特许经营费用的经营活动。企业以外的其他单位和个人不得作为特许人从事特许经营活动。

2. 프랜차이즈 기업의 중국진출 유형

중국에서 프랜차이즈는 《프랜차이즈 관리조례(商業特許经营管理条例)》에서 규정하고 있는 바와 같이, (1)마스터 프랜차이즈, (2)지역개발 프랜차이즈, (3)대리 프랜차이즈, (4)직접 프랜차이즈, (5)합자 프랜차이즈 등의 유형으로 분류된다.

(1) 마스터 프랜차이즈(主体特许经营, Master Franchising)

가맹본부(franchiser)의 자본 및 시간 투입이 가장 적은 방식으로, 가맹본부로 하여금 특정지역 내에서 계약조건에 따라 2차 가맹점(franchise)을 재모집하거나 자신의 통제 하에서 가맹점 아울렛을 열 수 있도록 배타적 권한을 부여하는 일종의 '수권경영'의 방식이다.[189] 이러한 방식의 프랜차이즈는 2차 가맹점(sub-franchisee)에게 가맹점포 개설에 관한 권한을 포괄적으로 위임하는 방식이기 때문에 다른 프랜차이즈 유형에 비하여 통제의 정도가 매우 약하다.[190] 그러므로 가맹본부가 현지국에서 직접 관리감독을 할 수 없어 부득이하게 제3자에게 프랜차이즈의 설립과 감독에 관한 사항을 위임할 수밖에 없는 경우에 주로 이러한 유형을 채택한다.

이러한 유형의 프랜차이즈는, 첫째, 가맹본부의 재정자원이 부족하지만, 해외에 직접 진출하기 위해 필요한 경영 인력을 충분히 확보한 경우, 둘째, 진출하고자 하는 국가 간의 거리가 멀어 가맹본부가 가맹점의 교육지원이나 기술지원 등의 인력교류가 어려운 경우, 셋째, 진출하고자 하는 국가와의 문화 등의 차이가 극심하여 직접 프랜차이즈를 운영할 수 없고, 현지국가의 프랜차이즈 경영에 관하여 경험이 많은 사업자에게 의존하여야 하는 경우에 주로 이용된다.

(2) 직접 프랜차이즈(單店特許經營, Direct-Franchising)

직접 프랜차이즈는 다른 유형의 프랜차이즈에 비하여 가장 보편화되고 가장 전통적인 방식의 유형이다. 이는 가맹본부가 특정의 가맹점과 개별적으로 프랜차이즈 계약을 체결하고, 약정에 따라 등록상표와 프랜차이즈 표지 등 프랜차이즈 영업에 필요한 모든 권한을 가맹점에게 부여하는 방식이다. 직접 프랜차이즈는 방식은 가맹점의 모집과 교육 및 훈련에 관하여 직접 시간과 비용을 투자하기 때문에 다른 프랜차이즈 유형에 비

---

[189] 김익수, 앞의 논문, 201면 참조. 세계적으로 유명한 기업인 맥도널드나 KFC 등이 해외시장 개척에 사용하고 있 방법이다.

[190] 1차 가맹점의 권한이 크기 때문에 과거의 제휴 · 협력 경험을 통해 신뢰가 검증된 가맹점에게 주로 사용된다.

하여 통제가 가장 쉽고 강하다.[191]

이러한 유형의 프랜차이즈는 집중적이 대규모 투자가 필요하고, 소비자에 대한 서비스 품질에 대한 통제를 요하는 외식업, 교육업, 차별화된 첨단 서비스 등의 신성장 업종에 적당하다.[192] 자동차 수리서비스 등 신 성장 업종에 많이 쓰이며, 고수준의 통제를 쉽게 받아들이는 미국 등 성숙기 선진국 경제에서 많이 활용된다.

(3) 대리 프랜차이즈(代理特許經營, agency franchise)

중국에 진출한 가맹본부가 프랜차이즈 시스템을 구성하기 위하여 중국 내에서 대리인을 통하여 본인인 가맹본부를 대리하여 특정지역에서 가맹점을 모집, 교육 및 훈련하여 서비스를 제공하도록 하는 유형이다. 이는 마스터 프랜차이즈와 유사한 점이 있지만, 대리 프랜차이즈의 대리인은 점포개설에 관한 포괄적 권리가 없이 단지 가맹점과의 계약내용 이행에 대하여만 권리가 주어진다는 점이 다르다.[193] 이러한 유형의 프랜차이즈는 대리인의 역할이 특히 중요한데, 만약 대리인이 자신의 역할을 제대로 수행하지 못할 경우 본인인 가맹본부와 가맹점의 관계가 원활하지 못할 수 있는 단점이 있다.

(4) 합자 프랜차이즈(合資特許經營, joint venture franchise)

먼저, 등록된 특허나 전문기술을 보유하는 등의 경영자원을 가진 둘 이상의 동업자가 향후 설립할 회사의 경영활동에 대한 손익을 분담하기로 하고 합자회사를 설립한 후, 가맹점을 모집하여 공동으로 경영하는 유형이다. 이러한 유형의 프랜차이즈는 외국의 가맹본부가 중국에서 중국의 가맹점과 공동으로 출자하여 합자회사를 설립한 후, 가맹점 아울렛을 공동으로 운영하는 방식이다. 이를 통해 경영의 협력효과를 극대화할 수 있지만, 동업자 간의 이해 충돌로 인하여 갈등이 발생할 수 있으며, 또한 일관적인 가맹점의 관리감독이 어렵다는 단점이 있다.

합자투자로 인한 합자회사의 건립이 먼저 이루어져야 하기 때문에 합자투자에 대한 선진적 경영 노하우의 습득, 관련 지식 및 경험의 축적에 유리하기 때문에 중국정부가 프랜차이즈 경영시스템을 도입한 초기에 적극적으로 권장한 방식이기도 하다. 하지만

---

[191] 김익수, 앞의 논문, 202면 참고.

[192] 높은 수준의 통제를 쉽게 받아들이는 미국이나 유럽 등의 성숙기 선진국 경제에서 많이 활용된다. 김익수, 앞의 논문, 202면 참고.

[193] 김익수, 앞의 논문, 202면 참고.

2004년 프랜차이즈 관련 법제인 《프랜차이즈 관리방법(商業特許經營管理辦法)》이 제정되면서 대부분의 프랜차이즈 경영방식이 독자방식으로 바뀌었으며, 회사 경영상의 단점을 가진 합자 프랜차이즈 방식은 관심이 줄어들었다.[194]

3. 중국 프랜차이즈 산업의 현황

현재 중국에서 영업등록을 완료한 프랜차이즈는 총 2,434개이다.[195] 이에 대하여 중국 프랜차이즈왕(中國商業特許經營網)은 프랜차이즈 기업의 등록에 대한 통계를 (1)경영범위, (2)경영자원유형, (3)가맹점 수량, (4)업종형태, (5)지역별로 나누어 정리하고 있다. 그러므로 본고에서도 중국프랜차이즈왕(中國商業特許經營網)의 프랜차이즈 기업 통계를 참고하여 정리하면 다음과 같다.

(1) 경영범위에 따른 현황

2014년 현재 중국에 등록된 프랜차이즈 기업은 총 2,434개 중 국내기업은 526개로 21.61%를 차지하며, 외국기업은 1,908개로 78.39%를 점유하고 있다.

(2) 경영자원유형에 따른 현황

현재 중국에 등록된 프랜차이즈 기업은 7가지 경영자원유형에 따라, (1)상표등록, (2)상표는 있지만 등록하지 않은 기업, (3)기업의 상표등록을 신청하지 않은 기업, (4)특허가 있는 기업, (5)기타 경영자원에 의한 기업, (6)특허가 수리된 기업, (7)전문기술을 보유한 기업으로 나눈다. 이러한 기준으로 중국프랜차이즈왕(中國商業特許經營網)은 구체적 통계를 축적하고 있는데, 특히 상기의 경영범위에 따른 현황에 있어 외국기업 1,908개는 대부분 상표등록을 완료하였으며 일부는 특허를 보유하고 있는 상태이다. 중국 내에서의 프랜차이즈 기업에 대한 경영자원유형에 따른 현황을 구체적으로 나타내면 다음과 같다.

---

[194] 김익수, 앞의 논문, 202면 참고.

[195] 中國商業特許經營網, "备案企业总数", http://txjy.syggs.mofcom.gov.cn/index.do?method=tjxx. 2014년 9월 23일 방문.

[표 1 : 중국 프랜차이즈 기업의 경영자원유형에 따른 현황][196]

	상표 등록	상표신청후 미비준등록	미신청 상표등록	특허 보유	기타 경영자원	특허 수리	전문 기술보유
기업수	1,990	544	387	200	107	27	13
점유율	81.76%	22.35%	15.9%	8.22%	4.4%	1.11%	0.53%

(3) 가맹점 수에 따른 현황

중국 내의 프랜차이즈 기업을 가맹점 수에 따라 구분할 수 있다. 즉, 가맹본부가 가맹점을 얼마나 모집하였는지에 대한 중국 내의 프랜차이즈 현황을 많게는 가맹점 수를 500개, 그리고 적게는 10개 이하로 구분, 모두 8개 단계로 나누어 살펴보면 다음과 같다.

[표 2 : 중국 프랜차이즈 기업의 경영자원유형에 따른 현황][197]

	500개 이상	301- 500개	201- 300개	101- 200개	51- 100개	31- 50개	11- 30개	10개 이하
가맹점	68	54	59	122	206	203	490	1,232
점유율	2.79%	2.22%	2.42%	5.01%	8.46%	8.34%	20.13%	50.62%

(4) 업종형태에 따른 현황

중국에서 영업을 하고 있는 각종 프랜차이즈는 다양하다. 대부분이 도소매업과 외식업이 차지하고 있다. 도소매업 중에는 물류업과 관련한 산업이 주류를 이루고 있으며, 외식업과 관련하여서는 외국의 프랜차이즈 기업들을 선봉으로 하여 중국에서 발전하고 있다. 서비스 업종은 다른 분야에 비하여 중국에서 낙후되어 있었으며, 중국정부의 1차 산업의 활성화를 위한 산업발전 위주의 지원정책에 따라 공산품의 도소매업 비중이 높다. 외식업 비중이 높은 원인은 중국의 대도시 인구밀집에 따른 기업의 경영정책에 따른 것으로 보인다. 구체적으로는 (1)도소매업, (2)외식업, (3)기타상업서비스업, (4)주민서비스업, (5)교육업, (6)숙박업, (7)중개 서비스업 순으로 나타난다. 중국의 프랜차이즈

---

[196] 中国商业特许经营网, "备案企业总数", http://txjy.syggs.mofcom.gov.cn/index.do?method=tjxx.를 참고하여 재구성함.

[197] 中国商业特许经营网, "备案企业总数", http://txjy.syggs.mofcom.gov.cn/index.do?method=tjxx.를 참고하여 재구성함.

기업에 대한 업종형태에 따른 현황을 구체적으로 표로 나타내면 다음과 같다.

[표 3 : 중국 프랜차이즈 기업의 경영자원유형에 따른 현황][198]

	도소매	외식	기타 상업 서비스	주민 서비스	교육	숙박	중개 서비스
기업수	893	731	358	243	103	53	53
점유율	36.69%	30.03%	14.71%	9.98%	4.23%	2.18%	2.18%

(5) 기업이 속한 지역에 따른 현황

중국의 경제는 매년 10%대의 성장률을 보이고 있다. 이러한 성장은 국제사회의 성장원동력이 되고 있으며, 중국 내는 물론 국외의 기업들에 있어 중국에서의 기업진출로 인한 성장가능성을 보증하게 되었다. 프랜차이즈는 기업경영 시스템 상의 특징으로 인하여 어떤 특화된 기업이 중국에서 기업을 경영하기에 다른 기업보다 부담감이 덜하다. 다시 말해, 한국의 어떤 프랜차이즈 기업이 중국에 '진출할 때, 기업경영에 대한 자신의 자본을 모두 투자하여 경영되는 것이 아니라, 중국 내의 자본을 이용하거나 또는 이를 경영하고자 하는 자가 가맹점을 운영하는 형식을 취한다. 그러므로 가맹본부의 입장에서는 기업운영의 부담이 적다할 것이다.

[표 3 : 중국 프랜차이즈 기업의 경영자원유형에 따른 현황][199]

	북경	상해	중경	광동	절강	사천	복건	국외	강소	산동	기타
기업수	571	273	212	204	169	108	107	103	88	72	529
점유율	23.44%	11.21%	8.7%	8.37%	6.94%	4.43%	4.39%	4.23%	3.61%	2.96%	21.72%

---

198) 中国商业特许经营网, "备案企业总数", http://txjy.syggs.mofcom.gov.cn/index.do?method=tjxx.를 참고하여 재구성함.

199) 中国商业特许经营网, "备案企业总数", http://txjy.syggs.mofcom.gov.cn/index.do?method=tjxx.를 참고하여 재구성함.

Ⅲ. 중국 프랜차이즈 산업 관련 주요 법제와 법률해석

중국의 프랜차이즈 산업과 관련하여 현재 프랜차이즈와 직접 관련하여 시행되고 있는 법제로는 《프랜차이즈 관리조례(商業特許經營管理條例)》(이하 '조례(條例)'라 함), 《프랜차이즈 경영등록관리방법(商業特許經營備案管理辦法)》(이하 '관리방법(管理辦法)'이라 함), 《프랜차이즈정보제공관리방법(商業特許經營信息披露管理辦法)》(이하 '정보제공관리방법(信息披露管理辦法)'이라 함)이 있다.

이 중 《조례(條例)》는 프랜차이즈와 관련된 전반적인 사항을 규율하는 기본법에 해당되며, 《관리방법(管理辦法)》은 프랜차이즈 운영상에 관한 법제이다. 그리고 《정보제공관리방법(信息披露管理辦法)》은 가맹본부와 가맹점 간의 운영상의 정보관리에 관한 사항을 규율하고 있다. 이 외에 가맹본부와 가맹점 간의 계약 및 가맹본부가 보유하는 상표, 그리고 가맹본부가 행하는 광고 등의 행위에 관하여 규율하는 《계약법(合同法)》, 《광고법(广告法)》, 《상표법(商标法)》이 있다.

1. 프랜차이즈 관리조례(商業特許經營管理條例)

(1) 《조례(條例)》의 구성

《조례(條例)》는 2007년 1월 31일 국무원 제167차 상무회의를 통과하여 2007년 5월 1일부터 시행되고 있는 중국의 프랜차이즈와 관련한 기본 법제이다. 동 《조례(條例)》는 총 5장 34개 조문으로 구성되어 있으며, 세부적으로는 제1장 총칙, 제2장 프랜차이즈 활동, 제3장 정보제공, 제4장 법률책임, 제5장 부칙으로 구성되어 있다.

(2) 《조례(條例)》의 주요내용과 법률해석

중국의 프랜차이즈와 관련하여 가장 기본이 되는 법규는 《조례(條例)》이다.

> **제1조 (목적)** 프랜차이즈 활동을 규범하고, 건전하고 발전적인 프랜차이즈 산업을 촉진하며, 시장질서를 유지하기 위하여 본 조례를 제정한다.
>
> 第一条 (目的)为规范商业特许经营活动, 促进商业特许经营健康、有序发展, 维护市场秩序, 制定本条例。

《조례(条例)》 제1조는 입법목적에 대하여 규정하고 있다. 중국이 개혁개방을 이룬지 30년이 지나면서, 자본주의시장의 다양한 경영운영방식을 도입하였고, 이러한 새로운 경영방식의 도입을 통하여 경제발전을 도모하였다. 이러한 의미에서 제1조는 중국내에서 프랜차이즈 산업의 건전한 발전과 시장질서 유지라는 입법목적을 규정하고 있다.[200]

> **제3조 (프랜차이즈의 개념)** 본 조례에서 칭하는 프랜차이즈 경영이라 함은 상표, 기업표지, 특허, 전문기술의 소유 등의 경영자원을 보유한 기업(이하 '가맹본부'라 함)이 계약형식을 통하여 그가 보유한 경영자원을 기타 경영자(이하 '가맹점'이라 함)에게 사용을 허락하고, 가맹점은 계약의 약정에 따라 통일적인 경영형식 하에서 경영하며 가맹본부에 프랜차이즈 경영비용을 지불하고 경영활동을 하는 것을 말한다.
> 기업 이외의 기타 단위나 개인은 가맹본부로서 프랜차이즈 경영활동을 할 수 없다.
>
> 第三条　本条例所称商业特许经营(以下简称特许经营), 是指拥有注册商标、企业标志、专利、专有技术等经营资源的企业(以下称特许人), 以合同形式将其拥有的经营资源许可其他经营者(以下称被特许人)使用, 被特许人按照合同约定在统一的经营模式下开展经营, 并向特许人支付特许经营费用的经营活动。
> 企业以外的其他单位和个人不得作为特许人从事特许经营活动。

《조례(条例)》 제3조는 프랜차이즈 운영시스템에 대하여 규정하고 있다. 즉, 프랜차이즈의 개념과 운영시스템을 설명함으로써 가맹본부와 가맹점 간의 권리와 의무에 대하여 규정하고 있다.

동조의 후단에 대한 사법해석[201]을 살펴보면, "기업 이외의 기타 단위나 개인은 가맹본부로서 프랜차이즈 경영활동을 할 수 없다."라는 규정은 행정법규의 효력성 강행규정으로 인정할 수 있다. 기업 이외의 기타 단위나 개인은 가맹본부로서 타인과 체결한 프랜차이즈 계약은 무효로 인정된다고 한다.

또한 《조례(条例)》 제7조에 의하면, "가맹본부는 프랜차이즈 경영활동에 종사함에 있어 성숙한 경영형식을 가지고 있어야 하며, 가맹점은 지속적으로 경영지도와 기술지원 및

---

[200] 《조례(条例)》의 전신이라 할 수 있는 2004년의 《프랜차이즈 관리방법(商业特许经营管理办法)》[상무부령 2004년 제25호] 제3조(목적)는, "프랜차이즈 경영행위를 규범하고, 당사자의 합법적 권익을 보호하며, 건전하고 발전적인 프랜차이즈 산업을 촉진하기 위하여 본 방법을 제정한다(规范商业特许经营行为, 保护当事人的合法权益, 促进商业特许经营健康有序发展, 制定本办法)라고 규정하고 있다." 두 규정은 입법목적에 있어 큰 차이가 없다.

[201] 최고인민법원 사무청의 《최고인민법원 지적재산권 안건의 연도별 보고(2010)》에 관한 통지(最高人民法院办公厅关于印发《最高人民法院知识产权案件年度报告(2010)》的通知).

업무교육 등의 서비스를 지원하기 위한 능력을 보유하고 있어야 한다. 가맹본부는 프랜차이즈 경영활동에 종사하기 위하여 최소 2개 이상의 직영점을 보유하여야 하며, 경영기간이 최소 1년 이상이어야 한다."라고 규정하고 있다. 이는 가맹본부가 프랜차이즈 경영을 하기 위한 필수조건이다.

이러한 프랜차이즈에 대한 개념과 운영시스템 및 운영조건은 실제 분쟁에서도 나타나고 있다. 즉, 실제의 분쟁에 있어서 가맹본부와 가맹점 간의 계약체결 상에 있어, 가맹본부의 경영지원 내용에 대한 불이행과 가맹점의 보증금 지급에 관한 사건이 대부분이다.[202]

> **제8조 (프랜차이즈 영업등록)** 가맹본부가 최초로 프랜차이즈 계약을 체결한 후 15일 이내에 본 조례의 규정에 의거하여 상무주관부문 등록하여야 한다. 성(省)·자치구·직할시 내에 프랜차이즈 경영활동에 종사하는 경우, 소재지의 성(省)·자치구·직할시의 인민정부 상무주관부문에 등록하여야 한다. 성(省)·자치구·직할시 외에서 프랜차이즈 경영활동에 종사하는 경우, 국무원 상무주관부문에 등록하여야 한다.
> 가맹본부는 상무부 주관부문에 등록접수를 할 때 다음의 서류와 자료를 제출하여야 한다.
> 1. 영업허가증 복사본 또는 기업등기(등록)증서 복사본
> 2. 프랜차이즈 계약견본
> 3. 프랜차이즈 운영 메뉴얼(operation manual)
> 4. 시장계획서
> 5. 본 조례 제7조의 규정에 부합하는 서면승낙 및 관련 증명자료
> 6. 국무원 상무주관부문이 규정한 기타 문건 및 자료
>   프랜차이즈의 상품 또는 서비스가 법률의 규정에 의하여 비준을 통하여 경영하여야 하는 경우, 가맹본부는 비준과 관련한 문건을 제출하여야 한다.
>
> 第八条 特许人应当自首次订立特许经营合同之日起15日内, 依照本条例的规定向商务主管部门备案。在省、自治区、直辖市范围内从事特许经营活动的, 应当向所在地省、自治区、直辖市人民政府商务主管部门备案；跨省、自治区、直辖市范围从事特许经营活动的, 应当向国务院商务主管部门备案。

---

[202] 이에 대한 대표적인 사례로는, '北京比格餐饮管理有限责任公司诉马建等特许经营合同纠纷案[(2013)西民初字第23382号]', '刘安华诉北京优卡优国际家居用品公司特许经营合同纠纷案[(2013)石民初字第4114号]' 등이 있다. 중국의 법률검색 사이트인 '北大法宝'에 등록된 동조의 사건수는 169편에 이른다.

> 特许人向商务主管部门备案, 应当提交下列文件、资料：
> (一) 营业执照复印件或者企业登记(注册)证书复印件；
> (二) 特许经营合同样本；
> (三) 特许经营操作手册；
> (四) 市场计划书；
> (五) 表明其符合本条例第七条规定的书面承诺及相关证明材料；
> (六) 国务院商务主管部门规定的其他文件、资料。
> 　　特许经营的产品或者服务, 依法应当经批准方可经营的, 特许人还应当提交有关批准文件。

제8조는 프랜차이즈를 경영하기 위하여 가맹본부가 프랜차이즈 업을 관련 부문에 신청함에 있어서 필요한 내용을 규정하고 있다. 특히 본조는 가맹본부가 되기 위한 조건으로 당해 프랜차이즈 사업을 신청하여야 하는데, 업종, 특허, 운영내용 등을 기초로 하여 다른 프랜차이즈와의 차이를 명시할 수 있다.

절차상에서 보면, 《조례(条例)》제9조는, "상무주관부분은 가맹본부가 제8조에 기초하여 제출한 문건이나 자료를 제출한 후 10일 이내에 신청결과를 가맹본부에 통지하여야 한다."고 규정하면서 "가맹본부가 제출한 문건이나 자료가 미비한 경우, 상무주관부분은 7일 이내에 문건이나 자료의 보충을 요구할 수 있다."고 규정하고 있다. 또한 제10조에서는 "상무주관부분은 접수된 가맹본부의 명단을 정부홈페이지에 공포하여 즉시 갱신하여야 한다."고 규정하고 있다.

> **제11조 (계약내용)** 프랜차이즈 계약은 가맹본부와 가맹점 간 서면형식의 계약을 통하여야 한다.
> 프랜차이즈 계약은 다음의 주요내용을 포함하여야 한다.
> 1. 가맹본부와 가맹점의 기본상황
> 2. 프랜차이즈의 내용과 기한
> 3. 프랜차이즈 비용의 종류, 금액 및 지급방식
> 4. 경영지도, 기술지원 및 업무교육 등 서비스의 구체적 내용과 제공방식
> 5. 제품 또는 서비스의 품질, 표준요구와 보증조치
> 6. 제품 또는 서비스의 판촉과 광고 선전
> 7. 프랜차이즈 중의 소비자 권익보호와 배상책임의 부담
> 8. 프랜차이즈 계약의 변경, 해제, 해지
> 9. 위약책임

10. 쟁의의 해결방식
11. 가맹본부와 가맹점이 약정한 기타사항

第十一条　从事特许经营活动，特许人和被特许人应当采用书面形式订立特许经营合同。
特许经营合同应当包括下列主要内容：
(一) 特许人、被特许人的基本情况；
(二) 特许经营的内容、期限；
(三) 特许经营费用的种类、金额及其支付方式；
(四) 经营指导、技术支持以及业务培训等服务的具体内容和提供方式；
(五) 产品或者服务的质量、标准要求和保证措施；
(六) 产品或者服务的促销与广告宣传；
(七) 特许经营中的消费者权益保护和赔偿责任的承担；
(八) 特许经营合同的变更、解除和终止；
(九) 违约责任；
(十) 争议的解决方式；
(十一) 特许人与被特许人约定的其他事项。

제11조는 프랜차이즈의 계약내용에 관한 사항을 규정하고 있다. 계약내용을 구체적으로 살펴보면, (1)프랜차이즈의 양 당사자는 서면형식을 통하여 계약을 하여야 하며, (2)프랜차이즈 계약기간, (3)가맹본부가 가맹점에 제공하는 제품과 서비스의 구체적 내용, (4)제품과 서비스 품질에 대한 보증, (5)프랜차이즈 계약의 변경, 해제, 해지 및 위약책임, (6)소비자에 대한 권익보호와 손해배상책임을 규정한다.

특히 계약의 해제와 관련하여 제12조에서는 "가맹본부와 가맹점이 프랜차이즈 계약을 체결함에 있어 가맹점이 프랜차이즈 계약을 체결한 후 일정기한 내에 일방이 계약을 해제할 수 있다."라고 규정함으로써, 계약체결 후 양 당사자가 계약체결상 문제가 있는 경우 계약을 해제할 수 있게 하였다.[203]

또한 제14조에서는, "가맹본부는 가맹점에 프랜차이즈 운영 메뉴얼(operation manual)을 제공하고, 약정의 내용과 방식에 따라 가맹점에 지속적으로 경영지도, 기술지원, 업

---

[203] 이는 제13조에서 보아 알 수 있듯이 계약이 일단 체결되면 최소 3년 이상 지속되며, 계약내용에 있어 보증금 지불과 서비스 지원 등의 다양하고 복잡한 문제가 있기 때문에, 만약 계약체결상에 있어 당사자가 문제를 인식하게 되어 계약을 해제하게 하는 장치를 마련하였다.

무교육 등이 서비스를 제공하여야 한다."라고 규정하고 있다.[204] 이는 가맹본점의 가맹점에 대한 의무규정이다. 또한 이와 관련하여 제15조에서는 "프랜차이즈의 제품이나 서비스의 품질이나 표준은 법률, 행정법규, 국가 관련규정의 요구에 부합하여야 한다."라고 규정하고 있다.

> **제13조 (계약기간)** 프랜차이즈 계약약정 상 계약기간은 최소 3년으로 하여야 한다. 그러나 가맹점이 동의한 경우는 그러하지 않다.
> 가맹본부와 가맹점이 프랜차이즈 계약을 갱신하는 경우 전항의 규정을 적용하지 아니한다.
>
> 第十三条　特许经营合同约定的特许经营期限应当不少于3年。但是, 被特许人同意的除外。
> 特许人和被特许人续签特许经营合同的, 不适用前款规定。

제13조의 규정은 프랜차이즈 계약의 기간을 규정하고 있다. 본조에서 규정하고 있듯이 프랜차이즈 계약에 있어 기본 계약기간은 3년이다. 이는 경영학적 수치로 보는 입장이 대부분이며, 특히 가맹본부가 가맹점에 기술이전과 기술교육 등을 통하여 그 노하우를 이전함에 있어 단기간의 계약으로 약정한다면, 가맹점이 기술이전을 받은 후 계약을 해제함으로써 가맹본부에게 불이익이 될 수 있다는 점이 다분하다. 물론 가맹본부와 가맹점 간의 다른 약정이 있는 경우에는 3년 이내로 할 수도 있다.

> **제23조 (정보제공)** 가맹본부는 가맹점에게 정보를 제공함에 있어 진실 · 정확 · 완전한 것이어야 하며, 관련 정보를 숨기거나 속이거나 거짓정보를 제공하여서는 아니된다.
> 가맹본부는 가맹점에 제공한 정보가 중대한 변경사항이 발생한 경우, 가맹점에게 즉시 통지하여야 한다.
> 가맹본부가 관련 정보를 숨기거나 속이거나 거짓정보를 제공한 경우, 가맹점은 프랜차이즈 계약을 해제할 수 있다.

---

[204] 가맹본부가 가맹점에 제공하여야 할 정보에 대하여는 제22조에서 규정하고 있다. 구체적으로는 가맹점의 명칭, 주소, 법정대표자, 등록자본액, 경영범위 등의 기본사항과, 가맹본부의 등록상표, 기업표장, 특허, 전문기술, 경영형식 등이다.

> 第二十三条　特许人向被特许人提供的信息应当真实、准确、完整, 不得隐瞒有关信息, 或者提供虚假信息。
> 特许人向被特许人提供的信息发生重大变更的, 应当及时通知被特许人。
> 特许人隐瞒有关信息或者提供虚假信息的, 被特许人可以解除特许经营合同。

제23조는 가맹본부가 가맹점에 행하는 의무 중 정보제공에 대하여 규정하고 있다. 즉, 가맹본부가 가맹점에 프랜차이즈 경영과 관련한 정보를 제공할 때, 진실되어야 하며 정확하고 온전한 정보여야 함을 규정하고 있다. 이에 대하여 제28조는 가맹본부가 제23조의 규정을 위반한 경우, 가맹점이 상무주관부문에 보고하여 실질심사를 받는 경우 상무주관부문은 시정명령으로 1만 위안 이상 5만 위안 이하의 벌금에 처한다. 또한 가맹본부의 정보제공에 대한 위법사항이 엄중한 경우에는 5만 위안 이상 10만 위안 이하의 벌금에 처하며 이를 공고한다고 규정하고 있다.

이처럼 프랜차이즈 계약에 있어 가장 중요한 사항 중 하나인 가맹본부의 가맹점에 대한 의무조항에 대하여 엄격하게 준수할 것을 규정하고 있다.

> **제24조 (위법경영)** 가맹점은 본 조례 제7조 제2항의 조건을 구비하지 않고 프랜차이즈 활동을 하는 경우, 상무주관부분의 시정명령을 통하여 위법한 소득을 몰수하며, 10만 위안이상 50만 위안 이하의 벌금에 처하며 이를 공고한다.
> 기업 이외의 기타 단위나 개인이 가맹본부로서 프랜차이즈 활동을 하는 경우, 상무주관부문은 불법경영활동을 정지하고, 위법한 소득을 몰수 하며, 10만 위안 이상 50만 위안 이상의 벌금에 처한다.
>
> 第二十四条　特许人不具备本条例第七条第二款规定的条件, 从事特许经营活动的, 由商务主管部门责令改正, 没收违法所得, 处10万元以上50万元以下的罚款, 并予以公告。
> 企业以外的其他单位和个人作为特许人从事特许经营活动的, 由商务主管部门责令停止非法经营活动, 没收违法所得, 并处10万元以上50万元以下的罚款。

제7조의 규정은 가맹본부의 가맹점에 대한 의무를 규정하면서, 가맹본부의 허용요건을 규정하고 있다. 즉, 프랜차이즈 가맹본부의 요건으로 최소 2개 이상의 직영점과 1년 이상의 경영기간을 요구하고 있다. 이러한 조건을 구비하지 않은 가맹점이 프랜차이즈 경영을 한 경우에는 제24조의 법률책임을 부담하게 된다.

또한 제3조 후단을 위반한 경우에도 동조의 법률책임을 부담하게 된다. 즉, 가맹본부가 제7조의 가맹본부 요건을 만족하여도(물론 이를 만족할 가맹본부가 있을 수 없지만), 제3조 후단의 '기업 이외의 기타 단위와 개인이 가맹본부로서 프랜차이즈 경영활동을 할 수 없다.'라는 규정을 위반하는 경우에는 동조의 법률책임을 부담한다. 즉, 기업이 기업 이외의 기타 단위나 개인은 프랜차이즈 사업을 할 수 없다. 프랜차이즈 산업에 있어 중요한 것은 《조례(条例)》 각 조항에서 규정하고 있듯이 가맹본부가 가맹점에 가맹본부의 기본사항에 대한 정보를 제공하고 있다. 이러한 기본정보사항에는 명칭, 주소, 법정대표자, 등록자본액, 경영범위 등의 기본사항과, 가맹본부의 등록상표, 기업표상, 특허, 전문기술, 경영형식을 요구하고 있다. 그러므로 기업 이외의 기타 단위나 개인은 가맹본부로서 가맹점에게 이러한 정보를 제공할 수 없게 됨은 당연하다.

제27조 (허위광고 등) 가맹본부가 본 조례 제17조 제2항의 규정을 위반하는 경우 공상행정관리부문의 시정명령으로 3만 위안 이상 10만 위안 이하의 벌금에 처한다. 그 경위가 엄중한 경우에는 10만 위안 이상 30만 위안 이하의 벌금에 처하며 이를 공고한다. 범죄를 구성하는 경우, 법률에 의해 형사책임을 부담한다.
가맹본부가 광고를 함에 있어 사기나 오도행위를 하는 경우, 광고법의 관련 규정에 따라 처벌한다.

第二十七条 特许人违反本条例第十七条第二款规定的, 由工商行政管理部门责令改正, 处3万元以上10万元以下的罚款 ; 情节严重的, 处10万元以上30万元以下的罚款, 并予以公告 ; 构成犯罪的, 依法追究刑事责任。
特许人利用广告实施欺骗、误导行为的, 依照广告法的有关规定予以处罚。

본조는 가맹본부의 허위광고에 대한 법률책임규정이다. 앞서 살펴본 바와 같이, 《조례(条例)》 제11조는 가맹본부의 가맹점에 대한 의무를 규정하면서, 가맹본부는 당해 프랜차이즈 제품이나 서비스에 대하여 판촉행위와 광고선전행위를 하게 된다. 이러한 판촉행위와 광고 선전행위에 있어 과장된 광고나 허위광고 및 사기성 광고를 한 경우에 본조의 법률책임을 부담하게 된다. 또한 이러한 광고에 대하여는 중국의 《광고법(广告法)》[205]을 적용한다.

《광고법(广告法)》 제4조는, "광고는 허위의 내용을 포함하면 안 되며, 소비자에게 사기와 오도를 하여서는 안 된다."라고 규정하고 있다. 또한 《광고법(广告法)》 제38조는 "본

---

[205] 중국 《광고법(广告法)》(Advertising Law of the People's Republic of China)은 1994년 10월 27일 중화인민공화국 제8기 전국인민대표대회 상무위원회 제10차 회의를 통과하여 1995년 2월 1일부터 시행되고 있다.

법의 규정을 위하여 소비자에게 허위광고나 사기 또는 오도행위를 하여 상품 또는 서비스를 판매함으로써 소비자의 합법적 권익에 손해가 발생한 경우, 광고주는 법률에 의하여 민사책임을 부담한다. 광고경영자와 공고발주자가 광고가 허위임을 알거나 알 수 있고, 여전히 허위광고를 계획, 제작, 배포하는 경우에는 법률에 의해 연대책임을 부담한다."라고 규정하고 있다.[206]

3. 프랜차이즈 경영 등록 관리방법(商业特许经营备案管理办法)

(1) 《관리방법(管理办法)》의 구성

동 《관리방법(管理办法)》(商务部令 2011年第5号)은 2011년 11월 7일 상무부 제56차 부무회의의 시의를 통과하여 2012년 2월 1일부터 시행되고 있다. 이는 2007년의 《관리방법(管理办法)》(商务部2007年第15号令)을 개정한 것이다. 개정된 《관리방법(管理办法)》은 모두 21개의 조문으로 구성되어 있으며, 제1조에서 알 수 있듯이, 《조례(条例)》의 관련 규정에 근거하여 제정되었다.

《관리방법(管理办法)》의 입법목적은 제1조에서, "프랜차이즈 산업의 관리를 강화하고 프랜차이즈 시장질서를 규범하기 위하여 ……"라고 규정하고 있다. 즉, 《조례(条例)》의 '건전하고 발전적인 프랜차이즈 산업을 촉진하며, 시장질서를 유지하기 위하여 ……'라는 입법취지와 차이가 있다. 다시 말해, 《조례(条例)》는 프랜차이즈 산업에 대한 전반적인 규율에, 《관리방법(管理办法)》은 프랜차이즈의 운영에 있어 《조례(条例)》에 기초한 등록관리에 초점이 맞추어져 있다.

(2) 《관리방법(管理办法)》의 주요내용과 법률해석

제3조 (프랜차이즈 영업등록) 상무부와 성·자치구·직할시 인민정부 상무주무부서는 프랜차이즈의 등록기관이다. 성·자치구·직할시 범위 내에서 프랜차이즈 활동에 종사하는 경우에는 가맹본부 소재지의 성·자치구·직할시 인민정부 상무주무부서에 등록해야 하며, 성(省)·자치구·직할시 범위를 벗어나서 프랜차이즈 활동에 종사

---

[206] [第三十八条] 违反本法规定, 发布虚假广告, 欺骗和误导消费者, 使购买商品或者接受服务的消费者的合法权益受到损害的, 由广告主依法承担民事责任;广告经营者、广告发布者明知或者应知广告虚假仍设计、制作、发布的, 应当依法承担连带责任.

하는 경우에는 상무부에 등록해야 한다.
프랜차이즈의 등록업무는 전국적인 네트워킹을 실시한다. 《조례(条例)》의 규정에 부합되는 가맹본부는 이 《관리방법(管理办法)》의 규정에 따라 상무부에서 구축한 프랜차이즈 정보관리시스템을 통해 등록수속을 해야 한다.

第三条 商务部及省、自治区、直辖市人民政府商务主管部门是商业特许经营的备案机关。在省、自治区、直辖市范围内从事商业特许经营活动的, 向特许人所在地省、自治区、直辖市人民政府商务主管部门备案；跨省、自治区、直辖市范围从事特许经营活动的, 向商务部备案。
商业特许经营实行全国联网备案。符合《条例》规定的特许人, 依据本办法规定通过商务部设立的商业特许经营信息管理系统进行备案。

앞서 설명한 바와 같이, 《관리방법(管理办法)》은 《조례(条例)》의 관련 규정에 근거하고 있다. 이러한 의미에서 동조는 《조례(条例)》 제8조(프랜차이즈 영업등록)을 구체화하고 있다 할 수 있다. 동조 후단에서 프랜차이즈 등록업무를 전국 네크워킹을 통하고 있는데, 이는 오프라인은 물론 온라인에서의 등록업무를 병행한다는데 의미가 있다.

또한 제4조는, "상무부는 관련 규정에 따라 성(省)·자치구·직할시 내에서 프랜차이즈에 종사하는 등록업무를 관련 성(省)·자치구·직할시 인민정부 상무주무부서에 위임하여 완성하게 할 수 있다. 위임을 받은 성, 자치구, 직할시 인민정부 상무주무부서는 등록업무를 스스로 완성해야 하며, 기타 어떠한 조직이나 개인에게 등록업무를 다시 위임할 수 없다."라고 규정하고 있다. 그리고 제4조 후단에서는, "위탁받은 성(省)·자치구·직할시 인민정부 상무주관부서가 법률에 따라 등록 직무를 수행하지 않을 경우 상무부는 가맹본부의 등록신청을 직접 수리할 수 있다."라고 규정하고 있다.

본조에서의 프랜차이즈 영업등록지 관할의 등록기관은 등록기관의 역할과 관리기관의 역할을 하고 있다. 즉, 프랜차이즈 영업을 하고자 하는 가맹본부가 영업신청을 할 때 영업지에 소재하는 등록기관에 등록한다. 이때의 관할지의 상무주무부서는 등록기관으로서의 기능을 하며, 등록된 가맹본부의 프랜차이즈 영업에 대하여 계속적 관리감독을 하는 관리기능을 하게 된다. 물론 가맹본부의 영업지가 바뀌게 되면 당해 관할지의 상무주무부서에 영업등록을 하여야 한다. 이러한 점에서 인터넷 등록의 이점이 있을 수 있다.

제9장 중국 프랜차이즈 계약 • 347

> **제8조 (프랜차이즈 영업정보 변경등록)** 가맹본부의 이하 등록정보가 변경되었을 경우에는 변경된 날로부터 30일 내에 등록기관에 등록변경을 신청해야 한다.
> 1. 가맹본부의 공상등기 정보
> 2. 경영자원 정보
> 3. 중국 내의 모든 가맹점의 점포분포상황
>
> 第八条 特许人的以下备案信息有变化的, 应当自变化之日起30日内向备案机关申请变更:
> (一) 特许人的工商登记信息。
> (二) 经营资源信息。
> (三) 中国境内全部被特许人的店铺分布情况。

《관리방법(管理办法)》제7조는 "가맹본부는 중국 내에서 가맹점과 최초 프랜차이즈 계약을 체결한 날로부터 15일 내에 등록기관에 등록 신청해야 한다."라고 규정하고 있다. 이러한 등록이 있은 후, 가맹본부의 등록정보가 변경된 경우에는 변경이 있으면 제8조에서 규정하는 기간 내에 변경된 사항을 등록하여야 한다.

> **제12조 (프랜차이즈 영업등록 취소사유)** 등록을 완료한 가맹본부가 아래의 행위 중 하나가 있을 경우 등록기관은 등록을 취소하고 아울러 프랜차이즈 정보관리시스템을 통해 이를 공시한다.
> (1) 가맹본부가 공상등록을 말소했거나, 또는 가맹본부의 위법한 경영으로 인해 주관 등록기관으로부터 영업허가증이 회수 취소된 경우
> (2) 등록기관이 사법기관으로부터 가맹본부의 위법한 경영으로 인해 그 등록의 취소에 대한 사법건의서를 받은 경우
> (3) 가맹본부가 관련 정보를 속였거나 허위정보를 제공하여 중대한 영향을 초래한 경우
> (4) 가맹본부가 등록 취소를 신청하고 등록기관이 이에 동의한 경우
> (5) 등록을 취소해야 하는 기타의 상황
>
> 第十二条 已完成备案的特许人有下列行为之一的, 备案机关可以撤销备案, 并在商业特许经营信息管理系统予以公告:
> (一) 特许人注销工商登记, 或因特许人违法经营, 被主管登记机关吊销营业执照的。
> (二) 备案机关收到司法机关因为特许人违法经营而作出的关于撤销备案的司法建议书。

> (三) 特许人隐瞒有关信息或者提供虚假信息，造成重大影响的。
> (四) 特许人申请撤销备案并经备案机关同意的。
> (五) 其他需要撤销备案的情形。

본 조는 제3조 또는 제8조의 규정에 따라 이미 등록한 프랜차이즈 영업에 대하여, 가맹본부의 등록절차상의 하자나 영업행위가 위법한 경우에 등록기관이 당해 프랜차이즈 영업 등록의 취소에 관하여 규정하고 있다.

물론 등록이 취소되는 경우에는 본 조의 규정에 따라 등록기관이 등록을 취소하고 프랜차이즈 정보관리시스템에 이를 공지함과 동시에《관리방법(管理办法)》의 법률책임 규정이 적용된다.[207]

4. 프랜차이즈 정보제공관리방법(商业特许经营信息披露管理办法)

(1)《제공정보 관리방법(信息披露管理办法)》의 구성

《정보제공관리방법(信息披露管理办法)》은 2012년 1월 18일 상무부 제60차 부무회의 심의를 통과하여 2012년 4월 1일부터 시행되고 있다. 2007년에《정보제공관리방법(信息披露管理办法)》이 제정되었으며[208], 현행《정보제공관리방법(信息披露管理办法)》는 2007년에 개정된 것이다.[209]

동《정보제공관리방법(信息披露管理办法)》은 제1조 입법목적, 제2조 법률적용범위 등을 포함하여 모두 12개의 조문으로 구성되어 있으며, 법률책임 벌칙규정에 관하여는《조례(条例)》의 규정에 따른다.

《제공정보 관리방법(信息披露管理办法)》도《관리방법(管理办法)》과 같이,《조례(条例)》에 근거하여 제정되었다. 즉,《제공정보 관리방법(信息披露管理办法)》제1조에 따르면, "가맹본부와 가맹점 간의 쌍방방의 합법적 권익을 보호하기 위하여《프랜차이즈 관리조

---

[207] 제17조는, "가맹본부가 본《관리방법(管理办法)》제11조의 규정을 위반했을 경우 설치 구(區)의 시급 이상 상무주무부서는 시정하도록 명령하고 1만 위안 이하의 벌금을 부과시킬 수 있으며, 사안이 심각한 경우에는 1만 위안 이상, 5만 위안 이하의 벌금을 부과시키고 동시에 이를 공시한다."라고 규정하고 있다.

[208] [商务部令 2007年第16号]

[209] [商务部令 2012年第2号]

례(商业特许经营管理条例)》에 근거하여 본 방법을 제정한다."라고 한다.[210]

《제공정보 관리방법(信息披露管理办法)》의 기능은 《조례(条例)》에 의하여 등록된 프랜차이즈 가맹본부와 가맹점 간의 계약에 있어 가맹본부가 가맹점에 자신의 영업정보를 제공함에 있어 가맹점이 제공받은 정보를 관리할 의무를 규정하고 있다. 다시 말해, 《제공정보 관리방법(信息披露管理办法)》는 가맹본부가 가맹점에 제공한 정보의 관리에 대하여 규정한 법제이다.[211]

(2) 《제공정보 관리방법(信息披露管理办法)》의 주요내용과 법률해석

> **제3조 (정보 관련 당사자(关联方)의 정의)** 본 방법에서 말하는 관련 당사자(关联方)라 함은, 가맹본부의 모회사 또는 그 자연인인 주주, 가맹본부가 직접 또는 간접적으로 전부 또는 다수의 지분을 보유한 자회사, 가맹본부와 직접 또는 간접적으로 동일 소유자로서 전부 또는 다수의 지분을 보유한 회사이다.
>
> 第三条 本办法所称关联方，是指特许人的母公司或其自然人股东、特许人直接或间接拥有全部或多数股权的子公司、与特许人直接或间接地由同一所有人拥有全部或多数股权的公司。

《제공정보 관리방법(信息披露管理办法)》을 구성하고 있는 법규의 주요내용을 정리하면, 입법목적, 적용범위, 용어개념, 정보의 내용, 법률책임, 부칙 등이다.

정보관리 주체와 관련하여, 《제공정보 관리방법(信息披露管理办法)》 제3조에서는 정보를 가지는 관련당사자를 정의하고 있다. 이에는 위의 제3조에서 설명하고 있는 바와 같이, (1)가맹본부의 모회사, (2)가맹본부의 자연인 주주, (3)가맹본부가 직·간접적으로 전부나 다수의 지분을 보유한 자회사, (4)가맹본부와 직접 또는 간접적으로 동일 소유자로서 전부 또는 다수의 지분을 보유한 회사이다. 《제공정보 관리방법(信息披露管理办法)》 제4조에 따라 가맹본부는 프랜차이즈 계약이 성립된 후 가맹점에게 관련당사자에 대한 제5조의 정보내용을 제공하여야 한다.

---

[210] [第一条] 为维护特许人与被特许人双方的合法权益，根据《商业特许经营管理条例》，制定本办法

[211] 제2조의 규정에 따라, 본 방법은 중국 국내의 프랜차이즈 경영활동에 적용된다.

> **제4조 (정보의 제공)** 가맹본부는 《条例》의 규정에 따라 프랜차이즈 계약이 체결된 후 30일 이내에 서면형식을 통하여 가맹점에 본 방법 제5조에서 규정하는 정보를 제공하여야 한다. 하지만, 가맹본부와 가맹점 간에 원 프랜차이즈 계약으로 동일한 조건으로 재계약한 경우에는 제외된다.
>
> 第四条 特许人应当按照《条例》的规定，在订立商业特许经营合同之日前至少30日，以书面形式向被特许人披露本办法第

제5조의 규정에 따라 가맹본부가 가맹점에 제공하여야 하는 정보의 내용은 크게 (1)가맹본부 및 프랜차이즈 영업 현황,[212] (2)가맹본부가 보유한 경영자원의 기본상황,[213] (3)프랜차이즈 비용에 대한 기본사항,[214] (4)가맹점에 제공하는 상품, 서비스, 설비의 가격과 조건 등의 사항,[215] (5)가맹점을 위해 지속적으로 제공할 서비스 사항,[216] (6)가맹점의 경영활동 지도와 감독 방식 및 내용,[217] (7)프랜차이즈 서비스 망 투자 예산 현황,[218] (8)중국 국내 가맹점의 관련 현황,[219] (9)최근 2년간의 회계사무소나 회계감사사무소에서 회계 감사한 가맹본부의 재무회계 보고 요약 및 회계감사보고 요약내용, (10)가맹본부가 최근 5년 내 프랜차이즈 영업과 관련한 소송과 중재 현황(사건개요, 소송(중재) 청구, 관할 및 결과를 포함), (11)가맹본부 및 그 법정대표자의 중대한 위법경영기록 현황,[220]

---

[212] 구체적 내용은, 가맹본부의 명칭, 연락처, 연락방식, 법정대표자, 최고경영자, 등록자본금, 경영범위, 가맹본부 등록사항 등이다.

[213] 구체적 내용은, 등록상표, 기업표상, 특허, 전문기술보유, 경영방식 및 기타 경영자원의 설명이다. 또한 이러한 경영자원의 소유자가 가맹본부의 관련당사자인 경우, 그 관련당사자의 기본정보, 수권내용 등을 제공하여야 한다.

[214] 구체적으로는, 가맹본부 또는 대리하는 제3자는 비용수취의 종류, 금액, 표준과 지불방식에 대한 정보를 제공할 수 없을 때에는 그에 대한 이유를 설명하여야 하며, 비용지급방식이 통일적이지 않은 경우에는 최고표준과 최저표준의 정보제공에 대한 이유를 성명하여야 한다. 또한 보증금의 수취와 반환조건, 그리고 반환시기와 반환방식을 고지하여야 한다.

[215] 가맹점이 반드시 가맹본부로부터 상품, 서비스, 설비를 구매할지의 여부와 이에 대한 관련 가격 및 조건 등이다.

[216] 업무교육의 구체적 내용, 제공방식, 시행계획 등이다. 그리고 기술지원의 구체적 내용, 제공방식과 시행계획이다.

[217] 경영지도의 구체적 내용, 제공방식, 시행계획이다. 또한 감독의 방식과 내용으로 가맹점의 이행의무와 불이행에 대한 책임이다.

[218] 자예산은 가맹비, 교육비, 부동산과 인테리어비용, 설비·사무용품·가구 등의 구매비용을 포함하다. 또한 초기창고보관, 수도·전기·가스비, 기타 정부인가 필수비용이다.

[219] 가맹본부가 보유하고 있는 현재의 가맹점 수, 분포지역, 수권범위, 독과점 수권지역 유무이다. 그리고 현재 가맹점의 경영상황으로, 이는 가맹점의 실제 투자액, 평균판매량, 자본금, 매출 총이익, 순이익 등의 정보이다.

[220] 관련 행정부분에 의하여 30만 위안 이상의 벌금에 처한 경우와 형사책임을 진 경우이다.

(12)프랜차이즈 계약문건[221]이다.

> **제7조 (영업비밀의 누설 등)** 가맹본부는 가맹점에게 정보를 제공하기 전에 가맹점에게 비밀유지에 대한 성명서를 요구할 권리가 있다.
> 가맹점은 계약체결 과정에 있어 알게 된 영업 비밀은 프랜차이즈 계약이 성립여부를 불구하고 누설 또는 부당하게 사용되어서는 아니 된다.
> 프랜차이즈 계약이 종료된 후 가맹점은 계약관계로 가맹본부의 영업 비밀을 알게 된 경우, 계약이 종료된 후 비밀유지 성명서를 작성하지 않았다 하더라도 비밀유지 의무를 부담한다.
> 가맹점이 본 조의 전2항의 규정을 위반하여 영업 비밀을 누설 또는 부당하게 사용함으로써 가맹본부 또는 기타인에게 손해가 발생한 경우 손해배상책임을 부담하여야 한다.
>
> 第七条 特许人向被特许人披露信息前, 有权要求被特许人签署保密协议.
> 被特许人在订立合同过程中知悉的商业秘密, 无论特许经营合同是否成立, 不得泄露或者不正当使用.
> 特许经营合同终止后, 被特许人因合同关系知悉特许人商业秘密的, 即使未订立合同终止后的保密协议, 也应当承担保密义务.
> 被特许人违反本条前两款规定, 泄露或者不正当使用商业秘密给特许人或者其他人造成损失的, 应当承担相应的损害赔偿责任.

가맹본부가 가지는 영업 비밀은 중요한 영업자원이다. 그러므로 가맹본부는 가맹점과의 프랜차이즈 계약을 할 때, 자신의 영업 비밀에 대한 누설의 불안감을 가진다. 하지만, 가맹본부이 가맹점에게 영업 비밀을 이전하는 것은 프랜차이즈 계약에서의 중요 의무이기 때문에 영업 비밀을 이전하기 전에 영업비밀유지에 대한 성명서를 요구하게 된다.

이러한 의미에서 제7조는 가맹본부와 가맹점이 프랜차이즈 계약을 체결하기 전에 영업비밀유지에 대한 성명서를 작성하도록 규정하고 있다. 또한 프랜차이즈 계약이 종료된 후에도 계약기간에 취득한 영업 비밀에 대한 비밀유지의무를 준수하여야 한다. 만약 가맹점이 프랜차이즈 계약으로 인하여 가맹본부로부터 취득한 영업 비밀을 누설하거나 부당하게 사용한 경우에는 그에 따른 손해배상책임을 부담하게 된다.

또한 가맹점의 영업비밀 누설이나 취득한 영업 비밀을 부당하게 사용한 경우에는 가맹본부가 프랜차이즈 계약을 해제할 수 있다.

[221] 프랜차이즈 계약 견본이다.

5. 《계약법(合同法)》, 《광고법(广告法)》, 《상표법(商标法)》

(1) 《계약법(合同法)》의 구성과 프랜차이즈 계약

《계약법(合同法)》은 1999년 3월 15일 개최된 중화인민공화국 제9기 전국인민대표대회 제2차 회의에서 통과되어 1999년 10월 1일부터 시행되고 있다. 동법은 모두 23개의 장(章) 428개 조문으로 구성되어 있다. 동법의 입법목적은 제1조에서 밝히고 있는 바와 같이, 계약당사자의 합법적 권익과 사회경제질서를 유지하며, 사회주의 현대화 건설 추진을 위한다는 취지이다.

프랜차이즈 계약에 있어 《계약법(合同法)》이 기본 법률이다.[222] 이는 계약법 제10조의 계약형식에서, "당사자가 계약을 체결할 시 서면형식이나 구두형식 또는 기타의 형식으로 체결할 수 있다."라고 규정하고 있다.[223] 물론 프랜차이즈 계약체결에 있어 《조례(条例)》 제11조에서, "프랜차이즈 계약은 가맹본부와 개맹점 간 서면형식의 계약을 통하여야 한다."라고 하면서 서면계약을 강행규범으로 하고 있다.[224]

계약의 효력 면에 있어, 《계약법(合同法)》 제44조는, "법률에 의해 성립한 계약은 성립 시부터 효력이 생긴다. 법률이나 행정법규에 비준이나 등기 등의 절차로 효력이 발생한다는 규정이 있는 경우, 그 규정에 따른다."라고 규정하고 있다.[225] 이에 프랜차이즈 계약은 법률이나 행정법규에 비준이나 등기 등의 절차를 요하지 않는 일반계약에 해당되므로, 동법 제44조의 전단에 의해 그 효력이 발생한다.

계약의 이행 면에 있어, 《계약법(合同法)》 제60조는, "당사자는 약정에 따라 자기의 전체 의무를 이행하여야 한다. 당사자는 성실신용원칙을 준수하고, 계약의 성질, 목적, 거래관습에 따라 통지, 협조, 비밀유지 등의 의무를 이행한다."라고 규정하고 있다. 이는 프랜차이즈 계약에 있어, 계약당사자인 가맹본부와 가맹점이 《조례(条例)》 제4조는 "프랜차이즈 영업행위는 자원원칙, 공평원칙, 성실신용원칙을 준수하여야 한다."라고 규정

---

[222] 프랜차이즈 계약을 함에 있어 계약자체에 대해 적용하는 가장 근본적인 법률이다. 또한 《계약법(合同法)》은 중국의 법률분류에 있어 이른바 '기본법률'이다. 여기에서의 기본법률이라 함은, 전국인민대표대회에서 제정하고 개정하는 것으로 형사, 민사, 국가기구와 관련된 기본적인 규범성 문건을 일컫는다(중국 헌법 제62조 제3호). 이에 대한 자세한 설명은, 강효백, 「G2시대 중국법연구」, 한국학술정보, 2010, 25면 참고.

[223] 중국 《계약법(合同法)》에서의 이른바 '서면형식'이라 함은 '계약서'를 통한 계약형식을 의미한다. 이에 대하여는 《계약법(合同法)》 제11조 참고.

[224] [条例第十一条] : 从事特许经营活动, 特许人和被特许人应当采用书面形式订立特许经营合同.

[225] [合同法第四十四条](合同的生效) : 依法成立的合同, 自成立时生效. 法律, 行政法规规定应当办理批准、登记等手续生效的, 依照其规定.

하고 있다.

계약의 해제와 법률책임 면에서 보면,《계약법(合同法)》제93조는, "당사자의 의사 일치로 계약을 해제할 수 있다. 당사자는 일방의 계약해제의 조건을 약정할 수 있다."라고 규정하고 있다.[226] 또한 계약해지의 경우 계약법 제94조에 의하면 (1)불가항력으로 인하여 계약의 목적을 실현할 수 없는 경우 (2)이행기간이 만료되기 전에 당사자 일방이 주요채무를 이행하지 않을 것을 명확하게 표시하였거나 자기의 행위로 표명한 경우 등에 해당할 경우 당사자는 계약을 해지할 수 있다. 프랜차이즈 계약에 있어《조례(条例)》는 제11조, 제12조, 제23조에서 규정하고 있다. 한편 법률책임과 관련하여《계약법(合同法)》은 제7장(위약책임)에서,《조례(条例)》는 제4장(법률책임)에서 규정하고 있다. 계약법은 주로 채무불이행에 관한 사항을, 조례는 주로 가맹본부의 위법한 등록과 가맹점의 정보누설 및 정보의 부당사용에 대한 책임을 규정하고 있다.

(2)《광고법(广告法)》과《상표법(商标法)》

《광고법(广告法)》과《상표법(商标法)》에 있어 프랜차이즈 영업과 관련하여, 가맹본부와 가맹점 간의 계약체결 후 가맹본부의 프랜차이즈 광고행위에 있어 허위광고금지, 과장광고금지 등이 이에 해당한다. 상품 또는 서비스에 대하여 허위의 선전을 하고 그 정황이 심각한 경우 허위광고죄를 구성하여 2년 이상의 유기징역에 처해질 수도 있다. 또한 프랜차이즈 계약이해에 있어 가맹점의 상표사용에 있어 부당사용금지 등에 대해 규정하고 있다.

이처럼 프랜차이즈 계약에 있어 가맹본부의 영업자원인 광고행위와 상표사용에 있어 발생하는 규정은《조례(条例)》에서 따로 규정하고 있다고 하지만, 규정이 없거나 명확하지 않는 경우에는《광고법(广告法)》과《상표법(商标法)》의 적용을 받는다.

---

[226] [合同法第九十三条](合同约定解除) : 当事人协商一致, 可以解除合同。当事人可以约定一方解除合同的条件。解除合同的条件成就时, 解除权人可以解除合同。

제2절 프랜차이즈 계약

I. 프랜차이즈계약서 (중문)

商业特许经营合同

合同编号：＿＿＿＿＿＿＿＿＿
甲方(特许人)：＿＿＿＿＿＿＿＿＿
住所：联系电话：＿＿＿＿＿＿＿＿＿
法定代表人：注册号：＿＿＿＿＿＿＿＿＿
经营范围：＿＿＿＿＿＿＿＿＿
乙方(被特许人)：＿＿＿＿＿＿＿＿＿
住所：联系电话：＿＿＿＿＿＿＿＿＿
法定代表人：注册号：＿＿＿＿＿＿＿＿＿
经营范围：＿＿＿＿＿＿＿＿＿
双方本着自愿、平等、公平和诚实信用原则，经过充分友好协商，签订本商业特许经营合同如下，以兹共同遵守：＿＿＿＿＿＿＿＿＿

第一部分 总则

第一条 定义
除非本合同条款另有特别说明，本合同中使用的字词与表述的含义如下：
"特许经营体系"，是指甲方的特许经营体系，其特征包括但不限于注册商标、商号、专利和专有技术、产品经营模式等。
"加盟店"，是指乙方在认同并同意遵守特许经营体系的基础上，获得甲方授权而设立的从事特许经营活动的经营实体，包括但不限于个人独资企业、合伙企业及公司等。
"特许标识"，是指与特许经营体系相关的识别符号，包括但不限于注册商标、商号、招牌(店铺标志)、特有的外部与内部设计(装修、装饰、颜色配置、布局、家具等)、制服、广告等。
"特许产品"，是指带有特许标识的所有商品及服务，包括但不限于原料、配料、成品及服务品种、方式等。

"经营手册",是指由甲方制订的指导加盟店经营的各类书面操作资料,一般包括《加盟店招募手册》、《店务操作手册》、《产品制作手册》、《营业手册》、《员工培训手册》等。
"直接特许",即甲方将特许经营权直接授予乙方,乙方按照本合同的约定设立加盟店,开展经营活动,未经甲方事先书面同意,不得转授特许经营权。
"区域特许",即甲方将指定区域内的特许经营权授予乙方,乙方按照合同约定设立加盟店,开展经营活动,未经甲方事先书面同意,不得转授特许经营权。
"复合区域特许",即甲方将指定区域内的特许经营权授予乙方,乙方既可按照本合同的约定设立加盟店,开展经营活动,也可在特许区域内将特许经营权再授予其他申请人。
"特许区域",是指甲方授予乙方特许经营权的区域。
"营业地",是指乙方依照合同条款约定,获准开设加盟店的住所。
"建筑物",是指营业地所在的建筑物。

第二条 特许经营授权

一、甲方拥有＿＿＿＿特许经营体系,经营范围:＿＿＿＿,甲方依照本合同的约定,授予乙方＿＿＿＿特许经营权。

二、甲方授予乙方的特许经营权性质:
　　□ 直接特许
　　□ 区域特许
　　□ 复合区域特许

三、乙方获准行使的特许经营权在特许区域内:
　　□ 具有独占性
　　□ 不具有独占性

第三条 期限

一、本合同期限为＿＿＿＿年,从＿＿＿＿年＿＿＿＿月＿＿＿＿日起至＿＿＿＿年＿＿＿＿月＿＿＿＿日。双方可根据本合同的约定提前终止或续期。

二、乙方要求对本合同续期的,应至少在本合同期限届满前提前＿＿＿＿个月向甲方书面提出。甲方同意的,与乙方签订续期合同。

三、甲、乙双方约定:本合同的续期条件为＿＿＿＿。

第四条 特许区域与营业地

一、乙方获准行使特许经营权的区域为:中国＿＿＿＿省(市)＿＿＿＿县(区)东至＿＿＿＿、西至＿＿＿＿、南至＿＿＿＿、北至＿＿＿＿的区域。(见附件2:《特许区域附图》)。

二、乙方仅有权在前款所述的特许区域内开设生产和销售特许产品或提供服务的加盟店。本合同签订时的加盟店的地址为_____。
三、加盟店的面积为_____。

第五条 特许经营费
一、加盟费：
乙方应向甲方一次性支付加盟费人民币_____元，该笔款项应在本合同签订后_____日内支付。
除因甲方违反本合同第四十六条约定或双方另有约定外，乙方不得要求返还加盟费。
二、特许权使用费：
在本合同有效期内，乙方可选择按照以下标准在□每月/□每年_____日前向甲方支付特许权使用费：
□ 支付定额特许权使用费人民币_____元；
□ 按照加盟店□当月/□当年营业额的_____%，按比例支付特许权使用费。
三、保证金：
1. 乙方应在本合同签订后_____日内支付人民币_____元作为保证金，以确保本合同的完全正当履行。
2. 甲、乙双方约定，保证金由：
□上海连锁经营协会保管；
3. 遇乙方欠款不付或本合同约定的任何违约情形，甲方可要求从保证金中抵充，不足部分，仍有权要求乙方继续偿付。乙方应在收到甲方书面通知后_____日内补足保证金并缴足欠款。
四、其他约定的费用：
五、本条所述之特许经营费采用下列第_____项方式支付：
□ 现金；
□ 支票；
□ 银行转账(甲方指定账户为_____)；
□ 。
甲方收到乙方支付的上述任何款项后，均应开具收款凭证。

第二部分 信息披露及商业秘密保护

第六条 信息披露
一、双方当事人承诺严格按照《商业特许经营管理办法》第四章"信息披露"的相关规定，在签订本合同前及特许经营过程中及时向对方披露有关特许经营的基本信息资料。
二、在本合同有效期内，甲方应及时向乙方披露有关授予乙方使用的注册商标、商号、专利或其他特许经营体系所发生的重大变化、所涉及的诉讼或仲裁及其他对乙方有重大影响的信息。
三、在本合同有效期内，乙方应及时向甲方披露所涉及的诉讼或仲裁及其他对甲方有重大影响的信息。
四、甲方故意提供虚假信息或隐瞒重要信息，或在本合同签订时不符合法律、法规关于特许人资格的强制性规定致使乙方遭受经济损失的，乙方有权解除本合同，要求甲方返还加盟费、保证金及其他约定的费用，并有权要求其赔偿所造成的损失。
五、乙方故意提供虚假信息或隐瞒重要信息，或在本合同签订时不符合法律、法规关于被特许人资格的强制性规定致使甲方遭受经济损失的，甲方有权解除本合同，乙方已支付的保证金不予返还，并有权要求其赔偿所造成的损失。

第七条 商业秘密的保护

一、在本合同有效期内及终止后，乙方及其雇员未经甲方书面同意，不得披露、使用或允许他人使用其所掌握的甲方的商业秘密。
二、乙方承诺采取必要的防范措施，保护甲方披露的信息资料。
三、双方如未签订本合同或本合同未生效，不论原因如何，双方承诺对对方披露的所有信息承担保密义务。

第三部分 加盟店的开业

第八条 设立加盟店的形式

一、乙方以自身名义经营加盟店的，加盟店视为乙方本身，享有本合同所载明的权利，承担本合同载明的义务。加盟店作为独立的法律主体进行活动，独立核算、自担风险、自负盈亏。
二、除以乙方名义经营加盟店之外，乙方以任何经济组织形式设立加盟店的，必须在加盟店开业前的日内，由乙方向甲方出具经加盖公章并由股东或投资人共同签字的承诺函，承诺乙方及其股东或投资人的行为受本合同约束，并愿意连带承担本合同项下乙方的所有义务并享有相应的权利。乙方如未出具本承诺函的，甲方有权不授予乙方特许经营权。

第九条 商号的使用
甲方□允许/□不允许乙方将注册商标用作加盟店商号使用。如允许乙方使用,甲方应提供书面授权文件,以配合乙方进行加盟店名称变更登记手续。

第十条 加盟店的经营资格
乙方须保证加盟店符合法律、法规关于经营资格的强制性或禁止性要求,取得《消防许可证》、《环保许可证》、《食品卫生许可证》等相关许可证,并具有经营特许经营体系项下经营活动的合法资格。

第十一条 加盟店的开业指导
甲方应对乙方目标市场的考察调研、加盟店的选址、营业地的装修布置、人员的聘用等加盟店筹备工作提供必要的协助和指导。

第十二条 加盟店的开业培训
在加盟店开业前,甲方应对乙方或其指定的承担加盟店管理职责的人员进行培训,通过考核后上岗,以确保乙方能够独立运营加盟店。

第十三条 特许经营体系的提供
甲方应在本合同签订之日起日内,向乙方提供代表特许经营体系营业象征的书面资料,包括经营模式及相关管理制度、门店样式、店堂布局方案、会计系统、产品质量标准、产品质量监测制度以及《经营手册》等,已确保乙方顺利开展加盟店的运营。乙方应予书面签收。

第十四条 加盟店开业时间
乙方应保证在本合同签订之日起日内正常开业,经甲方书面同意延期的除外。

第十五条 加盟店开业的条件
加盟店开业须符合以下条件:
一、加盟店已取得《营业执照》或《企业法人营业执照》及相关许可证照;
二、营业地建筑物的装修经特许人验收合格;
三、乙方已按本合同约定履行开业前的所有义务;
四、加盟店符合《经营手册》规定的其他标准。

第四部分 特许产品的提供和配送

第十六条 除特许产品及为保证特许经营品质必须由甲方或者甲方指定的供应商提供的货物外,对于其他货物,甲方可以规定其应当达到的质量标准,提出若干供应商供乙方选择,但甲方不得强行要求乙方接受其货物供应;双方另有约定的除外。

第十七条 加盟店经营所需之特许产品均由甲方或甲方指定供应商供应及配送,若加盟店需增售不属甲方或其指定供应商供应的产品,须事先向甲方提出书面申请,并经甲方书面同意;未经甲方书面同意,不得向其他供应商采购或自行制造。

第十八条 乙方向甲方或其指定供应商采购特许产品,须提前天以传真、电话或电子邮件形式通知甲方或其指定供应商所需产品的数量和规格,以便甲方或其指定供应商及时调配物资,满足乙方需求。

第十九条 甲方或其指定供应商应在收到乙方要求维修甲方或其指定供应商供应的设备通知之日起日内进行维修。维修累计次不能排除设备故障的,甲方或其指定供应商应负责为乙方更换新设备。

第二十条 甲方应对所提供的特许产品质量负责,如因质量问题造成乙方损失的,甲方应承担赔偿责任;乙方因此向第三方赔付的,有权向甲方追偿。甲方对其指定供应商的产品质量承担保证责任。

第二十一条 加盟店销售特许产品应当遵循甲方指定的统一零售价,不得擅自降低或抬高零售价,双方另有约定的除外。

第五部分 监督、培训与指导

第二十二条 为确保特许经营体系的统一性和产品、服务质量的一致性,甲方有权按照合同约定对加盟店的经营活动进行监督。

第二十三条 加盟店应当保持完整、准确的交易记录,在每月日前向甲方递交上月的总营业收入的财务报表。

第二十四条 甲方应当在不影响加盟店正常营业的前提下,定期或不定期对加盟店的经营活动进行辅导、检查、监督和考核。乙方应当遵循甲方或其委派的督导员在特许经营过程中的建议和指导。

第二十五条 甲方有权定期或不定期检查和审核加盟店的交易记录等文件。

第二十六条 在本合同有效期内，甲方每年应对乙方或其指定的承担加盟店管理职责的人员提供不少于次的统一培训。

第二十七条 在本合同有效期内，甲方应持续地对加盟店提供开展特许经营所必需的营销、服务或技术上的指导，并向加盟店提供必要的协助。

第六部分 知识产权的授予与使用

第二十八条
甲方按照本合同约定，许可乙方使用以下知识产权：
▫ 注册商标。
　　注册商标名称：＿＿＿＿，《商标注册证》编号：＿＿＿＿，
　　核定使用商品或服务项目：＿＿＿＿。
　　甲方应与乙方另行签订《商标使用许可合同》作为本合同的从合同，并在《商标使用许可合同》签订之日起三个月内，由▫ 甲方/ ▫ 乙方向工商行政管理部门办理备案手续。
▫ 专利。
　　专利名称：＿＿＿＿，《专利证》编号：＿＿＿＿，
　　专利内容：＿＿＿＿。
　　甲方应与乙方另行签订《专利实施许可合同》作为本合同的从合同，并在《专利实施许可合同》签订之日起三个月内，由▫ 甲方/ ▫ 乙方向知识产权主管部门办理备案手续。
▫ 其他。

第二十九条 在本合同有效期内，甲方应确保注册商标的有效性，并及时办理注册商标的续展手续。

第三十条 乙方应按照《商标使用许可合同》的约定和《经营手册》的规定规范使用注册商标或特许标识，不得以任何形式和方法扩大注册商标或特许标识的使用范围，未经甲方许可，不得与其他商标、商号或标识组合使用。

第三十一条 乙方不得以任何方式制作、使用或申请在相同类别注册与甲方注册商标或特许标识相同或近似的商标标识。

第三十二条 特许标识或注册商标的所有权和著作权归甲方所有,本合同终止后,甲方有权无条件收回。

第三十三条 乙方除为特许经营目的之外,不得为其他任何目的使用特许标识,也不得在本合同终止后继续使用注册商标或特许标识。

第七部分 加盟店的统一运营

第三十四条 乙方认可并同意遵守甲方特许经营体系有关标准和统一性的规定。

第三十五条 乙方在加盟店的运营过程中,须严格遵守本合同约定和《经营手册》规定的统一运营标准,未经甲方书面许可,不得作任何变更;双方另有约定的除外。

第八部分 消费者投诉的处理

第三十六条 乙方应遵守甲方统一制定的服务和质量保证承诺,自觉维护消费者的合法权益,并在加盟店内设置监督电话。

第三十七条 乙方对消费者的投诉应当及时处理,对造成消费者权益损害的,应及时采取补救措施。

第三十八条 因加盟店原因但消费者直接向甲方投诉的,对确有瑕疵而直接向消费者偿付的,甲方有权向乙方追偿。

第九部分 广告宣传与促销

第三十九条 甲方发布广告宣传、向乙方提供促销支持,必须严格遵守法律、法规的相关规定。

第四十条 甲方在每次推出广告宣传或促销推广活动之前,应将有关活动资料通知乙方,以便乙方能于活动前作适当准备。

第四十一条 乙方可自行策划并实施针对特许区域市场特点的广告宣传或促销推广活动，但必须获得甲方事先书面同意，并在甲方指导下进行。

第十部分 合同的变更和解除

第四十二条 甲方与乙方经协商一致，可变更本合同相关条款。

第四十三条 在本合同有效期内，甲方经乙方事先书面同意，可将本合同项下的全部或部分权利、义务转让给第三方，但应书面通知乙方，且应保证第三方无条件接受并承诺继续履行本合同项下的所有条款。

第四十四条 乙方经甲方事先书面同意，可将本合同项下的全部或部分权利、义务转让给第三方，但应保证第三方无条件接受并承诺继续履行本合同项下的条款。
在转让之日起_____年内，甲、乙双方在特许区域内须遵守本合同关于商业秘密保护和竞业限制的约定。

第四十五条 甲方有下列行为之一的，乙方有权书面通知其更正，甲方应在接到通知后_____日内更正，逾期未更正的，乙方有权书面通知单方解除合同，解除合同的通知在到达甲方时生效：
一、未按本合同约定向乙方提供本合同第十三条所述代表特许经营体系营业象征的书面资料；
二、未按本合同约定履行加盟店开业前及经营过程中的培训、技术指导义务；
三、强行要求乙方接受除专卖商品及为保证特许经营品质的货物以外的其他货物供应；
四、累计_____次延迟配送特许产品或维修设备，或因延迟配送特许产品或维修设备造成乙方重大损失的；
五、因生产或销售的特许产品存在缺陷或严重质量问题，被质监部门处罚；
六、_____。

第四十六条 甲方有下列行为之一的，乙方有权书面通知单方解除合同，解除合同的通知在到达甲方时生效：
一、在本合同签订时不符合法律、法规关于特许人资格的强制性规定致使乙方遭受经济损失的；
二、未按本合同约定在签订本合同前和特许经营过程中按法律、法规规定披露相关信息或故意披露虚假信息致使乙方遭受经济损失的；
三、本合同签订时不具备或者本合同有效期内丧失注册商标或其他特许标识的所有权或使用权；
四、因产品质量问题引起大量投诉并被主要媒体曝光，品牌形象和价值及企业商誉受到严重损害的。

第四十七条 乙方有下列行为之一的，甲方有权书面通知其更正，乙方应在接到通知后_____日内更正，逾期未更正的，甲方有权书面通知单方解除合同，解除合同的通知在到达乙方时生效：
一、超过本合同约定的期限未符合开业条件或未开业；
二、未按本合同约定支付相关费用；
三、未经甲方事先书面同意擅自销售或提供非特许产品或服务；
四、未经甲方事先书面同意擅自变更或扩大注册商标或特许标识的使用范围，或擅自变更加盟店特有的外部与内部设计；
五、拒绝参加甲方组织的初始的或后续的培训；
六、因管理和服务问题引起大量投诉或被主要媒体曝光批评，严重损害特许经营体系的商誉；
七、未经甲方事先书面同意擅自全部或部分转让本合同；
八、侵犯(包括但不限于泄露)商业秘密；
九、故意向甲方陈述错误的或误导性的信息；
十、_____。

第十一部分 违约责任

第四十八条 甲方不履行或不完全履行本合同项下的任何义务，乙方有权书面通知其更正，甲方应在接到通知后_____日内更正，逾期未更正的，甲方应向乙方支付_____违约金。
如逾期未更正超过_____日，则乙方有权选择以下方案追究甲方责任(可多选)：
☐ 要求甲方赔偿人民币元；
☐ 符合本合同约定的解除条件的，乙方有权解除本合同；
☐ _____。

第四十九条 乙方逾期支付本合同项下的任何款项，应按每天逾期款项的_____‰支付违约金。逾期超过_____天的，甲方有权解除本合同，保证金不予返还。

第五十条 乙方不履行或不完全履行本合同项下的任何义务，甲方有权书面通知其更正，乙方应在接到通知后_____日内更正，逾期未更正的，乙方应向甲方支付_____违约金。
如逾期未更正超过_____日，则甲方有权选择以下方案追究乙方责任(可多选)：
▢ 要求乙方赔偿人民币_____元；
▢ 符合本合同约定的解除条件的，甲方有权解除本合同；
▢ 。

第五十一条 如由于乙方的过错对第三方造成侵权或其他经济损失，则乙方应当自行承担赔偿责任。如甲方对外偿付的，则可向乙方进行追偿。

第五十二条 乙方未履行或未完全履行合同终止后的义务的，甲方有权要求其履行义务，并有权要求其赔偿因此造成的损失。

第十二部分 合同终止后双方的权利义务

第五十三条 本合同终止后，乙方应立即停止使用注册商标、特许标识及其他与特许经营体系有关的任何标识。

第五十四条 乙方获准使用甲方注册商标作为加盟店商号的，应在本合同终止后日内向原登记部门申请名称变更或者注销登记。

第五十五条 乙方应在本合同终止之日起日内返还甲方为履行本合同而提供的所有物品，包括文件及其副本或任何复制品。

第五十六条 本合同终止后，除甲方接收外，乙方应按甲方要求撤换营业地所有特许经营体系特有的内外部设计、装修、装饰、颜色配置、布局、家具、设备，或清除注册商标、特许标识及其他与特许经营体系有关的任何标识。

第五十七条 乙方应在本合同终止之日起_____日内向甲方支付本合同约定的所有应付费用。

第五十八条 剩余特许产品的处理
甲乙双方约定，本合同终止之日存在的全部完好无损、尚在保质期内、可以再次使用或销售的剩余特许产品的处理方式为：
▫ 甲方以原售价回购；
▫ 乙方自行处理；
▫

第五十九条 竞业限制
乙方在本合同有效期内以及合同期满后年内，除约定的加盟店外，不得自己经营或与他人合作经营与甲方特许经营体系内容相同或类似的业务。

第十三部分 不可抗力

第六十条 任何一方由于不可抗力且自身无过错造成的部分或不能履行本合同的义务将不视为违约，但应在条件允许下采取必要的补救措施，以减少不可抗力造成的损失。遇有不可抗力的一方，应尽快将事件的情况以书面形式通知对方，并在事件发生的合理时间内，提交不能履行或者部分不能履行本合同以及需要延期履行的理由的证明。

第十四部分 其他约定

第六十一条 本合同部分条款的无效，不影响其他条款及本合同的效力。

第六十二条 联系信息与送达
一、合同一方按照本合同约定向另一方送达的任何文件、回复及其他任何联系，必须用书面形式，且采用挂号邮寄或直接送达的方式，送达本合同所列另一方的地址或另一方以本条所述方式通知更改后的地址。
二、双方同意通过以下联系方式向对方送达与本合同有关的文件，有关甲方和乙方的联系信息如下：
甲方：
地址：
邮编：
联系人：
电话：,   传真：
乙方：
地址：
邮编：
联系人：

电话：,　　　　　　　传真：

第六十三条 本合同的签署，交付，生效，履行，变更，效力，终止和解释等，均使用大韩民国的法律，大韩民国法律没有规定的，适用国际惯例。

第六十四条 甲乙双方就本合同的内容，解释，生效，效力和履行而发生争议，应先友好协商解决，任何一方不愿协商或者在30天内协商未果的，任何一方均可向位于韩国首尔市大韩商事仲裁院申请仲裁解决，按照该仲裁机构当时有效的仲裁规则进行仲裁，仲裁裁决是终局性的，对争议各方具有最终的法律拘束力。

第六十五条 本合同的附件、从合同(如有)、《经营手册》是本合同不可分割的组成部分，与本合同具有同等法律效力。

第六十六条 本合同自双方签字或盖章之日起生效，一式两份，双方各执一份，具同等法律效力。

第六十七条 甲方应将本合同签订情况报甲方所在地商务主管部门和乙方所在地商务主管部门备案。

附件1

补充条款

_____

(粘贴线) (骑缝章加盖处)

附件2

《特许区域附图》

(粘贴线) (骑缝章加盖处)

附件3

甲方《企业法人营业执照》或《营业执照》复印件

(粘贴线) (骑缝章加盖处)

附件4

乙方《企业法人营业执照》或《营业执照》复印件

(粘贴线) (骑缝章加盖处)

附件5
甲方《商标注册证》复印件

(粘贴线) (骑缝章加盖处)

附件6

甲方《专利证》或其他权利证明复印件

(粘贴线) (骑缝章加盖处)
(本页签署页, 无正文)

甲方：	乙方：
授权代表：	授权代表：
日期：	日期：
签于：	签于：

Ⅱ. 프랜차이즈계약서 (한글)

프랜차이즈 계약

계약일련번호 : _____

甲方(가맹본부) : _____
주소 : _____   전화 : _____
법정대표자 : _____   등록번호 : _____
경영범위 : _____

乙方(가맹점) : _____
주소 : _____   전화 : _____
법정대표자 : _____   등록번호 : _____
경영범위 : _____

쌍방은 자원, 평등, 공평, 성실신용원칙에 의하고, 충분한 협상을 통하여 본 프랜차이즈 계약을 다음과 같이 체결하고, 이를 함께 준수한다.

제1부분 총칙

제1조 정의

본 계약의 조항에서 다른 특별한 설명이 없는 경우, 본 계약에서 사용하는 용어와 서술하는 의미는 다음과 같다.

"프랜차이즈 체계"라 함은 甲의 프랜차이즈 체계를 말하며, 그 특징은 등록상표·상호·특허와 전문기술·상품경영형식 등에 한정하지 않는다.

"가맹점"이라 함은 乙이 프랜차이즈 체계를 인정하고 이를 준수할 것을 동의한 것에 기초하여 甲으로부터 수권을 얻어 설립한 프랜차이즈 실체를 말하며, 독자기업, 합명회사, 회사 등에 한정하지 않는다.

"프랜차이즈 표지"라 함은 프랜차이즈 체계와 관련한 식별부호를 말하며, 등록상표, 상표, 간판(점포표지), 특유한 외부와 외부 설계(인테리어, 장식, 도색, 구도, 가구 등), 유니폼, 광고 등에 한정하지 않는다.

"프랜차이즈 상품"이라 함은 프랜차이즈 표지를 부착한 모든 상품과 서비스를 말하며, 원료, 배합원료, 완성품, 서비스 품종, 방식 등에 한정하지 않는다.

"경영 매뉴얼"이라 함은 甲이 제정한 가맹점의 경영을 지도하는 각종 서면형식의 운용자료를 말하며, 일반적으로《가맹점 모집 책자》,《점포 업무운영 매뉴얼》,《상품제작 매뉴얼》,《경영 매뉴얼》,《직원 교육 매뉴얼》 등을 포함한다.

"직접 프랜차이즈(Direct Franchise)"라 함은 甲이 프랜차이즈를 직접 乙에게 수여하고, 乙이 본 계약의 약정에 따라 가맹점을 설립하여 영업활동을 개시한 것으로, 甲의 사전 서면동의를 거치지 않고서는 프랜차이즈 경영권을 이전할 수 없다.

"지역 프랜차이즈"라 함은 甲이 지정한 구역 내의 프랜차이즈 경영권을 乙에게 수여하고, 乙은 계약상의 약정에 따라 가맹점을 성립 후 영업을 개시한다. 甲의 사전 서면동의 없이는 프랜차이즈 경영권을 재수권하지 못한다.

"복합구역 프랜차이즈"는 甲이 지정한 구역 내의 프랜차이즈 경영권을 乙에게 수여하고, 乙이 본 계약의 약정에 따라 가맹점을 설립하여 영업을 개시할 수 있다. 또한 특허구역 내의 프랜차이즈 경영권을 기타 신청인에게 재수여할 수도 있다.

"특허구역"이라 함은 甲이 乙에게 프랜차이즈 경영권을 수여한 구역을 말한다.

"영업지"라 함은 乙이 계약의 약정에 따라 허가 받아 개설한 모든 가맹점의 주소를 말한다.

"건축물"이라 함은 영업지 소재의 건축물을 말한다.

제2조 프랜차이즈 경영수권

1. 甲은＿＿＿＿＿＿프랜차이즈 경영의 체계, 경영범위인 ＿＿＿＿＿＿을(를) 가지며, 甲은 본 계약의 약정에 따라 乙에게 ＿＿＿＿＿프랜차이즈 경영권을 수여한다.
2. 甲이 乙에게 수여하는 프랜차이즈의 유형
   □ 직접 프랜차이즈
   □ 지역 프랜차이즈
   □ 복합지역 프랜차이즈
3. 乙이 수여받아 행사하는 프랜차이즈 경영권의 특허구역
   □ 독점성 구비
   □ 독점성 미구비

제3조 기한

1. 본 계약의 기한은 년으로, 년 월 일부터 년 월 일까지이다. 쌍방이 본 계약의 약정에

의하여 계약을 조기종료하거나 연장할 수 있다.
2. 乙이 본 계약에 대한 연장을 요구하는 경우, 최소 본 계약기한이 종료되기 전 개월 전에 甲에게 서면으로 제출하여야 한다. 甲의 동의가 있는 경우, 乙과 연장계약을 체결한다.
3. 甲·乙 쌍방은 본 계약의 연장조건을 _____ 으로 약정한다.

제4조 특허지역과 영업지
1. 乙이 수여받아 행사하는 프랜차이즈 경영권의 구역은, 중국 _____ 省(市)县(区) 东에서 _____, 西에서 _____, 南에서 _____, 北에서 _____ 의 구역이다.
2. 乙은 전항의 프랜차이즈 구역 내에서만 생산 판매의 프랜차이즈 상품이나 서비스를 제공하는 가맹점을 개설할 권리가 있다.
3. 가맹점의 면적은 _____ 이다.

제5조 프랜차이즈 경영비용
1. 가맹비
   乙은 甲에게 가맹비 _____ 위안을 일시불로 지불하여야 하며, 본 계약이 체결한 후 _____ 일 내에 지급한다.
   甲이 본 계약 제46조의 약정이나 쌍방이 다른 약정을 위반하지 않으며, 乙은 가맹비 반환을 요구할 수 없다.
2. 특허권 사용비(로열티)
   본 계약의 유효기간 내에 乙은 이하의 □ 每月/ □ 每年 _____ 일 전 甲에게 특허사용비를 지급할 것인지 선택할 수 있다.
   □ 특허권사용비용의 지급금액은 _____ 위안이다.
   □ 가맹점은 当月/ □ 当年 영업액의 _____ %로 하며, 비율에 따라 특허권 사용비를 지급한다.
   □ _____
3. 보증금
   가. 乙은 본 계약을 체결한 후 계약의 완전한 정당 이행을 확보로 _____ 일 내에 보증금을 지급한다.
   나. 甲·乙 쌍방은 보증금을 다음과 같이 약정한다.
      □ 상해연쇄경영 협회보관 ;
      □ _____ 。
   다. 乙이 비용을 지급하지 않거나 본 계약을 위반하는 경우 甲은 보증금으로 이를 충당할 수 있으며, 부족한 부분은 乙에게 지속적 상환을 요구할 수 있다. 乙은 甲으로부터 서면통지를 받은 후 _____ 일 내에 부족한 보증금을 납입하여야 한다.
4. 기타 약정한 비용

_____ 。
5. 본조에서 서술한 프랜차이즈 비용은 다음의 방식으로 지급한다.
  ☐ 현금 ;
  ☐ 수표 ;
  ☐ 은행계좌이체(甲이 지정한 계좌는 _____ 이다) ;
  ☐ _____ 。
  甲은 乙이 위의 지급방식으로 지급한 후 영수장부를 작성하여야 한다.

제2부분 정보제공과 영업비밀유지

제6조 정보제공

1. 쌍방당사자는《프랜차이즈 관리방법(商业特许经营管理办法)》제4장의 '정보제공'과 관련한 규정에 따라 프랜차이즈 계약이 체결되기 전이나 체결과정 중 즉시 상대방에게 프랜차이즈의 기본정보자료를 제공하여야 한다.
2. 본 계약의 유효기간 내에 甲은 乙에게 乙이 사용할 정보인 등록상표, 상표, 전문기술, 기타 프랜차이즈 체계로 발생한 중대한 변화, 관련 소송 및 중재, 기타 乙에게 중대한 영향을 미치는 정보를 제공하여야 한다.
3. 본 계약의 유효기간 내에 乙은 즉시 甲에게 관련한 소송이나 중재 및 기타 甲에 중대한 영향을 미치는 정보를 제공하여야 한다.
4. 甲이 고의로 허위정보나 중요한 정보를 은닉한 경우, 그리고 본 계약 약정시 법률이나 법규에 부합하지 않는 甲의 자격의 강행규정을 위반함으로써 乙에게 경제적 손실이 발생한 경우, 乙은 계약을 해제할 수 있으며, 甲에게 가맹비, 보증금, 기타 약정한 비용의 반환을 요구할 수 있다. 또한 발생한 손해에 대하여 배상을 요구할 수 있다.
5. 乙이 고의로 허위정보나 중요한 정보를 은닉한 경우, 또는 계약체결시 법률이나 법규에 부합하지 않는 乙의 자격의 강행규정을 위반함으로써 甲에게 경제적 손실이 발생한 경우, 甲는 계약을 해제할 수 있으며, 乙이 이미 지급한 보증금을 반환하지 않아도 되며, 발생한 손해에 대하여 배상을 청구할 수 있다.

제7조 영업비밀의 보호

1. 본 계약의 유효기간 내 또는 종료된 후, 乙 또는 그 종업원이 甲의 서명동의를 거치지 않고 영업 비밀을 누설 및 사용하거나 타인에게 당해 정보를 사용하도록 하여서는 아

니 된다.
2. 乙은 필요한 예방조치를 취하여 甲이 제공한 정보자료를 보호하여야 한다.
3. 쌍방이 프랜차이즈 계약이 체결되지 않았거나 아직 계약의 효력이 발생하지 않았다 하더라도 쌍방은 쌍방이 제공한 모든 정보에 대하여 비밀을 유지할 의무가 있다.

제3부분 가맹점의 개업

제8조 설립 가맹점의 형식
1. 乙이 자신의 명의로 가맹점을 경영할 경우, 가맹점은 乙 자신으로 보며, 본 계약상의 권리와 의무를 부담한다. 가맹점은 독립한 법률주체로서 독립채산, 위험부담, 손익부담을 진다.
2. 乙 명의로 경영하는 가맹점 외에, 乙이 어떤 경제조직의 형식으로 설립한 가맹점인 경우, 가맹점의 영업개시일 _____ 일 이내에 乙은 甲에게 가맹직인을 통하여 반드시 출자자(주주)와 투자자의 승낙을 얻어야 한다.

제9조 상호의 사용
甲은 乙에게 _____ 등록상표를 가맹점에서 사용하도록 ▫ 허용/▫ 불허한다.
乙이 甲의 상호를 사용하고자 하는 경우, 乙은 甲의 사용허가에 대한 서면수권허가서를 받은 후 乙의 명칭변경과 등기수속을 하여야 한다.

제10조 가맹점의 영업자격
乙은 법률이나 법규에서 요구하는 영업자격의 강행규정과 금지규정에 반드시 부합하여야 하며, 《소방 허가증(消防许可证)》, 《환경보호 허가증(环保许可证)》, 《식품위생 허가증(食品卫生许可证)》 등 관련 허가증을 취득하여야 한다. 또한 프랜차이즈 시스템의 합법적 자격을 가져야 한다.

제11조 가맹점의 개업지도
甲은 乙의 목적시장에 부합하는 사전조사, 가맹점의 부지, 영업지의 인테리어와 장식, 직원의 고용 등 가맹점의 영업준비작업에 있어 반드시 협조 및 지도하여야 한다.

제12조 가맹점의 개업교육
가맹점이 영업개시 전 甲은 乙에게 가맹점 운영에 필요한 직원교육을 통하여 독립적으로 乙의 운영에 어려움이 없도록 하여야 한다.

제13조 프랜차이즈 체계의 제공
甲은 본 계약 체결 후 __일 내에 乙에게 대표 프랜차이즈 체계의 영업표상의 서면형식을 제공하여야 한다. 경영형식 및 관련 관리제도, 상점형식, 매장구조방안, 회계시스템, 상품품질표준, 상품품질 테스트 제도, 《경영 매뉴얼》 등을 포함하여 乙이 가맹점을 순리적으로 개업하여 운영할 수 있게 하여야 한다. 乙은 이에 서명한다.

제14조 가맹점의 개업시간
乙은 본 계약이 체결된 후 _____일 내에 정상개업을 보증하여야 하며, 甲이 서면동의를 연기한 경우에는 제외한다.

제15조 가맹점의 개업조건
가맹점의 개업은 반드시 다음의 조건에 부합하여야 한다.
1. 가맹점은 개업 전에 《사업자등록증》 또는 《기업법인 사업자등록증》 및 관련 허가증명서를 취득하여야 한다.
2. 영업지 건축물의 설비는 가맹본부로부터 합격을 받아야 한다.
3. 乙은 본 계약의 약정에 따라 개업 전에 모든 의무를 이행하여야 한다.
4. 가맹점은 《경영 매뉴얼》이 규정하는 기타 기준에 부합하여야 한다.

제4부분 프랜차이즈 상품의 제공과 배송

제16조 프랜차이즈 상품이나 프랜차이즈 품질보호를 위하여 甲 또는 甲이 지정한 제공 상인이 제공한 물품 외에 기타 화물에 대하여, 甲은 일정한 품질기준을 규정할 수 있다.

제17조 가맹점의 운영에 있어 반드시 필요한 프랜차이즈 제품은 모두 甲 또는 甲이 지정한 제공상인이 제공하고 배송하며, 만약 가맹점이 甲이 지정하여 제공하는 상품 외의 다른 상품이 있는 경우에는 반드시 甲에게 서면으로 이를 신청하고 동의를 얻어야 한다. 甲의 서면동의를 얻지 않은 경우에는 기타의 상품을 구매 또는 제조할 수 없다

제18조 乙은 甲이 제공하는 프랜차이즈 상품을 구매하기 위하여는 반드시 전날 팩스나 전화 또는 전자우편의 형식을 통하여 甲에 상품에 대한 수량과 규격을 통지하여야 하며, 甲은 상품의 제공과 배송에 있어 시간적·품질적으로 乙을 만족시켜야 한다.

제19조 甲 또는 그가 지정한 제공상은 甲 또는 그가 지정한 제공상이 제공한 설비에 대하여 보수할 것을 통지한 날로부터 _____일 내에 보수하여야 한다. 설비고장이 차례

누적된 경우, 甲 또는 그가 지정한 제공상은 乙에게 새로운 설비로 교체할 책임이 있다.

제20조 甲이 제공한 상품에 대하여 품질책임을 부담한다. 만약 제공한 상품에 문제가 있어 乙에게 경제적 손실이 발생한 경우 甲이 이에 대하여 손해배상책임을 부담한다. 이때 乙이 발생한 손해에 대하여 제3자에게 배상을 하였을 경우, 乙은 甲에게 구상권을 행사한다.

제21조 가맹점이 판매하는 프랜차이즈 상품은 甲이 지정한 가격을 준수하여야 하며, 임의로 가격을 올리거나 낮추면 안 된다. 상방의 약정이 있는 경우에는 제외된다.

제5부분 감독, 교육, 지도

제22조 프랜차이즈 체계의 통일성과 상품, 서비스 품질의 일치성을 확보하기 위하여 甲은 계약의 약정에 따라 가맹점에 대하여 경영활동의 감독을 실시한다.

제23조 가맹점은 거래기록을 정확하고 명확히 하여야 하며, 매월 ____ 일전에 甲에게 전월의 영업총수입에 대한 재무제표를 제출한다.

제24조 甲은 가맹점의 정상영업에 영향을 주지 않는다는 전제하에 정기 또는 부정기로 가맹점의 경영활동에 대한 교육, 검사, 감독, 심사한다. 乙은 甲 또는 그 파견 감독원이 프랜차이즈 경영활동 상의 건의와 지도에 따라야 한다.

제25조 甲은 정기 또는 부정기로 가맹점의 거래기록 등의 문서를 검사 또는 심사할 권리가 있다.

제26조 본 계약의 유효기간 내에 甲은 매년 乙 또는 지정한 책임 가맹점 관리책임자에 대하여 최소 ____ 회의 통일된 교육을 하여야 한다.

제27조 본 계약의 유효기간 내에 甲은 가맹점에 대하여 지속적으로 프랜차이즈 경영에 필요한 판매, 서비스, 기술상 지도를 제공하여야 하며, 가맹점은 이에 반드시 협조하여야 한다.

제6부분 지식재산권의 이전과 사용

제28조 甲은 본 계약의 약정에 따라 乙에게 이하의 지식재산권 사용을 허가한다.

□ 등록상표
　등록상표의 명칭 : ＿＿＿＿＿＿, 《상표등록증》번호 : ＿＿＿＿＿＿,
　지정사용 상품 및 서비스 항목 : ＿＿＿＿＿＿＿＿＿＿＿＿＿＿.
　甲이 乙과 본 계약의 종계약으로서 《상표사용허가 계약(商标使用许可合同)》을 따로 체결하고, 《상표사용허가 계약(商标使用许可合同)》이 체결된 후 3개월 내에
□ 甲/□乙은 공상행정관리부분에 등록절차를 한다.
□ 특허
　특허명칭 : ＿＿＿＿＿＿＿＿, 《특허증》번호 : ＿＿＿＿＿,
　특허내용 : ＿＿＿＿＿＿＿＿＿＿＿＿＿＿＿.
　甲이 方另과 본 계약의 종계약으로서 《특허실시허가 계약(专利实施许可合同)》을 따로 체결하고, 《특허실시허가 계약(专利实施许可合同)》을 체결 후 3개월 내에
□ 甲/□乙은 지식재산권 주관부분에 등록절차를 한다.
□ 기타
　＿＿＿＿＿＿＿＿＿＿＿＿＿＿＿＿＿＿＿＿＿＿＿
　＿＿＿＿＿＿＿＿＿＿＿＿＿＿＿＿＿＿＿＿＿＿＿

제29조 본 계약의 유효기간 내에 甲은 등록상표의 유효성을 확보하여야 하며, 등록상표에 대하여 제때에 갱신처리를 하여야 한다.

제30조 乙은 《상표사용허가 계약(商标使用许可合同)》의 약정과 '경영 매뉴얼'에서 규정에 따라 등록상표나 프랜차이즈 표지를 사용하여야 하며, 임의의 형식이나 방식으로 등록상표나 프랜차이즈 표지를 확대하여 사용하여서는 아니 된다. 甲의 허가 없이 기타 상표나 상호 또는 표지를 조합하여 사용하여서도 안 된다.

제31조 乙은 甲의 등록상표나 프랜차이즈 표지와 동일하거나 유사한 상표를 자신이 제작하거나 사용 또는 신청하여서는 안 된다.

제32조 프랜차이즈 표지와 등록상표의 소유권과 저작권은 甲에 있으므로 계약이 종료된 후 甲은 당해 상표나 표지를 회수할 권리가 있다.

제33조 乙은 프랜차이즈 영업 목적 이외에 기타 임의의 목적으로 프랜차이즈 표지를 사용하여서는 안 되며, 계약이 종료한 후 계속하여 등록상표나 프랜차이즈 표지를 사용하여서도 안 된다.

제7부분 가맹점의 통일운영

제34조 乙은 甲의 프랜차이즈 경영체계의 관련 표준과 통일성 규정을 준수할 것을 동의한다.

제35조 乙은 가맹점 운영 중 본 계약상의 약정과《경영 매뉴얼》규정의 통일운영 표준을 반드시 엄격하게 준수하여야 하며, 甲의 서면허가 없이 임의로 변경할 수 없다. 쌍방이 따로 약정한 경우에는 제외된다.

제8부분 소비자의 불만처리

제36조 乙은 甲이 통일적으로 제정한 서비스와 품질을 준수하고, 소비자의 합법적 권익을 보호하며, 가맹점 내에 감독전화를 설치한다.

제37조 乙은 소비자의 불만에 대하여 즉시 처리하여야 하며, 소비자의 권익에 손해가 발생한 경우 즉시 조치를 취하여야 한다.

제38조 가맹점의 원인으로 인하여 소비자가 직접 甲에게 불만을 제기한 경우, 하자에 대하여 소비자에게 직접 배상한 경우 甲은 乙에게 구상권을 청구할 권리가 있다.

제9부분 광고선전과 판촉

제39조 甲은 광고선전으로 乙에게 판촉을 지지하며, 이때 법률과 법규의 규정을 엄격히 준수하여야 한다.

제40조 甲은 매회 광고선전이나 판촉광고 활동을 하기 전 乙에게 관련 활동자료를 통지하여야 하며, 乙은 활동전에 적절한 준비를 취하여야 한다.

제41조 甲에 대한 사전 서면동의가 있는 경우, 乙이 스스로 특허구역의 특징 있는 광고선전이나 판촉활동을 甲의 지도하에 계획할 수 있다.

제10부분 계약의 변경과 해제

제42조 甲과 乙의 협의를 통하여 본 계약이 조항을 변경할 수 있다.

제43조 본 계약의 유효기간 내에 甲은 乙에 사전 서면동의를 거쳐, 원 계약내용의 전부 또는 부분에서 규정하는 권리와 의무를 제3자에게 양도할 수 있다. 그러나 甲이乙에 서면통지하고 乙이 이에 동의하여야 한다.

제44조 乙은 甲의 사전동의를 통하여 본 계약의 전부 또는 부분의 권리나 의무를 제3자에게 양도할 수 있다. 그러나 제3자가 본 계약의 조항을 지속적으로 이행을 무조건 보증하여야 한다.
양도일로부터 _____ 년 내에 甲과 乙 쌍방은 특허구역 내에서 본 계약의 영업비밀 유지와 경업제한에 관한 규정을 반드시 준수하여야 한다.

제45조 甲은 다음의 상황에 해당하는 경우, 乙은 프랜차이즈 계약해제에 관하여 서면통지할 권리가 있으며, 계약해제 통지가 甲에 도착함으로써 그 효력이 생긴다.
1. 본 계약의 약정에 의하지 않은 본 계약 제13조의 대표 프랜차이즈 체계 영업표상의 서면자료를 乙에게 제공한 경우
2. 가맹점 개업 전 또는 경영과정 중 본 계약의 약정과 의하지 않는 교육이나 기술의무를 제공한 경우
3. 乙에게 전문상품 또는 프랜차이즈 품질을 보증하기 위한 물품 외의 기타 물품을 제공한 경우
4. 프랜차이즈 상품이나 설비를 _ 차례 배송을 지연하거나, 프랜차이즈 상품 또는 설비의 배송지연으로 인하여 乙에게 중대한 손해가 발생한 경우
5. 생산 또는 판매의 프랜차이즈 상품에 결함이 있거나 품질 상 엄중한 문제가 있어 품질검사부문으로부터 처벌을 받은 경우
6. _____.

제46조 甲은 다음의 상황에 해당하는 경우, 乙은 프랜차이즈 계약해제에 관하여 서면통지할 권리가 있으며, 계약해제 통지가 甲에 도착함으로써 그 효력이 생긴다.
1. 계약체결 시 법률이나 법규의 프랜차이즈 자격에 관한 강행규정에 부합하지 않아 乙에 경제적 손실을 초래한 경우,
2. 계약의 약정에 의하지 않고, 계약체결 전이나 프랜차이즈 영업 중 법률이나 법규의 규정에 따라 관련 정보를 제공 또는 고의에 의한 허위정보의 제공으로 가맹점이 경제적 손실을 초래한 경우,
3. 계약체결 시 또는 계약의 유효기간 내에 등록상표나 기타 프랜차이즈 표지의 소유권 또는 사용권을 구비하지 않은 경우,
4. 상품의 품질문제로 인하여 대량의 소송이 제기되어 주요 매스컴에 폭로됨으로써 브랜

드의 위상이나 가치 및 기업 이미지에 엄중한 손해가 있는 경우이다.

제47조 乙은 다음의 상황에 해당하는 경우, 甲은 프랜차이즈 계약해제에 관하여 서면통지할 권리가 있으며, 乙이 통지를 받은 후 일정한 기간 내에 시정하여야 하며, 여전히 시정이 이루어지지 않을 경우, 甲은 계약해제를 서면으로 통지할 권리가 있다. 계약해제의 통지가 乙에 도착한 때로 그 효력이 발생한다.
1. 당해 계약에서 약정한 기한을 초과하였음에도 개업조건에 부합하지 않거나 개업을 하지 않고 있는 경우,
2. 당해 계약에서 약정한 관련 비용을 지급하지 않은 경우,
3. 甲에게 사전 서면동의 없이 임의로 판매 또는 프랜차이즈 상품이나 서비스를 제공하는 경우,
4. 甲의 사전 서명동의 없이 임의로 등록상표나 프랜차이즈 표지의 사용범위를 변경 또는 확대하는 경우, 또는 임의로 乙 특유의 내부와 외부의 설계를 변경하는 경우,
5. 甲은 조직의 초기 또는 후속의 교육에 참가를 거절하는 경우,
6. 관리와 서비스 문제로 인하여 대량의 소송이 제기되어 중 매스컴에 폭로되어 비판을 받음으로써 프랜차이즈 시스템의 이미지에 엄중한 손해가 있는 경우,
7. 甲의 사전 서명동의 없이 임의로 전부 또는 부분의 원계약을 양도한 경우,
8. 상업비밀을 침해(단순 누설에 제한하지 않는다)한 경우,
9. 고의로 甲에게 잘못된 정보나 오해할 수 있는 정보를 진술한 경우
10. _____ .

제11부분 위약책임

제48조 甲이 본 계약에서 약정한 의무를 이행하지 않거나 완전한 이행을 하지 않은 경우, 乙은 서명통지로 그 시정을 요구할 권리가 있으며, 甲은 통지를 받은 후 ___ 일 내에 시정하여야 하며, 여전히 시정을 하지 않는 경우 甲은 乙에게 위약금 위안을 지불한다. 만약 _____ 일 초과하여도 여전히 시정하지 않는 경우, 乙은 甲의 책임에 대하여 다음을 선택하여 추궁할 수 있다(중복선택 가능).
▫ 甲에게 배상액 _____ 위안을 요구한다 ;
▫ 본 계약의 해제조건에 부합하는 경우, 乙은 본 계약을 해제할 수 있다.
▫ _____ 。

제49조 乙이 본 계약에서 지불하기로 약정한 금액을 기한 내에 지불하지 않으면, 약정기한이 초과한 매일을 기준으로 지급액의 _%를 위약금으로 지급한다. _____ 일이 초과한 경우, 甲은 본 계약을 해제할 수 있으며, 보증금은 반환하지 않는다.

제50조 乙이 본 계약에서 약정한 의무를 이행하지 않거나 완전한 이행을 하지 않는 경우, 甲은 서면통지로 그 시정을 요구할 권리가 있으며, 乙은 통지를 받은 후 일 내에 시정하여야 하며, 기간이 지나도 여전히 시정을 하지 않는 경우, 乙은 甲에게 위약금____ 위안을 지불하여야 한다.
만약 ____ 일 초과하여도 여전히 시정하지 않는 경우, 甲은 乙의 책임에 대하여 다음을 선택하여 추궁할 수 있다(중복선택 가능).
  ▫ 乙에게 배상액 _____ 위안을 요구한다 ;
  ▫ 본 계약의 해제조건에 부합하는 경우, 甲은 본 계약을 해제할 수 있다. ;
  ▫ _____ 。

제51조 乙의 과실로 제3자의 권리를 침해하였거나 기타 경제적 손실이 발생한 경우에는 乙이 제3자에 대하여 배상책임을 부담하여야 한다. 만약 甲이 제3자에게 배상을 한 때에는 甲은 乙에게 구상권을 청구할 수 있다.

제52조 乙의 불이행이나 불완전이행으로 계약이 종료된 후 甲은 그 이행을 요구할 권리가 있으며, 이로 인하여 손해가 발생한 경우에는 배상을 청구할 수 있다.

제12부분 계약종료 후 쌍방의 권리의무

제53조 본 계약이 종료된 후, 乙은 등록상표와 프랜차이즈 표상 및 기타 프랜차이즈 체계와 관련한 표지의 사용을 즉시 정지하여야 한다.

제54조 乙이 甲의 등록상표를 허가 받아 가맹점의 상호를 사용하는 경우, 본 계약이 종료된 후 _____ 일 내에 원등기부분에 명칭변경 또는 말소등기를 신청하여야 한다.

제55조 乙은 본 계약이 종료된 후, _____ 일 내에 甲이 본 계약의 이행을 위하여 제공한 모든 물품(문건 또는 그 부본 또는 복제품을 포함)을 반환하여야 한다.

제56조 본 계약이 종료된 후, 甲이 받은 것 외에 乙은 甲의 요구에 따라 영업지의 모든 프랜차이즈 체계에 특유한 내외부분의 설계, 인테리어, 장식, 색상배치, 도장, 가구, 설비, 등록상표제거, 프랜차이즈 표상 및 기타 프랜차이즈 체계 관련 표지를 반환하거나 제거하여야 한다.

제57조 乙은 본 계약이 종료된 후 일 내에 甲에게 본 계약에서 지불하기로 약정한 모든

비용을 지불하여야 한다.

제58조 잔여 프랜차이즈 제품의 처리
甲과 乙 쌍방은 본 계약이 종료된 후 존재하는 무하자 제품, 품질보증기한 잔존하는 제품, 재활용가능하거나 판매 후 남은 프랜차이즈 상품의 처리 방식
□ 甲이 원 판매가로 환매 ;
□ 乙의 자체 처리 ;
□ _____ 。

제59조 경업제한
乙은 본 계약의 유효기간 내 또는 계약기간이 만료된 후 _____ 년 내에 약정한 가맹점 외, 자기가 경영하거나 타인과 동업하여 甲의 프랜차이즈 체계 내용과 동일하거나 유사한 업무를 하여서는 아니 된다.

제13부분 불가항력

제60조 어떤 일방이 불가항력으로 인하여 자신의 무과실로 본 계약의 의무를 이행할 수 없게 된 경우에는 위약으로 보지 않는다. 하지만, 조건이 허락하는 경우 불가항력으로 감소한 손실에 대하여 필요한 조치를 취하여야 한다. 불가항력의 일방은 가능한 빨리 사건의 정황을 서면형식으로 상대방에게 통보하여야 하며, 사건이 발생한 합리적 기간 내에 본 계약의 이행불능 또는 부분적 이행불능이나 필요한 이행기의 연장사유와 증명서를 제출하여야 한다.

제14부분 기타 약정

제61조 본 계약의 부분 조항의 무효는 기타 조항이나 본 계약의 효력에 영향을 미치지 않는다.

제62조 연락정보와 송달
1. 계약 일방은 본 계약의 약정에 따라 다른 일방에게 문건의 송달, 수신 기타 연락을 할 때에는 반드시 서면형식으로 하여야 한다. 등기우편이나 직접송달의 방식을 채용할 경우, 본 계약에 작성된 다른 일방의 주소에 송달하거나 본조에 기술한 변경된 주소로 송달한다.
2. 쌍방이 이하의 연락방식의 동의를 통하여 상대방에게 본 계약과 관련한 문건을 송달할 경우, 甲과 乙의 연락정보는 다음과 같다.

甲 : _____
주소 : _____
우편번호 : _____
연락인 : _____
전화 : _____ , FAX : _____
乙 : _____
주소 : _____
우편번호 : _____
연락인 : _____
전화 : _____ , FAX : _____

제63조 본 계약의 체결, 교부, 효력의 발생, 이행, 변경, 중지 및 해석 등은 모두 대한민국의 법률을 적용하고 대한민국의 법률에 규정이 없는 경우 국제 관습을 적용한다.

제64조 甲·乙 쌍방은 본 계약의 내용, 해석, 효력의 발생, 효력 및 이행에 관하여 분쟁 발생시 우선 우호적으로 협상하여 해결하여야 한다. 일방이 협상을 원하지 않거나 또는 30일 내에 협상으로 결과를 보지 못한 경우, 임의의 일방은 한국 서울시에 위치한 대한상사중재원에 중재를 신청하여 당해 중재기관의 중재규칙에 따라 중재한다. 중재판정은 최종적인 것이며, 분쟁의 각 당사자에 대하여 법률적인 구속력을 가진다.

제65조 본 계약의 별첨, 종계약(있는 경우), 《경영 매뉴얼》은 본 계약과 다르지 않으며, 본 계약과 동등한 법률효력을 가진다.

제66조 본 계약은 쌍방이 서명 또는 직인한 날로부터 효력이 있으며, 2부를 작성하여 쌍방이 각 1부씩 보관한다. 2부는 동일한 법률효력을 가진다.

제67조 甲은 본 계약을 체결한 후 甲 소재지의 상무주관 부문과 乙 소재 상무주관 부문에 상황을 보고하고 접수한다.

별첨1

보충조항

(점첩선)   (할인하는 곳)

별첨2

《특허구역 약도》

(점첩선)   (할인하는 곳)

별첨3

甲《기업법인 사업자등록증》및《사업자등록증》사본

(점첩선)   (할인하는 곳)

별첨4

乙《기업법인 사업자등록증》및《사업자등록증》복사본

(점첩선) (할인하는 곳)

별첨5

甲《상표등록증》사본

(점첩선)   (할인하는 곳)

별첨6

甲《특허증》및 기타 권리증서 복사본

(점첩선)   (할인하는 곳)

(本页签署页, 无正文)
甲：   乙：
수권대표：   수권대표：
日期：   日期：
서명：   서명：

Ⅲ. 프랜차이즈 계약서 분석

중국에서는 가맹본부와 가맹점이 계약체결에 있어 편리성과 통일성을 위하여 프랜차이즈 표준계약서 양식을 계약당사자에게 추천하고 있다.

1. 프랜차이즈 계약표준양식의 구성

중국의 프랜차이즈 계약과 관련한 표준양식은 철저하게 《조례(条例)》의 규정에 따른다. 이러한 이유로 계약표준양식도 《조례(条例)》의 내용순으로 되어 있으며, 심지어 일치하는 부분도 존재한다.

표준계약서는 모두 18면을 구성하고 있으며, 이에는 첨부하여야 할 내용도 6건에 이른다. 구체적으로 살펴보면, 프랜차이즈 계약서 첫 면은 가맹본부인 갑(甲)과 가맹점인 을(乙)의 성명(명칭), 주소, 연락처, 법정대표자, 등록번호, 영업범위를 기재한다.

그리고 내용은 모두 14개의 부분으로 나눠진다. (1) '총칙', (2) '정보제공 및 영업비밀보호', (3) '가맹점의 개업', (4) '프랜차이즈 상품제공과 배송', (5) '감독, 교육, 지도', (6) '지식재산권의 이전과 사용', (7) '가맹점의 통일 운영', (8) '소비자 불만의 처리', (9) '광고 선전과 판촉', (10) 계약의 변경과 해제, (11) '위약책임', (12) '계약종지 후 쌍방의 권리의무', (13) '불가항력', (14) '기타 약정'으로 구성되어 있다.

2. 계약당사자의 기본사항

프랜차이즈 계약서의 시작은 甲과 乙의 정보로 시작된다. 이는 표준계약서는 물론 프랜차이즈와 관련한 모든 계약서에서 공통으로 적용되는 것으로, 구체적으로는 甲과 乙의 성명(명칭), 주소, 연락처, 법정대표자, 등록번호, 경영범위를 기재한다. 여기에서 甲은 프랜차이즈 계약을 주도하는 가맹본부이며, 乙은 가맹점이다. 가맹본부와 관련하여 중국 '상업특허경영관리조례'에 따르면 가맹본부는 반드시 '기업'이어야 하며(기업 아닌 조직이나 개인은 가맹본부가 될 수 없음) 성숙된 경영모델을 가지고, 가맹자에게 경영지도, 기술지원 및 업무훈련 등의 서비스를 제공할 능력이 있어야 하고, 보다 구체적으로는 2개의 직영점이 있어야 하며 경영기간이 1년을 초과해야 한다고 명시되어 있으므로 이러한 조건을 갖춘 가맹본부가 계약의 당사자가 될 수 있다. 또한 가맹자도 당해 사업을 하기 위해 필요한 허가를 보유하고 있어야 프랜차이즈 계약의 당사자가 될 수 있다.

3. 제I부분 : 총칙의 내용

제1부분 총칙에는 모두 5개의 조문으로 구성되어 있는데, 이에는 본 계약서에서 사용하는 용어의 정의, 프랜차이즈 수권, 기한, 프랜차이즈 지역과 영업지, 프랜차이즈 비용으로 구성되어 있다.

(1) 용어의 정의

용어의 정의는 프랜차이즈 계약을 명확하게 하기 위한 방안으로 프랜차이즈 체계,[227] 가맹점,[228] 프랜차이즈 표지, 프랜차이즈 상품, 경영 매뉴얼,[229] 직접 프랜차이즈, 지역프랜차이즈, 마스터 프랜차이즈, 프랜차이즈 지역, 영업지,[230] 건축물[231] 등에 대한 정의 규정이다.

(2) 프랜차이즈 수권

甲이 보유하고 있는 경영자원에 대하여 기재하고, 乙인 가맹점에 프랜차이즈 영업권을 수여한다는 내용이다. 프랜차이즈 수권에 있어 (1)가맹본부가 가맹점에 수여하는 프랜차이즈 영업권의 성질에 따라 직접프랜차이즈, 지역 프랜차이즈, 마스터 프랜차이즈를 선택한다. (2)가맹점이 수권으로 행사하는 프랜차이즈의 지역 내에서의 허가 내용에 따라, 독점성 구비와 독점성 미구비로 구분된다.

(3) 계약기간

프랜차이즈 계약기간은 《조례(条例)》 제13조의 규정에 따라 당사자의 다른 협의가 없으

---

[227] "프랜차이즈 체계"라 함은 甲의 프랜차이즈 체계를 말하며, 그 특징은 등록상표·상호·특허와 전문기술·상품경영형식 등에 한정하지 않는다.

[228] "가맹점"이라 함은 乙이 프랜차이즈 체계를 인정하고 이를 준수할 것을 동의한 것에 기초하여 甲으로부터 수권을 얻어 설립한 프랜차이즈 실체를 말하며, 독자기업, 합명회사, 회사 등에 한정하지 않는다.

[229] "경영 매뉴얼"이라 함은 甲이 제정한 가맹점의 경영을 지도하는 각종 서면형식의 운용자료를 말하며, 일반적으로 《가맹점 모집 책자》, 《점포 업무운영 매뉴얼》, 《상품제작 매뉴얼》, 《경영 매뉴얼》, 《직원 교육 매뉴얼》 등을 포함한다.

[230] "영업지"라 함은 乙이 계약의 약정에 의하여 가맹점 개설허가를 받은 주소를 말한다.

[231] "건축물"이라 함은 영업지가 소재한 건축물을 말한다.

면 최소 3년 이상이어야 한다. 다만, 프랜차이즈 가맹자가 동의하거나 프랜차이즈 계약기간을 연장하는 경우에는 예외로 하고 있다. 계약서에서는 (1)당사자의 협의에 의하여 계약기간을 정한다. 물론 쌍방의 약정이 있는 경우에는 계약기간 전에 계약을 종지하거나 지속할 수 있다. (2)가맹점이 계약의 지속을 원하는 경우 가맹본부에 계약종료 전에 계약연장을 요청하게 되는데, 계약연장 요청을 할 수 있는 기한을 정한다.[232]

[계약기간 및 계약연장조건]

> 1. 본 계약의 기한은 ___년으로, ___년 ___월 ___일부터 ___년 ___월 ___일까지 이다. 쌍방이 본 계약의 약정에 의하여 계약을 조기종료하거나 연장할 수 있다.
> 2. 乙이 본 계약에 대한 연장을 요구하는 경우, 최소 본 계약기한이 종료되기 전 개월 전에 甲에게 서면으로 제출하여야 한다. 甲의 동의가 있는 경우, 乙과 연장계약을 체결한다.
> 3. 甲 · 乙 쌍방은 본 계약의 연장조건을 _____으로 약정한다.
> 一、本合同期限为___年, 从 ___年 ___月 ___日起至 ___年 ___月 ___日, 双方可根据本合同的约定提前终止或续期。
> 二、乙方要求对本合同续期的, 应至少在本合同期限届满前提___个月向甲方书面提出。甲方同意的, 与乙方签订续期合同。
> 三、甲、乙双方约定：本合同的续期条件为_____。

(4) 프랜차이즈 비용

프랜차이즈 계약에 있어 핵심은 가맹비의 지급에 있다. 《조례(条例)》 제3조에서 규정하고 있듯이, 가맹본부가 가맹점에 자신의 영업자원을 지원하고 가맹점은 이에 대한 대가로 가맹점에 가맹비를 지불한다. 이처럼 프랜차이즈 계약에 있어 가맹비의 지급은 지급시기, 지급방법, 가맹비의 내용에 있어 매우 중요하다.

일반적으로 가맹비는 가맹점이 가맹본부에 프랜차이즈 계약이 성립된 후 언제 지급할 것인지, 특허권 사용비용(로열티)는 어떠한 방식으로 지불할 것인지에 대하여 계약서에 기재한다.

---

[232] 일반적으로 계약종료 3개월 전에 가맹점이 가맹본부에 계약연장을 요청한다.

[가맹비와 로열티 및 보증금의 지급과 방법]

[한글본]

1. 가맹비
乙은 甲에게 가맹비 _____위안을 일시불로 지불하여야 하며, 본 계약이 체결한 후 _____일 내에 지급한다.
甲이 본 계약 제46조의 약정이나 쌍방이 다른 약정을 위반하지 않으며, 乙은 가맹비 반환을 요구할 수 없다.

2. 특허권 사용비(로열티)
본 계약의 유효기간 내에 乙은 이하의 □每月/□每年 _____일 전 甲에게 특허사용비를 지급할 것인지 선택할 수 있다.
□ 특허권사용비용의 지급금액은 _____위안이다.
□ 가맹점은 当月/□当年 영업액의 _____%로 하며, 비율에 따라 특허권 사용비를 지급한다.
□ _____ 。

3. 보증금
가. 乙은 본 계약을 체결한 후 계약의 완전한 정당 이행을 확보로 일 내에 보증금을 지급한다.
나. 甲·乙 쌍방은 보증금을 다음과 같이 약정한다.
　　□상해연쇄경영협회 보관 ;
　　□ _____ 。
다. 乙이 비용을 지급하지 않거나 본 계약을 위반하는 경우 甲은 보증금으로 이를 충당할 수 있으며, 부족한 부분은 乙에게 지속적 상환을 요구할 수 있다. 乙은 甲으로부터 서면통지를 받은 후 일 내에 부족한 보증금을 납입하여야 한다.

4. 기타 약정한 비용
　　□ _____

5. 본조에서 서술한 프랜차이즈 비용은 다음의 방식으로 지급한다.
　　□ 현금 ;
　　□ 수표 ;
　　□ 은행계좌이체(甲이 지정한 계좌는 _____이다) ;
　　□ _____ 。
甲은 乙이 위의 지급방식으로 지급한 후 영수장부를 작성하여야 한다.

[중문본]

一、加盟费:

乙方应向甲方一次性支付加盟费人民币_____元,该笔款项应在本合同签订后_____日内支付。

除因甲方违反本合同第四十六条约定或双方另有约定外,乙方不得要求返还加盟费。

二、特许权使用费:

在本合同有效期内,乙方可选择按照以下标准在 □ 每月/ □ 每年日前向甲方支付特许权使用费:

- □ 支付定额特许权使用费人民币_____元;
- □ 按照加盟店 □ 当月/ □ 当年营业额的_____%, 按比例支付特许权使用费。
- □ _____。

三、保证金:

1. 乙方应在本合同签订后日内支付人民币元作为保证金,以确保本合同的完全正当履行。
2. 甲、乙双方约定,保证金由:
    - □ 上海连锁经营协会保管;
    - □ _____。
3. 遇乙方欠款不付或本合同约定的任何违约情形,甲方可要求从保证金中抵充,不足部分,仍有权要求乙方继续偿付。乙方应在收到甲方书面通知后日内补足保证金并缴足欠款。

四、其他约定的费用:

□ _____

五、本条所述之特许经营费采用下列第项方式支付:

- □ 现金;
- □ 支票;
- □ 银行转账(甲方指定账户为_____);
- □ _____。

甲方收到乙方支付的上述任何款项后,均应开具收款凭证。

4. 제2부분 : 정보제공과 영업비밀유지

(1) 정보제공

양 당사자는 《조례(条例)》 제4장의 '정보제공'와 관련한 규정에 따라 프랜차이즈 계약이 체결되기 전이나 체결과정 중 즉시 상대방에게 프랜차이즈의 기본정보자료를 제공하여야 한다.[233] 기본정보의 내용으로는, (1)가맹본부의 명칭, 주소, 법정대표자, 등록자본금, 경영범위 및 종사하는 프랜차이즈 사업의 기본 정황, (2)가맹본부의 기본상표, 기업표지, 특허, 전유기술 및 경영모델의 기본 정황, (3)프랜차이즈 비용의 종류, 금액 및 지급방식(보증금을 수취하는지 여부 및 보증금의 반환조건과 반환방식 포함), (4)프랜차이즈 가맹자에게 제공하는 제품, 서비스, 설비의 가격 및 조건 등이 있다.

본 계약의 유효기간 내에 가맹본부는 가맹점에게 가맹점이 사용할 정보인 등록상표, 상표, 전문기술, 기타 프랜차이즈 체계로 발생한 중대한 변화, 관련 소송 및 중재, 기타 가맹점에게 중대한 영향을 미치는 정보를 제공하여야 한다.[234]

본 계약의 유효기간 내에 가맹점은 즉시 가맹본부에게 관련한 소송이나 중재 및 기타 가맹본부에 중대한 영향을 미치는 정보를 제공하여야 한다.[235]

가맹본부가 고의로 허위정보나 중요한 정보를 은닉한 경우, 그리고 본 계약 약정시 법률이나 법규에 부합하지 않는 가맹본부의 자격의 강행규정을 위반함으로써 가맹점에게 경제적 손실이 발생한 경우, 가맹점은 계약을 해제할 수 있으며, 가맹본부에게 가맹비, 보증금, 기타 약정한 비용의 반환을 요구할 수 있다. 또한 발생한 손해에 대하여 배상을 요구할 수 있다.[236]

가맹점이 고의로 허위정보나 중요한 정보를 은닉한 경우, 또는 계약체결시 법률이나 법규에 부합하지 않는 가맹점의 자격의 강행규정을 위반함으로써 가맹본부에게 경제적 손실이 발생한 경우, 가맹본부는 계약을 해제할 수 있으며, 가맹점이 이미 지급한 보증금을 반환하지 않아도 되며, 발생한 손해에 대하여 배상을 청구할 수 있다.[237]

---

[233] 표준계약서 제6조 제1항 참고.
[234] 표준계약서 제6조 제2항 참고.
[235] 표준계약서 제6조 제3항 참고.
[236] 표준계약서 제6조 제4항 참고.
[237] 표준계약서 제6조 제5항 참고.

(2) 영업비밀의 보호

계약의 유효기간 내 또는 종료된 후, 가맹점 또는 그 종업원이 가맹본부의 서명동의를 거치지 않고 영업 비밀을 누설 및 사용하거나 타인에게 당해 정보를 사용하도록 하여서는 아니 된다.[238] 따라서 영업비밀의 대상인 정보의 범위, 비밀유지 방법, 관련된 제3자(예를 들어 회사의 임직원, 협력업체 등)의 영업비밀보호에 대한 보장방안, 비밀유지 의무 위반 시 효과 등을 고려해야 한다.

가맹점은 필요한 예방조치를 취하여 가맹본부가 제공한 정보자료를 보호하여야 한다.[239] 또한 쌍방이 프랜차이즈 계약이 체결되지 않았거나 아직 계약의 효력이 발생하지 않았다 하더라도 쌍방은 쌍방이 제공한 모든 정보에 대하여 비밀을 유지할 의무가 있다.[240] 그리고 프랜차이즈 계약종료 시에 영업비밀유지 의무가 얼마동안 지속되어야 할 필요도 있다.

5. 제3부분 : 가맹점의 개업

(1) 상호의 사용

가맹점이 가맹본부의 상호를 사용하고자 하는 경우, 가맹점은 가맹본부의 사용허가에 대한 서면수권허가서를 받은 후 가맹점의 명칭변경과 등기수속을 하여야 한다.[241]

(2) 가맹점의 영업자격

가맹점은 법률이나 법규에서 요구하는 영업자격의 강행규정과 금지규정에 반드시 부합하여야 하며, 《소방 허가증(消防许可证)》, 《환경보호 허가증(环保许可证)》, 《식품위생 허가증(食品卫生许可证)》 등 관련 허가증을 취득하여야 한다.[242] 또한 프랜차이즈 시스템의 합법적 자격을 가져야 한다.[243]

---

[238] 표준계약서 제7조 제1항 참고.

[239] 표준계약서 제7조 제2항 참고.

[240] 표준계약서 제7조 제3항 참고.

[241] 표준계약서 제9조 참고.

[242] 표준계약서 제10조 참고.

[243] 가맹점은 《조례(条例)》 제3조 후단의 규정에 따라 '기업 이외의 기타 단위나 개인'이어서는 안 된다. 즉, 기업이어야 한다.

(3) 가맹점의 개업지도와 개업교육

가맹본부는 가맹점의 목적시장에 부합하는 사전조사, 가맹점의 부지, 영업지의 인테리어와 장식, 직원의 고용 등 가맹점의 영업준비작업에 있어 반드시 협조 및 지도하여야 한다.[244] 또한 가맹점이 영업개시 전 가맹본부는 가맹점에게 가맹점 운영에 필요한 직원교육을 통하여 독립적으로 가맹점 운영에 어려움이 없도록 하여야 한다.[245]

(4) 가맹점의 개업조건

프랜차이즈 영업을 하고자 하는 가맹점을 개업하기 전 다음의 기본 조건에 부합하여야 한다.

(1) 가맹점은 프랜차이즈 계약을 체결할 당시 《영업허가증(营业执照)》 또는 《기업법인영업허가증(企业法人营业执照)》과 관련 허가증을 이미 취득하여야 한다.[246] (2) 영업지 건축물의 인테리어는 가맹본부의 사전 조사에 있어 합격조건을 취득하여야 한다. (3) 가맹점은 계약체결 후 개업 전에 이행하기로 한 모든 의무를 이행하여야 한다.[247] (4) 가맹점은 가맹본부가 제공한 '경영 매뉴얼'에서 규정한 표준에 부합하여야 한다.[248]

6. 제4부분 : 프랜차이즈 상품의 제공과 배송

가맹점의 운영에 있어 반드시 필요한 프랜차이즈 제품은 모두 가맹본부가 지정한 상품을 제공하고 배송하며, 만약 가맹점이 가맹본부가 지정하여 제공하는 상품 외의 다른 상품이 있는 경우에는 반드시 가맹본부에게 서면으로 이를 신청하고 동의를 얻어야 한다. 가맹본부의 서면동의를 얻지 않은 경우에는 기타의 상품을 구매 또는 제조할 수 없다.[249] 또한 가맹점이 가맹본부가 제공하는 프랜차이즈 상품을 구매하기 위하여는 반드시 전날 팩스나 전화 또는 전자우편의 형식을 통하여 가맹본부에 상품에 대한 수량과 규격을 통지하여야 하며, 가맹본부는 상품의 제공과 배송에 있어 시간적 · 품질적으로

---

[244] 표준계약서 제11조 참고.
[245] 표준계약서 제12조 참고.
[246] 표준계약서 제15조 제1항 참고.
[247] 표준계약서 제15조 제2항 참고.
[248] 표준계약서 제15조 제3항 참고.
[249] 표준계약서 제17조 참고.

만족시켜야 한다.[250] 가맹본부가 제공한 상품에 대하여 품질책임을 부담한다. 만약 제공한 상품에 문제가 있어 가맹점에게 경제적 손실이 발생한 경우 가맹본부가 이에 대하여 손해배상책임을 부담한다. 이때 가맹점이 발생한 손해에 대하여 제3자에게 배상을 하였을 경우, 가맹점은 가맹본부에 구상권을 행사한다.[251]

가맹점이 판매하는 프랜차이즈 상품은 가맹본부가 지정한 가격을 준수하여야 하며, 임의로 가격을 올리거나 낮추면 안 된다.[252]

7. 제6부분 : 지식재산권의 이전과 사용

가맹점은 《상표사용허가 계약商標使用許可合同》의 약정과 '경영 매뉴얼'에서 규정에 따라 등록상표나 프랜차이즈 표지를 사용하여야 하며, 임의의 형식이나 방식으로 등록상표나 프랜차이즈 표지를 확대하여 사용하여서는 아니 된다. 가맹본부의 허가 없이 기타 상표나 상호 또는 표지를 조합하여 사용하여서도 안 된다.[253]

또한 가맹점은 가맹본부의 등록상표나 프랜차이즈 표지와 동일하거나 유사한 상표를 자신이 제작하거나 사용 또는 신청하여서는 안 된다.[254] 프랜차이즈 표지와 등록상표의 소유권과 저작권은 가맹본부에 있으므로 계약이 종료된 후 가맹본부는 당해 상표나 표지를 회수할 권리가 있다.[255] 가맹점은 프랜차이즈 영업 목적 이외에 기타 임의의 목적으로 프랜차이즈 표지를 사용하여서는 안 되며, 계약이 종료한 후 계속하여 등록상표나 프랜차이즈 표지를 사용하여서도 안 된다.[256]

---

[250] 표준계약서 제18조 참고.

[251] 표준계약서 제20조 참고.

[252] 표준계약서 제21조 참고. 쌍방에 다른 약정이 있는 경우에는 허용된다.

[253] 표준계약서 제30조 참고.

[254] 표준계약서 제31조 참고.

[255] 표준계약서 제32조 참고. 동 표준계약서에는 이를 '무조건' 회수할 수 있다고 규정하고 있다.

[256] 표준계약서 제33조 참고.

[지식재산권 이전 및 사용 계약내용]

甲은 본 계약의 약정에 따라 乙에게 이하의 지식재산권 사용을 허가한다.
□ 등록상표
　등록상표의 명칭 : ＿＿＿＿＿＿＿, 《상표등록증》번호 : ＿＿＿＿＿＿＿,
　지정사용 상품 및 서비스 항목 : ＿＿＿＿＿＿＿.
　甲이 方과 본 계약의 종계약으로써 《상표사용허가 계약(商标使用许可合同)》을 따로 체결하고, 《상표사용허가 계약(商标使用许可合同)》이 체결된 후 3개월 내에 □甲/□乙은 공상행정관리부분에 등록절차를 한다.
□ 특허
　특허명칭 : ＿＿＿＿＿＿＿, 《특허증》번호 : ＿＿＿＿＿＿＿,
　특허내용 : ＿＿＿＿＿＿＿＿＿＿＿＿＿＿＿＿＿＿＿＿.
　甲과 方은 본 계약의 종된 계약으로서 《특허실시허가 계약(专利实施许可合同)》을 따로 체결하고, 《특허실시허가 계약(专利实施许可合同)》을 체결 후 3개월 내에 □甲/□乙은 지식재산권 주관부분에 등록절차를 한다.
□ 기타
　＿＿＿＿＿＿＿＿＿＿＿＿＿＿＿＿＿＿＿＿＿
　＿＿＿＿＿＿＿＿＿＿＿＿＿＿＿＿＿＿＿＿＿

甲方按照本合同约定, 许可乙方使用以下知识产权 :
□ 注册商标。
　注册商标名称：＿＿＿＿＿＿＿,《商标注册证》编号：＿＿＿＿＿＿＿,
　核定使用商品或服务项目：＿＿＿＿＿＿＿＿＿＿＿＿＿。
　甲方应与乙方另行签订《商标使用许可合同》作为本合同的从合同, 并在《商标使用许可合同》签订之日起三个月内, 由□甲方/□乙方向工商行政管理部门办理备案手续。
□ 专利。
　专利名称：＿＿＿＿＿＿＿,《专利证》编号：＿＿＿＿＿＿＿,
　专利内容：＿＿＿＿＿＿＿＿＿＿＿＿＿＿＿。
　甲方应与乙方另行签订《专利实施许可合同》作为本合同的从合同, 并在《专利实施许可合同》签订之日起三个月内, 由□甲方/□乙方向知识产权主管部门办理备案手续。
□ 其他。
　＿＿＿＿＿＿＿＿＿＿＿＿＿＿＿＿＿＿＿＿＿
　＿＿＿＿＿＿＿＿＿＿＿＿＿＿＿＿＿＿＿＿＿

8. 제10부분 : 계약의 변경과 해제

(1) 제3자에게의 계약양도

가맹본부와 가맹점 간의 협의에 의하여 프랜차이즈 계약의 관련 내용을 변경할 수 있다. 즉, 가맹본부는 가맹점에 사전 서면동의를 거쳐, 원 계약내용의 전부 또는 부분에서 규정하는 권리와 의무를 제3자에게 양도할 수 있다. 이때에는 가맹본부가 가맹점에 서면통지하고 가맹점이 이에 동의하여야 한다.[257] 이는 제3자에게 프랜차이즈 영업을 양도하는 것으로 가맹점의 입장에서는 계약의 해제와 같다.

(2) 가맹본부의 계약해제사유로 인한 계약해제

가맹본부는 다음의 상황에 해당하는 경우, 가맹점은 프랜차이즈 계약해제에 관하여 서면통지할 권리가 있으며, 계약해제 통지가 가맹본부에 도착함으로써 그 효력이 생긴다.[258] (1) 계약체결 시 법률이나 법규의 프랜차이즈 자격에 관한 강행규정에 부합하지 않아 가맹점에 경제적 손실을 초래한 경우, (2) 계약의 약정에 의하지 않고, 계약체결 전이나 프랜차이즈 영업 중 법률이나 법규의 규정에 따라 관련 정보를 제공 또는 고의에 의한 허위정보의 제공으로 가맹점이 경제적 손실을 초래한 경우, (3) 계약체결 시 또는 계약의 유효기간 내에 등록상표나 기타 프랜차이즈 표지의 소유권 또는 사용권을 구비하지 않은 경우, (4) 상품의 품질문제로 인하여 대량의 소송이 제기되어 주요 매스컴에 폭로됨으로써 브랜드의 위상이나 가치 및 기업 이미지에 엄중한 손해가 있는 경우이다.

(3) 가맹점의 계약해제사유로 인한 계약해제

가맹점은 다음의 상황에 해당하는 경우, 가맹본부는 프랜차이즈 계약해제에 관하여 서면통지할 권리가 있으며, 가맹점이 통지를 받은 후 일정한 기간[259] 내에 시정하야야 하며, 여전히 시정이 이루어지지 않을 경우, 가맹본부는 계약해제를 서면으로 통지할 권리가 있다. 계약해제의 통지가 가맹점에 도착한 때로 그 효력이 발생한다. (1)당해 계약에서 약정한 기한을 초과하였음에도 개업조건에 부합하지 않거나 개업을 하지 않고 있는 경우, (2)당해 계약에서 약정한 관련 비용을 지급하지 않은 경우, (3)가맹본부에게 사

---

[257] 표준계약서 제43조 참고.

[258] 표준계약서 제45조 참고.

[259] 프랜차이즈 계약에서 협의한 기일.

전 서면동의 없이 임의로 판매 또는 비프랜차이즈 상품이나 서비스를 제공하는 경우, (4)가맹본부의 사전 서명동의 없이 임의로 등록상표나 프랜차이즈 표지의 사용범위를 변경 또는 확대하는 경우, 또는 임의로 가맹점 특유의 내부와 외부의 설계를 변경하는 경우, (5)가맹본부가 조직한 초기 또는 후속의 교육에 참가를 거절하는 경우, (6)관리와 서비스 문제로 인하여 대량의 소송이 제기되어 중 매스컴에 폭로되어 비판을 받음으로써 프랜차이즈 시스템의 이미지에 엄중한 손해가 있는 경우, (7)가맹본부의 사전 서명동의 없이 임의로 전부 또는 부분의 원계약을 양도한 경우, (8)상업비밀을 침해(단순 누설에 제한하지 않는다)한 경우, (9)고의로 가맹본부에게 잘못된 정보나 오해할 수 있는 정보를 진술한 경우이다.

9. 제11부분 : 위약책임

(1) 쌍방의 채무불이행으로 인한 책임

프랜차이즈 계약에 있어 가맹본부와 가맹점이 약정한 계약내용을 어느 당사자가 이행하지 않을 경우에는 그에 따른 위약책임을 부담한다. 위약책임의 내용에는 (1)의무불이행과 불완전이행의 경우, (2)제3자에 대한 침해로 인한 손해로 구분할 수 있다.[260]

[甲의 불이행과 불완전이행에 따른 위약책임][261]

> 甲이 본 계약에서 약정한 의무를 이행하지 않거나 완전한 이행을 하지 않은 경우, 乙은 서명통지로 그 시정을 요구할 권리가 있으며, 甲은 통지를 받은 후 _____ 일 내에 시정하여야 하며,
> 여전히 시정을 하지 않는 경우 甲은 乙에게 위약금 _____ 위안을 지불한다.
> 만약 _____ 일 초과하여도 여전히 시정하지 않는 경우, 乙은 甲의 책임에 대하여 다음을 선택하여 추궁할 수 있다(중복선택 가능).
> □ 甲에게 배상액 _____ 위안을 요구한다 ;
> □ 본 계약의 해제조건에 부합하는 경우, 乙은 본 계약을 해제할 수 있다.
> □ _____。

---

[260] 또한, 가맹점이 계약이 종료된 이후 비밀유지 등의 의무를 이행하지 않음으로써 가맹본부에 손해가 발생한 경우에도 이에 대한 책임을 부담하게 된다.

[261] 표준계약서 제48조 참고.

甲方不履行或不完全履行本合同项下的任何义务, 乙方有权书面通知其更正, 甲方应在接到通知后_____日内更正, 逾期未更正的, 甲方应向乙方支付违约金。
如逾期未更正超过_____日, 则乙方有权选择以下方案追究甲方责任(可多选):
- □ 要求甲方赔偿人民币_____元;
- □ 符合本合同约定的解除条件的, 乙方有权解除本合同;
- □ _____。

[乙의 불이행과 불완전이행에 따른 위약책임][262]

乙이 본 계약에서 지불하기로 약정한 금액을 기한 내에 지불하지 않으면, 약정기한이 초과한 매일을 기준으로 지급액의 _____%를 위약금으로 지급한다.
_____일이 초과한 경우, 甲方은 본 계약을 해제할 수 있으며, 보증금은 반환하지 않는다.
乙方逾期支付本合同项下的任何款项, 应按每天逾期款项的_____%支付违约金。
逾期超过_____天的, 甲方有权解除本合同, 保证金不予返还。

乙이 본 계약에서 약정한 의무를 이행하지 않거나 완전한 이행을 하지 않는 경우, 甲은 서면통지로 그 시정을 요구할 권리가 있으며, 乙은 통지를 받은 후 _____일 내에 시정하여야 하며, 기간이 지나도 여전히 시정을 하지 않는 경우, 乙은 甲에게 위약금 _____위안을 지불하여야 한다.
만약 _____일 초과하여도 여전히 시정하지 않는 경우, 甲은 乙의 책임에 대하여 다음을 선택하여 추궁할 수 있다(중복선택 가능).
- □ 乙에게 배상액 _____위안을 요구한다;
- □ 본 계약의 해제조건에 부합하는 경우, 甲方은 본 계약을 해제할 수 있다.;
- □ _____。

乙方不履行或不完全履行本合同项下的任何义务, 甲方有权书面通知其更正, 乙方应在接到通知后_____日内更正, 逾期未更正的, 乙方应向甲方支付违约金。
如逾期未更正超过_____日, 则甲方有权选择以下方案追究乙方责任(可多选):
- □ 要求乙方赔偿人民币_____元;
- □ 符合本合同约定的解除条件的, 甲方有权解除本合同;
- □ _____

---

[262] 표준계약서 제49조, 제50조 참고.

(2) 제3자에 대한 침해로 인한 위약책임

앞서 언급한 바와 같이, 프랜차이즈 표준계약서에는 계약당사자에 대한 채무불이행으로 인한 위약책임뿐만 아니라, 제3자에 대한 침해로 인하여 손해가 발생하였을 경우에도 당해 당사자가 위약책임을 부담한다.

예를 들어, 가맹점의 과실로 제3자의 권리를 침해하였거나 기타 경제적 손실이 발생한 경우에는 가맹점이 제3자에 대하여 배상책임을 부담하여야 한다. 만약 이러한 경우, 가맹본부가 제3자에게 배상을 한 때에는 가맹본부가 가맹점에 구상권을 청구할 수 있다.[263]

10. 맺으며

이상과 같이 중국의 프랜차이즈 산업의 현황과 유형을 살펴보고, 프랜차이즈와 관련한 법제에 대하여 검토하였다. 중국은 프랜차이즈 산업을 본격적으로 육성하기 위하여 2004년 《프랜차이즈 관리방법(商业特许经营管理办法)》이 제정되면서 프랜차이즈에 대한 국가적 관리가 엄격해졌다.

또한 프랜차이즈와 관련한 법제는 2004년 《프랜차이즈 관리방법(商业特许经营管理办法)》의 제정을 시작으로, 2007년에는 프랜차이즈와 관련한 전반적인 사항을 규율하는 기본법으로서의 《프랜차이즈 관리조례(商业特许经营管理条例)》를, 2011년에는 중국에서의 프랜차이즈 사업을 하기 위하여 필요한 법률적 등기와 행정기관의 관리감독에 관하여 규정한 《프랜차이즈 경영 등록 관리방법(商业特许经营备案管理办法)》을, 2012년에는 프랜차이즈 계약에 있어 가장 핵심이라 할 수 있는 가맹본부와 가맹점 간의 정보제공에 대한 관리에 대하여 규정한 《프랜차이즈 정보제공관리방법(商业特许经营信息披露管理办法)》이 제정되었다. 이밖에 프랜차이즈와 관련한 법률로는 《계약법(合同法)》, 《광고법(广告法)》, 《상표법(商标法)》 등이 있다.

한편 중국의 프랜차이즈 표준계약서에는 프랜차이즈 법제를 기초로 구성되어 있는데, 이는 계약서를 작성할 때 법제 숙지의 중요성을 의미한다. 즉, 중국에 진출하고자 하는 프랜차이즈 계약에 있어 가맹점은 대부분 중국인일 가능성이 다분하며, 이러한 경우 계약서 작성에 있어 해당 법제의 숙지는 매우 중요하다. 특히 지적재산권법의 보호에 민감하지 않은 중국의 풍토는 프랜차이즈 계약체결로 인하여 가맹본부가 제공하는 가맹계약상의 정보제공은 항상 외부로의 누설가능성에 노출되어 있다. 그러므로 이는 가맹

---

263) 표준계약서 제51조 참고.

점에 정보제공에 있어 가장 주의하여야 할 부분이기도 하다. 프랜차이즈 계약서 작성에 있어 주의하여함 할 점은, ⑴계약당사자 확인, ⑵계약체결 상 오류해결, ⑶채무불이행으로 인한 손해배상, ⑷기타 허위광고나 과대광고로 인하여 발생하는 법률책임, ⑸소비자에 대한 법률책임 등의 고려이다.

그러므로 중국에 진출하는 프랜차이즈 산업에 있어 경영학적 주의할 점들이, 사전 시장조사와 준비의 중요성, 차별화된 시장공략, 기업의 사회적 책임에 대한 충실한 이행 등이라고 한다면, 법률적 시각에서는 ⑴관련 법제의 숙지, ⑵정책변화로 인한 새로운 법률의 제정과 기존 법률의 변화, ⑶법률해석 상의 문제점과 축적된 사례 참고 등이 있을 것이다.

Ⅳ. 중국 프랜차이즈계약서 조견표

중국어	한국어
商业特许经营	프랜차이즈
特许权使用费	로열티
商业秘密	영업비밀
独立核算	독립채산
自担风险	위험부담
自负盈亏	손익부담
营业执照	사업자등록증
经营手册	영업 매뉴얼
注册商标	등록상표
专利权	특허권
商标使用许可合同	상표사용허가 계약
消费者投诉	소비자 불만
合同签订	계약체결
保质期	품질보증기간
剩余产品	잔여상품(잔여제품)
不能履行	이행불능

약 · 력

정영진 (丁瑩鎭)

서울대학교 법과대학(법학사)
미국 Northwestern 로스쿨(LL.M.)
고려대학교 법학대학원(법학박사)
미국 뉴욕주 변호사
법무법인 대륙(현 대륙 · 아주) 파트너 변호사
전남대학교 법학전문대학원 부교수
(현) 한중법학회 연구이사
(현) 인하대학교 법학전문대학원 교수
(현) 인하대학교 중국법센터 센터장

김수진 (金秀珍)

한양대학교 공과대학 정보시스템학과(공학사)
중국 복단대학(复旦大学) 법학원(법학석사)
특허법인 코리아나 변리사
삼성전자 종합기술원 변리사
중국 상해 金杜(King&Wood)법률사무소 변리사
(현)특허법인 고려 변리사

김정진 (金正振)

동아대학교 법학대학원(법학석사)
동아대학교 법학대학원(박사수료)
중국 정법대학(政法大学) 법학원(법학박사)
동아대학교 법학연구소 전임연구원
(현) 한중법학회 간사
(현) 중국정법대학 국제환경법센터 연구원
(현) 대한민국 국회 입법지원위원
(현) 동아대학교 강사

김종우 (金鍾佑)

고려대학교 중어중문학과(문학사)
북경대학(北京大学) 법학원(법학석사)
북경대학(北京大学) 법학원(법학박사)
세계국제법협회(ILA) 회원
(현) 한중법학회 국제이사
(현) 강남대학교 중국실용지역학과 부교수

남은실 (南恩实)

중국 화동사범대학교(华东师范大学)법학원(법학사)
고려대학교 법학대학원(석사과정중)
중국변호사
(현) 법무법인(유) 로고스 중국변호사

마광 (馬光)

중국정법대학(政法大学) 법학원(법학사)
고려대학교 법학대학원(법학석사)
고려대학교 법학대학원(법학박사)
중국 변호사
고려대학교 통상법연구센터 연구원
(현) 한중법학회 이사
(현) 중국 택대(泽大) 법률사무소 변호사
(현) 중국 절강대학(浙江大学) 법학원 부교수

이기성 (李基成)

연세대학교 공과대학 전기전자공학과(공학사)
중국 복단대학(复旦大学) 법학원(법학석사)
중국 상해 金杜(King&Wood)법률사무소변리사
(현) 특허법인 고려 변리사

전수미 (田收米)

연세대학교 사회과학대학 정치외교학과(정치학사)
인하대학교 법학전문대학원(법학석사)
(현) 한중법학회 간사
(현) 인하대학교 중국법센터 연구원
(현) 베리타스 종합법률사무소 변호사